Elogios para
El libro del despertar

"Un libro transformó mi vida, se trata de *El libro del despertar* de Mark Nepo. El río de la vida es amplio, pero cuando este libro une nuestra existencia, la travesía que hacemos juntos se torna mucho más hermosa y trascendente".

—Jamie Lee Curtis

"Mark Nepo escribió un hermoso libro sobre la vida, imbuido por las sombras de la muerte. Leer sus palabras me hace sentir bendecida y me da una lección de humildad".

—Marianne Williamson,
autora de *A Return to Love*

"Al guiarnos en este viaje de 365 días, Mark Nepo se transforma en un verdadero poeta de la empatía. No importa qué día vivas ni por lo que estés atravesando: su texto es como magia, sus palabras te hablarán refiriéndose a la situación precisa en que te encuentres y, en ese momento, te infundirán un sentimiento instantáneo de ligereza, consuelo, calidez y comprensión. Toma este libro una y otra vez, siempre te provocará el mismo efecto".

—Steven Tyler,
cantante de Aerosmith

"La forma de escribir de Mark Nepo provoca en nuestro corazón ecos de lo verdadero y de lo que más valoramos. Mantén *El libro del despertar* cerca de ti y sumérgete en él siempre que desees nutrir tu espíritu".

—Tara Brach, autora de *Radical Acceptance*
y de *Radical Compassion*

"Mark Nepo es uno de los guías espirituales más connotados de nuestra época y *El libro del despertar* es un prodigioso fruto de su espíritu".

—Parker Palmer, autor de *On the Brink of Everything* y de *Let Your Life Speak*

MARK NEPO

Mark Nepo ha conmovido e inspirado a lectores e investigadores de todo el mundo con *El libro del despertar*, bestseller del *New York Times*. Mark es un poeta, profesor y narrador a quienes muchos consideran uno de los guías espirituales más importantes de nuestro tiempo y un consumado narrador de historias. Su obra ha sido utilizada por muchas personas y traducida a más de veinte idiomas. Mark ha publicado veintidós libros y ha grabado quince proyectos de audio. En 2015 AgeNation le otorgó el Life Achievement Award. En 2016, *Watkins: Mind Body Spirit* lo catalogó como una de las 100 personas vivas más influyentes y también fue incluido en la lista SuperSoul 100 de OWN, un grupo de líderes que usan sus dones y su voz para mejorar las condiciones de la humanidad.

Mark dedica su escritura y sus enseñanzas al viaje de la transformación interior y a la vida de las relaciones. Continúa ofreciendo clases magistrales, conferencias y retiros. Si quieres conocer más sobre Mark, visita www.MarkNepo.com.

El libro del despertar

Vive la vida que quieres viviendo la vida que tienes

MARK NEPO

Prólogo de JAMIE LEE CURTIS
Traducción de ALEJANDRA RAMOS

VINTAGE ESPAÑOL

Título original: *The Book of Awakening*

Primera edición: julio de 2025

Publicado por Vintage Español®, marca registrada de
Penguin Random House Grupo Editorial USA, LLC
8950 SW 74th Court, Suite 2010
Miami, FL 33156

Traducción: Alejandra Ramos

En caso de necesidad, contacte con: seguridadproductos@penguinrandomhouse.com.
El representante autorizado en el EEE es Penguin Random House Grupo Editorial, S. A. U., Travessera de Gràcia, 47-49. 08021 Barcelona, España.

Impreso en Colombia / *Printed in Colombia*

Información de catalogación de publicaciones disponible
en la Biblioteca del Congreso de los Estados Unidos

ISBN: 979-8-89098-311-4

25 26 27 28 29   10 9 8 7 6 5 4 3 2 1

La sabiduría es un riachuelo vivo, no una reliquia conservada en un museo. Solo cuando hallamos la fuente de la sabiduría en nuestra propia vida puede seguir fluyendo hacia las nuevas generaciones.

—Thich Nhat Hanh

PRÓLOGO

DE JAMIE LEE CURTIS

A todos nos cuesta comprender el significado de la vida y encontrar nuestro propósito. Casi todos seguimos los modelos y las huellas de nuestros padres, nos sentimos catapultados hacia la vida y, una vez ahí, damos tumbos como en una máquina de *pinball*. Al final, salimos por la parte inferior vapuleados y llenos de moretones, pero sintiéndonos aliviados de seguir aquí y de estar completos.

La cotidiana tensión entre la promesa de un nuevo día y la realidad de la vida en sus propios términos o, como John Steinbeck decía, "el asombroso martilleo del condicionamiento", representa la batalla diaria del ser humano con mente libre y abierta. Muchos hemos tratado de encontrarle lógica a todo esto, muchos se apegan a la religión de sus ancestros, en tanto que otros huyen de ella sintiéndose traicionados por la inconsistencia y, a menudo, por la injusticia de ciertas doctrinas. Muchos leemos las experiencias de otros para ayudarnos a encontrar nuestro lugar en el universo. Sin duda, así fue mi viaje. En mi librero encontrarás libros como *Healing and the Mind* de Bill Moyers, *The Religions of Man* de Houston Smith, *A Brief History of Time* de Stephen Hawking, *Los cuatro acuerdos* de Don Miguel Ruiz y muchos otros libros sobre la adicción y la recuperación.

En una ocasión me regalaron un librito de Joseph Goldstein y Jack Kornfield sobre la meditación, el cual permaneció al lado de mi cama, sobre una pila de libros que tenía la intención de leer, pero que nunca leí, como *La guerra y la paz*. Recuerdo que cuando falleció la princesa Diana, estaba viendo las noticias en mi habitación. Apagué la televisión porque sabía que los medios de comunicación se volverían una locura y me senté al borde de la cama. Vi aquel librito que decía que la gente que aprendía a vivir de manera consciente se hacía a sí misma dos preguntas al morir: ¿Aprendí a vivir con sabiduría? ¿Amé bien? En ese momento me parecía asombroso que alguien pudiera resumir su vida en esas dos sencillas preguntas y, en un instante colectivo de luto y aflicción, sentí que la vida de Diana había sido plena porque con sus acciones y su amor respondía de forma afirmativa a ambas, y eso me brindó un poco de sosiego.

Desde entonces me he hecho esas mismas dos preguntas todos los días antes de acostarme a dormir, se han convertido en la infraestructura de mi vida aunque el centro sigue siendo muy incierto y llevo años buscándolo. En el camino he recibido excelente ayuda gracias a la psicoterapia, la recuperación y el apoyo familiar, pero hubo un libro que transformó mi vida: *El libro del despertar* de Mark Nepo.

Recuerdo cuando me lo regalaron. Hasta ese momento me había negado a leer libros con anotaciones diarias porque me parecía que no tenían ninguna relación conmigo. También tenía bastantes prejuicios al respecto porque mi madre solía leer un libro de pensamientos cotidianos llamado *The Daily Word* y, como la mayoría de las mujeres, no quería convertirme en mi madre. Por supuesto, lo gracioso del asunto es que me parezco mucho a ella y, para ser franca, los grandes dones que me heredó, como la gentileza y la generosidad, son ahora mis cualidades más notables.

La escritura de Mark elimina los artificios y revela las verdades esenciales que siempre he buscado. A lo largo de muchos años he leído su libro de manera cotidiana y también lo he regalado en ocasiones incontables. De hecho, he enviado este libro a todas partes del mundo como regalo, como obsequio para quienes se acaban de mudar, como bálsamo para la aflicción y como un tesoro cuando hay un recién nacido. Lo he regalado tanto en la amistad como en el conflicto, tanto en la alegría como en la pena. La belleza de este libro es que cruza todas las fronteras de edad, situación económica, raza, religión, postura política y nivel educativo. Su simplicidad yace en la profunda manera en que destila las ideas, los pensamientos y las historias que, a menudo, se presentan como conceptos, palabras o acciones de otro sabio. Mark toma la sabiduría de grandes pensadores y escribe con ella una homilía que se despliega y hace evolucionar sus hermosos preceptos ancestrales. Los pasajes nos conectan a través del tiempo y yo siempre me siento mejor cuando empiezo mi día con ellos. Los mensajes diarios se relacionan de manera directa con una dificultad o una batalla que estoy librando, como si hubiesen sido escritos solo para mí al vivir ese momento. En este libro no hay una sola página en la que no haya subrayado o marcado con color porque se ha convertido en mi constante, en mi verdadera guía.

Cuando Mark me pidió que redactara este prólogo, supe que sería un momento abrumador y, por supuesto, ahora, mientras escribo, no dejo de llorar porque, ¿cómo le agradeces a alguien por algo que tiene un efecto tan profundo en ti? Lo único que puedo decir es: gracias, Mark. Gracias por compartir tu alegría, el dolor, el miedo y la furia. Tu capacidad de brindar ideas y de hacerlo con esa trama única e imponente de palabras me ha ayudado a vivir.

El río de la vida es amplio, y el viaje que hacemos juntos se vuelve mucho más hermoso, relevante y conmovedor cuando nuestras vidas están conectadas por este libro.

INTRODUCCIÓN A LA EDICIÓN DEL VIGÉSIMO ANIVERSARIO

El término "santo" proviene de la palabra *sant* que quiere decir "buscador de la verdad" en sánscrito. Todos, a nuestra manera, somos buscadores de la verdad, todos estamos en busca de un sendero auténtico que le permita al santo en nuestro interior revelarse. Si somos bendecidos, a lo largo del camino encontramos una apertura que percibimos como eterna y, de pronto, no hay a dónde más ir. Por eso encendemos un fuego y contemplamos la vida, sorprendidos ante la ternura a la que nuestra resistencia y presencia nos han conducido.

En mi caso, la apertura que me permitió contemplar la Eternidad y encender el fuego que es *El libro del despertar* fue el hecho de casi haber fallecido debido al cáncer cuando tenía treinta y tantos años. Yo no tenía idea de que este fuego al borde de todo brindaría calor a tantas personas. Me cuesta trabajo creer que han pasado veinte años desde que se publicó por primera vez. En todo este tiempo he recibido lecciones de humildad gracias a las distintas maneras en que la gente aceptó el libro, pero, más importante aún, la vastedad que el texto destaca continúa siendo una fuente irreprimible y disponible para todos.

Las primeras entradas para el libro las empecé a escribir en 1997. En una etapa muy temprana, un amigo de antaño me preguntó si podía compartirlas con él por correo electrónico y eso condujo poco a poco a un envío semanal que continuó con discreción en todo el mundo durante años, de Londres a la India y a Sudáfrica. En el año 2000, el libro empezó su viaje hacia la versión impresa y en 2010 alguien tuvo la amabilidad de dárselo a Oprah Winfrey como regalo de cumpleaños. La profunda conexión y el generoso apoyo impulsó al libro y le permitió llegar a ocupar el primer lugar en la lista de los más vendidos del *New York Times*. Desde entonces, ha sido traducido a más de veinte idiomas y se encuentra ahora en su quincuagésima sexta impresión tras haber llegado a más de un millón de lectores.

Muchos de esos lectores han tenido la amabilidad de contactarme para hablarme de su viaje personal. Hubo una excursionista que realizó el Sendero de Adirondack durante cuatro meses y, cada noche, después de leer el pasaje de ese día, lo quemaba en su fogata. También me escribió una mujer que le leyó a su madre su pasaje favorito mientras agonizaba, así como un joven que, al despertar de un coma, descubrió que el libro era el espejo del despertar de su alma. Me escribieron muchos otros también.

Ahora hago una reverencia ante estas numinosas alianzas que ni siquiera sé cómo conjuré. Estos misteriosos vínculos solo afirman aquello a lo que el libro está consagrado: al hecho de que estamos unidos de forma inextricable a través del corazón de la experiencia y la verdad de nuestro Espíritu común.

Mi abuela Minnie, una inmigrante, fue la persona que me enseñó a buscar el espíritu y a tratar de escuchar la verdad. Por eso, el hecho de que una de las muchas ediciones del libro en el extranjero sea en ruso, su lengua materna, significa tanto para mí. Me cuesta trabajo no pensar en mi abuela, quien hace un siglo salió de un pequeño pueblo en las afueras de Kiev, llegó a Estados Unidos, aprendió inglés gradualmente en Brooklyn treinta y siete años antes de que yo naciera, y quien, tomándome de las manos cuando era un niño, me dijo en un inglés imperfecto: "Esto es lo más antiguo que posees". De un lado al otro de los mares y los siglos, este profundo ciclo del dar y el recibir continúa siendo misterioso y constante.

A menudo me preguntan qué he aprendido yo de *El libro del despertar*. Esto es lo que he aprendido: que cuando somos auténticos y sinceros nos transformamos en un fuerte conducto para el amor y el cuidado con que el mundo se mantiene en pie. Si tuviera que adivinar, diría que este libro ha llegado a muchos porque es agua del mar del amor y la preocupación por el otro. Estoy muy agradecido de haberlo encontrado y de que, al descubrirlo, me haya transformado.

—Mark,
enero de 2020

UNA INVITACIÓN

Este libro tiene como objetivo ser usado, convertirse en compañero, en un amigo del alma. Es un libro de despertares, para escribirlo tuve que vivirlo. Me ha dado la oportunidad de reunir y compartir la existencia de los silenciosos maestros que he descubierto a lo largo de mi vida. La travesía que significó desenterrar y dar forma a estas entradas cotidianas me ha ayudado a acercar más mi vida interior a mi vida exterior, me ha ayudado a conocer y a usar mi corazón. Me ha vuelto más íntegro. Espero que también pueda ser una herramienta similar para ti.

Reunir las reflexiones que usé en este libro ha sido como encontrar fragmentos de piedra resplandecientes en el camino. Me detuve a reflexionar y a aprender de ellos, luego los guardé y continué mi viaje. Han pasado dos años y aún me siento asombrado al soltar mi saco de pedruscos y descubrir lo que he encontrado. A este libro lo conforman los fragmentos que brillaron para mí en el sendero.

En esencia, todos hablan sobre el espíritu y la amistad, sobre nuestra constante necesidad de seguir siendo vitales y de permanecer enamorados de esta vida sin importar las dificultades que encontremos. Provenientes de muchas tradiciones y experiencias, de muchas voces hermosas y honestas, los cantos que aquí se conjugan transmiten el dolor, el asombro y el misterio del amor.

Me sentí atraído a esta forma, la del diario, porque como poeta anhelaba encontrar una manera de expresarme que fuera tan útil como una cuchara y porque, como sobreviviente del cáncer, los diarios se han transformado en un alimento interior. Para ser franco, los últimos veinticinco años este libro ha respondido a una necesidad colectiva y se ha transformado en un soneto espiritual de nuestra era, en un robusto contenedor de las pequeñas dosis de lo que en verdad importa.

Lo único que puedo pedirle a esta obra es que llegue a ti de la misma manera en que el océano cubre a una roca expuesta, que sorprenda y refresque, que nos haga, a ti o a mí, resplandecer, que nos deje tan erosionados como ya estamos y, si acaso, solo un poco más suaves y transparentes por el momento.

Mi esperanza más profunda es que algo en estas páginas te sorprenda y te brinde frescura, que te haga brillar, que te ayude a vivir, a amar y a encontrar tu camino hacia el júbilo.

—*Mark*

1 DE ENERO

Precioso nacimiento humano

Todo lo que existe lo respiramos
y, al despertar, lo transformamos en canto.

Hay un precepto budista que nos invita a cobrar conciencia de lo raro que es encontrarnos en la tierra bajo la forma humana. Es, en verdad, una hermosa visión de la vida que nos ofrece la oportunidad de sentir un aprecio enorme por el hecho de que estamos aquí como espíritus individuales imbuidos de conciencia, bebiendo agua y cortando madera.

El precepto nos invita a que miremos a nuestro alrededor, a que veamos a la hormiga y al antílope, al gusano y a la mariposa, al perro y al toro castrado, al halcón y al indómito tigre solitario, al roble centenario y al milenario terreno del océano. Nos invita a entender que ninguna otra forma de vida tiene el privilegio del que nosotros gozamos: la conciencia de ser. El precepto nos invita a reconocer que, de las infinitas especies de plantas y animales y minerales que conforman la tierra, solo una porción muy modesta cuenta con la capacidad del despertar del espíritu a la que llamamos "ser humano".

El hecho de que yo pueda elevarme desde cierta profundidad de la conciencia para expresarte esto y que tú puedas recibirme en este instante forma parte de nuestro precioso nacimiento humano. Tú pudiste ser hormiga, yo pude ser oso hormiguero. Pudiste ser lluvia, yo pude ser una pizca de sal. Sin embargo, fuimos bendecidos en esta era, en este lugar, como seres humanos, para estar vivos de maneras peculiares que, muy a menudo, damos por hecho.

Todo esto para decir que este precioso nacimiento humano es irrepetible. Ahora, sabiendo que eres una de las formas más raras de vida que ha caminado sobre la tierra, ¿qué harás hoy?, ¿cómo te comportarás?, ¿qué harás con tus manos?, ¿qué pedirás y a quién?

Mañana podrías morir, transformarte en hormiga y que alguien ponga trampas para atraparte. Sin embargo, hoy eres valioso y peculiar, y estás despierto. Esto nos conduce a una existencia de agradecimiento y hace que dudar se torne inútil. Con agradecimiento y conciencia pregúntate qué necesitas saber ahora. Di lo que sientes y ama lo que amas, ahora.

- *Si te es posible, siéntate afuera o cerca de una ventana, y nota las otras formas de vida a tu alrededor.*
- *Respira lento y piensa en la hormiga, en la brizna de hierba y en el azulejo. Piensa en lo que estas formas de vida pueden hacer y tú no.*
- *Piensa en el guijarro, en el trozo de corteza y en el banco de piedra. Centra tu atención en las cosas internas que sí puedes hacer y esas formas de vida no.*
- *Levántate poco a poco, sintiéndote humano de una manera hermosa, e inicia tu día con el propósito consciente de hacer algo que solo los humanos puedan hacer.*
- *Cuando llegue el momento, haz lo que hayas elegido con enorme respeto y gratitud.*

2 DE ENERO

Todo cae

Guíanos de lo irreal a lo real.

—Plegaria hindú

Era una noche nevada y Robert recordó la ocasión en que, dos primaveras atrás, se decidió a pintar la sala familiar. Salió temprano y se dirigió a la ferretería para reunir los botes de pintura roja, los bastones de madera para mezclar, los trapos y las brochas que solo sería posible usar una vez porque siempre se endurecen y permanecen así sin importar con qué las enjuagues.

Mezcló la pintura afuera y caminó hasta la puerta contoneándose y cargando dos galones, uno en cada mano, con el trapo debajo del brazo y una ancha brocha en la boca. Entre risas, empezó a contarme lo sucedido:

—Me balanceé algunos minutos mientras trataba de abrir la puerta, no quería soltar nada de lo que traía conmigo. Fui muy necio, casi había logrado abrirla cuando perdí el control, caí hacia atrás y terminé en el suelo con ocho litros de pintura roja encima.

En ese momento se rio de sí mismo como lo había hecho muchas veces, y luego contemplamos en silencio cómo caía la nieve. Durante todo el camino de vuelta a casa pensé en esta breve anécdota. Lo más asombroso es que todos hacemos esto, ya sea con los víveres, con pintura o con las historias que nos proponemos compartir. Lo hacemos con nuestro amor, con nuestra noción de la verdad e incluso con el dolor. Es muy sencillo, pero en un momento de ego nos negamos a soltar lo que venimos cargando para abrir la puerta con facilidad. Una y otra vez, nos es otorgada la oportunidad de aprender la lección: no podemos aferrarnos a las cosas y entrar al mismo tiempo. Tenemos que soltar lo que cargamos, abrir la puerta y luego tomar únicamente lo que necesitamos entrar con nosotros.

Es una secuencia humana básica: reúne, prepara, suelta, entra. Y, a pesar de que cometemos errores, siempre recibimos una segunda oportunidad: la de aprender a caer, levantarnos y reírnos de nosotros mismos.

- *Reflexiona sobre un umbral que te esté costando esfuerzo atravesar en tu vida. Tal vez sea algo en el trabajo, en el hogar, en una relación o quizá se trata de la entrada a una zona donde hay más paz.*
- *Respira de manera constante y observa si llevas demasiado peso como para abrir la puerta.*
- *Respira lento y, con cada exhalación, ve soltando lo que estés cargando.*
- *Ahora, respira con libertad y abre la puerta.*

3 DE ENERO

Desaprender para volver a Dios

Cobrar conciencia no significa descubrir algo nuevo,
sino emprender un regreso largo y doloroso
hacia lo que siempre ha sido.
—Helen Luke

Todos nacemos con un punto libre de cargas, es decir, libre de expectativas y arrepentimientos, libre de ambición y vergüenza, libre de miedo y preocupación. Se trata del punto umbilical de gracia en la que Dios nos tocó por primera vez. Este punto emite paz y, mientras los psicólogos lo llaman *psique*, los teólogos dicen que es *el alma*. Jung lo llama el *asiento del inconsciente*, los maestros hindúes lo llaman *atman*, los budistas lo llaman *dharma*, Rilke lo llama *interioridad*, en tanto que los sufíes lo llaman *qalb* y, Jesús, el *centro de nuestro amor*.

Conocer este punto de *interioridad* implica saber quiénes somos, no de acuerdo con los indicadores superficiales de la identidad ni por el lugar donde trabajamos, no por lo que vestimos ni por cómo nos agrada que se dirijan a nosotros, sino porque sentimos nuestro lugar en relación con el infinito y porque lo habitamos. Esta complicada tarea dura toda la vida porque la naturaleza del llegar a ser es un empañamiento del lugar donde comenzamos; en tanto que la naturaleza del ser es una erosión constante de lo superfluo. Todos vivimos en medio de esta tensión permanente que nos mancha, cubriéndonos como una capa y, al final, nos desgastamos hasta volver a aquel punto incorruptible de gracia que persevera en nuestro centro.

Cuando la delgada capa es perforada, vivimos momentos de iluminación y de integridad, momentos de *satori*, como le llaman los sabios Zen, momentos de existencia nítida en los que lo interior se encuentra con lo exterior, momentos de integridad completa del ser, momentos de unidad absoluta. El objetivo de todas las terapias y tipos de educación es eliminar esa capa y restaurar el punto infinito de gracia sin importar si se trata de un velo impuesto por la cultura, el recuerdo, cierto entrenamiento mental o religioso, o por un traumatismo o proceso de sofisticación.

Independientemente de la materia de estudio, esto es lo único que vale la pena enseñar: cómo descubrir nuestro centro original y cómo vivir desde ahí una vez que ha sido restaurado. A este recubrimiento del corazón lo consideramos un entumecimiento, e independiente de si el proceso de regreso se realiza a través del sufrimiento o el amor, continúa siendo la manera en que desaprendemos nuestro camino de vuelta a Dios.

- *Cierra los ojos y respira mientras navegas por debajo de tus problemas de la misma manera en que un buzo se desliza hasta la profundidad de lo inmóvil que siempre espera debajo del violento movimiento del oleaje.*
- *Ahora piensa en dos cosas que te guste hacer, como correr, dibujar, cantar, observar aves, la jardinería o leer. Reflexiona sobre los rasgos específicos de estas actividades que te hacen sentir vivo.*
- *Observa lo que tienen en común, respira lento y percibe el punto de gracia que estas actividades reflejan en tu interior.*

4 DE ENERO

Entre la paz y el gozo

Nunca habríamos imaginado
que ya éramos benditos
donde estamos...
—James Taylor

Esta cita me recuerda a una mujer que encontró una esponja plegada, seca y comprimida. En el interior del endurecido pliegue estaba el mensaje que ella había estado buscando. Llevó la esponja petrificada al mar, se sumergió hasta la cintura y la vio desplegarse y cobrar vida en el agua. Como por arte de magia, el secreto de la vida se tornó visible entre las burbujas que liberaba la esponja y, para asombro de la mujer, un pececito adormecido, atrapado en la rugosidad de la esponja endurecida, volvió a la vida y nadó hacia el mar profundo. A partir de ese día, adondequiera que fuera la mujer, sentía al pececito nadando en lo profundo, y el movimiento de la pequeña criatura que permaneció dormida durante tanto tiempo le brindaba una satisfacción que moraba entre la paz y el gozo.

Sin importar nuestro camino, el color o la textura de nuestros días, y a pesar de los acertijos que debamos resolver para permanecer vivos, el secreto de la vida siempre tiene que ver con el despertar y la liberación de lo que ha permanecido dormido. Al igual que la esponja, el corazón suplica que se le permita desplegarse en las aguas de nuestra experiencia, y el alma, igual de minúscula que el pececito, nos brinda paz y gozo cuando le permitimos nadar.

Todo permanece endurecido, comprimido e ilegible hasta que, como hizo esta mujer sumergida en el mar hasta la cintura, tomamos a nuestro adormecido corazón entre las manos y lo sumergimos con ternura en la vida que estamos viviendo.

- *Cierra los ojos y medita sobre la imagen de una esponja endurecida que se desenvuelve como una flor debajo del agua.*
- *Mientras respiras, trata de visualizar tu corazón como la esponja de la historia.*
- *La próxima vez que laves los platos, detente un instante, sostén la esponja endurecida bajo el agua y siente cómo se desenvuelve tu corazón.*

5 DE ENERO

Muestra tu cabello

Mi abuela me dijo:
—Nunca ocultes tu cabello verde,
de todas formas, pueden verlo.
—Angeles Arrien

Desde aquella angustia en la guardería, cuando éramos plenamente inocentes y nos molestaron o se burlaron de nosotros por primera vez, todos hemos batallado de una forma u otra al tratar de ocultar lo que resulta obvio respecto a nosotros.

Nadie planea esto, no es una conspiración, más bien, es un inevitable y doloroso tránsito del momento en que solo nos conocemos a nosotros al momento en que conocemos el mundo. La tragedia es que muchos nunca hablamos de ello o nunca nos dicen que nuestro "cabello verde" es hermoso, que no necesitamos ocultarnos, sin importar lo que alguien diga de camino al almuerzo. Y así, a menudo llegamos a la conclusión de que para conocer el mundo debemos ocultar lo que somos.

No hay nada más alejado de la verdad. Decir que la extorsión solo es posible si tenemos algo que ocultar es un antiguo contrato no hablado de la existencia. El corolario de tal hecho es que, cuando creemos algo, surge el inútil sentimiento aunque sea de forma breve de que no somos o no valemos lo suficiente.

❄ *Siéntate en silencio y con los ojos cerrados. Con cada inhalación siente el hecho irrefutable de que eres suficiente.*

6 DE ENERO

La rueda y sus rayos

Tal vez lo que buscamos sea distinto,
pero lo que nos hace buscar es lo mismo.

Imagina que cada uno de nosotros es uno de los rayos de una rueda infinita y que, aunque todos los rayos son esenciales para mantener la integridad de la rueda, ninguno es igual. El borde es nuestro sentido vivo de la comunidad, la familia y las relaciones, pero el sitio común donde se unen los rayos es el centro de encuentro de todas las almas. Por esta razón, a medida que me muevo y me interno en el mundo, vivo y gozo de mi unicidad, pero cuando me atrevo a contemplar mi centro, me encuentro con el sitio común donde empiezan todas las vidas. En ese centro, somos uno y somos iguales. Es así como vivimos la paradoja de ser al mismo tiempo únicos e iguales. Porque, de una manera poderosa y misteriosa, cuando contemplo bastante tu interior, me encuentro a mí, y cuando tú te atreves a escuchar mi miedo en el hueco de tu corazón, lo reconoces como tu propio secreto, aquel que pensabas que nadie más conocía. Esa inesperada completitud que es más que la suma de ambos, pero común a todos, ese momento de unidad: es el átomo de Dios.

No resulta sorprendente que, como la mayoría de la gente, durante la primera mitad de mi vida me haya esforzado mucho por entender y fortalecer mi cualidad de ser único. Trabajé mucho para garantizar mi lugar en el borde de la rueda y, de esa manera, me definí y valoré a mí mismo de acuerdo con cuán distinto era a todos los demás. En esta segunda mitad, en cambio, he llegado con humildad al centro de la rueda, y ahora me maravillo ante la misteriosa unidad de nuestro espíritu.

Al atravesar el cáncer, el dolor, la desilusión y varios giros profesionales inesperados, es decir, a través del colapso y la reconstrucción misma de todo lo que he amado, comprendí que, así como el agua pule la piedra y penetra en la arena, nosotros nos convertimos en el otro. ¿Cómo pude ser tan lento en entenderlo? Lo que siempre pensé que me diferenciaba, en realidad, me unía a los demás.

Esto nunca fue tan claro para mí como aquel día en que estaba sentado en la sala de espera del Columbia Presbyterian Hospital de Nueva York, mirando a los ojos a una mujer de origen hispano mientras ella miraba directo a los míos. En ese instante empecé a aceptar que todos vemos la misma maravilla, que todos sentimos la misma agonía a pesar de que hablamos en voces distintas. Ahora sé que, aunque parezca inconcebible, todo ser que nace es otro Adán u otra Eva.

- *Siéntate con un ser querido y, por turnos:*
- *Mencionen un rasgo característico de quienes son que los distinga de los demás.*

❄ *Mencionen un rasgo característico de quienes son pero que tengan en común con los demás.*
❄ *Hablen sobre la manera en que lidian con la soledad que implica tener diferencias con los otros y sobre cómo enfrentan la experiencia de ser iguales a ellos.*

7 DE ENERO

Debemos turnarnos

Debemos turnarnos para
sumergirnos en todo lo que existe
y contar el tiempo.

El regalo y la responsabilidad de una relación consiste en turnarse para lavar los platos y para instalar los ventanales a prueba de tormentas, en darle al otro la oportunidad de sumergirse para buscar a Dios sin preocuparse por la cena. Mientras uno explora el interior, el otro debe hacerse cargo de lo exterior.

Un gran ejemplo de esto es la manera en que los buzos buscadores de perlas examinan lo profundo del mar en pareja. Uno, sin tanque de oxígeno ni reguladores, aguarda en la superficie y cuida las cuerdas atadas al otro, que avanza con pasos suaves sobre la arena, en busca de tesoros que, espera, sabrá reconocer.

Este camina sobre el fondo y observa cómo se contonean las hojas de la vegetación marina, se balancea hasta que el otro jale la cuerda. Traga un poco de aire al ascender. Una vez en el bote, hablan durante horas y mencionan lo observado mientras frotan la perla áspera y natural. En la mañana, el que aguardó arriba se sumerge y llena sus canastas, mientras el otro cuenta el tiempo que pasa sujetando la cuerda con las manos.

De una forma muy simple, estos buzos nos muestran el milagro de la confianza y cómo se trabaja para estar juntos. Debemos turnarnos: quien se quede en la superficie tiene que contar el tiempo de aire que queda para que el otro pueda bucear en libertad.

❄ *Siéntate en silencio y reflexiona sobre alguna relación significativa que tengas con un amigo, un amante, o algún familiar.*

- *Respira de manera constante y pregúntate si te turnas para sumergirte en el mar y para contar el tiempo de aire de otra persona.*
- *Cuando te sientas inclinado a hacerlo, habla sobre esto con tu ser querido.*

8 DE ENERO

Alimenta tu corazón

Sin importar cuán oscuro,
la mano siempre conoce
el camino a la boca.
—PROVERBIO IDOMA (NIGERIA)

Incluso cuando no podemos ver, sabemos cómo alimentarnos; incluso cuando el camino no es claro, el corazón continúa latiendo; incluso cuando tenemos temor, el aire del todo penetra y sale de los pulmones; incluso cuando las nubes se tornan densas, el sol sigue bañando a la tierra con sus rayos.

Este proverbio africano del pueblo idoma nos recuerda que las cosas nunca son tan terribles como nos parecen cuando estamos en el ojo del huracán. Tenemos reflejos internos que nos mantienen vivos, impulsos profundos que nos instan a ser y a vivir, y que operan por debajo de las dificultades que enfrentamos.

Pero debemos recordar: la mano no puede eliminar la oscuridad, solo puede encontrar su camino a la boca. De la misma manera, nuestra fe en la vida no elimina el sufrimiento, solo puede hallar el sendero hacia el corazón para alimentarlo.

- *Siéntate en silencio, con los ojos cerrados, y lleva tus manos abiertas hasta tu boca.*
- *Inhala al mismo tiempo y nota que tus manos conocen el camino, no necesitan guía.*
- *Respira lento, con los ojos cerrados, y lleva tus manos hasta tu corazón.*
- *Nota cómo tu corazón conoce el camino, sin necesitar guía.*

9 DE ENERO

La vida en la pecera

Ama y haz lo que quieras.
—San Agustín

Fue algo curioso. Robert llenó la tina con agua y colocó ahí a los peces para poder lavar su pecera. Después de eliminar la película de sarro de los pequeños muros de vidrio de aquella profundidad imaginaria, fue por los peces.

Se quedó asombrado al descubrir que, aunque tenían toda la tina para nadar, estaban hacinados en un área reducida, del tamaño de la pecera. Si no había nada que los contuviera, que les impidiera nadar más allá, ¿por qué no surcaron el agua con libertad? La vida en la pecera, ¿qué le había hecho a su habilidad natural de nadar por todos lados?

Ese momento silencioso pero extraordinario permaneció con Robert y conmigo durante mucho tiempo. Nos fue imposible no ver que los pececitos eran incapaces de ir a otro lado que no fuera hacia ellos mismos. Ahora que teníamos una perspectiva de "la vida en la pecera" y que la extrapolamos al mundo, empezamos a preguntarnos si seríamos como ellos de alguna manera. ¿Será que nosotros tampoco vamos a ningún lugar que no sea hacia nosotros? ¿De qué forma reducimos nuestro mundo para no sentir la presión del cautiverio que nos autoimponemos?

La vida en la pecera me hizo pensar en cómo nos crían y educan en casa y en la escuela; me hizo recordar cuando me dijeron que ciertos empleos no eran aceptables, que algunos estaban fuera de mi alcance. Recordé que me educaron para vivir de cierta forma, que me entrenaron para creer que solo las acciones prácticas eran posibles, que me advirtieron un sinfín de veces que la vida afuera de la pecera de nuestros valores era arriesgada y peligrosa.

Empecé a ver hasta qué punto nos enseñan, cuando somos niños, a temerle a la vida más allá de la pecera. Robert, que es padre, comenzó a preguntarse si estaría preparando a sus hijos para la vida en una pecera o fuera de ella, en el incontenible mundo.

Ahora, en mi edad madura, me pregunto si ser espontáneos, amables y curiosos forma parte de nuestra habilidad natural de nadar. Cada vez que dudo en hacer algo no planeado o inesperado, cuando titubeo y no me esfuerzo por ayudar a otro, cada vez que vacilo en explorar algo sobre lo que no sé nada, cada vez que ignoro el impulso de correr en la lluvia o de llamar solo para decir “te amo”, me pregunto: ¿me estaré ensimismando?, ¿estaré nadando protegido y seguro solamente en la parte central de la tina?

- *Permanece sentado en silencio hasta que te sientas bien ubicado en tu centro.*
- *Levántate y camina lentamente en la habitación en que te encuentres.*
- *Camina cerca de las paredes de la habitación y medita sobre la vida en tu pecera.*
- *Respira con intención, avanza hacia la salida y reflexiona sobre la naturaleza de lo que en verdad es posible en la vida.*
- *Ahora atraviesa el umbral y comienza tu día. Avanza y entra al mundo.*

10 DE ENERO

Akiba

> Cuando Akiba estaba en su lecho de muerte, se lamentó y le dijo a su rabino que era un fracaso. El rabino se acercó y le preguntó por qué, y Akiba confesó que no había vivido una vida como la de Moisés. El pobre hombre empezó a llorar y admitió que temía la manera en que Dios lo juzgaría. Al escuchar eso, su rabino se inclinó y le habló con ternura al oído: “Dios no juzgará a Akiba por no ser Moisés. Dios juzgará a Akiba por no ser Akiba”.
>
> —Del Talmud

Al nacer tenemos solo una obligación: ser quienes somos por completo. Y, sin embargo, ¿cuánto de nuestro tiempo lo pasamos comparándonos con otros, vivos o muertos? La búsqueda de la excelencia es lo que nos alienta a hacerlo, a sentir que es necesario. Pero una flor en plenitud no anhela ser un pez, así como un pez, con su elegancia salvaje, no quiere ser tigre. Los humanos, en cambio, nos encontramos siempre cayendo en el sueño de vivir otra vida o aspiramos en secreto a la fortuna o la fama de personas que en realidad no conocemos. A menudo, cuando nos sentimos mal respecto a nosotros mismos, nos cubrimos de otras pieles en lugar de comprender y cuidar de la nuestra.

El problema es que, cuando nos comparamos con otros, no vemos ni a nosotros mismos ni a aquellos que admiramos, solo experimentamos la tensión de la comparación, como si solo hubiera algunos gramos de existencia para alimentar el hambre de todos. El Universo, sin embargo, revela su abundancia con mayor claridad cuando podemos ser quienes somos. El misterio radica en que cada brizna de hierba, cada hormiga y cada conejo herido, es decir, cada una de las criaturas vivas, tiene una anatomía única que es más que suficiente cuando uno se entrega a ella.

Como somos humanos, con frecuencia nos incomoda y paraliza la inseguridad: ese jadeo del corazón que nos impide sentirnos dignos. Y cuando nos sentimos incómodos y paralizados, nace en nosotros la necesidad de inflarnos porque resulta lógico en nuestro dolor: si fuéramos más grandes y fuertes, podríamos alejarnos de la pena. Si fuéramos más grandes, sería difícil que no nos notaran. Si fuéramos más grandes, tendríamos más probabilidades de ser amados. Por eso, no resulta sorprendente que otros tengan que empequeñecer para que nosotros podamos mantener la ilusión de que somos más grandes que nuestro dolor.

Por supuesto, la historia es el recuento que nos regresa a la humildad, que nos recuerda lo descabellado de habernos inflado, y la verdad es una historia correctiva de cómo volvemos a ser justo quienes éramos. Por último, la compasión, la dulce compasión, es la historia interminable de cómo nos abrazamos entre nosotros y nos perdonamos por no aceptar el bello y particular lugar que ocupamos en la fibra de todo lo que existe.

- ❄ *Llena un cuenco amplio con agua. Aclara tu mente con la meditación y observa tu reflejo de cerca.*
- ❄ *Mientras estés viendo tu reflejo, permítete sentir la tensión de una comparación que tengas en mente. Percibe el dolor que te produce compararte con alguien más.*
- ❄ *Cierra los ojos y permite que este sentimiento te invada.*
- ❄ *Ahora observa de cerca tu reflejo en el cuenco una vez más y trata de verte a ti mismo sin compararte con nadie.*
- ❄ *Observa tu reflejo y permítete sentir lo que te hace único. Deja que el sentimiento se mueva en ti.*

11 DE ENERO

Ted Shawn

Conocer a Dios
sin parecerse a Dios
es como tratar de nadar
sin meterse al agua.
—Orest Bedrij

Debajo de todo lo que nos enseñan hay una voz que nos convoca desde más allá de lo razonable y, con frecuencia, al escuchar esa chispa del espíritu encontramos una curación profunda. Es la voz de la encarnación que nos insta a vivir nuestra vida como música interpretada y que a menudo nos habla brevemente, en momentos de crisis intensas. A veces es tan tenue que confundimos sus susurros con el viento que pasa entre las hojas, pero si la escuchamos y la hacemos llegar al centro de nuestro dolor, puede dar fin a la parálisis en nuestra vida.

Esto me recuerda la historia de un joven estudiante de teología al que le dio difteria y escuchó una voz peculiar que, desde algún profundo lugar en su interior, lo instaba, de entre todo lo posible, a bailar. El estudiante abandonó la escuela de teología y empezó a bailar con gran dificultad, pero poco a poco y de forma milagrosa, no solo recuperó el control de sus piernas, también se convirtió en uno de los padres de la danza moderna.

Esta es la historia de Ted Shawn. Resulta interesante que lo que lo sanó no fue estudiar a Dios, sino encarnarlo. El milagro de Ted Shawn nos muestra que practicar la danza, en todas sus formas, es como vivir la teología. Esto nos conduce al inescapable acto de vivir y hacer existir lo que está en nuestro interior, a atrevernos a respirar con los huesos y los músculos todo lo que sabemos, sentimos y creemos, una y otra vez.

Sin importar el tipo de crisis que atravesemos, la voz de la encarnación subyacente a nuestro dolor nos habla muy rápido, pero si logramos escucharla y creerle, nos mostrará una manera de renacer. La valentía de escuchar y encarnar esa voz nos abre a un secreto asombroso: la mejor oportunidad de ser íntegros consiste en amar cualquier cosa que se ponga en nuestro camino hasta que deje de ser un obstáculo.

❄ *Antes de trabajar o durante el día, siéntate en silencio fuera de casa por unos instantes.*

- *Cierra los ojos y permanece quieto. Siente el aire rozar tus párpados cerrados.*
- *Permite que tu amor enjuague tu corazón y llegue a tu pecho.*
- *Deja que tu amor ascienda como columna de aire por tu garganta y llegue a tus ojos.*
- *Cuando los abras, estírate y enfócate en lo primero que veas.*
- *Si lo primero que ves es un banco, di: "Creo en el banco". Si es un árbol, di: "Creo en el árbol". Si es una flor desgarrada, di: "Creo en la flor desgarrada".*
- *Levántate con la simple convicción de lo que sientes y ves, toca lo que se encuentra ante ti y bríndale a tu amor una salida.*

12 DE ENERO

Ver en la oscuridad

Ver en la oscuridad es claridad...
A esto se le llama practicar la eternidad...
—Lao-Tse

El miedo extrae su poder del hecho de que no lo miramos, como tampoco vemos a lo que tememos. ¿Recuerdas aquel ático o el armario en el que se ocultaba algo aterrador? ¿Recuerdas que, entre más tiempo evitábamos mirar, más difícil se hacía abrir esa puerta?

Cuando era niño, estas cosas me obsesionaban al punto de hacerme evitar cierta zona de la casa, pero al final, cuando me encontraba solo, me sentía obligado a enfrentar lo desconocido. Un día me paré frente a la puerta del ático y permanecí ahí muchísimo tiempo con el corazón latiendo a toda velocidad. Necesité toda la fuerza que poseía aquel joven yo para abrirla.

Esperé en el umbral, pero no sucedió nada. Entré poco a poco, centímetro a centímetro, hasta que estuve de pie en medio de la negrura. Me quedé ahí más tiempo, hasta que mi respiración desaceleró y, para mi sorpresa, mis ojos se acostumbraron a la oscuridad. Poco después pude explorar las viejas y mohosas cajas, y encontré fotografías de mi abuelo y del abuelo de mi abuelo, al único que me parezco en mi familia. Ver esas imágenes me abrió a ciertos aspectos de mi espíritu.

Al parecer, sin importar qué puerta o miedo sea, ya sea el miedo al amor, a la verdad o incluso a la posibilidad de la muerte, todos tenemos una opción constante: evitar esa parte de nuestra casa o abrir la puerta y averiguar más sobre nosotros mismos. Basta con esperar a que lo que está oscuro se vuelva visible.

- *Siéntate en silencio y piensa en una puerta que te dé miedo abrir y atravesar.*
- *Por el momento, solo respira y visualiza, acostúmbrate al umbral.*
- *Respira hondo y siéntete a salvo alrededor de la puerta cerrada, prométete que volverás cuando te sientas más fuerte.*

13 DE ENERO

Por qué nos necesitamos los unos a los otros

Un niño ciego,
guiado por su madre,
mira las flores del cerezo...
—Kikaku

¿Quién sabe lo que un niño ciego puede ver en las flores del cerezo o en las aves que cantan? ¿Quién sabe lo que vemos desde la privacidad de nuestra propia ceguera? Porque, aunque no lo creas, todos estamos ciegos de alguna forma en particular, e igualmente, todos poseemos una visión única.

Piensa en cómo nos ciegan nuestros miedos. Si tenemos miedo a las alturas, estamos ciegos frente a la humildad que ofrecen las perspectivas vastas. Si tememos a las arañas, estamos ciegos frente al esplendor y al peligro de las telarañas. Si tememos a los espacios pequeños y cerrados, estamos ciegos frente a los secretos de la soledad repentina. Si tememos a la pasión, estamos ciegos frente al consuelo de la unidad. Si tememos el cambio, estamos ciegos frente a la abundancia de la vida. Si la vida nos aterra, estamos ciegos frente al misterio de lo desconocido. Y, dado que tener miedo es muy humano, nuestra ceguera es inevitable, es un dilema que debemos enfrentar y superar.

Tomando esto en cuenta, el breve poema de Kikaku nos sirve como una parábola interior, porque a lo largo de nuestra vida, todos caemos y luchamos sin cesar, entramos y salimos de las relaciones, así como también entramos y salimos de la gracia de la totalidad oculta de la existencia. Esta es, en parte, la razón por la que nos necesitamos los unos a los otros: porque, a menudo, nuestras relaciones nos ayudan a experimentar la unidad de las cosas. Hacemos esto a lo largo de nuestra existencia, nos turnamos para ser el niño ciego, la guía amorosa, la inocente flor de cerezo, pero nunca sabemos a quién deberemos encarnar sino hasta que hemos aprendido lo que necesitamos aprender.

- *Cierra los ojos y repite el haiku de Kikaku tres veces. En cada ocasión, identifícate con un personaje distinto.*
- *La primera vez, respira lento y conviértete en el niño ciego que admira las flores de cerezo que no puede ver.*
- *La segunda vez, respira hondo y conviértete en el otro ser amoroso, quien guía a su hijo para que aprecie una belleza que puede compartir, pero que nunca experimentará de la misma manera que los otros.*
- *La tercera vez, respira sin pensar y transfórmate en la flor de cerezo, la cual hace que se detengan tanto quienes ven, como quienes no ven.*

14 DE ENERO

La vida de la experiencia

Incluso si divisamos a Dios,
en el camino habrá cortadas, espinas, quemaduras.

Muy a menudo anticipamos la recompensa que vendrá al descubrir una verdad. Asimismo, por realizar un esfuerzo, esperamos dinero y reconocimiento; por realizar un sacrificio y ser amables, en secreto, esperamos amor y aceptación; si somos honestos, esperamos justicia. Pero como todos sabemos, la vida de la experiencia se despliega con una lógica propia y, con mucha frecuencia, el esfuerzo es notado, la amabilidad agradecida y el riesgo de decir la verdad es considerado la base de la forma en que se relacionan los seres humanos. No obstante, la recompensa por respirar no es un aplauso, sino el aire mismo; la recompensa por escalar no es un ascenso laboral, sino una nueva perspectiva; y la recompensa por la amabilidad no es ser considerado gentil, sino percibir la electricidad que nos mantiene vivos.

Parecería que, entre más nos acercamos al centro de todo ser, más se tornan sinónimos el esfuerzo y la recompensa. ¿Quién lo habría imaginado? El premio por revelar la verdad es la experiencia de ser honesto, la recompensa por entender es la paz de saber, la recompensa de amar es ser el portador del amor. Todo se vuelve sencillo de una forma elusiva. El único propósito del río es transportar agua y, a medida que esta torna más profundo y ancho su lecho, el río logra aún más su propósito. De la misma manera, el lecho del río es el corazón que, desgastado y abierto al tiempo, transporta lo vivo.

Todo esto nos indica que ninguna cantidad de reflexión puede suprimir el asombro y el desconsuelo de estar vivos. Ningún muro, evasión o negación, ninguna causa y ninguna excusa puede evitar que lo crudo de la vida fluya por nosotros y nos atraviese. Esto podría parecer devastador en ocasiones, pero en realidad es reconfortante porque, aunque la impermanencia de la vida es fija, puede tornarse aterradora e inquietarnos con la inminente llegada de la muerte. Por otra parte, si le permitimos extenderse en su estructura infinita, también puede calmarnos al hacernos comprender que incluso el dolor más profundo pasará.

- *Visualiza un momento reciente de desilusión.*
- *¿Esperabas en secreto un resultado o respuesta particular?*
- *En lugar de enfocarte en el hecho de que lo que esperabas no sucedió, trata de entender lo que había en el fondo de dicha esperanza: ¿Deseabas ser escuchado, aceptado, amado? ¿Deseabas ser visto como una persona valiosa o solo necesitabas que te abrazaran?*
- *Acepta esta desilusión y trata de entender lo que recibiste de la vida de la experiencia.*

15 DE ENERO

¿A qué sabe?

Entre más espaciosa y amplia sea nuestra naturaleza fundamental,
más soportable será el dolor de la vida.
—Wayne Muller

Un anciano sabio hindú se cansó de que su aprendiz se quejara, así que, una mañana, lo envió por un poco de sal. Cuando el infeliz joven volvió, el sabio le dijo que colocara un puñado de sal en un vaso con agua y que lo bebiera.

—¿A qué sabe? —preguntó el maestro.

—Amargo —contestó el aprendiz escupiendo.

El maestro rio entre dientes y enseguida le pidió al joven que tomara un puñado igual de sal y lo dejara caer en el lago. Caminaron juntos en silencio hasta el lago cercano y, una vez que el aprendiz hubo arrojado la sal al agua, el maestro volvió a hablar.

—Ahora bebe agua del lago.

El aprendiz bebió y el agua le escurrió por la barbilla.

—¿A qué sabe? —preguntó el maestro de nuevo.

—Fresca —dijo el aprendiz.

—¿Percibiste la sal? —continuó el maestro.

—No —dijo el joven.

Entonces el maestro se sentó al lado del adusto aprendiz que tanto le recordaba a sí mismo y lo tomó de las manos.

—El dolor de la vida es sal pura, ni más ni menos. La cantidad de dolor continúa siendo la misma, siempre la misma, pero la cantidad de amargura que percibimos depende del contenedor en que coloquemos el dolor. Cuando sufres, lo único que puedes hacer es aumentar tu noción de las cosas… Deja de ser un vaso, conviértete en un lago.

- *Encuentra tu centro y enfócate en un dolor que albergues.*
- *En lugar de tratar de eliminarlo, intenta respirar para superarlo.*
- *En cada inhalación nota el esfuerzo que haces por envolver el dolor.*
- *En cada exhalación trata de aumentar tu noción del yo y permite que el dolor flote en lo profundo de todo lo que nunca conoceremos.*

16 DE ENERO

Digo "sí" cuando quiero decir "no"

y la arruga crece.
—NAOMI SHIHAB NYE

En muchas ocasiones he querido decir "no", pero termino diciendo "sí" porque me da miedo no complacer a otros y porque me aterra que consideren que soy egoísta. Creo que la primera vez que decidí casarme dije "sí" aunque en realidad quería decir "no". Era joven e inexperto en ser yo mismo, así que estuve de acuerdo en ser un pez fuera del agua el mayor tiempo posible con tal de no decepcionar o disgustar. No me sorprende que todo haya terminado mal.

Dado que nos entrenaron para ejercer el sacrificio personal, ¿cuántas veces no hemos tenido la conversación opuesta con nosotros mismos? Nuestra pasión por la vida dice "sí, sí, sí", pero nuestra cautela práctica dice "no seas tonto, sé realista, no te quedes desprotegido". No obstante, cuando pasamos tiempo suficiente en el viaje, llegamos a comprender un aspecto incluso más profundo de esta situación: quienes en verdad nos aman nunca nos pedirán de manera consciente que seamos algo que no somos.

La verdad inquebrantable es que, cuando aceptamos cualquier solicitud, petición o condición contraria a la naturaleza de nuestra alma, el costo es grande: nuestro centro se ve drenado, la preciada vida se fuga. A pesar de las aparentes recompensas que ofrece la docilidad, nuestra alma se cansa de involucrarse en actividades que, de forma inherente, van en contra de su naturaleza.

Cuando abandonamos las calles abarrotadas y observamos un elemento de la naturaleza haciendo lo suyo de cualquier forma, ya sea árbol, alce, serpiente o luz, se vuelve claro que la energía misma de la vida *es* el espíritu que liberan las cosas al ser lo que son. Quienes estamos comprometidos con el amor debemos aceptar que cuidar de nosotros mismos es el río interior que inunda las riberas; y si el río del alma no se puede alimentar de su fuente, es porque el autocuidado no existe.

❄ *Siéntate en silencio y reflexiona respecto a la última vez que dijiste "sí" aunque deseabas decir "no".*

- ❄ *Respira de manera constante y, si puedes, haz que surja la razón por la que no dijiste "no".*
- ❄ *Respira hondo e identifica el costo de no haber dicho lo que en verdad deseabas.*
- ❄ *Inhala lentamente e invita a tu espíritu a hablar de manera directa la próxima vez que te pidan ser cualquier cosa que no seas.*

17 DE ENERO

La fricción de ser visible

Solo arriesgándonos
hora tras hora
vivimos del todo.
—William James

Cuando vivimos lo suficiente, todos llegamos a comprender algo que, sin embargo, es difícil de aceptar: sin importar qué camino decidamos seguir, siempre habrá un conflicto que deberemos enfrentar y negociar. Si elegimos evitar todo conflicto con los otros terminaremos engendrando un venenoso problema con nosotros mismos. De la misma manera, si logramos asistir a nuestra vida interna, a quienes en realidad somos, tarde o temprano generaremos cierto desacuerdo con aquellos que preferirían que fuéramos alguien distinto.

El costo de ser quien eres es que no podrás, de ninguna forma, satisfacer las expectativas de todos y, por lo tanto, será inevitable que surja un conflicto externo con el que tendrás que lidiar: la fricción de ser visible. El costo de no ser quien eres es que, mientras estés ocupado complaciendo a quienes te rodean, una preciosa parte de ti morirá en tu interior y, en este caso, el conflicto que enfrentarás será interno: la fricción de ser invisible.

A mí me ha tomado treinta de mis cuarenta y nueve años darme cuenta de que no ser quien soy es más letal. Y tratar de convertir en una práctica el ser quien soy me ha tomado los últimos diecinueve. Esto significa que todos los días tengo que ser consciente respecto a mi honestidad y resistirme al deseo de acomodar mi verdad para hacerla desaparecer. Implica no permitir que otros me sofoquen o me prohíban ser quien en verdad soy solo porque les incomoda o porque no quieren enterarse.

Los mejores ejemplos son legendarios: Nelson Mandela, Gandhi, Tomás Moro, Rosa Parks; pero no tenemos que ser célebres para empezar, solo necesitamos comenzar diciendo lo que en verdad queremos cenar o cuál película preferimos ver.

- *Encuentra tu centro y reflexiona sobre una decisión que tengas que tomar y que te produzca un conflicto, ya sea en tu interior porque tendrías que reprimir a quien en verdad eres, o entre tú y otros, en caso de que tengas que ejercer tu verdadera personalidad.*
- *Respira de manera constante y siente la fricción de ser invisible y la fricción de ser visible.*
- *Respira lento y entiende que eres mucho más que cualquier momento de conflicto.*
- *Respira hondo y entiende que quien eres puede soportar el conflicto que exige el hecho de vivir.*

18 DE ENERO

La araña y el sabio

Prefiero ser engañado
antes que no creer.

En la India se cuenta una historia sobre un hombre bueno y tranquilo que rezaba todas las mañanas en el río Ganges. Un día, después de sus oraciones, vio en el agua una araña venenosa tratando de salvarse y, formando un cuenco con sus manos, la tomó para colocarla en la orilla. Cuando la soltó sobre la tierra, la araña lo mordió. Aunque no lo supo entonces, las oraciones que había dicho para el mundo diluyeron el veneno.

Al día siguiente sucedió lo mismo. Al tercer día, el buen hombre estaba de nuevo en el río, con el agua hasta las rodillas y, por supuesto, ahí también estaba la araña pataleando con todas sus patas en el agua.

—¿Por qué sigues salvándome y posándome en la orilla? ¿No ves que cada vez que lo hagas te voy a morder? Es mi naturaleza —dijo la araña.

El hombre volvió a formar un cuenco con sus manos alrededor de la araña.

—Y esta es la mía —le dijo al tiempo que la levantaba.

Hay muchas razones por las que podemos ser amables, pero ninguna es tan convincente como el hecho espiritual de que es nuestra naturaleza. Así es como el órgano interior del ser continúa latiendo. Las arañas muerden, los lobos aúllan, las hormigas construyen pequeños montículos que nadie ve, y los seres humanos se ayudan y animan entre sí sin importar las consecuencias ni el hecho de que otros muerdan.

Algunos dicen que somos un montón de bobos por hacer esto y porque nunca aprendemos, pero en mi opinión, actuar así nos hace tan hermosos como las bayas que sobreviven al hielo y la nieve cada primavera. Esto es lo que alimenta al mundo en silencio. Después de todo, las bayas no tienen ninguna noción del propósito ni de la caridad, no son altruistas ni se sacrifican a sí mismas, solo crecen hasta volverse deliciosas porque esa es su naturaleza.

Y, en cuanto a nosotros, si algo cae a la tierra, lo tomaremos; si algo se quiebra, lo uniremos de nuevo; si un ser querido llora, trataremos de consolarlo… porque es nuestra naturaleza. Es cierto que, en ocasiones, me he acercado a alguien y he sentido que cometí un error, pues al igual que a aquel amable hombre que rescataba a la araña, a veces, a mí también me han mordido. Sin embargo, no importa, porque esta es mi naturaleza, es la naturaleza de todos nosotros. Acercarse e intentar el contacto humano es más trascendente que la mordedura y, para ser franco, prefiero ser engañado antes que no creer.

- ❆ *Recuerda un momento en que hayas sido amable sin ninguna razón. Pudo ser algo tan simple como levantar un objeto que se le cayó a un desconocido o dejar una manzana para que las aves hambrientas la encontraran en su camino.*
- ❆ *Reflexiona respecto a lo que este tipo de actos ha hecho por ti. Después de ser amable, ¿te sentiste más ligero, vigoroso o joven? ¿Sentiste tu corazón más abierto?*
- ❆ *Comienza tu día sin la intención consciente de ser amable, más bien, inícialo con una visión generosa que te permita, de manera orgánica, ser quien eres y hacer lo que dicte tu naturaleza.*

19 DE ENERO

Recordar y olvidar

¿Qué puedo hacer para siempre
recordar quién soy en realidad?
—Juan Ramón Jiménez

Casi todos buscamos maneras de descubrir quiénes ya somos. En este sentido, somos una especie olvidadiza. Quizá lo que sucedió a Adán y Eva cuando los sacaron del Paraíso fue que perdieron la capacidad de recordar lo sagrado.

Es por esto que siempre corremos hasta las montañas y los ríos, hasta los mares más alejados y hacia los brazos de desconocidos: porque queremos que algo nos sacuda hasta recordar. Algunos llevamos una vida simple con la esperanza de practicar cómo no olvidar. Sin embargo, parte de nuestro viaje implica olvidar y recordar, es parte especial de lo que nos hace humanos.

Pero entonces, ¿qué podemos hacer? No es ningún secreto que la lentitud recuerda y la premura olvida, que la suavidad recuerda y la brusquedad olvida, que sucumbir recuerda y el temor olvida.

Recordar quiénes somos en verdad es muy hermoso y difícil, pero podemos ayudarnos cada vez que llenemos la copa de la verdad y nos abracemos tras haber bebido de ella.

- *Si puedes, siéntate en silencio y recrea un lugar que no sientas demasiado presente.*
- *Respira lento y ve adentrándote en ese sitio; recuerda que si nos sentimos adormecidos es porque hemos olvidado. Avanza con calma hacia el recuerdo.*
- *Respira con sosiego en ese lugar, imagina que tu aliento es agua purificadora.*
- *Después de un rato trata de recordar la última vez que sentiste algo en ese lugar.*

20 DE ENERO

Sentirse complacido con facilidad

La clave para conocer la alegría
es ser fácil de complacer.

A muchos nos educaron para pensar que ser peculiares respecto a lo que deseamos es indicador de buen gusto y que el hecho de no sentirnos satisfechos a menos de que se cumplan nuestras exigencias es una señal de experiencia y sofisticación. Recuerdo que en una ocasión asistí a una fiesta en la que una mujer dijo que no aceptaría su bebida a menos que la prepararan con cierta marca de vermut. De hecho, estaba indignada de que no la tuvieran. También recuerdo haber ido a cenar con un colega que forzosamente quería que su filete lo prepararan de una manera específica y complicada, como si su necesidad de ser distinto fuera su sello público. Recuerdo haber visto a hombres y mujeres inteligentes circunscribir su área de soledad con exigentes criterios que nadie podía cumplir para hacerles compañía. Incluso yo solía tener un estándar de excelencia respecto al tipo de arte que me parecía aceptable.

A menudo, este tipo de criterio es asociado con un alto nivel de estándares, pero en realidad, solo hace que nos aislemos, impide que la vida nos toque, nos hace racionalizar la noción de que somos más especiales que quienes no pueden cumplir con nuestro nivel de exigencia.

Pero la devastadora verdad es que, así como yo lo aprendí estando enfermo, la excelencia no te puede abrazar por la noche. Asimismo, ser exigente y sofisticado no te ayudará a sobrevivir. Una persona que se está muriendo de sed no preguntará si el agua tiene cloro o si fue recolectada al pie de las montañas de Francia.

Aceptar la vida que llega a nosotros no significa negar ni sus dificultades ni sus desilusiones, sino comprender que incluso en las dificultades se puede encontrar la alegría; no significa exigir que nos traten de manera especial en todo momento, sino aceptar la exigencia de lo sagrado: tratar como especial todo lo que se nos presente.

Y, a pesar de todo, nos siguen enseñando que debemos desarrollar preferencias como sello de nuestra importancia y posición en la vida. De hecho, quienes no tienen preferencias, quienes aceptan cualquier cosa que les pongan enfrente, suelen ser vistos como simplones o pueblerinos.

No obstante, el hecho de que tanto los sabios como los niños se satisfagan con facilidad al recibir lo que se les ofrece cada día es prueba de una inocencia muy profunda.

Entre más despierto a esta vida, más me doy cuenta de que Dios está en todos lados y de que, debajo de la piel de todo lo ordinario, lo extraordinario espera en silencio. La luz está tanto en la botella quebrada como en el diamante; la música se encuentra tanto en las fluidas melodías del violín como en el agua que gotea del ducto del drenaje. Y, en efecto, si estamos dispuestos a permanecer donde nos encontramos, descubriremos que Dios está debajo del porche y en la cima de la montaña, que el gozo se sienta en la primera fila y en las últimas gradas.

- *Encuentra tu centro y recuerda un momento en que hayas sido demasiado exigente o particular, en que hayas ido más allá de la necesidad de cuidarte bien a ti mismo.*
- *Reflexiona sobre lo que en verdad estabas pidiendo al ser tan exigente.*
- *Si lo que necesitabas era atención, reconoce ahora esa necesidad mientras respiras y presta atención a todo lo que está cerca de ti.*
- *Si necesitabas ser considerado especial, exhala esa necesidad ahora y considera especial lo que tienes frente a ti.*
- *Si necesitabas ser amado, deja ir esa necesidad ahora y ama todo lo que aparezca en tu camino.*
- *Inicia tu día y da a otros lo que tú necesites. Con el paso del tiempo, siente cómo el mundo te lo ofrece de vuelta.*

21 DE ENERO

Ver con amor

La iluminación es la intimidad con todas las cosas.

—Jack Kornfield

Todos giramos de forma repetida de la ceguera al esplendor, de la división a la integridad. Tenemos el impulso de permanecer en contacto con todo lo que está vivo y nos impide mantenernos perdidos. Es el impulso de ser íntimo.

Esto me recuerda a Jacques Lusseyran, un joven ciego francés que, cuando aprendió a navegar entre las otras formas de vida en su oscuridad, se topó con el secreto de una vida no dividida. Lusseyran dijo: "Es más que verlas, es sintonizarse con ellas y permitir que la corriente que poseen se conecte con la de uno, como si fuera electricidad. Dicho de otra forma, significa dejar de vivir frente a las cosas y empezar a vivir con ellas. No importa si suena demasiado fuerte, porque esto es el amor".

Vivir con las cosas y no solo frente a ellas, dejar de solo observar y darse cuenta de que formamos parte de todo lo que contemplamos, ese es el amor que nos hace volver a la integridad una y otra vez cuando estamos divididos. Admitir nuestro vínculo con todo es la manera en que conservamos nuestro bienestar: es amar. Permitir que la corriente del interior de alguien más se vincule con la nuestra es el principio de la intimidad y la iluminación.

- *Cierra los ojos y permanece inmóvil hasta que puedas sentir la presencia de las cosas que te rodean.*
- *Respira con suavidad y siente la corriente de su silencio.*
- *Respira de manera estable y abre tu corazón a todo lo que percibas.*
- *Siente la electricidad del ser, la que nutre al mundo.*

22 DE ENERO

Dos, ¡no!

Para llegar a un acuerdo
solo di: "Dos, ¡no!".
—Seng-Ts'an

Hace casi mil cuatrocientos años, uno de los primeros sabios chinos que conocemos le ofrecía esta breve respuesta a quienes lo molestaban e insistían en que los aconsejara: "Dos, ¡no!".

Esta respuesta es igual de pertinente que misteriosa. Para encontrarle sentido necesitamos comprender lo implícito, es decir, que todo lo que divide y separa nos aleja de lo sagrado y, por lo tanto, debilita nuestras posibilidades de gozo.

¿Cómo es posible? Para entenderlo debemos abrirnos a una verdad incluso más profunda: todo de lo que tú, yo y la gente desconfiamos, e incluso todo a lo que le tememos, en el fondo tiene el mismo pulso de vida que palpita por debajo de las distracciones y las preferencias que podamos inventarnos.

Una vez que nos dividimos del latido común de la vida, nos separamos de su abundancia y su fuerza, de la misma manera que sucede cuando un órgano extraído del cuerpo perece. Por eso, para encontrar la paz y vivir en ella, necesitamos continuar restaurando nuestra unidad original. Necesitamos experimentar aquel ancestral y fundamental pulso que compartimos con todo lo que existe. Al sentir este pulso común, empezamos a crecer de nuevo con la fuerza de todo lo que vive.

A pesar de todo, siempre que nos enfrentamos a diversas opciones, solemos extraviarnos. Alrededor de las decisiones se genera tensión porque de inmediato separamos y designamos unas como buenas y otras como malas. Caemos en la noción de "esto o aquello", en la idea de que una forma es correcta y la otra incorrecta. Al premiar lo que preferimos, empezamos a sentir una especie de sed por algo en particular a lo que, alcanzado, le llamamos "éxito" y, cuando no, le llamamos "fracaso". Todo esto nos hace empezar a sentir la sofocante presión de no cometer un error terrible y por eso a menudo nos sentimos confundidos y obstaculizados, porque olvidamos que, más allá de nuestra costumbre de ordenar todo y dividirlo en bueno y malo, correcto e incorrecto, éxito y fracaso, todas las opciones continúan poseyendo la verdad y la fuerza de la vida sin importar lo que prefiramos.

Es cierto que compartir un pulso común no significa que todo sea igual, las cosas son infinitas en la manera en que difieren y, al enfrentarnos con la riqueza de la vida, no podemos ponderar todo como si fuera lo mismo. Sin embargo, cuando creemos que solo lo que deseamos posee el oro, aquello de lo que carecemos nos deprime con facilidad. Entonces sentimos el martirio de lo que percibimos como la diferencia entre el aquí y el allá, entre lo que poseemos y lo que nos hace falta.

Aún necesitamos discernir entre las diez mil cosas que encontramos, pero al sostenerlas frente a la luz de nuestro corazón, podemos decir: "Dos, ¡no! ¡Solo una!" y darnos cuenta de que no hay decisiones equivocadas, solo senderos inesperados.

- *Reflexiona respecto a una opción que tengas frente a ti.*
- *Identifica las distintas opciones que se te presentan.*
- *Trata de no ver tus opciones a través de la urgencia de lo que prefieres, enfócate en la experiencia que cada una podría ofrecerte.*

- *Trata de no vincular tu noción de identidad con ninguna de estas opciones.*
- *Si no obtienes lo que deseas, no lo veas como un fracaso, sino como una oportunidad inesperada.*

23 DE ENERO

Llegar a lo que importa

Si en verdad quieres que te entiendan,
necesitas repetirlo todo tres veces,
de tres maneras distintas.
Una vez para cada oreja…
y otra para el corazón.
—Paula Underwood Spencer

Durante muchos años sentí que nadie me prestaba atención, tanto, que cuando me preguntaban algo tras haber revelado lo que sentía en mi corazón, creía que se trataba de una forma de rechazo o crítica. A menudo, sin embargo, solo se trataba de alguien que quería entenderme. Lo que yo debía hacer en realidad era detectar lo inefable y tratar de expresarlo de nuevo.

He aprendido que el verdadero diálogo exige que tanto el orador como el escucha intenten llegar a lo que importa varias veces porque, en ocasiones, la verdad es susurrada justo cuando tengo que toser o porque tu corazón se abre y se cierra precisamente cuando me está costando trabajo aterrizar una idea.

Mucho depende del momento oportuno, por eso he aprendido a no repetirme en vano. Si aquel que está frente a mí es sincero y honesto, trato de interpretar lo que importa como si fuera una melodía sin compás ni tiempo, y la repito y la repito.

- *Esta es una meditación hablada. Siéntate al lado de un ser querido y tomen turnos para detectar lo inefable.*
- *Primero dile a esa persona querida lo que sientes por ella.*
- *Luego permanece un momento en silencio y repite lo que sientes.*
- *Después de otra pausa en silencio, tómense de las manos y di lo que sientes por última vez.*

24 DE ENERO

El pensamiento milagroso

> Hay dos formas de vivir tu vida.
> Una es como si nada fuera un milagro,
> la otra es como si todo fuera un milagro.
> —Albert Einstein

La preocupación no tiene fin porque tampoco tiene fin lo que existe más allá de nuestra vista, de nuestros pequeños ojos. Por eso la preocupación es una manera de apostar a lo que podría o no suceder.

Esto me recuerda a un amigo a quien se le ponchó un neumático en un camino rural. Al descubrir que no tenía gato hidráulico, caminó con la esperanza de encontrar a un granjero que vivía cerca de ahí para pedirle ayuda. Empezó a oscurecer y el ruido de los grillos aumentó. Mientras avanzaba por el camino cubierto por la hierba empezó a lanzar los dados de la preocupación en su mente. "¿Qué pasará si el granjero no está en casa? ¿Qué tal si está en casa, pero no me quiere prestar su gato hidráulico? ¿Qué pasará si no me permite usar su teléfono? ¿Qué tal si le causo temor? ¡Nunca le he hecho nada malo! ¡¿Por qué no me permitiría usar su teléfono?!"

Para cuando tocó a la puerta del granjero, mi amigo estaba tan preocupado por todo lo que podría salir mal que, al ver al anciano y amigable granjero abrir la puerta, solo gruñó: "Está bien, ¡guárdese su maldito gato hidráulico!".

Ser humanos nos obliga a lidiar de manera constante con el hecho de permanecer en el milagro de lo que es y no caer en el agujero negro de lo que no es. Es un desafío muy antiguo. Hace siglos, el poeta sufí Ghalib dijo: "Cada partícula de la creación canta su propia canción de lo que es y de lo que no es. Escuchar lo que es puede volverte sabio, escuchar lo que no es puede volverte loco".

- *Siéntate en silencio y piensa en una situación que te cause preocupación.*
- *Respira lento y, mientras inhalas, enfócate en aceptar lo que es. Permite que te habiten tanto los regalos como las dificultades de la realidad en que te encuentras.*

- *Respira de manera regular y, cuando exhales, enfócate en liberar lo que no es. Trata de dejar ir todos los resultados imaginarios que todavía no son reales.*
- *Instálate en el milagro de lo que es.*

25 DE ENERO

Ámate a ti mismo

Empiezo a comprender que,
al investigar sobre mi origen y mi objetivo,
también estoy investigando respecto a algo más que yo mismo...
Al descubrir esto comienzo a reconocer
el origen y el objetivo del mundo.
—Martin Buber

Al amarnos a nosotros mismos, también amamos al mundo. Porque, al igual que el fuego, la piedra y el agua están constituidos por moléculas, todo está conectado por un fragmento del inicio, incluso tú y yo.

Pero ¿cómo nos amamos a nosotros mismos? A veces, es tan difícil como tratar de ver tu nuca. Puede ser igual de elusivo que necesario, yo lo he intentado y he fallado en muchas ocasiones, solo puedo decir que amarte a ti mismo es como alimentar a un ave transparente que nadie más puede ver. Debes mantenerte inmóvil y extender tu palma colmada de secretos como si fueran semillas delicadas. Mientras el ave coma tus secretos, ahora revelados, resplandecerá y tú te sentirás ligero; su voz, que solo tú podrás escuchar, será tu voz libre de cualquier plan. Y la luz que atravesará su cuerpo te bañará hasta que te preguntes por qué las gemas que ahora tienes en la palma de tu mano estuvieron antes encerradas en tu puño. Muchos pensarán que te volviste loco porque puedes ver algo que ellos no, pero el ave transparente solo querrá alimentarse, volar y cantar, solo quiere albergar la luz en su vientre. Y, en algún momento, cuando alguien llegue a amarte lo suficiente, podría ver al ave elevarse del nido cubierto por tu miedo.

Así fue como aprendí que amarse a uno mismo exige un valor como ningún otro, nos exige creer en y serle leal a algo que nadie más puede ver y que nos mantiene en el mundo: nuestra autoestima.

Todos los grandes momentos de concepción, como el nacimiento de las montañas, de los árboles, de los peces y los profetas, y la verdad de las relaciones duraderas, se producen donde nadie puede ver. Nuestra labor consiste en no permitir que se extinga lo que tuvo un inicio tan hermoso. Porque, una vez que lo imbuye la luz, todo hace una travesía segura que, aunque no está libre de dolor, tampoco implica una carga imposible, y el aire debajo de tus alas es el mismo que vibra en mi garganta, y los bancos vacíos en la nieve forman parte de nosotros, tanto como las figuras vacías y encorvadas que se sientan en ellos en la primavera.

Cuando creemos en lo que nadie más puede ver, nos encontramos entre los otros, y todos los momentos de la vida, sin importar cuán arduos sean, regresan a una especie de punto central en el que el yo y el mundo nos volvemos uno, un punto hacia el que la luz fluye y del que se escapa al mismo tiempo. Una vez ahí, comprendo, volviendo real lo que tengo frente a mí, que este momento, sin importar lo que sea, es un momento relevante para vivir y un buen instante para morir.

- ❄ *Siéntate en silencio, permite que cada respiración te lleve a una zona más profunda de tu centro y, sin organizar ni seleccionar lo que encuentres, cobra conciencia de una parte antigua y original de quien eres. Podría ser tu risa o tu necedad, tu amor por las flores o por la lluvia.*
- ❄ *Cuando comiences tu día, conserva en tu respiración esa parte antigua y original de ti.*
- ❄ *Ábrete a la posibilidad de encontrar esta profunda parte de ti en otros, pues el mismo viento acaricia a muchas hojas.*

26 DE ENERO

Ser gentil
I

Con frecuencia dices: "Daría,
pero solo a quienes lo merecen".
Sin embargo, los árboles en tu huerto
no dicen eso, tampoco los rebaños
en tus pasturas.
Ellos dan para poder vivir, saben que
retener implica perecer.
—KAHLIL GIBRAN

El grandioso y fiero místico William Blake dijo: "No hay ningún acto más sublime que el de privilegiar a otro antes que a ti". Con ello se refería a una desinteresada generosidad que parece ser la base del amor significativo. Sin embargo, tras haber lidiado toda una vida con la tendencia a permitir que las necesidades de otros me definieran, he comprendido que, sin la forma más sana de amor por uno mismo, sin honrar la esencia de la vida que el llamado "yo" porta de la misma forma que la vaina porta la semilla, privilegiar a otro antes que a ti puede dar como resultado un autosacrificio dañino y una codependencia infinita.

En un esfuerzo por no desilusionar a otros, a lo largo de muchos años y de muchas maneras distintas, he reprimido mis propias necesidades y reflexiones, incluso cuando nadie me lo pidió. Pero esto no solo me sucede a mí ya que, en esta travesía para aprender a ser buenos, a todos nos han pedido que luchemos con un dilema falso: ser amables con nosotros mismos o con otros. En realidad, ser amable con nosotros es un prerrequisito para serlo con los demás. Honrarnos a nosotros es, de hecho, la única manera duradera de liberar y ofrecer una desinteresada y legítima gentileza.

Yo creo que, como dijo Mencio, nieto de Confucio, de la misma manera en que la corriente de agua fluirá hacia el pie de la colina si no encuentra obstáculos, si a nosotros nos dan la oportunidad de ser quienes somos, también nos extenderemos en nuestra gentileza. Por esta razón, la verdadera y duradera práctica consistirá en eliminar lo que nos obstruye e impide ser quienes somos sin guardarnos nada. Si logramos trabajar y avanzar hacia este tipo de autenticidad, la gentileza viva, el agua de la compasión, fluirá de manera natural. No necesitamos disciplina para ser amables, solo mantener el corazón abierto.

- *Encuentra tu centro y reflexiona sobre el agua de la compasión que forma un estanque en tu corazón.*
- *Mientras respiras, permite que fluya sin esfuerzo, dejando que se integre al aire que te rodea.*

27 DE ENERO

Ser gentil
II

Amamos lo que cuidamos.
—Mwalimu Imara

Hubo una vez dos hermanos que nunca se llevaron bien. Uno de ellos siempre atacaba lo que se aparecía en su camino y siempre estaba en busca del siguiente tesoro mientras aún tenía en sus manos el anterior. Agitaba su escudo y maldecía todo lo que tocaba. El otro hermano caminaba en el campo con muy poca protección y cuidaba las cosas a su paso. Se detenía a atender cada hoja, rama y piedra quebrada que encontraba. Bendecía todo lo que tocaba.

Esta breve historia nos dice que cuando nos atrevemos a ir más allá de lo oculto, se establece una ley insondable. Cuando desnudamos por completo nuestro interior y exponemos nuestra fortaleza y fragilidad por igual, descubrimos un parentesco con todas las cosas vivas y de ahí surge una gentileza que se mueve a través de y entre nosotros. El misterio radica en que ser auténtico es lo único que nos puede revelar nuestro parentesco con la vida.

De esta manera podemos desplegar lo contrario de la verdad de Blake y decir que no hay acto más sublime que ponerse a uno mismo antes que a otro. No antes de otro como cuando se llega primero sino, más bien, abriéndote y exponiendo tu esencia frente a aquel. Solo cuando somos así de auténticos es posible conocer nuestro verdadero parentesco y liberar la amabilidad.

Es por esto que, aunque no lo admitamos, nos sentimos conmovidos cuando los desconocidos bajan la guardia y se muestran ante nosotros. Es por esto que nos detenemos a ayudar al herido y al auténtico. Privilegiarnos y colocarnos por completo frente a otro hace que el amor sea posible, de la misma manera en que la obstinada tierra se suaviza cuando se encuentra frente al mar.

- *Coloca frente a ti uno de tus objetos favoritos y, mientras respiras, colócate por completo frente a él y percibe lo que hace que sea especial para ti.*
- *Respira y reflexiona sobre el lugar en ti de donde proviene esa particularidad.*
- *Continúa respirando de manera constante, sabiendo que esta particularidad es un parentesco entre tu objeto favorito y tú.*
- *A lo largo de tu día, tómate un momento para colocarte por completo frente a algo que te resulte nuevo y, mientras respiras, trata de percibir el parentesco que tienes con ello.*

28 DE ENERO

Encuentro con el mundo

Debes lograr que el mundo exterior
converja con tu mundo interior;
de otra manera, la existencia te destruirá.

Hay un viento que no ha dejado de soplar desde el principio de los tiempos y que en todas las lenguas habladas continúa susurrando: "Debes lograr que el mundo exterior converja con tu mundo interior; de otra manera, la existencia te destruirá". Si lo interior no se encuentra con lo exterior, nuestra vida colapsará y desaparecerá. Aunque con frecuencia pensamos que ocultar nuestro interior nos protegerá o salvará de alguna forma, en realidad sucede lo contrario. El corazón es como un globo milagroso, su ligereza es producto de que permanezca lleno. Lo que impide el colapso es el encuentro de nuestros días con el corazón.

Por eso las viudas de casi cien años continúan comprometidas con cuidar las pequeñas flores durante la primavera; por lo que, aunque tengan muy poco que comer, los niños de diez años se ocupan de los gatitos perdidos y los estrechan contra su huesudo pecho; por lo que los pintores que se están quedando ciegos pintan más; por lo que los compositores que se están quedando sordos componen sinfonías imponentes. Es por eso que, cuando pensamos que nos es imposible volver a intentarlo, emitimos un suspiro que se remonta a siglos atrás y, luego, a pesar de todas nuestras experiencias, inhalamos y volvemos a tratar.

- *Encuentra tu centro y respira lento y profundo.*
- *Mientras respiras, siente tus pulmones llenarse y vaciarse como un globo.*
- *Al respirar, date cuenta de que tu corazón se llena y se vacía con un aire interior.*
- *A lo largo de tu día, cada vez que te sientas abrumado, permite que ese aire interior se encuentre con el mundo exterior.*

29 DE ENERO

El claro inmaculado

Estoy demasiado solo en el mundo,
pero no lo suficiente para
hacer que cada momento sea sagrado.
—Rainer Maria Rilke

Parece que hay dos maneras básicas de sentir la plenitud de la vida y ambas surgen de la autenticidad de nuestras relaciones. Una proviene de nuestro amor por la vida y la otra de nuestro amor por el otro.

Si nos tomamos el tiempo necesario y nos arriesgamos a permanecer solos hasta que el resplandor de la vida se presente en nuestra soledad, a menudo podremos descubrir los milagros de la vida. Esta es la recompensa de toda meditación. Es como tomar el sendero de la soledad y avanzar en él lo bastante para ahondar en el bosque y llegar a ese claro inmaculado.

También podemos llegar ahí si nos tomamos el tiempo necesario y nos arriesgamos a estar de forma plena con los otros. Esta es la recompensa del amor.

No obstante, el obstáculo que con más frecuencia nos impide experimentar la plenitud de la vida, y que he enfrentado en muchas ocasiones, es la duda que no nos deja estar totalmente solos con la vida o solos con el otro.

Estar a medias en cualquier lugar es el verdadero inicio de la soledad.

- *Siéntate en silencio y permite que algo de la soledad que reside en ti emerja hacia tu conciencia.*
- *Respira lento y, si te es posible, siente hacia dónde te debes inclinar más: ¿hacia ti mismo o hacia el mundo?*
- *Respira hondo y trata de mover tu corazón en esa dirección.*

30 DE ENERO

Ser un peregrino

Viajar sin que el viaje te cambie
es ser nómada.
Cambiar sin viajar
es ser un camaleón.
Viajar y que el viaje te transforme
es ser un peregrino.

Todos empezamos como peregrinos, deseando viajar y con la esperanza de que el viaje nos transforme, pero, así como es imposible escuchar durante mucho tiempo la totalidad de una sinfonía interpretada por una orquesta antes de sentirnos atraídos solo a lo que toca el piano o el violín, la atención que le ponemos a la vida se escapa y de pronto experimentamos a las personas y los lugares de manera individual, sin que la relación entre ellos, su integridad, ejerza un efecto en nosotros. A veces, como nos sentimos aislados e inseguros, con tal de complacer o eludir a otros modificamos u ocultamos lo que vive en nuestra intimidad.

El valor de esta reflexión no consiste en usarla para juzgarnos o reprendernos, sino para ayudarnos entre nosotros a comprender que la integridad es un proceso infinito en el que tenemos que permitir que nuestra experiencia interior se complete con la exterior a pesar de nuestras fallas humanas.

Estas cosas las comprendo muy bien porque transgredo sus reglas con mucha frecuencia. Sin embargo, yo, como tú, me considero un peregrino del tipo más amplio, alguien que viaja más allá de un solo credo o tradición y que se dirige al atrayente y recurrente espacio en que reconocemos el momento que nos transforma. Es un misterio que —a pesar de lo elusivo del instante en que el ojo es lo que ve y el corazón lo que siente— nos muestra que lo real es sagrado.

- *Encuentra tu centro y, sin juzgar, recuerda un momento en que te hayas negado a que tu experiencia te cambiara. Solo siente la presencia de ese instante.*
- *Mientras respiras, recuerda un momento en el que hayas cambiado para complacer o evitar a alguien más. Nuevamente, solo siente la presencia de aquel instante.*
- *A medida que te relajas, trae a la mente una ocasión en la que emprendiste un viaje y fuiste transformado por él. Siente la presencia de ese instante.*
- *Sin juzgar, agradece y acepta todo lo que es. Da gracias por ser humano.*

31 DE ENERO

La práctica

Como el hombre que en su último aliento
deja ir todo lo que carga,
cada respiración es una breve muerte
que nos puede liberar.

Respirar es la unidad fundamental del riesgo, el átomo del valor profundo que nos conduce a una vida auténtica. Con cada respiración practicamos la apertura, el recibir y el liberar. El maestro está en nuestras narices, literalmente. Cuando nos sentimos ansiosos solo hay que recordar que tenemos que respirar.

Muy a menudo nos comprometemos a cambiar nuestra forma de ser, pero cuando surgen las nuevas situaciones, nos quedamos estancados al reconocer los antiguos reflejos. Cuando el miedo o la ansiedad nos abordan, tenemos el reflejo de aferrarnos, acelerar o eliminarnos a nosotros mismos, pero justo en el instante en que sentimos el reflejo de aferrarnos, es cuando debemos dejar ir. Cuando sentimos la urgencia de acelerar es justo cuando debemos desacelerar. Con frecuencia, cuando tenemos el impulso de huir, es porque estamos ante la oportunidad de enfrentarnos a nosotros mismos. Respirar de manera profunda y meditativa en ese instante puede ayudarnos a romper con el momento de ansiedad y a poner nuestra psique en posición neutral. A partir de aquí, tal vez podamos avanzar en otra dirección.

No me refiero a momentos externos de ansiedad, sino a los instantes íntimos de la verdad. Por supuesto que, cuando un accidente tiene lugar, necesitamos quitarnos del camino; cuando un ser querido cae, necesitamos tratar de sujetarlo. Pero a lo que me refiero es al miedo al amor, a la verdad, a Dios, al cambio y a lo desconocido. Me refiero a cuando sujetamos con fuerza lo que sabemos, incluso si en el proceso resultamos heridos.

Dejar caer todo lo que cargamos, todas nuestras ideas preconcebidas, nuestra lista de las formas en que hemos fallado y de cómo nos han perjudicado los lastres secretos que luchamos por conservar, dejar caer todo el arrepentimiento y las expectativas, le permite a nuestra mentalidad morir. Dejar de pensar todo lo que hemos construido como imperativo nos permite renacer a la simplicidad del espíritu que surge del ser ligero que no arrastra nada.

Imaginar que cambiamos nuestro estilo de vida entero puede resultar abrumador. ¿Por dónde empezamos? ¿Cómo derrumbamos un muro que nos tomó veinticinco o cincuenta años erigir? Un respiro a la vez, una breve muerte a la vez. Dejando caer todo lo que acarreamos un instante a la vez. Confiando en que, si la liberamos, lo que ha soportado la carga nos liberará a nosotros.

❄ *Siéntate a solas en un lugar seguro y piensa en la última situación que te hizo sentir ansiedad.*
❄ *Pregúntate: ¿qué fue lo que te hizo sentir incómodo en particular? Cuando sentiste la tensión, ¿a qué te aferraste en tu mente?*
❄ *Coloca tu incomodidad y tu aferramiento frente a ti.*
❄ *En este lugar seguro, toca lo que te asustó. Ya no puede asustarte más.*
❄ *En este lugar seguro, deja caer aquello a lo que se aferró tu mente. Ya no te puede ayudar.*

- *Repite esta dinámica varias veces mientras respiras lento y profundo.*
- *Respira. Siente en detalle lo que surge en ti sin la incomodidad ni el aferramiento.*
- *Respira. Este es el Dios en ti, inclínate ante él.*

1 DE FEBRERO

Vive con suficiente lentitud

Vive con suficiente lentitud
y solo existirá el origen del tiempo.

Si seguimos cualquier cosa que se encuentre en el acto de ser, un copo de nieve al caer, el hielo derritiéndose o un ser querido caminando, ingresaremos al momento presente del inicio, al instante silencioso a partir del que nace todo respiro. Lo que hace que este momento sea tan crucial es que todo el tiempo está liberando la frescura de la vida. La clave para encontrar ese momento una y otra vez en su nacimiento es aminorar la marcha.

Cuando nos importunan, casi siempre es para pedirnos que desaceleremos. Cada vez que algo retrasa nuestro viaje o que esperamos la cuenta en un restaurant, algo nos invita a abrirnos y mirar alrededor. Al encontrarnos estancados, sin poder avanzar en nuestros serios y ambiciosos planes, con frecuencia algo nos invita a volver a encontrar el inicio del tiempo. Por desgracia, todos tenemos tanta prisa y corremos tan rápido hacia donde queremos llegar, que muchos nos vemos forzados a desacelerar a causa de una enfermedad o de un colapso. Somos criaturas muy graciosas en este sentido. Si pudiéramos observarnos desde muy lejos, veríamos algo parecido a una colonia de insectos estrellándose todo el tiempo con las cosas: miles de pequeñísimos y decididos seres que no dejan de chocar con los obstáculos, que sacuden su cabecita y su cuerpo, y vuelven a avanzar para chocar de nuevo con algo.

Al igual que la Tierra que nos transporta, el suelo de nuestro ser se mueve tan lento que lo damos por hecho, pero si llegaras a sentirte atascado, adormecido o fatigado debido a las pruebas que te impone la vida, desacelera tu pensamiento hasta imitar el paso de las grietas que se ensanchan, desacelera tu corazón ante el paso de la tierra humedecida por la lluvia y espera a que la frescura del principio de los tiempos te reciba.

- *Coloca frente a ti una esponja seca y un vaso con agua, y déjalos ahí un momento.*
- *Encuentra tu centro y permite que la energía de todo lo que se siente urgente pase a través de ti. Exhala y trata de dejarla ir.*
- *Ahora deja caer un poco de agua sobre la esponja y observa cómo se expande mientras respiras lento.*
- *Sigue dejando caer agua en la esponja mientras respiras lento y siente tu corazón abrirse.*

2 DE FEBRERO

Dos corazones que laten

Si colocas en una caja de Petri las células cardíacas
de dos personas distintas,
con el tiempo se encontrarán y mantendrán
un tercer pulso común.
—Molly Vass

En este hecho biológico subyace el secreto de todas las relaciones. Las células han probado que, más allá de cualquier resistencia que podamos oponer y más allá de todos nuestros intentos fallidos, en la naturaleza de la vida misma hay una fuerza esencial unificadora, y que esta habilidad nata de encontrar y animar un pulso común es el milagro del amor.

Esta fuerza es lo que hace que la compasión sea posible e incluso probable. Porque, si dos células pueden encontrar el pulso común subyacente a todo, ¿qué tanto más podrán sentir los corazones enteros cuando todas las excusas se desvanezcan?

Este vigor hacia un pulso común es la fuerza subyacente a la curiosidad y la pasión, es lo que hace que los desconocidos hablen a los desconocidos a pesar de la incomodidad que esto supone. Así es como nos arriesgamos a adquirir conocimiento nuevo porque, si permanecemos inmóviles lo suficiente junto a cualquier ser vivo, el tiempo que sea necesario, encontraremos una manera de entonar la canción que no tenía voz.

No obstante, a veces nos cansamos de pelear con nuestros corazones cuando tratan de unirse y no nos damos cuenta de que tanto la fuerza como la paz provienen de su latido al unísono con todo lo vivo. Es sumamente inspirador que, sin siquiera conocernos, exista un pulso común en todos los corazones y que solo esté esperando ser percibido.

Esto me recuerda cuando el gran poeta Pablo Neruda, cerca del fin de su vida, durante un viaje se detuvo en la mina de carbón Lota, en el Chile rural. Se quedó ahí asombrado mirando a un minero que, con el rostro y el cuerpo ennegrecidos por trabajar bajo la tierra, se acercó a él, lo abrazó y dijo: "Te conocía desde hace mucho tiempo, hermano".

Tal vez ese sea el secreto, que cada vez que nos atrevemos a expresar lo que palpita en lo más hondo, invitamos a otra célula del corazón a encontrar lo que habita entre nosotros y a cantar.

- *Respira profundo y en silencio, siente el latido de tu corazón.*
- *Reflexiona respecto al latido común que producen en su interior las células de tu corazón.*
- *Permite que ese sonido se convierta en un faro para ti.*
- *Cuando inicies tu día, continúa transmitiendo el latido de tu corazón a todo lo que te rodee. Haz esto con tu respiración normal.*
- *Cobra conciencia de los momentos en que te sientes vigorizado o lleno de emoción. Es precisamente en la vida de estos momentos que te encuentras en una relación plena con el mundo.*

3 DE FEBRERO

Anhelo

Antes de parpadear,
ya nos conocemos.

Hablamos antes de hablar, con la mirada y los labios, con la manera en que inclinamos la cabeza, con la forma en que nos desviamos como árboles cansados de esperar al sol. Contamos nuestra historia entera antes de siquiera abrir la boca. Sin embargo, con frecuencia fingimos que nada se transmite, fingimos que somos desconocidos y negamos lo que comprendemos antes de pronunciar siquiera una palabra.

Todos estamos hechos de anhelo y luz, pero se quedan dentro de nosotros porque nos da miedo quedar atrapados, aislados o rechazados de vuelta a la tierra de la que surgimos.

Es suficiente para empezar: saber, antes de que todos los nombres y las historias cubran lo que somos, que deseamos ser abrazados y que nos dejen en paz, solos, una y otra vez. Que nos abracen y nos dejen en paz hasta que este baile se transforme en nuestra manera de sobrevivir y crecer, como la primavera se convierte en el invierno y el invierno en primavera de nuevo.

- *A medida que pase tu día, permite que te inunde lo que aprendas de otros dependiendo de la forma en que su ser te traspase.*
- *Sin decir nada, confiérele una bendición a cada ser a medida que se aleje.*

4 DE FEBRERO

Una serie de puertas interiores

Las cosas en nuestra vida no cambian.
Somos nosotros quienes cambiamos en relación con ellas.
—Molly Vass

Sin importar nuestros dones, nuestras heridas o nuestra situación, sin importar si nos hemos casado en varias ocasiones o si nunca nos hemos enamorado, sin importar si tenemos mucho dinero o si lo necesitamos con urgencia, los problemas fundamentales de nuestra vida no se irán.

Por cada vida que hay en la tierra, también hay una serie de puertas interiores que nadie puede cruzar en lugar de nosotros. Podemos cambiar de empleo o de amantes, viajar por todo el mundo, llegar a ser médicos, abogados o montañistas experimentados o, en acto de nobleza, podemos poner nuestra vida en pausa para cuidar a una madre o un padre enfermo, y cuando terminamos, aunque la distracción podría tomar años, el último umbral que aún no hemos cruzado continuará ahí, esperando. No hay sustituto para el riesgo genuino.

Es aún más extraña la manera en que vuelven las dificultades esenciales que evitamos, a veces regresan con un rostro distinto, pero de todas formas completamos el círculo y volvemos a ellas una y otra vez. Sin importar cuánto tratemos de saltar y hacernos a un lado de lo que tenemos que enfrentar, descubrimos con humildad que ningún umbral se puede cruzar hasta que usamos nuestra valentía para abrir la puerta frente a nosotros. Tal vez la más antigua verdad del autodescubrimiento es que el único modo de pasar es atravesando. Que volvamos todo el tiempo a la misma circunstancia no siempre es señal de evasión, también puede significar que no hemos terminado aún el trabajo que teníamos que realizar respecto a un asunto en particular.

En lo personal, debido a que he batallado con la adultez por lo dominante y crítica que es mi madre, no resulta sorprendente que haya yo caído una y otra vez en situaciones con hombres y mujeres dominantes, que temiera su rechazo y me haya esforzado y sufrido por obtener su aprobación. Durante años traté de lidiar mejor con las circunstancias, pero fue como lijar la puerta y barnizarla sin abrirla. Sin importar con cuánta habilidad haya lidiado con el asunto, estuve destinado a revivir el dolor del rechazo hasta que no abrí la puerta de la autoestima.

Incluso el llamado a convertirme en poeta se volvió una distracción que duró muchos años. Como me sentí rechazado e inseguro en mi corazón, en silencio me propuse la misión de volverme un escritor famoso, y un día solo me encontré volviendo a vivir los problemas que alguna vez tuve con la aprobación y el rechazo, solo que ahora bajo la forma de cientos de cartas en el buzón. Eso sucedió mientras esperaba la respuesta de una cantidad innombrable de desconocidos que me criticaron, es decir, de editores. Al final, me sentí asombrado y aliviado cuando descubrí que me encontraba en el mismo umbral del amor por mí mismo del que había huido años antes.

Los umbrales no van a ningún lugar, somos nosotros quienes, en nuestra experiencia y en la premura, seguimos volviendo. Porque el alma solo conoce un medio para satisfacerse a sí misma: absorbiendo lo que es verdad.

- *Reflexiona sobre una dificultad que siga volviendo a ti.*
- *Relaciónate con ella como si fuera un mensajero y pregúntale cuál puerta está tratando de abrir para que entres.*
- *¿Cómo cambiará tu vida si cruzas ese umbral?*
- *¿Cómo se verá afectada tu vida si no lo cruzas?*

5 DE FEBRERO

Más allá de la resolución de un problema

Detrás de la mayoría
de los dolores de cabeza
hay un dolor del corazón.

A menudo nos parece más sencillo pensar en las cosas que sentirlas: ¿qué podemos hacer para dejar de estar de mal humor?, ¿qué podemos comprar, eliminar o reparar para reducir el enojo de un ser querido?, ¿para acabar con su tristeza?

Viéndolo en retrospectiva, ahora me doy cuenta de que he pasado muchas horas resolviendo problemáticos hechos emocionales que solo necesitaba sentir. Ahora sé que, aunque mi frecuente labor para entender lo que salió mal fue útil hasta cierto punto, en realidad solo me distrajo y me impidió percibir la tristeza y la desilusión necesarias para sanar y seguir avanzando.

Es algo muy humano, nadie quiere sentir dolor, en especial cuando no es posible señalar una cortada o herida específica. Con el corazón sucede lo mismo: no hay nada que mostrar o suturar, pero todo se ve afectado.

La verdad es que, aunque analizar, implementar estrategias y prepararnos nos puede ayudar a ocupar nuestra mente e incluso a evitar que nos lastimen dos veces de la misma forma, nada puede sustituir el aire fresco en la herida que, en el caso del corazón, significa poder decir "auch" con intensidad, sin aversión y sin pena por nosotros mismos.

- *Siéntate en silencio y permite que un malestar reciente del corazón surja en medio de la seguridad de tu respiración.*
- *Respira lento y permítete sentir la incomodidad y moverte en ella.*
- *Respira hondo y confía en que, si le das la oportunidad, tu corazón podrá filtrar y procesar este malestar con la sabiduría que posee.*

6 DE FEBRERO

A lo largo del camino

Aprendo dirigiéndome a donde tengo que ir.
—THEODORE ROETHKE

Conducimos hasta un lago de cuya existencia se enteró uno de nosotros. Alrededor había un sendero. Trajimos cosas simples: pan, agua, plátanos. Rodeamos el lago y nos detuvimos en ciertos claros de luz. De las copas de los árboles caían bellotas y pequeños cuervos se acicalaban en las ramas que colgaban sobre el agua.

Christine se detuvo en el camino y se sintió atraída a un claro que no podía atravesar. La seguimos, caminamos más lento, respiramos profundo y, al ver que al margen del sendero los árboles ancestrales crecían, perdimos toda nuestra urgencia de avanzar. Sin nada más que nosotros mismos y nuestra respiración, escuchamos el hilo de un riachuelo desenredarse y convertirse en la canción que las aves imitaron.

No lo mencionamos, pero el sendero al margen del sendero es lo que nos lleva hasta Dios. Porque nuestros corazones no son más que avecitas esperando.

- ❆ *Encuentra tu centro e imagina que tu vida es un sendero alrededor de un hermoso lago.*
- ❆ *Respira lento y traza tu sendero hasta llegar a donde te encuentras hoy.*
- ❆ *Respira profundo e imagina que vislumbras la parte del sendero que corresponde al día de mañana. Percibe el aroma de las veredas sin señalización.*
- ❆ *Al iniciar tu día, permanece abierto a los claros inesperados que te convoquen.*

7 DE FEBRERO

Un legado de tristeza

A Atlas no lo obligaron a sostener el mundo.
Estaba convencido de que, si no lo hacía,
el mundo se caería.

Muchos hemos tenido padres bien intencionados que nos educaron para ser los portadores de su tristeza. A menudo, el hijo más noble de todos, al que la familia no está acostumbrada porque es más sensible, es el elegido para lidiar con lo que nadie más quiere enfrentar. Es un destino singular.

Yo fui uno de esos niños. Con frecuencia decían que era demasiado sensible, demasiado emotivo, demasiado soñador. Sin embargo, a medida que fui creciendo y conforme la vida nos visitó con las dificultades que, de forma inevitable, llegan a todas las familias, yo fui el que tuvo que cargar con la incapacidad de sentir de la mía. Sin que nadie evaluara o reconociera mi capacidad para sentir, la tristeza de la familia se apoyó en mi hombro y mi corazón se llevó la peor parte.

He llegado a comprender que hay una enorme diferencia entre compartir la pena de alguien y soportarla. En demasiadas ocasiones, quienes sufren aprovechan la preocupación de sus seres queridos y la usan como un medio para "hacer tierra" y evitar lo que no desean sentir. Así como la electricidad atraviesa la tierra en una tormenta, esas personas se equivocan y usan a otros para que su tristeza y su dolor se hundan en el suelo sin salir dañadas ellas. Con mucha frecuencia necesitamos que otros sufran nuestra pena y nuestro dolor porque no queremos correr el riesgo de pedirles que nos abracen cuando sufrimos.

Como soy un adulto que trata de ser él mismo, con frecuencia me confundo al tratar de entender cuáles son mis sentimientos legítimos y cuáles he heredado de otros. Es posible que te identifiques conmigo, por eso diré que la gente como nosotros suele sentirse responsable de la situación emocional de otras personas.

Tratar de separar lo que en verdad nos pertenece y lo que no es una labor delicada y constante. Cuando es imposible permanecer dentro de nosotros mismos nos volvemos codependientes y no nos sentimos en paz sino hasta que las emociones de todos los que nos rodean han sido atendidas y gestionadas, no tanto por compasión, sino porque es la única manera en que los portadores de la tristeza podemos silenciar nuestra ansiosa carga. Y cuando rebotamos hacia el otro lado, terminamos aislándonos, siendo indiferentes con los otros y también con nosotros mismos.

La labor consiste ahora en la fabricación de una válvula precisa del corazón que no lo cierre a los sentimientos de otros ni a la intensidad de las cosas que nos corresponde sentir. Aunque a algunos nos enseñaron a cargar con la tristeza y el dolor de otros, la fibra del único corazón que nos dieron es por sí misma lo bastante fuerte y ligera para llevarnos hasta el viento que susurra: "Deja ir, deja ir todo. El mundo será el que te sostenga".

❄ *Si tienes hijos, piensa en la manera en que compartes tus sentimientos con ellos. Si tienes un amante, piensa cómo compartes tus sentimientos en esa relación. Si tienes una amistad cercana, reflexiona sobre cómo compartes tus sentimientos en esa amistad.*

❄ *Reflexiona sobre la última vez que compartiste tristeza o cierto dolor con esa persona especial.*

❄ *Tomando como base este ejemplo, contempla de manera honesta la forma en que compartes el dolor y la tristeza, y ve si tratas de transferirlos o descargarlos, o si solo expresas lo que te causa angustia.*

❄ *Si puedes, recuerda cuál era tu estado de ánimo al compartir tus sentimientos. ¿Deseabas el alivio que se siente cuando lo que se acumula en el interior sale a la superficie? ¿O querías que tu ser querido te hiciera sentir mejor? Después de compartir el sentimiento, ¿te sentiste más cercano a ti mismo o más distante?*

❄ *Si te parece que has transferido a otros lo que te corresponde cargar a ti, acércate a ellos y agradéceles haber sobrellevado tu tristeza. Tómala de vuelta y libera sus corazones. Pídeles que, en lugar de cargar tus sentimientos, te abracen.*

8 DE FEBRERO

Codicia

El codicioso reunió todas las cerezas
mientras que el generoso las probó
todas en una sola.

Con frecuencia sufrimos sin saberlo, sufrimos porque queremos estar en dos lugares a la vez, porque deseamos experimentar más de lo que puede experimentar una persona. Querer todo, sentir que nos estamos perdiendo de algo o que nos quedamos fuera, anhelarlo todo es una forma de codicia. Somos humanos, no podemos tenerlo todo, y esta tensión nos puede conducir a una búsqueda insaciable que agita nuestra pasión por la vida, pero no nos permite sentirnos satisfechos jamás. Cuando quedamos atrapados en esta mentalidad, ninguna cantidad de viajes basta, ninguna cantidad de amor basta, ningún éxito nos complace lo suficiente.

No estoy diciendo que no debamos explorar nuestra curiosidad ni aventurarnos en lo desconocido, yo también deseo vivir el mundo, también me encanta conocer a gente nueva y darle la bienvenida a mi vida. Me refiero, más bien, a que la semilla de la carencia nos hace sentir insuficientes y, luego, para compensar el vacío, empezamos a correr por la vida con un ojo en lo que poseemos y otro en lo que no.

La codicia no se limita al dinero, su apetito está abierto a cualquier cosa. Cuando creemos que nos hemos quedado rezagados o que somos menos que otros, empezamos a desear más de lo que necesitamos, como si eso pudiera calmar nuestro dolor y hacernos sentir completos, como si lo que no hemos probado fuera la siguiente cosa que nos imbuirá vida. La verdad es que una sola experiencia sentida en el corazón puede satisfacer nuestra hambre de que todos nos amen.

- *Piensa en algo que quieras vivir.*
- *Reflexiona sobre lo que esa experiencia podría brindarte.*
- *Respira abiertamente y reflexiona sobre qué parte de ese regalo ya opera en ti.*

9 DE FEBRERO

El obstáculo en el camino

Tendemos a convertir el obstáculo en el camino mismo.

Nos levantamos temprano, estábamos ansiosos por recorrer los jardines botánicos de Montreal, donde se alberga la colección de bonsái más grande del mundo fuera de Asia. Caminamos hacia el jardín del templo chino, un entorno exuberante pero discreto donde se puede uno refugiar de los acres cubiertos de calles, un lugar de renovación construido en el siglo diecisiete en China, que luego, en 1990, fue transportado hasta Montreal, piedra por piedra.

Cuando nos acercamos a la enorme puerta, vimos que estaba cerrada. Entré en pánico y me sentí listo para exigir que nos dejaran entrar porque habíamos conducido 650 kilómetros desde otro país para verlo. Como si fuera un sabio oriental, Robert abordó la situación con mucha ecuanimidad, como si se tratara de un *kōan*, un acertijo que necesitaríamos explorar hasta que la base misma de sus conjeturas mutara.

Empezó a caminar junto al muro exterior del Jardín, el cual parecía infranqueable. Como se extendía por acres, me pregunté si tendríamos que caminar alrededor de todo el perímetro. Solo pensar en ello me puso de mal humor, pero Robert continuó caminando como si estuviera de paseo.

De pronto, tras avanzar bastante más de lo que pensamos que caminaríamos, el muro desapareció: resulta que, salvo por la fachada, el Jardín no estaba amurallado en realidad. Solo continuamos caminando sobre la hierba hasta llegar a un sendero que nos dio la bienvenida.

¿Cuántos umbrales estarán bloqueados, cerrados o enrejados solo en apariencia? ¿Cuántas oportunidades de vivir en verdad serían accesibles si lográramos alejar nuestro cuerpo y mente de los puntos de entrada tradicionales?

- *Encuentra tu centro y piensa en una barrera o umbral bloqueado que enfrentes ahora.*
- *Respira lento y deja de insistir. Ya no trates de derribar la puerta a golpes.*
- *Respira de manera constante y, con tu espíritu, camina alrededor de la barrera o el umbral.*
- *Respira con paciencia y ve si no hay otra manera de entrar.*

10 DE FEBRERO

Lo que la vida te pide

¿Cómo te estás ocupando de
la historia emergente de tu vida?
—CAROL HEGEDUS

Como muchas personas, yo también lucho todo el tiempo por no ocultar quien soy. De manera continua me sigo encontrando en situaciones que me exigen ser todo lo que soy para poder avanzar.

Ya sea al tratar de romper un patrón de desequilibrio con un amigo de toda la vida, al admitir que me impaciento al escuchar a mi amante, al admitir que siento envidia de algún colega, o incluso cuando confronto el egoísmo de los desconocidos que se roban los lugares de estacionamiento, me doy cuenta de que debo estar presente aunque no diga nada. He descubierto que no debo reprimir mi naturaleza porque, si lo hago, mi vida no emerge.

Además del sentimiento de integridad o satisfacción que me invade cuando puedo ser yo por completo, he visto que ser quien soy, sin esconder nada de mí, es un umbral necesario que debo cruzar porque, de lo contrario, mi vida no evoluciona. Es una entrada que debo atravesar porque, si no, no sucede nada, me quedo estancado.

Ocuparnos de nuestras historias implica abrir nuestras mentiras para vivir en el misterio; si en verdad queremos ser, nuestras formas de ocultarnos deberán relajarse sin importar cuán sutiles sean.

- *Encuentra tu centro y reflexiona sobre la historia emergente de tu vida.*
- *Respira lento y piensa en lo que la vida te pide para poder surgir.*
- *Respira de manera profunda y considera cómo podrías cumplir mejor con este requisito interno.*

11 DE FEBRERO

Simplicidad

Solo tengo tres cosas que enseñar:
simplicidad, paciencia y compasión.
Estos son tus más grandes tesoros.
Al ser simple en acción y en pensamiento,
vuelves a la fuente del Ser.
—LAO-TSE

En el siglo sexto antes de Cristo, el legendario sabio chino Lao-Tse nos dio su instrucción tripartita. Aquí hablaré de la simplicidad y, más adelante, dedicaré dos entradas independientes a la paciencia y la compasión.

En cuanto a las tres en conjunto, sin embargo, debo confesar que, gracias a los tropezones en mi propio camino, he descubierto que debo aprender y reaprender estos conceptos de forma continua. No solo una vez, sino de forma reiterada y ahondando cada vez más. Ahora aparecen como una escalera de caracol y, con cada paso que doy, me encuentro en una zona cada vez más profunda de la vida de mi alma.

Pero entonces, ¿qué significa ser simple? En este complicado mundo, a veces nos engañan y nos hacen creer que ser simple es ser estúpido cuando, en realidad, ser simple nos ofrece la recompensa de una vida vivida de forma directa: cuando las cosas por fin aparecen, lo hacen como en realidad son.

¿Cuántas veces he visto los gestos de un ser querido o de un colega, y luego, en privado, batallo al tratar de descubrir lo que en realidad significaron? ¿Cuántas veces he hecho todo lo que es posible hacer salvo preguntar de manera directa? ¿Con cuánta frecuencia me niego a ser rotundo? ¿A no decir lo que quiero decir, a no mostrar lo que siento, a no permitir que la vida que me rodea en verdad me toque?

Resulta asombroso, pero ninguna otra cosa en la naturaleza es indirecta. El leopardo que trata de escalar la montaña se tensa y muestra su esfuerzo. La ardilla asustada en el árbol tiembla al planear y hace patente su miedo. La ola que se cierne no se guarda nada al doblegarse y extenderse una y otra vez sobre la costa que se abre desmoronándose para ser amada. Solo los humanos dicen una cosa cuando quieren decir otra. Solo nosotros vamos por un camino deseando estar en otro lugar.

Como muchas otras tareas que nos esperan, la recompensa es muy distinta a la que imaginamos. Parece que Lao-Tse nos revela una herramienta secreta para vivir, una herramienta que ha permanecido oculta debido a nuestra poca disposición a aceptar su verdad. El antiguo sabio nos dice de manera muy abierta que el acto de la simplicidad, de vivir de forma directa, es la entrada a la fuente de todo lo que Es. Imagina si esto es verdad. Te imploro que, cuando el sentimiento se pierda o se aleje demasiado, trates de ser directo. Y entonces, sin decir nada, el Universo cobrará vida.

- *Respira lento y recuerda un momento en el que las cosas hayan sido directas y no hayan implicado complicaciones.*
- *Continúa respirando lento y recuerda un momento en que las cosas hayan sido indirectas y se hayan convertido en una carga.*
- *Siente la carga al inhalar.*
- *Siente la simplicidad al exhalar.*
- *¿Qué te quitó la carga?*
- *¿Qué despertó en ti la simplicidad?*

12 DE FEBRERO

Hacer té

Una vez que haya sinceridad, habrá iluminación.

—Doctrina de la medianía, 200 a. C.

Si nos detenemos a analizarlo en verdad, veremos que hacer té es un proceso milagroso. Primero se reúnen pequeñas hojas de plantas que crecen de raíces que no vemos, luego el agua hirviendo pasa por las hojas secas y, por último, se permite que la mezcla haga infusión y cree un elixir capaz de curar al digerirse.

El proceso completo es un modelo que nos sirve para usar nuestra experiencia cotidiana de forma interna. Porque, ¿acaso la manera en que ciframos los sucesos de nuestra vida no es como hacer té? ¿El trabajo de la sinceridad no consiste en verter la atención más profunda sobre los fragmentos secos de nuestros días? ¿La paciencia no es la necesidad de dejar que la mezcla de lo interno y lo externo haga infusión hasta que las lecciones se tornen aromáticas y suavicen nuestra garganta? ¿No es el calor de nuestra sinceridad lo que hace hervir las lecciones en la tetera de la vida? Y, la calidez de esas lecciones, ¿no es lo que nos hace sorberlas muy lento?

A pesar de todo, tal vez lo más revelador de esta metáfora sea que ninguno de los elementos puede producir té por sí solo. Es decir, solo al usarlos en conjunto podemos hacer té con nuestros días, nuestra sinceridad y nuestra paciencia. Nada puede curar si no estamos dispuestos a beber del té de la vida.

- *Haz una taza de té con lentitud y un cuidado simbólico.*
- *Mientras las hojas estén haciendo infusión, reflexiona sobre tu vida y sobre la manera en que haces que tu sinceridad y tu paciencia tengan un efecto en tus días.*
- *Sorbe lentamente y siente cómo la gratitud va cubriendo tu garganta.*

13 DE FEBRERO

Lo que no se expresa

Cuando no hay *ex*presión, hay *de*presión.

Parecería que entre más expresamos, es decir, entre más permitimos que salga lo que está en nuestro interior, más vivos estamos. Entre más nos permitimos expresar el dolor de vivir, menor es lo que se acumula entre nuestra alma y la forma en que somos en el mundo. No obstante, entre más nos deprimimos, entre más presionamos hacia abajo y más guardamos, más pequeños nos volvemos. Entre más cosas ocultamos entre nuestro corazón y la experiencia cotidiana, más tenemos que esforzarnos por sentir la vida de forma directa. Nuestra existencia no expresada se puede convertir en el callo que portamos y al que le hacemos manicura, pero del que nunca nos deshacemos. En efecto, la experiencia puede perder su ternura y su angustia esencial cuando, por error, llegamos a la conclusión de que la vida empieza a perder su significado. Para un hombre que no está consciente de las cataratas que cubren sus ojos, lo que se ve un poco más oscuro es el mundo, no su sentido de la vista. ¿Acaso no nos sucede con frecuencia que el mundo nos parece menos estimulante solo porque no nos damos cuenta de que lo que se ha reducido es nuestro corazón por culpa de la envoltura alrededor de todo lo que no se expresa?

Te daré un ejemplo personal. Por muchas razones, incluyendo dificultades que yo mismo me invento, siempre me he sentido invisible en entornos familiares o grupales. Al principio esto sucedía porque tenía miedo de no complacer a cualquier costo a una madre narcisista, y luego condujo a años de dolor y rechazo no expresados que se acumularon y se transformaron en un callo que envolvió al corazón dentro de mi corazón. Siempre he sido y sigo siendo una persona abierta y accesible en el aspecto emocional, pero, a cierta profundidad, nada podía tocar mi centro. Aunque esto empezó con mi madre, afectó la manera en que me relacionaba con todas las personas.

Con el tiempo, nada de eso bastó, me di cuenta de que no era que el mundo estuviera perdiendo su color, sino que yo estaba filtrando los colores emocionales más intensos. Que pueda explicar esto con tanta calma y claridad en unas cuantas palabras no refleja lo difícil y lento que fue, ni la escurridiza y dolorosa manera en que esta noción se infiltró en mi conciencia cotidiana. En realidad, surgió en mí de forma gradual cuando empecé a reconocer y a expresar los sentimientos de invisibilidad que había tenido toda mi vida.

Cualquiera que sea tu ejemplo, verás que, al parecer, nuestra autenticidad está vinculada con lo que se oprime y por tanto nos deprime, y con lo que se expresa. Así como las flores necesitan sistemas sanos de raíces para poder florecer, los sentimientos solo pueden expresar su belleza cuando se enraízan de forma inmaculada en nuestro interior, cuando logran entreabrir nuevos caminos de alguna forma y retoñan en nosotros. Lo que continúa determinando si vivimos nuestra vida o no son esos delicados y paradójicos centímetros de tierra entre la superficie y lo profundo, entre la flor y la raíz, entre lo que permitimos que salga y lo que mantenemos oculto.

- *Recuerda la última vez que te sentiste deprimido.*
- *Siéntate en silencio, mira en tu interior y ve si hay algo guardado o algo que esté presionando tu mente o tu corazón.*
- *Podría ser una desilusión o una herida que no quieres reconocer, infligida a ti mismo o a otros.*

- *Sin importar lo que encuentres, trátalo como si se tratara de una astilla. Respira lento para suavizar tu ser y poder expulsar la astilla.*
- *Mientras respiras, recuerda que eres más grande que el sufrimiento que ejerce presión en ti, que te oprime y deprime.*

14 DE FEBRERO

Amor a primera vista

Cuando dos discuten, el amor es leve.
¿Quién ha amado que no haya amado a primera vista?
—Christopher Marlowe

Es común que no notemos el verdadero poder del amor a primera vista porque insistimos en limitar su significado a la conmoción de sucumbir ante alguien en un primer encuentro. Para apreciar el significado más íntimo de esta experiencia debemos descubrir y reclamar la importancia de la primera vista misma, la cual tiene más que ver con contemplar las cosas por vez primera de una forma esencial en lugar de física.

Solemos andar por ahí tan adormecidos por nuestros hábitos y rutinas todo el tiempo, que no apreciamos las maravillas de la vida ordinaria. Lo que entreabre la frescura de cada momento es esa primera vez que notamos algo estando libres de dichos hábitos y rutinas. La primera vista es el momento de la vista de Dios, del corazón, del alma. Es la visión de la revelación, el sentimiento de la unicidad que nos abruma, por un instante, cuando no hay obstáculo en el camino.

En su nivel más profundo y real, la noción del amor a primera vista es, según todas las tradiciones espirituales, la recompensa a estar despierto por completo. Esta visión novedosa restaura nuestra noción de estar vivos y, aunque resulta paradójico, la primera vista es una experiencia recurrente. Así como nos despertamos todos los días, con regularidad volvemos a la primera vista en el ritmo de nuestro despertar del espíritu. Cada vez que logramos mirar con esa visión original, cuando no hay nada entre nosotros y la vida que nos rodea, lo único que nos queda por hacer es amar lo que contemplamos. Ver de esta forma tan fundamental nos abre al amor, y amar así significa ver el mundo del que formamos parte como la vibrante creación que es y que está sucediendo en todo momento. Así pues, las cosas se manifiestan de esta manera: encontramos el amor a primera vista y, en nuestra primera visión auténtica, el amor que ya está ahí nos acaricia.

En este sentido, la primera vista es un umbral permanente hacia la majestuosidad de lo que es. Con certidumbre y hermosura, esto sucede con otras personas cuando nos vemos y nos ven por primera vez, y sucumbimos con dulzura al milagro de su presencia. Pero este fenómeno también es posible de manera cotidiana cuando, una y otra vez, nos vemos a nosotros mismos por vez primera, cuando descubrimos nuestro mundo y la noción que tenemos de Dios.

Yo puedo trabajar frente a la misma persona durante años y, un día, debido a que mi sufrimiento me sensibiliza más de lo que puedo recordar y a que la luz inunda su rostro, puedo por primera vez en verdad ver quién es y sentir amor por ella. Puedo caminar y pasar junto al mismo sauce una temporada tras otra y, un día, debido a la apariencia que se crea tras la lluvia y a lo bajo que sopla el viento, puedo vislumbrar ese sauce como nunca y sentir amor por el sauce que habita en todos. Ya tarde, por la noche, tras haberme visto a mí mismo en el espejo cientos de veces, puedo ver el sauce, la luz y al otro que habita mi fatigado rostro, y reconocer que el parecido es producto de las cosas que hace Dios.

Aunque llega a suceder, lo importante nunca ha sido la primera reunión, sino la primera vez que aparecemos. De la misma manera en que la brisa arremolinada permite que el agua se aclare, nosotros dejamos de hablar por fin, dejamos de actuar y de fingir, y, cansados por completo, nos aclaramos también. Entonces, el corazón que subyace a todo late frente a nosotros.

- *Cierra los ojos y, con tu respiración, deshazte de la visión de tu mente, de la visión de tu pasado y tu futuro, de la visión de tus heridas.*
- *Respira lento y, en cada inhalación, siente el aire fresco de la visión de tu nacimiento, de tu primera vista.*
- *Respira lento e imagina que el latido de tu corazón conlleva la primera vez del inicio de todos los tiempos.*
- *Aunque solo sea un instante, cuando te sientas original abre tus ojos e inclínate en amorosa reverencia frente a lo primero que veas.*

15 DE FEBRERO

El guerrero espiritual

Hasta que el corazón no se convierte
en un umbral, no puede ser libre.

Es cierto, demasiada tristeza existe en el mundo. Sin embargo, hay una diferencia entre sentir el dolor de las cosas que se rompen, terminan o se separan, y el dolor más intenso que surge al ponderar los sucesos inevitables de la vida y compararlos con el ideal de cómo imaginamos que deberían ser las cosas. Al recibir las dificultades de esta manera, la vida siempre resulta una desilusión. La vida es ya lo bastante dura sin que tengamos que considerar todo nuestro martirio como evidencia de una deficiencia básica que debemos soportar.

Hay un bello mito tibetano que nos ayuda a aceptar nuestra tristeza como el umbral de todo lo que es perdurable, que nos cambia la vida. Este mito afirma que todos los guerreros espirituales tienen el corazón roto. Vaya, que *deben* tener el corazón roto, porque solo a través de la ruptura pueden entrar en nosotros el asombro y los misterios de la vida.

Pero ¿qué significa ser un guerrero espiritual? Es algo muy distinto a ser un soldado. Se trata, más bien, de la sinceridad con que un alma se enfrenta a sí misma todos los días; pues el valor de ser auténticos es lo que nos mantiene fuertes para soportar el rompimiento del corazón necesario para la iluminación. Lo que nos permite aprovechar al máximo la vida es honrar la manera en que nos penetra, no apartarnos del camino. El objetivo es ensuciarnos las manos, no mantenerlas inmaculadas.

Recuerdo que, en el proceso de conocer a un nuevo amigo, compartimos nuestras historias de una forma cada vez más personal. Conforme me tocó ir hablando, me escuché contarle sobre mis seres amados fallecidos, mi lucha contra el cáncer, el matrimonio que no duró a pesar de contar con un compromiso muy profundo, de los años que me rechazaron como artista, de cuando perdí un trabajo de maestro que me gustaba mucho, del brutal distanciamiento entre mis padres y yo, y —justo cuando sentí que cierta fuerza me invadía por enfrentar la vida y ser auténtico— mi amigo se limpió la boca con la mano y dijo:

—Qué vida tan triste has tenido.

Me tomó algún tiempo resistirme a su juicio y su lástima, pero luego lo miré a través de la oscuridad de aquella noche y continué respirando hondo mediante la fractura en mi corazón. Todos los días nos juzgan y nos subestiman, incluso nos miran con lástima por sucesos que solo nosotros consideramos victorias. Al final, la vida es demasiado magnificente y compleja para que renunciemos a nuestro lugar elemental en el viaje.

- *Ponte de pie cerca de un lavabo y deja el agua correr en silencio.*
- *Cierra tus ojos y reflexiona sobre la manera en que la vida, igual que el agua que escuchas, corre a través de nuestro corazón roto y enjuaga la herida.*
- *Respira hondo y siente cómo fluye el misterio a través de la ruptura en tu corazón.*
- *Abre los ojos e inicia tu día.*

16 DE FEBRERO

Miseria

Si la paz proviene de ver el todo,
la miseria proviene
de perder la perspectiva.

Al principio estamos muy conscientes y agradecidos. El sol, por alguna razón, se encuentra ahí, colgado en el cielo. Una avecita canta y el milagro de la vida sucede. Luego nos golpeamos el dedo chiquito del pie y, en ese momento de martirio, el mundo se reduce al dedito golpeado. Durante uno o dos días se nos dificulta caminar y en cada paso que damos recordamos a nuestro pobre dedito.

Lo que observamos se transforma. ¿Qué define nuestro día? ¿El adormecimiento que sentimos al caminar con el dedo chiquito lastimado o el milagro que aún está sucediendo?

Lo que nos sensibiliza ante la miseria es ceder a la nimiedad. Lo cierto es que empezamos sin dar nada por hecho, agradecidos de tener suficiente para comer y de estar lo bastante sanos para seguir ingiriendo los alimentos. Pero, por alguna razón, conforme pasan los días, nuestra perspectiva se estrecha como la visión a través de una cámara fotográfica en la que se cierra el enfoque y se recorta el horizonte. Y, un buen día, solo estamos furiosos a la hora de desayunar porque la yema de los huevos no está cocida o porque las *hash browns* no están sazonadas como nos gusta.

Cuando estrechamos nuestro enfoque, los problemas parecen abarcar todo y nos olvidamos de cuando estábamos solos, pero soñando con tener pareja; nos olvidamos del consuelo que sentimos la primera vez que alguien nos vio, nos abrazó y escuchó. Cuando cerramos nuestro enfoque, despertamos en la noche molestos por la manera en que nuestro amante jala las cobijas o porque deja los platos en el fregadero sin ponerles agua para facilitar su lavado.

En realidad, la miseria es un momento de sufrimiento al que le permitimos convertirse en todo. Por eso, cuando nos sentimos miserables debemos ver más allá de lo que nos duele. Si sentimos una astilla, cuando tratemos de desenterrarla debemos recordar que hay un cuerpo que no es la astilla y un alma que tampoco lo es. Un mundo entero que no lo es.

- *Respira de manera constante y enfócate en algo que te esté molestando o causando dolor. Podría ser la manera en que se mueve tu automóvil, cómo se está desarrollando tu relación o que no pudiste dormir porque te despertó el ruido de desconocidos en la calle.*
- *Respira hondo y amplía tu enfoque sin dejar de ver lo que te molesta.*
- *Respira de manera muy profunda y acepta la energía de todo lo que existe más allá de tu contrariedad.*

17 DE FEBRERO

El desenlace

No queda nada más
que seguir bailando.

No sé si es la naturaleza humana o la forma de vida en la Tierra, pero rara vez nos convertimos en todo lo que debemos ser sino hasta que nos fuerzan a serlo. Algunos dicen que se debe a que, llegado el momento, algo surge en nosotros o que, como dijo Hemingway, aparece "una gracia que surge bajo presión". En la mayoría de los casos, uno da un paso al frente cuando algo nos desafía. Otros dicen que llamarle "gracia" es solo una manera de racionalizar los tiempos difíciles y las experiencias dolorosas, de ponerle buena cara a la tragedia.

Pero más allá de todo el asunto de la tragedia y la gracia, he llegado a creer que estamos destinados a que la vivencia de nuestros días sea lo que nos sensibilice y que, nos guste o no, escojamos participar o no, con el tiempo todos usaremos la parte más profunda de nosotros mismos como si fuera nuestra nueva piel.

Tal vez sea por la erosión del exterior, por el desgaste interior o, con frecuencia, por ambas razones: el caso es que nos vemos forzados a vivir de una manera más auténtica. Y, una vez que pasa la crisis que nos sensibiliza, la verdadera pregunta es si continuaremos viviendo así.

No es ningún secreto que la agudeza del cáncer me desgarró y me obligó a vivir con apertura, pero desde entonces he trabajado para santificar esa manera de vivir sin que la desencadene una crisis necesariamente. Mi pregunta es: ¿seremos capaces de vivir con esa sensibilidad sin que la crisis nos empuje al vacío? Ese es mi cuestionamiento actual, a años del gran salto, ¿cómo continuar saltando del deseo de ser real sin que la crisis que siempre está al acecho me empuje?

Tal vez el momento más relevante de mi cambio de piel interior y de mi rompimiento fue cuando me llevaron en silla de ruedas al quirófano para la cirugía de costillas. Noté que tenía un temor adormecido, aún sentía que todo me daba vueltas debido a la inyección de Demerol, veía girar el techo del hospital. Luego, mientras esperaba en la camilla, repetí una y otra vez las siguientes palabras:

—La muerte me empujó al precipicio, me colocó en un lugar del que no podía retirarme y, para colmo, bailé con abandono frente a ella. Nunca había bailado con tanta libertad. La muerte retrocedió de la misma forma en que la oscuridad se repliega ante una llamarada repentina. Ahora no queda nada más que seguir bailando. Es lo que yo mismo habría elegido hacer si hubiera nacido siendo tres veces más valiente.

Con frecuencia se nos convoca a sumergirnos en la experiencia más de lo que nos gustaría, pero es este salto adicional lo que nos hace aterrizar en el vibrante centro de lo que significa estar vivo.

❄ *Siéntate en silencio con un ser querido y habla sobre un momento de adversidad que hayas soportado y sobre lo que esa adversidad sensibilizó en ti.*

- ❄ *Ahora que la adversidad ha quedado detrás, ¿en qué sentido es distinta tu visión interior de la vida?*
- ❄ *Habla sobre lo que significa para ti mantener estas nuevas perspectivas interiores.*

18 DE FEBRERO

Cuando te sientes estancado

El mismo manantial de vida
que corre por el mundo
corre por mis venas.
—RABINDRANATH TAGORE

Estamos tan orientados a los logros que a menudo pasamos por alto el verdadero valor de relacionarnos con lo que tenemos delante porque creemos que tener logros nos va a completar, pero lo que en verdad nos completa es experimentar la vida.

Si sobrevivimos a la urgencia de juzgar todo lo que aparece en nuestro camino, un milagro empieza a rodearnos, un milagro en el que la pintura, la música, la poesía, el agua que fluye, las flores, el viento que sopla entre los árboles y los panoramas abiertos nos conmueven y convocan esa contraparte suya que habita nuestro interior en silencio.

Gerard Manley Hopkins, poeta del siglo diecinueve, llamó a este terreno íntimo "paisaje interior". Y, así como ningún paisaje puede florecer sin sol ni agua, si deseamos prosperar deberemos irrigar e inundar el nuestro con muchas formas de vida.

Por eso, cuando como a todos nos sucede, tú también te sientas estancado o desconectado del milagro de la vida, trata de escuchar, ver, sentir y simplemente absorber. Permite que las energías vitales agiten esa contraparte suya que mora en ti.

Si deseas ser íntegro, deja de criticar. La vida no es cuestión de gusto, sino de despertar; no se trata de que las cosas te complazcan o te perturben, sino de encontrar aquellas que se completan; no se trata de que algo te agrade o te desagrade, sino de abrir la geografía de tu alma.

- ❄ *Esta es una meditación que se realiza acompañada de música. Cierra los ojos y escucha un fragmento musical que no conozcas.*

- *Mientras respiras de manera constante, permítete sentir agrado o desagrado por esta música, y luego deja que el sentimiento se vaya.*
- *Mientras respiras, permite que la energía de la música se encuentre con la simple energía de lo que es nuevo en ti.*

19 DE FEBRERO

En lugar de rompernos

El soplador de vidrio lo sabe:
en el calor primigenio,
cualquier forma es posible.
Una vez endurecido el vidrio,
la única manera de reformarlo
es rompiéndolo.

Gracias a la precisión de las herramientas de la medicina moderna, ahora pueden ser operados, mientras aún están en el útero, los niños nonatos que tienen problemas en su desarrollo o que sufren de alguna obstrucción. Estas técnicas de avanzada revelan algo trascendente, una verdad atemporal sobre el crecimiento y la sanación. Es decir, que estas operaciones se puedan llevar a cabo del todo es asombroso, pero lo es más que cuando el bebé nazca: no haya cicatrices.

Lo que esto nos dice es que, si nos ocupamos de las cosas en el nivel más incipiente y profundo, nuestra reparación formará parte de quienes somos de una manera tan inexorable, que no quedará cicatriz. Moldearse bajo la superficie, en el eterno y profundo fluido del principio, es más fácil que romperse cuando se ha crecido.

Y tal vez te digas: "Es demasiado tarde para mí, he crecido todo lo que tenía que crecer". Pero no, no es así, en nuestro mundo interior siempre estamos desarrollándonos y, además, contamos con la bendición de portar ese fluido inicial. Nunca está totalmente fuera de nuestro alcance.

Siempre podemos volver y empezar de nuevo, basta con enfrentarnos a nosotros mismos. De esta manera podemos ir más allá de nuestras endurecidas costumbres y revisitar los suaves impulsos que les dieron vida. En lugar de romper el hueso de nuestro empecinamiento, podemos nutrir la médula de esos sentimientos que no hemos escuchado. En lugar de romper el hueso del miedo, podemos sanear la sangre y purificarla de la afección de la inseguridad. En lugar de contar las cicatrices de todas las veces que nos han lastimado, podemos rastrear y encontrar en nuestra alma el punto en que empezamos a retener la confianza, y besarlo de nuevo.

- *Siéntate en silencio y recuerda un aspecto de tu personalidad que tienda a obstaculizarte. Puede ser tu peculiar terquedad, la desconfianza o la envidia.*
- *Respira de manera constante y permítete rastrear este rasgo hasta su tenue inicio.*
- *Sin tratar de nombrarlo o cambiarlo, solo abriga ese suave punto con tu amor.*

20 DE FEBRERO

Nicodemo y la verdad

¿Cómo puede uno nacer de nuevo?
—Nicodemo a Jesús

A menudo pienso en Nicodemo, el fariseo que creía en Jesús en secreto y que se reunía con él por las noches para sostener trascendentes conversaciones espirituales, pero que nunca reconoció a la luz del día que cuestionaba al espíritu ni su relación con Jesús. Por supuesto, este comportamiento no cambió en nada la esencia de Jesús, pero a Nicodemo lo frustró y lo atormentó por el resto de sus días.

Esta historia nos muestra el sutil suplicio de no honrar lo que sabemos que es verdad, incluso si la única prueba son las preguntas que nos formulamos. Sin embargo, más útil aún es darse cuenta de que en cada uno de nosotros habitan un Jesús y un Nicodemo; es decir, que todos tenemos una divina voz interior que nos sensibiliza a la verdad, pero también una voz social intercesora que se niega a mostrar su verdad ante los otros.

El famoso psicólogo infantil británico D. W. Winnicott llamaba a estos aspectos de la personalidad el "verdadero yo" y el "falso yo". El "verdadero yo" es el que nos permite distinguir entre lo auténtico y lo que se ha vuelto artificial, en tanto que el "falso yo" es un diplomático de la desconfianza que nos obliga a mantener un estilo de vida cauteloso, reservado y querelloso.

En términos sencillos, esto significa que cada vez que notamos un cambio en la realidad que conocemos debemos elegir entre declarar lo que sabemos que es cierto u ocultarlo. En esos momentos necesitamos hacer una de dos cosas: lograr que la manera en que hemos estado viviendo coincida con el cambio de la realidad o resistirnos a este. Así pues, dependiendo de nuestra disposición a permanecer auténticos, todos los días vivimos como nuestro "verdadero yo" o como nuestro "falso yo". Por eso, con el tiempo, permanecer auténticos se convierte en la cotidiana tarea de mantener vinculadas la verdad de nuestro ser interior con las acciones que realizamos en el mundo, es decir: permitir que nuestro "verdadero yo" vea la luz del día.

Con mucha frecuencia, el hábito del miedo nos hace seguir comportándonos como antes a pesar de que sabemos que la situación es distinta. Yo me he encontrado muchas veces en ese momento coyuntural en el que debo admitir que lo que solía ser esencial ya no lo es, y luego reunir el valor necesario para asegurarme de que el acto de vivir vuelva a ser fundamental.

Sé que cada vez que veo o escucho la verdad, pero me aferro a mi antigua forma de ser, de pensar o de relacionarme, le estoy cediendo mi vida al Nicodemo en mí, y que, al hacer esto, me embarco en una existencia dividida en la que por la noche escucho la voz divina interior en secreto y en la mañana la niego todos los días.

En esa instancia de vergüenza interior, cuando nos descubrimos en el acto de una vida dividida, surge también la oportunidad recurrente de honrar una vez más lo que sabemos que es verdad. Esto se debe a que, independientemente de cuán lastimados o angustiados nos sintamos, en un resquicio de autenticidad todos podemos permitir que el Dios en nuestro interior se muestre al mundo. Sin importar lo modesto o fugaz, este acto puede restaurar nuestra noción común y vital de estar vivos.

❄ *Siéntate en silencio y recuerda la última vez que sentiste vergüenza, es decir, que descubriste que lo que estabas haciendo ya no era auténtico, pero continuaste de todas formas.*
❄ *Si te es posible, reflexiona sobre lo que te llevó a seguir haciendo lo que sabías que ya no era verdad. ¿Te dio miedo que algo sucediera si te atrevías a honrar la verdad tal como la sentías? ¿Qué creíste que sucedería?*

- *Si mañana volvieras a vivir una situación como esta, ¿actuarías distinto? ¿De qué forma?*
- *Si te es posible, no te culpes por luchar como Nicodemo, mejor consuela al Nicodemo en ti y hazle saber que no sucederá nada malo si decide honrar lo que sabe que es verdad, a la luz del día y la vista de todos.*

21 DE FEBRERO

Limpia la herida

Si hubiera vivido cosas distintas,
tendría algo distinto que decir.

Muy a menudo me he sentido culpable y angustiado al ser testigo de mi dolor y, sin embargo, no hacerlo solamente empeora las cosas. Por alguna razón, decir lo que mi madre hizo por su cruel necesidad de ser el centro o lo que mi padre no pudo hacer por miedo a enfrentar a mi madre, o sea, decir la verdad que conozco, me hace sentir que soy una mala persona. Es como si estuviera inventando mi dolor, como si solo hablara mal de ellos.

En esta situación, sin embargo, hay un trasfondo inexorable: no estoy inventando nada. Si tengo cosas desagradables que decir es porque viví experiencias desagradables, y lo único que puedo permitir que me guíe en este testimonio es mi precisión y mi honestidad. Aunque no soy una víctima, ciertas vivencias, que yo no pedí que me sucedieran, terminaron moldeándome. No pedí, por ejemplo, que me abofetearan o me ridiculizaran cuando era niño. Tampoco pedí que, más adelante, amigos de toda la vida me maltrataran. Para ser franco, si hubiera vivido cosas distintas, tendría algo distinto que decir.

Además de tener en cuenta la parte de culpa que nos corresponde por nuestro dolor, lo que más nos puede sanar al atestiguar las situaciones de la manera en que se presentaron es que, si la voz del dolor coincide con el dolor mismo, no queda lugar para la distorsión ni la imaginación. Así es como la verdad se convierte en un vendaje limpio que sana y mantiene la suciedad alejada de la herida.

Expresar las cosas como son es la medicina más cercana que tenemos.

- *Encuentra tu centro y, en la seguridad que hay en tu corazón y que te ha traído tan lejos, dale voz a alguna herida que guardes en tu interior.*
- *Respira hondo y trata de ser preciso, nombra a todos los responsables de la herida incluyéndote, si fuera el caso.*
- *Calma la herida con tu respiración más profunda.*
- *Apacíguate con la pulcritud de la verdad.*

22 DE FEBRERO

Voces opuestas

Permite que las voces opuestas en tu cabeza hablen.
Solo están tratando de encontrar su lugar
en una canción más extensa que aún no ha sido escuchada.

Estar vivo es una paradoja, una mezcla persistente de situaciones que a primera vista no siempre parecen lógicas. Sin embargo, expresar lo que carece de sentido siempre resulta útil. Es como cuando los miembros de una orquesta tocan juntos. Si no permitimos que los músicos en nuestro corazón, mente y espíritu afinen su instrumento, no tendremos oportunidad de descubrir la amplitud de nuestra música interior.

La confusión suele ser la tensión que se produce al tratar de encontrar la lógica de las situaciones demasiado pronto, antes de que una cantidad suficiente de los músicos en nuestro interior haya aprendido sus partes. La experiencia, no obstante, suele ser la forma en que el corazón, la mente y el espíritu practican lo que necesitan interpretar.

¿Acaso el rastro de nuestras relaciones no equivale justo al tiempo que le toma al corazón practicar su parte en el movimiento llamado Amor? El rastro de nuestras preguntas honestas ¿no equivale al tiempo que le toma a la mente practicar su parte en el movimiento llamado Sabiduría? Y el rastro de nuestras cambiantes creencias ¿no equivale al tiempo que le toma al espíritu practicar su parte en el movimiento llamado Dios?

Y acaso el rastro de la Unidad, esos instantes en que todo cobra sentido, ¿no equivale al tiempo que les toma al Amor, a la Sabiduría y a Dios hacer que cobre vida el lugar común que compartimos?

- *Esta es una meditación guiada. Encuentra tu centro y visualiza un dilema que te cause indecisión o confusión en este momento.*
- *Aunque al principio te parecerá caótico, respira lento y permite que las opiniones contrarias sobre esta dificultad surjan sin censura alguna.*
- *Toma tu tiempo, respira hondo y deja que las energías opuestas se desarrollen frente a ti.*
- *En lugar de luchar por tratar de entender cómo es posible que coincidan estas cosas, respira de manera constante y, como si estas energías fueran instrumentos, siente lo que tratan de interpretar en ti.*
- *Inicia tu día tarareando esa melodía.*

23 DE FEBRERO

No te guardes nada

No guardarse nada
en ninguna exhalación
es una práctica espiritual.

A lo largo de cuarenta y nueve años he descubierto que, más que otra cosa, la duda ha sido el obstáculo para encontrar el gozo. He descubierto que el momento suele cambiar de sitio para cuando yo reconsideré entrar en él o no, perdiendo así su significado. No estoy diciendo que siempre debamos ser impulsivos, sino que una y otra vez he comprobado que sé lo que necesito hacer, pero solo lo niego, y que ese breve titubeo, esa diminuta resistencia a participar de lo que es real es lo que hace que la vida se sienta neutral o fuera de mi alcance.

No guardarse nada en ninguna exhalación significa comprometerse a dejar que cualquier cosa que vivamos participe, y que cualquier cosa que esté en el interior salga. No guardarse nada significa aferrarse a la intención de ser un recipiente abierto todos los días.

De una manera sencilla y profunda, cada una de nuestras respiraciones puede servir como recordatorio de que la vida solo es posible si el intercambio entre lo interior y lo exterior permanece imperturbable. Dejar que las cosas entren, sentir su impacto y, a cambio, dejar las cosas salir, expresar con claridad lo que sentimos, es una práctica espiritual que enjuaga el alma y el corazón.

- *Medita e imagina un vaso con agua.*
- *Cuando encuentres tu centro, bebe el agua lentamente, pero sin dudar.*
- *Exhala de manera profunda y murmura para ti: "No me guardaré nada en mi esfuerzo por vivir. No dudaré en ser".*

24 DE FEBRERO

Más allá de la urgencia

Cuando sientas urgencia,
deberás desacelerar.

Esto lo aprendí de manera recurrente en las muchas crisis de cáncer que viví. A menos de que alguien esté sangrando o no pueda respirar, a menos de que en verdad haya una exigencia física legítima que requiera de acciones inmediatas, la noción de urgencia es un engaño terrible, un truco que se repite de manera constante porque la vida en el interior y la vida en el exterior de nuestra piel son siempre distintas.

Esta situación es igual de difícil que aleccionadora. Cuando siento que no puedo quedarme sentado y quieto, es cuando necesito sosegarme más que nunca. Cuando siento que moriré si no me aceptan como soy, es cuando necesito morir y renunciar a mi necesidad de ser aprobado. Lo que necesitamos siempre se encuentra frente a nosotros de una manera terrible y hermosa a la vez, disfrazado, envuelto en nuestra urgencia más próxima. El problema es que nos negamos a aceptarlo porque nos parece demasiado difícil de enfrentar.

La puerta al siguiente paso de nuestro crecimiento siempre se encuentra más allá de la urgencia del ahora. Más que nunca, cuando todo nos parece urgente, debemos cortar las ataduras a todos los sucesos. Ahora que, más que nunca, el peso que cargas parece estar atado a tus muñecas, no debes ni correr ni agitarte. Ahora que, más que nunca, cada decisión se siente como el fin, debes creer que cada pregunta es un inicio. Cuando, más que nunca, temes que ser tú mismo sea como un cuchillo para quienes amas, debes ser fuerte en tu interior, donde nadie te ha visto, porque solo amando desde ahí lograrás que tus seres queridos crezcan. Ahora que, más que nunca, sientes que eres la fuente y el recipiente de todo el dolor, debes inclinar la cabeza hasta que el ancestral canal que va del cielo al corazón logre reabrirse, hasta que recuerdes que eres un fragmento bendito de polvo del espíritu en el viento del espíritu. Ahora, más que nunca, debes respirar hasta que cada gramo de tu aliento se transforme en el cielo.

De esta manera, ora y pide conocer tu lugar en la familia humana, el lugar que nunca has ocupado. De esta manera, ora y pide que tu "verdadero yo" logre atravesar tu agitación interior, centímetro a centímetro. De esta manera, ámate a ti mismo como amas la vacuidad del tiempo. Ámate de la misma forma en que amas a tus hijos, a tu perro o a tu mejor amigo; ámate sin reservas. De esta manera, con todas sus dificultades, el hoy se derramará en el mañana y las decisiones se tornarán tan transparentes como los riachuelos en deshielo.

- *Encuentra tu centro y siente las urgencias que te desgarran.*
- *Siente la tensión de cada una como si fuera una cuerda estirada, sumamente tensa.*
- *Cada vez que respires, desátate. Desata una urgencia a la vez.*
- *Aunque sea de forma breve, respira con libertad y siéntete, por un instante, liberado de todas las urgencias.*

25 DE FEBRERO

Marcar el sendero

No importa hacia dónde cavemos o escalemos,
siempre llegamos a la fogata que dejamos desatendida.

Carl Jung tuvo un sueño, iba marcando un sendero en el bosque sin saber bien a dónde conducía, pero trabajaba en él con ahínco de todas formas. Cansado y sudoroso, llegó a una cabaña en un claro, dejó caer sus herramientas y se acercó. A través de la ventana vio a un ser orando frente a un modesto altar. La puerta estaba abierta, así que entró. Cuando se acercó, se dio cuenta de que el ser orando era él mismo y que marcar el sendero era el sueño de aquel ser.

Lo que nos presenta aquí Jung es la interminable tarea de nuestra vida: elegir al "verdadero yo" o al "falso yo". Porque, de toda la seriedad con que nos movemos por el mundo, reparando, negando, proyectando y sacrificándonos, de todas las estratagemas, las estrategias, las alianzas y los posicionamientos con que esperamos recibir recompensas, lo que en verdad nos espera lejos, en la profundidad, mientras tratamos de encontrar atajos para pasar, es un sueño irreal en el centro de nuestro ser.

Sin saberlo, al igual que Jung, trabajamos duro para marcar un sendero hacia nuestro profundo yo, el cual espera con paciencia que lleguemos cansados, adoloridos y sin aliento. Una vez que el sendero ha sido liberado y que descubrimos al ser en nuestro interior, podemos volver al mundo, pero esta vez, teniendo una relación con nuestra alma. Así podemos descubrir una noción más intensa y pacífica del hogar.

- *Mantente quieto y cierra los ojos. Mientras meditas, viaja hacia tu interior, a la cabaña donde te espera tu alma.*
- *Al llegar a la puerta, deja caer todo lo que lleves contigo. Deja caer todas las tareas pendientes, todo lo que debes hacer o volver a hacer.*
- *Respira y entra a la cabaña, abre los brazos y espera hasta que el centro de tu ser se dé cuenta de que estás ahí.*
- *Mientras respiras, siente que tu alma te abraza. Abrázala también y saborea el momento.*

26 DE FEBRERO

Al paso de lo que es real

Deja de hablar, deja de pensar,
y no habrá nada que no comprendas.
—Seng-Ts'an

Como la mayoría de las personas que conozco, yo también tengo problemas con el hecho de emprender demasiados proyectos, hacer demasiadas cosas, moverme demasiado rápido, y con comprometerme y planear de más. He aprendido algo muy simple: que debo moverme al paso de lo que es real. Y, aunque este ritmo es susceptible de variar, siempre que acelero y voy más allá de mi capacidad de ver lo que se presenta ante mí, la vida me parece vacía y disminuida.

Me parece que vivimos nuestra vida como si condujéramos un tren, acelerando a lo largo de una vía que marcaron otros, yendo tan rápido que todo lo que pasa a nuestro lado se ve borroso. Decimos que estuvimos en cierto lugar y que hicimos cierta cosa, pero la verdad es que pasar a toda velocidad al lado de un suceso difuminado no es lo mismo que experimentarlo.

Así pues, sin importar cuántas oportunidades maravillosas se me presenten, sin importar la relevancia que otras personas les asignen a esas oportunidades, sin importar que a esas personas les interese mi bienestar, yo debo encontrar la manera de desacelerar el tren en mi interior hasta que lo que se presente en mi camino se vuelva otra vez nítido, tangible, perceptible. De otra manera, solo pasaré al lado de todo y, aunque tal vez pueda añadirlo a mi currículum, no habré vivido ni experimentado nada.

- *Piensa en tres cosas que debas hacer hoy.*
- *Descarta dos de ellas con cuidado.*
- *Sumérgete en la que no descartaste.*

27 DE FEBRERO

Las sogas y las ruedas que nos transportan

La Belleza es Verdad, la Verdad, Belleza:
es todo lo que aprenderás en la tierra,
y todo lo que necesitarás saber.
—John Keats

Estos son los famosos últimos versos de "Oda a una urna griega", poema que el joven poeta inglés John Keats musitó mientras moría de tuberculosis a los veinticuatro años. Este poema es la comprensible queja de un ser vulnerable ante la dureza de la vida, pero al expresar su dolor de vivir, de pronto el poeta tiene una profunda epifanía.

Cuando Keats dice: "La Belleza es Verdad, la Verdad, Belleza", nos vemos forzados a preguntarnos si son lo mismo. En el fondo, me parece que no. Más bien, de la misma manera que sucede con los cromosomas

X y Y, la Verdad y la Belleza conforman los elementos fundamentales de la vida sin los que nadie puede vivir. Son el Yin y el Yang de la existencia, una limpia la herida, la otra la cura.

Esto es “todo lo que necesitarás saber”. Sin importar dónde la encontremos, la Belleza es el bálsamo que nos mantiene frescos y vigorosos, pero la Verdad, en su intransigente y cruda historia, sin importar cuán brutal, posee una Belleza propia que nos purifica.

De ahí la razón por la que debemos recordar el holocausto y otras atrocidades con precisión, justo como sucedieron; la razón por la que es esencial que cada uno atestigüe con honestidad la crudeza de su propia historia.

Además de la sabiduría del mensaje, hay una enseñanza igual de valiosa que Keats descubrió: que solo expresando nuestro tierno dolor podemos encontrar el camino hacia las Bellezas y Verdades capaces de transportarnos como sogas y ruedas.

- *Siéntate en silencio y siente tu propia vulnerabilidad por el hecho de estar vivo.*
- *Respira lento y, al inhalar, permite que la cruda verdad de una de tus vulnerabilidades te purifique.*
- *Respira hondo y exhala. En tu siguiente inhalación permite que la belleza que te rodea revitalice el lugar en tu interior que te duele en carne viva.*

28 DE FEBRERO

Las piedras de Chimayo

Preferiría que un ave me enseñara a cantar,
que enseñar a diez mil estrellas a
no bailar.

—E. E. Cummings

En el camino a Chimayo, una mujer vio a dos granjeros españoles reacomodando piedras en el lecho de un río para redirigir el flujo y se sintió obligada a ayudar. Tenía la impresión de que era algo que se había hecho durante siglos, que sus madres y sus padres, sus abuelas y sus abuelos habían levantado, cada uno en su momento y a su manera, las mismas piedras que la tormenta o la sequía arrastraron, y que habían vuelto a acomodarlas en el lecho del río para que el agua pudiera continuar su curso.

Esta parece ser la tarea eterna en una relación. Cada uno, en nuestro momento y a nuestra manera, desplazamos las piedras que hay entre nosotros para que la vida del sentimiento pueda seguir fluyendo.

El clima de nuestro diario existir complica las cosas, y nosotros, como lo han hecho todas las generaciones antes que la nuestra, debemos remangarnos los pantalones y la camisa, meternos al río y desobstruir el flujo. Por supuesto, necesitamos preguntarnos: ¿qué piedras se interponen entre nosotros? ¿Cuáles son las pesadas lajas que continúan obstaculizando nuestro camino?

Sin duda, se trata de piedras infinitas y particulares, pero con frecuencia también se forman con hábitos de omisión: no ver, no escuchar, no sentir, no estar presentes, no arriesgarnos a decir la verdad, no arriesgarnos a aceptar lo que sabemos: que el corazón necesita vivir al descubierto.

Cerrarnos, quedarnos atascados, derramarnos y secarnos son actos que forman parte del hecho de ser humano en la gravedad del tiempo. Que nos sintamos obligados a detenernos a ayudar a desconocidos a quitar los objetos pesados que se encuentran en el camino es un impulso que conocemos como "amor".

- *Identifica algo pesado en ti que parezca haberse convertido en un obstáculo.*
- *¿Ese algo tiene que ver con un hábito de omisión? De ser así, trata de identificar qué es lo que no estás permitiendo que fluya con libertad en tu interior.*
- *Si no lo ves, respira lento y empieza el compromiso de ver. Si no lo escuchas, respira lento y empieza el compromiso de escuchar.*
- *Sé honesto al evaluar cuán pesada es la piedra en tu interior.*
- *Si necesitas ayuda para moverla, ¿a quién se la pedirás y cuándo lo harás?*

29 DE FEBRERO

¿Quién dice?

¿Quién dice
que el esfuerzo de ser real
no resulta en el nacimiento de las alas?

¿Quién dice que el nacimiento de las alas en las costillas de las avecitas no empieza con el impulso de vivir proveniente de su interior? ¿Quién dice que la mariposa no desgarra su capullo porque se cansó de vivir en el ceñido envoltorio que ella misma tejió?

¿Quién dice que la migración de los flamencos de Sudamérica a África no comienza con el anhelo de devorar el listón amarillo que cubre y delinea el horizonte?

¿Y quién dice que el color de la pasión no invade nuestro rostro en cuanto nos hartamos de vivir en el estrecho capullo que nosotros mismos tejimos? ¿Quién dice que el viaje para amar no comienza en el instante en que nombramos la soledad sobre la que nadie quiere saber? ¿Quién dice que el viaje hacia la paz no surge como una pequeña ala cuando dejamos que nuestros sentimientos busquen su lugar en el mundo?

Cada vez que permitamos que un esfuerzo palpite con toda su fuerza en nosotros, generará pequeñas ondas que resonarán como algún tipo de nacimiento en alguna parte del mundo.

- *Encuentra tu centro y respira hondo.*
- *En cuanto estés en el zenit de la inhalación, imagina que tu centro inmóvil es el sol interior del espíritu.*
- *Permite que el sol te inunde con su luz cada vez que exhales.*
- *Inicia tu día invitando a alguno de tus sentimientos profundos a florecer de ti.*

1 DE MARZO

La única dirección

Si vives con suficiente pasión,
solo habrá una dirección.

No importaba con quién hablara la aprendiz, si escuchaba suficiente tiempo y con bastante atención, las palabras siempre volvían a la misma fuente como si solo una gran voz hablara. No importaba cuántos ojos mirara de manera profunda, estos siempre terminaban revelando el mismo resplandor, como una sola mirada. No importaba cuántos dolores aliviara, todos los gritos sonaban a partir de la misma herida humana como si solo existiera un gran ser capaz de sentir.

Cuando la aprendiz habló de esto a su maestro, este la guio en silencio en el bosque hasta llegar a un claro con un gran árbol caído junto al que se sentaron. La luz se colaba por todos lados, lo cubría todo. El maestro colocó una piedra en una mano de la aprendiz y una florecita en la otra, y dijo:

—Siente la calidez de la piedra y la flor. Nota que a ambas las cubre la misma luz, pero de manera distinta. Ahora rastrea la luz de cada una de vuelta al sol.

La aprendiz escuchó al gran ser en la voz del maestro, vio la mirada única en sus ojos e incluso sintió el mismo dolor humano en su silencio. La luz se tornó más intensa y el maestro agregó:

—Somos solo pedruscos y flores en busca de nuestro sol. Lo que has visto oculto entre las palabras, detrás de tantos ojos y más allá de todos los alaridos es la dirección única.

- *Reflexiona sobre un momento reciente en el que hayas sentido tu corazón ligero. Respira hondo y sonríe.*
- *Ahora piensa en un momento reciente de ligereza del corazón que haya vivido un amigo o ser querido, y que hayas presenciado. Respira hondo y sonríe.*
- *Continúa respirando de manera profunda y permite que estos dos momentos encuentren el parecido que tienen entre sí.*
- *Enfócate en la ligereza del corazón de la misma manera en que te enfocarías en un sol fuera de vista, y siente la dirección única.*

2 DE MARZO

Más poder para ti

Al principio, la palabra *poder* significaba
"ser capaz de ser". Con el tiempo se contrajo
hasta solo querer decir "ser capaz".
Ahora sufrimos las consecuencias.

Estaba esperando un avión cuando escuché a dos hombres de negocios hablando. Uno tenía buenas noticias que compartir, lo acababan de ascender. El otro, para felicitarlo, le dijo:

—Más poder para ti.

Esta es una expresión que yo ya había escuchado, pero por alguna razón, esta vez me sonó diferente y pensé: "Qué curioso sentimiento". Cuando se dice como un buen deseo, la suposición es que el poder es el objetivo, pero claro, hay una gran diferencia si les deseamos a otros un poder mundano o uno interior. Cuando digo "poder mundano" me refiero a uno sobre los objetos, la gente y las situaciones, es decir, un poder controlador. Y cuando digo "poder interior" me refiero al poder que se genera a partir de pertenecer a algo más grande, o sea, al poder conectivo.

No estoy cien por ciento seguro, pero me parece que en este caso el deseo cumplido del hombre que obtuvo el ascenso fue el de tener más poder mundano, más control. Esto es muy común y perturbador porque el deseo de tener más siempre proviene de una noción de carencia. De hecho, el deseo de más poder es producto de la impotencia.

Es muy irónico y doloroso que en la tierra de los hombres libres andemos tan seguido por ahí exhibiendo una tácita y enervante falta de libertad personal. Sin embargo, así como una bebida más no saciará la vacuidad de un alcohólico al que la enfermedad aqueja, el deseo de mayor poder controlador tampoco nos liberará.

Esto me hace recordar un juego que tenía con otros niños a los nueve años. Se llamaba "El rey de la colina". Nos reuníamos unos siete u ocho y buscábamos un montículo de tierra, entre más alto mejor. Uno de nosotros trataba de pararse solo en la parte superior y, una vez ahí, todos los demás trataban de derribarlo para instalarse en la cima y convertirse en el nuevo rey de la colina. Ahora que lo pienso, era un entrenamiento para anhelar el poder mundano.

Es claro que el peor puesto de todos es el de "rey de la colina" porque estás ahí solo por completo y presa de la paranoia, sin poder confiar en nadie, obligado todo el tiempo a girar y cuidarte de ataques de todas direcciones. Tal vez las colinas sean distintas dependiendo de si se trata de cuidar un empleo, a una mujer o una codiciada propiedad inmobiliaria, pero esa posición en la cima llega a esclavizar tanto a quienes están en ella que rara vez disfrutan de la vista.

Siempre odié el juego "El rey de la colina". Cuando me tocaba ser rey, el estómago se me revolvía, cuando no podía serlo, entristecía y, si no querían que jugara, me sentía relegado. Este patrón me ha atormentado toda la vida, pero ahora que soy un adulto fatigado, que me siento solo y cansado en la cima de las modestas colinas que he logrado escalar, en secreto anhelo que alguien me acompañe. Ahora estoy listo para creer que, aquí arriba, hay más poder si nos unimos.

- *Siéntate en silencio y recuerda una situación reciente en la que hayas ejercido control.*
- *¿Qué te provocó la sensación de controlar?*
- *¿Qué exigió de ti?*
- *¿Cuánta de tu necesidad de controlar fue necesaria?*
- *¿Qué habría sucedido si hubieras permitido que otros se unieran a ti en la cima de tu colina?*

3 DE MARZO

Al vivir

La situación de toda persona es una respuesta en jeroglíficos
a las interrogantes que ella misma se haría.
Primero se vive la respuesta
antes de interpretarla como verdad.
—Ralph Waldo Emerson

Cada vida es un lenguaje desconocido. Cada vez que el corazón late, que se realiza un descubrimiento, que surge un momento inesperado de gozo, cada vez que la música nos conmueve de una manera que no pensamos que sería posible y con cada experiencia que vivimos, se descifra una letra más de nuestro alfabeto. Da un paso, aprende una palabra; percibe un sentimiento, descifra un signo. Acepta una verdad, traduce un fragmento del misterio grabado en tu corazón.

Parecería que antes de vivir lo que nos corresponde se presenta una respuesta a la que tenemos que llegar, pero cuando nos atrevemos a entrar en ella, nos sentimos llenos de humildad al descubrir, en cada ocasión, que el acto de vivir desenmaraña en sí mismo tanto la respuesta como la pregunta. Cuando observamos, nos convertimos en acertijos que deben ser resueltos; cuando participamos, nos transformamos en las canciones que deben ser entonadas.

Cuando la vida se sienta lejana, recuerda que, hasta no tocarla, una flauta no es más que un objeto rígido con agujeros. Con el corazón sucede lo mismo. Así como los fósforos son trocitos de madera hasta que los encendemos, y así como el hielo no se templa sino hasta que se descongela, las preguntas y las dificultades continúan siendo impedimentos hasta que no las vivimos. La vida de cada alma espera como una partitura que será interpretada, pero ¿de qué serviremos si nadie nos interpreta?

- *Solo cierra los ojos y respira mientras sientes tu boca como un conducto hacia tu ser.*
- *Respira de manera sencilla y constante, y piensa que las cavidades solo se convierten en aperturas cuando la vida traspasa.*
- *Abre los ojos y respira con tu corazón.*
- *Siente la música de la vida contonearse a través de ti en forma de silencio.*

4 DE MARZO

¿Para qué estamos ahorrando?

Si el amor que tengo no funciona,
¿para qué quiero el dinero?

Ya sea por preocupación, por miedo o por obligación, a menudo le damos prioridad a lo externo; pensamos que si le decimos "no" a lo que nos conmueve y agita, seremos buenos puritanos.

En la década de los sesenta el reconocido psicólogo Abraham Maslow concibió una jerarquía con la que estableció que, antes de poder atender necesidades interiores como la autoestima y tener una relación adecuada, los seres humanos debían tener lo necesario para satisfacer ciertas necesidades elementales como alimento y refugio.

Aunque esto es verdad en cierta medida, creo que hay una dimensión de la vida interior que es equivalente e igual de imperativa que los alimentos y el refugio. Si no satisfacemos estas necesidades interiores básicas, nos convertimos en meros cuerpos sin vida que se alimentan y tienen donde refugiarse. Si no contamos con amor, verdad y compasión, las comodidades de la vida moderna no importan porque nos vemos reducidos a ser máquinas biológicas que ni siquiera son capaces de estar tan presentes como los animales.

Si no entendemos esto, es común que aplacemos el riesgo de amar diciendo cosas como: "primero necesito establecerme de manera individual antes de involucrarme con alguien"; "primero necesito tener ropa hermosa"; "primero haré lo necesario para ser físicamente atractivo"; "primero resolveré mis propias dificultades". Solemos aplazar el amor incluso cuando lo tenemos frente a nosotros, lo desdeñamos bajo la excusa de que estamos tratando de proteger nuestro futuro: "no haré estas llamadas de larga distancia ahora porque cuando me retire necesitaré este dinero"; "no iré al concierto con esa persona porque en seis años necesitaré el dinero para comprarme un automóvil nuevo"; "no puedo darme el lujo de participar en una terapia con mi pareja porque necesitamos ventanas contra tornados". Y es cierto, tenemos que equilibrar las situaciones y tomar decisiones, pero si no hay amor en nuestro hogar, ¿para qué queremos ventanas contra tornados?

Cuando estuve enfermo me enfrenté a la posibilidad real de morir y, de pronto, aunque era una persona muy prudente, el poco dinero que había logrado ahorrar dejó de importar. Todo perdió su valor. De inmediato fue muy claro que el único propósito del dinero era ayudar al amor a funcionar. Cuando estuve enfermo no dudé en hacer todas esas llamadas de larga distancia que había estado posponiendo. Me reuní con amigos en conciertos, compré álbumes y envié flores en lugar de esperar a que llegara la ocasión idónea. Incluso compré boletos para ir al Caribe con mi esposa y mis amigos más queridos, ¡y fuimos!

En cuanto estuve bien de salud, supe que no podía volver a posponer mi vida bajo el pretexto de ahorrar. Todavía ahorro un poco, pero ahora me siento obligado a usar todo el dinero que pueda para hacer que el amor funcione, para imbuirle verdad al ser y permitir que la generosidad y la compasión florezcan. No se trata solo de altruismo, es algo indispensable para vivir en plenitud, es parte de la leña que mantiene ardiendo el fuego interior.

Ahora me veo obligado a preguntar: más allá de la renta y el seguro médico, ¿para qué estamos ahorrando? Si no hacemos vivir el amor aquí en el mundo, nos arriesgamos a ahorrar para un futuro que podría no llegar o que, si llega, podría encontrarnos convertidos en fantasmas del espíritu, incapaces de vivirlo porque desperdiciamos las oportunidades de amar que se nos presentaron en el camino.

- *Siéntate en silencio y reflexiona respecto al amor que le tienes a alguien muy querido.*
- *Respira hondo y permítete sentir ese amor y la manera en que desea expresarse en este momento.*
- *Sin hacerte daño, sin tomar dinero de la renta o gastar lo que no tienes, actúa respecto al amor que estás sintiendo ahora.*
- *No postergues la expresión del amor. Haz esa llamada, envía flores, enciende el automóvil y ve.*
- *Si en verdad no tienes el dinero suficiente, habla de todas maneras con tu amor, confíaselo al Universo.*
- *Sé el amor que estás sintiendo.*

5 DE MARZO

Apartarse

Tan difícil percibir la piedra
y no la onda.

En el momento en que nos apartamos de donde estamos, generamos una tensión entre dos lugares: donde nos encontramos y donde pensamos estar. Esta tensión anula el sentimiento de estar vivos por completo porque la división en nuestra atención no nos deja ser auténticos a pesar de que muchos consideran que realizar varias tareas a la vez, o sea, tener la habilidad de dividir nuestra atención, es algo inteligente.

Apartarnos de donde estamos y volver es, para muchos de nosotros, una tarea permanente, como parpadear o respirar. Rara vez notamos el instante en que incorporamos esta atención absoluta en nuestra vida diaria, pero si interrumpiéramos el flujo de nuestro ser, seguro nos tropezaríamos de la misma manera en que dejaríamos de ver o de respirar.

No resulta sorprendente que nos apartemos del momento, lo más increíble es saber volver.

- *Encuentra tu centro y entra en el momento presente.*
- *Respira de forma constante y siente cómo te apartas, cómo vas a otro lugar, al mañana, al futuro o al pasado.*
- *Respira mientras te alejas, sin juzgar, y luego vuelve a entrar en el momento presente.*

6 DE MARZO

Volver

Llevamos en nosotros un centro
que siempre está volviendo.

Todos nos apartamos del presente de maneras distintas. Si conocemos a alguien e iniciamos una nueva relación, no pasará mucho antes de que empecemos a caminar tomados de la mano mientras nos preguntamos si dormiremos juntos en algún momento y, si decidimos hacerlo, cuando dormimos juntos nos preguntamos si viviremos juntos y, si lo hacemos, nos preguntamos si tendremos hijos, y así, de manera sucesiva.

Esto también sucede con el miedo y el dolor. Cuando me diagnosticaron cáncer, temí la cirugía; cuando estuve en la cirugía, temí el tratamiento posterior; cuando me sometí al tratamiento, temí que me prescribieran un tratamiento más agresivo. Durante la recuperación, temí la recaída.

Nadie puede evitar esta tendencia a apartarse, pero nuestra salud depende de la respiración que nos impide alejarnos más. Sin importar cuán lejos hayamos ido, la práctica de regresar al momento que estamos viviendo es lo que nos restaura, porque solo cuando estamos de lleno en el instante podemos extraer fuerza de la unidad de las cosas.

- *Encuentra tu centro y siente el momento presente.*
- *Nota la vitalidad de la energía que surge cuando dejas de enfocarte en ti mismo.*
- *Respira de manera constante y siente cómo te alejas. Nota la manera en que la vitalidad disminuye mientras te estás apartando.*
- *Respira durante tu alejamiento y luego vuelve a entrar al momento presente.*
- *Nota el resurgimiento de la vitalidad.*

7 DE MARZO

Suelta el arroz

En un mundo que vive como un puño,
la clemencia no es más que caminar
con las manos abiertas.

Si abrimos las manos, pueden pasar muchas más cosas. De hecho, cerrarlas e insistir en la sujeción es lo que nos mantiene estancados, aunque continuemos culpando a todo y todos los demás, en especial a aquello a lo que nos aferramos.

Hay una antigua historia china que aclara este fenómeno. Proviene de la manera en que funcionaban las trampas para los monos. Primero se ahuecaba un coco a través de una apertura de la cuarta parte del tamaño de la mano extendida de un mono, luego se colocaba arroz dentro y se dejaba el coco en el camino por donde pasaban los monos. Tarde o temprano, un mono hambriento olía el arroz y metía la mano por el agujero, y en cuanto cerraba el puño para tomar el arroz, su mano ya no cabía por el hueco. Los monos que se aferraban al arroz eran a los que terminaban cazando.

Mientras el mono se aferraba al puñado de arroz, seguía siendo prisionero de sus propios actos; la trampa funcionaba porque lo que lo controlaba era su hambre. La lección es profunda, necesitamos preguntarnos qué es nuestro arroz y qué nos impide abrir la mano y dejarlo ir.

Cuando escuché esta historia, entendí por fin el tenso ritual del rechazo entre mi madre y yo. Como sucede a todos los niños con sus madres, yo siempre anhelé su amor y su aprobación, pero un día descubrí que ese había sido mi arroz, que entre más me lo negaba, más mantenía yo el puño. Mi hambre del amor de mi madre es lo que ha controlado mi sujeción todo este tiempo, incluso me ha pasado con otras relaciones. He sido un mono con la mano en la trampa, incapaz de soltar el arroz, de dejar ir.

Desde entonces he tratado de extender la mano en mi corazón y, con humildad, ahora veo que el verdadero desafío de la rendición para todos no solo consiste en dejar ir, sino en dejar ir lo que anhelamos.

La verdad es que hay comida en todas partes. Aunque en su momento de hambre el necio mono cree que no queda más, lo único que tiene que hacer para continuar vivo es soltar el arroz. Nuestra travesía en busca de amor no es distinta, aunque nos aferramos y, en nuestro momento de hambre, creemos que no queda otra posibilidad de amar, solo tenemos que dejar ir lo que anhelamos para que nuestra vida siga extendiéndose. Porque el amor está en todos lados.

- *Siéntate en silencio y reflexiona sobre qué es el arroz en tu puño.*
- *Respira hondo y trata de notar qué es lo que te impide dejar ir.*
- *Practica abriendo el puño de tu corazón y, al mismo tiempo, de manera física, pon la mano en puño al inhalar y luego ábrela al exhalar.*

8 DE MARZO

Responsabilidad

Me sentí ofuscado con mi amigo.
Le hablé de mi furia y esta cesó.
Luego me enojé con mi enemigo.
No dije nada y mi furia creció.
—William Blake

La verdadera responsabilidad personal se centra en nuestra disposición a expresar cualquier cosa que nos suceda en el marco de una relación. Esto es importante tanto para ti como para la persona con que te relacionas. Si no estás presente, no hay nada a qué responder, y el problema es que el amor solo se vuelve real en el mundo a través de nuestra habilidad de responder. Que la persona que eres participe en la relación, es decir, ser tu "verdadero yo", brinda a los otros la oportunidad de trascender sus limitaciones a través de su amor, le da al otro la posibilidad de venir y estar presente.

Si te mantienes en silencio, entonces yo, de manera inconsciente, podría continuar viviendo en cualquier inequidad o desequilibrio que se haya producido en relación contigo. Sin embargo, una vez que muestras tu dolor, tu frustración, tu confusión o tus dudas, me permites abandonar mi participación inconsciente en el patrón de nuestra relación. A menudo, la clave de si te responderé o no tiene que ver con el amor, con lo único que puede romper la inercia del antiguo comportamiento.

Podríamos estar conduciendo a lo largo de una infinita carretera veraniega, atrapados en un patrón que se ha vuelto sofocante para ti, pero hasta que un viento repentino no agite el tronco del sauce junto al que pasamos a toda velocidad, hasta que no te sientas obligado a decir "no puedo seguir así", no tendré la oportunidad de responderte: "Yo tampoco quiero estar en esta situación". Hasta que no rompas tu silencio, yo no podré preguntar: "¿Qué podemos hacer para cambiar todo esto?".

A menudo desperdiciamos demasiado tiempo esperando que el otro comprenda y note nuestro dolor, sintiéndonos cada vez más frustrados y lastimados porque el tiempo pasa y el otro no nota nada. Esta es justamente la definición de limitación: no ver lo obvio.

Así pues, aunque nos da miedo expresar nuestros miedos y dolores entre nosotros, si no hay algo auténtico a lo cual responder, resulta imposible actuar respecto al amor.

- *Encuentra tu centro y piensa en un miedo o dolor que sientas en silencio respecto a una relación valiosa para ti.*
- *Respira hondo y, en la seguridad de tu espacio privado, expresa sin palabras lo que estás sintiendo. Solo deja que surja con libertad en tu mente y tu corazón.*
- *Continúa respirando y ponte cómodo o cómoda con la verdad de este sentimiento.*
- *Es suficiente por hoy. Confía en que en algún momento sabrás que tienes que expresarle esta verdad a la persona en tu vida que necesita escucharla, y que sabrás cuándo hacerlo.*

9 DE MARZO

Abrir nuestra mirada más profunda

> La vida interior de todo me resultará incomprensible
> hasta que no desarrolle una vida interior propia
> y profundice en ella.
> —PARKER J. PALMER

Todos tenemos una vida interior, solo es cuestión de descubrirla. Lo que Parker J. Palmer nos quiere decir aquí con su sabiduría es que solo podemos sentir algo en la medida en que estemos dispuestos a conocer su profundidad. Si queremos ver y sentir la esencia de la vida que nos rodea, así como abrimos nuestros ojos, es decir, levantamos los párpados para ver, también debemos levantar nuestras barreras y abrir nuestro corazón y nuestra mente.

Para desarrollar la vida interior es fundamental que abramos nuestra mirada más trascendente. Esto tiene mucho que ver con tumbar nuestros muros, con el hecho de vivir desde nuestra profundidad para poder experimentar la que nos rodea.

Con frecuencia, cuando estamos distanciados de nuestra interioridad, nos quejamos de que las cosas son superficiales, aburridas e indignas de nuestra atención, pero en realidad, somos nosotros quienes estamos fuera de alcance.

Para ver lo profundo, debemos abrirnos hasta lo insondable.

- *Piensa en algo o alguien que hayas descartado y colócalo frente a la mirada abierta de tu corazón.*
- *Rodea la imagen con tu respiración más profunda.*
- *Después de un rato, pregúntate respecto a ese objeto o persona: "¿Me parece diferente ahora?".*

10 DE MARZO

El ciclo del Creador

Sobrevivimos... y luego morimos.

—Anciano sabio Ojibway

Nada se escapa del ciclo del Creador, ni las plantas, ni los caballos, ni los árboles, ni las aves ni los seres humanos. Tampoco la vida mental, ni la del corazón ni la del espíritu. Todos los seres vivos emergen, se reúnen, encienden la chispa de vida nueva, decaen, mueren y vuelven a surgir de maneras distintas. Todas las almas son una ráfaga del aliento de Dios extendiéndose en la gran energía que nos rodea como una corriente eterna. El objetivo no es hacerle trampa a la muerte, sino vivir en la corriente con humildad y con la vitalidad que solo aceptando la inevitabilidad de la muerte se puede producir.

Si tratamos de negarla, podemos enfermarnos por perseguir con frenesí un desafío que ocupa nuestra mente. Y si vivimos en el otro extremo, podemos enfermarnos de solo pensar en ella, de no ver nada más. Entonces, la vida se convierte en una triste carrera de miedo.

Más allá de todo designio y deseo, sobrevivimos y, como piedras erosionadas por las fuerzas no visibles e irrefrenables, nuestra recompensa es el dolor y el asombro al desnudar nuestra belleza interior y mostrarla al cielo. Si vivimos con honestidad, lo que llevamos en nuestro interior inevitablemente lo portaremos en el exterior. La experiencia de vivir con la mayor intensidad no tiene nada que ver con tratar de alejarnos del ciclo del Creador. A menudo nos empeñamos en protegernos de la fricción de estar vivos cuando, en realidad, la fricción es lo que pule nuestro espíritu hasta convertirlo en una gema visible. Somos más maleables de lo que creemos, más durables y mutables que toda la esperanza.

Los delgados y fragantes pétalos no se ocultan del viento, sobreviven para morir y renacer. Incluso en una sola vida nos desgarramos y volvemos a echar raíces. Nos quebramos, sangramos y volvemos a organizarnos en otro ser hermoso que aprende a extenderse y buscar. Resistirse a este proceso solo duplica el dolor. En cambio, cantar a lo largo del camino da origen a la belleza y la sabiduría.

❉ *¿Cuál es tu mayor temor respecto a la muerte?*

- *¿Cuál es tu mayor temor respecto a la vida?*
- *¿Tienen algo en común?*
- *¿Cómo le darías forma a tu vida si no tuvieras ninguno de estos temores?*
- *¿Qué pasaría si de todas maneras le dieras forma sin ellos?*

11 DE MARZO

El beneficio de la postura

Mientras no vivas por completo en el cuerpo,
no vivirás por completo en el Yo.
—B. K. S. Iyengar

Cuando enseñan yoga, los maestros de todas las tradiciones aconsejan a los practicantes permanecer inmóviles tras hacer ciertas posturas para percibir sus beneficios. Esta es una excelente práctica para todo en la vida porque con frecuencia nos esforzamos en incontables maneras por llegar a un lugar y luego solo dejamos pasar la oportunidad de experimentar las intensas recompensas que nos ofrece el hecho de habitar el espacio al que llegamos.

Esto es en especial cierto en la manera en que nos tocamos entre nosotros. Nos preocupa tanto cuál deberá ser nuestro siguiente movimiento o saber si habrá otro, que no gozamos la recompensa de solo abrazarnos los unos a los otros.

Si cada instante de contacto táctil lo tratamos en sí mismo como una consumación, estaremos practicando cómo sentir la eternidad.

Con tu pareja:

- *Siéntense en silencio y respiren hondo mientras tocan los brazos del otro.*
- *Sientan el ser del otro en el cuerpo que los contiene.*
- *Pasados varios minutos, bésense lento con los ojos abiertos.*
- *Continúen tocándose los brazos con delicadeza mientras tratan de ahondar en los ojos del otro.*

En soledad:

- *Siéntate frente a un espejo y enfócate en el cuerpo en que vives.*
- *Respira hondo y entra en el campo de tus ojos.*
- *Respira lento y siente tu alma como un estanque de agua clara justo debajo de tus ojos.*
- *Respira profundo y siente las olas de tu espíritu rompiendo en la costa de tu cuerpo.*

12 DE MARZO

La apariencia del todo

Todo está interconectado en el Universo
y este se refleja en cada uno.
—LOURDES PITA

Pienso que esta reflexión explica por qué nos sentimos tan atraídos a ciertas cosas, ¿por qué, de todas las ramas caídas, siempre elegiré la que mejor refleja cómo me he tenido que curvar toda mi vida?, ¿por qué, de todos los lugares a los que podrías volver, eliges el labio de un precipicio que el viento ha erosionado hasta dejarlo sin rasgos? Porque te permite sentir el labio erosionado de tu corazón que no le muestras a nadie.

A los seres humanos siempre nos ha atraído encontrarnos en la vida que nos rodea. Sin embargo, cuando hacemos esto desglosamos todo hasta que se asemeja a nosotros. Aunque rara vez es nuestra intención, recibimos la vida de la misma manera en que recibimos los alimentos, masticándola hasta transformarla en trozos irreconocibles que debemos tragar. Pero el tipo de alimento que nos ofrece la vida debemos recibirlo completo, como se encuentre, porque, de otra manera, pierde su sabiduría, su poder y su gracia.

Por todo lo anterior, el desafío permanente radica en no transformar todo en nosotros. A decir verdad, la función más profunda de la humildad es ayudarnos a asimilar la experiencia en sus propios términos, sin violar su propia naturaleza, y hacerlo en un esfuerzo por nutrirnos de una vida distinta. A través de este esfuerzo encontramos en nosotros las semillas correspondientes a esa vida, las semillas de gracia comunes que pueden alimentarnos.

Como los cromosomas, todos portamos en nuestra constitución los aspectos más diminutos de lo que conforma el Universo, y por eso, el arte de la libertad se vuelve la necesaria aventura de captar los secretos que se encuentran en todos lados y agitan sus aspectos en nuestro interior de tal forma que nos reviven: aprender del pez a sobrevivir y sumergirnos; aprender de la flor a abrirnos y aceptar; aprender de la piedra a quebrarnos y dejar que la luz entre; y aprender de las aves que, a veces, las alas son más útiles que el cerebro.

En lugar de encontrarnos en todo, cada día se nos presenta el desafío de encontrar todo en nosotros, hasta que el hecho de ser humanos evoluciona hacia el interior con la apariencia del todo, dándonos la forma de las maravillas que encontramos, y hasta que, como las aves que han sabido esto por siempre, también cantamos ante la simple aparición de la luz.

❄ *Siéntate en silencio y recuerda tu lugar favorito en la naturaleza, un lugar al que te agrade ir. Podría ser un campo abierto, una cascada, un riachuelo o un sendero en el bosque.*

❄ *Visita ese lugar en tu mente y siente el aspecto que te hace volver ahí una y otra vez. Tal vez sea el viento soplando entre la hierba, el sonido del agua o la luz atravesando las coloridas hojas.*

❄ *En tu mente extiende el aspecto que te atrae de ese lugar y entra en él de una manera más profunda. Transfórmate en la hierba, el agua o la hoja.*

❄ *Respira lento y permite que lo que amas de este lugar te muestre que te pareces a la hierba, al agua o a las hojas.*

13 DE MARZO

Abrirse a la fe

Hubo un hombre a punto de cruzar el mar.
Un sabio ató una hoja a su túnica y le dijo:
—No temas. Ten fe y camina sobre el agua.
Pero, escucha, si pierdes la fe te ahogarás.
—Sri Ramakrishna

Con frecuencia nos alejamos del dolor, lo cual solo resulta útil antes de que nos lastimen porque, una vez que sentimos el daño, la única manera de superarlo es atravesándolo. Es como cuando alguien se cae de un bote y trata de mantenerse flotando, pero al hacerlo solo empeora la situación. En ese caso, simplemente debemos aceptar lo sucedido y quedarnos quietos para que la profundidad nos transporte. La disposición a hacer esto es la génesis de la fe: ceder ante corrientes más poderosas que nosotros. Incluso las hojas caídas flotan en los lagos y nos demuestran que sucumbir puede mantenernos a flote.

En definitiva, podemos aprender de las hojas alrededor de las cuales nadan los patos y entender que en la vida, como en el agua, si nos enrollamos o nos agitamos, nos hundimos. En cambio, cuando nos extendemos y permanecemos inmóviles, nos transporta el más colosal mar de todos: el mar de la gracia que flota incesantemente bajo la confusión de los sucesos. Y, así como los peces no pueden ver el mar en que viven, nosotros tampoco podemos ver el espíritu que nos sostiene.

Una y otra vez, la aparición del dolor nos hace aferrarnos y hundirnos, pero la vida me ha enseñado que la forma en que nos abrimos al principio, después de habernos doblado, es esencial para determinar cómo sanaremos, si es que sanamos.

- *Cuando puedas, camina o siéntate junto a un lago o estanque, y observa cómo flotan las hojas en la superficie.*
- *Respira como una hoja caída y no pienses en nada.*
- *Solo respira y permite, aunque sea solo por un instante, que el espíritu que no puedes ver del todo transporte tu corazón y tu mente.*

14 DE MARZO

Antiguos amigos

Uno escala, uno ve. Uno desciende y ya no ve,
pero ha visto. Conducirse a uno mismo
en regiones más bajas con los recuerdos
de lo que vio en regiones más altas es un arte.
Cuando uno ya no puede ver, al menos aún sabe.
—René Daumal

En el siglo ocho en China, durante la dinastía Tang, el poeta Li Po escribió lo que ahora es un conocido poema, "Carta desde el exilio", dirigido a su "antiguo amigo", So-Kin de Rakuyo. En el poema nos enteramos de que Li Po y So-Kin han sido muy amigos toda la vida a pesar de que solo han convivido en algunas ocasiones. Hacia el final del poema, a Li Po lo inunda la presencia de su viejo amigo: "¿Qué sentido tiene hablar? Hablar no tiene fin. Y tampoco tienen fin las cosas del corazón".

Nos sentimos conmovidos y nos preguntamos cómo es posible que siendo amigos hayan pasado más tiempo separados que juntos. Sin embargo, se sabe que la presencia de un amigo así puede darle forma a toda la vida de uno. Si fuimos bendecidos, tenemos un amigo como este y, si somos ricos en bendiciones, en nuestro tiempo en la tierra tenemos dos. Es como si Li Po y So-Kin fueran estrellas en la constelación del otro, puntos breves pero perdurables de luz. La dificultad siempre ha sido cómo atravesar la oscuridad entre un punto y otro; esta es la provincia de la fe, la preservación de la presencia cuando nada nos alumbra.

Esta amistad es en sí misma una metáfora de otro tipo de relación: nuestro parentesco a lo largo de toda la vida con la Verdad, el Amor, la Unidad y Dios. Como Li Po sin So-Kin, nosotros podríamos pasar buena parte del tiempo sin conciencia, sin iluminación, y, sin embargo, la presencia de la Verdad y de Dios, como un antiguo y buen amigo, le daría forma a nuestra vida entera. Por eso la tarea interior consiste en averiguar cómo tener una amistad duradera con las entidades que nos sobrepasan. ¿Cómo mantendremos su luz en nuestro corazón cuando no haya una sola estrella en el firmamento?

❋ *Respira profundo y recuerda un momento en verdad especial en tu vida, uno que te haya guiado a lo largo de los años.*

- *Respira arropado por el cariño y permite que esta verdad salga a la luz.*
- *Sonríe y hazle una reverencia a tu verdad como si fuera un viejo amigo al que no has visto en muchos años.*
- *Rézale a esta verdad con gratitud.*

15 DE MARZO

El poder de los símbolos

Si sostienes una piedra en tus manos,
sentirás la montaña de la que proviene.

Un cavernícola que estaba recogiendo bayas se vio acorralado por una criatura salvaje, ahora extinta, cuando de pronto la enorme rama de un árbol tronó, asustó a la bestia y lo salvó. El cavernícola tomo una parte de la rama caída y se la llevó para usarla como amuleto. Así empezó la historia de los símbolos.

La gente siempre ha guardado fragmentos de su experiencia para recordar las fuerzas de la vida que no siempre puede ver. En nuestro bolsillo atesoramos una conchita marina repleta del eterno ritmo del océano y la llevamos con nosotros miles de kilómetros para recordar la presencia del mar cuando estamos a horas de él. Por eso también atesoramos ciertas canciones, guardamos nuestro fragmento de un boleto y secamos flores.

Los símbolos son espejos vivos de una compresión ulterior que no requiere palabras. Tengo dos amigos que sobrevivieron a Vietnam. Los rehabilitaron en Italia y, antes de volver a casa, partieron en dos una lira de cobre. Cada uno conservó con cariño la mitad que le pertenecía al otro, como si fuera el corazón roto que se quedó para siempre en esa selva abandonada por Dios.

Incluso a objetos pequeñitos de nuestra vida cotidiana les pedimos que porten para nosotros un significado insoportable, pero los que más amamos son los que funcionan como la lámpara de Aladino. Lo único que tenemos que hacer es frotarlos lentamente para que los sentimientos y los tiempos que hace tanto se fueron revivan y vuelvan a nosotros, o para que las verdades elementales, tan difíciles de mantener a la vista, regresen.

Recuerdo que cuando era solo un niño, siempre que visitaba la casa de mi padre me dirigía al blanquísimo tazón repleto de chocolates M&M's porque era un simple tesoro mágico para mí. Sin importar cuántas veces me acercara de puntitas, nunca se vaciaba. Han pasado treinta años desde que mi padre murió y, ahora, cada vez que me deprimo, me siento con el tazón blanco en el regazo, como algunos M&M's y me siento mejor. No se trata de una ilusión ni de escapismo. Más bien, utilizo el tazón blanco repleto de chocolates como un símbolo vivo que le imbuye a mi momento de tristeza una noción más profunda de plenitud y generosidad que siempre está ahí, pero a la que no siempre puedo tener acceso.

Este es el uso adecuado de los símbolos. Los símbolos no sirven para representar ideas de una manera fría, sino para realizar un llamado a todo lo que vive en nosotros y en nuestro entorno, y convocarlo a ser. Los símbolos nos ayudan a atestiguar el doloroso misterio de la vida y, sin importar si se trata de un crucifijo, de un pequeño Buda llorando o de una concha rota proveniente de un mar olvidado hace mucho tiempo, están ahí para sostenernos mientras soportamos los días.

- *Recuerda un momento especial de tu niñez.*
- *Reflexiona sobre el sentimiento que tuviste en ese momento hasta que visualices la escena.*
- *Siente poco a poco tu camino hacia este momento especial y enfócate en algún detalle: una silla, el aroma de una lila o un fragmento de vidrio cubierto con gotas de lluvia.*
- *Con actitud reverencial, toma este detalle como símbolo vivo de todo lo que significa para ti este momento único.*
- *La próxima vez que te sientas alicaído, ponte en contacto con este símbolo tan personal.*
- *Permite que el símbolo te abra el camino hacia regalos que no siempre recuerdas.*

16 DE MARZO

El balanceo de la naturaleza

Cuando el viento se detiene,
los árboles continúan moviéndose,
de la misma manera en que mi corazón cruje
mucho tiempo después de haberse doblado.

Siempre me sorprenden las secuelas cuando algo me conmueve de manera profunda. Me puedo sentir lastimado o desilusionado, puedo sentir la calidez de ser amado o el suave alejamiento de alguien que me abandona, pero luego estoy listo para empezar a masticar otra cosa y rara vez me permito digerir los sentimientos por completo. De hecho, he notado que mucha de la confusión en mi vida es producto de ponerle atención demasiado pronto a lo siguiente y de arropar la nueva experiencia con los vestigios de sentimientos que aún no han terminado de vivir en mí.

El otro día, por ejemplo, me sentí triste porque me enteré de que un viejo amigo mío estaba enfermo. Atendí de manera directa mi tristeza y luego pensé que ya había pasado demasiado tiempo sintiéndome triste, así que continué mi camino. Al día siguiente me encontré sintiendo la típica frustración del tráfico y las compras. De repente, la reacción indiferente de los meseros y los empleados en general me entristeció o, al menos, eso fue lo que creí que pasaba. Aunque ahora que lo relato parece obvio, no fue así cuando sucedió y, por lo mismo, desperdicié una buena cantidad de desorientada energía preguntándome si habría llegado la hora de cambiar mi estilo de vida. En realidad, lo que pasaba era que seguía sintiendo las pequeñas ondas de tristeza que me provocaba la enfermedad de mi amigo.

La lección más profunda tiene que ver con el balanceo de la naturaleza: su acercamiento, su impacto y, en especial, su eco. Todo lo que está vivo se encuentra con ella, en especial quienes estamos inmersos en las invisibles ondas de lo que pensamos y sentimos. Estar vivo toma tiempo.

❄ *Siéntate en silencio y enfócate en un sentimiento que te haya invadido con fuerza recientemente.*

❄ *Mientras respiras, asiste a cualquier rastro del impacto que todavía tenga en ti.*

❊ *Respira lento, piensa que eres una bandera, y permite que los rastros de este sentimiento generen ondas y te atraviesen.*

17 DE MARZO

Una gran batalla

Una gran batalla se libra para que mi boca
no endurezca, para que mi mandíbula no se convierta
en las pesadas puertas de una caja fuerte de hierro,
para no decir que mi vida es el preámbulo de mi muerte.
—YEHUDA AMICHAI, POETA ISRAELÍ

Hay un antiguo mito griego que, cual mensaje dentro de una botella, encierra en sí una de las luchas más fundamentales que enfrentamos como seres vivos. Es la historia de Orfeo, un talentoso músico. Eurídice, su esposa, es secuestrada por Hades, dios del inframundo, y el luto y el dolor de Orfeo son tan intensos, que viaja a la tierra de los muertos para implorarle a Hades que se la devuelva. Tras una reflexión fría y deliberada, Hades le dice:

—Puedes llevártela, te tomará tres días volver con ella al mundo de los vivos, pero hay una condición: no podrás mirar su rostro hasta que ella esté totalmente bañada por la luz del sol. Si la miras antes, ella regresará a mí y se quedará aquí para siempre.

Orfeo no lo sabe, pero Hades le dice a Eurídice lo contrario:

—Orfeo te llevará a la tierra de los vivos, pero deberás mirarlo antes de salir completamente a la luz. Si no lo haces, regresarás a mí para siempre.

La colosal misión de la pareja resulta fallida y Eurídice se queda por toda la eternidad en el inframundo.

Ahora bien, para nosotros, la lucha es permanente porque en cada uno vive un Orfeo que cree que si mira morirá, pero también una Eurídice que cree que si no mira morirá igualmente. Y por eso, la más trascendente pregunta espiritual después de "¿Ser o no ser?" es: "¿Mirar o no mirar?". El equilibrio personal al que llegamos es lo que determina si salimos del infierno o no.

Aunque la lucha va mutando a lo largo de nuestra vida de acuerdo con nuestras variables devociones, creo que todos nacemos con una inclinación natural, ya sea mirar o no mirar. No resulta sorprendente que yo sea uno de esos videntes femeninos: creo que si no miro moriré. Esto tal vez tenga mucho que ver con mi vocación de poeta, por eso admito mi inclinación. Aunque para preservar nuestra vista no debemos mirar al sol de manera directa durante mucho tiempo, es más común que necesitemos mirar para continuar vivos.

Pero a pesar de mi inclinación, como sucede a todos, también lucho contra las dos tendencias: ser protector de secretos o descubridor de verdades. Aunque nadie puede decirnos cómo, tenemos que librar esta gran batalla una y otra vez: salir del inframundo indemnes y encontrar nuestro camino de vuelta al mundo de los vivos.

- *Encuentra tu centro y respira de manera constante. Recuerda el río de decisiones de vida que te ha traído hasta aquí.*
- *Cuando empieces a respirar más lento, trata de entender qué es lo que ha definido tu tiempo en la Tierra, ya sea la necesidad de mirar o la de no mirar.*
- *Respira con regularidad y trata de sentir qué es lo que necesitas ahora: mirar o no mirar. ¿Qué te ayudará a estar más en la tierra de los vivos?*

18 DE MARZO

La vida de un cuidador

Acepta este obsequio
para que yo pueda
considerarme generoso.

He aprendido que la vida de un cuidador tiene tanto de adicción como la de un alcohólico. En este caso, el elemento intoxicante es el alivio emocional que se produce de manera temporal cuando respondemos a la necesidad de un ser querido. Aunque nunca dura, cuando atendemos la necesidad de alguien, nos sentimos amados, y a pesar de que esto puede generar muchos beneficios, en especial para quienes reciben los cuidados, el cuidado en sí mismo se convierte en una bebida embriagante con la que adormecemos por instantes el sentimiento de que somos indignos, el sentimiento que solo podemos mantener al margen si bebemos un trago más de autosacrificio.

Todo va bien hasta que la situación se va volviendo más tensa, hasta que llegamos a anticipar más allá de lo real y, luego, sin que en realidad se exprese una necesidad, nuestra ansiedad de responder se acumula y solo podemos sentirnos aliviados ofreciendo ayuda o haciendo algo por alguien. La base de este fenómeno es la preocupación permanente de que no podremos ser amados a menos de que hagamos algo por el otro. Por eso las necesidades de los demás permanecen a nuestro alcance como botellas detrás de una barra que el cuidador, por más que se esfuerce, no puede resistirse a beber.

Este sentimiento lo he experimentado incluso en el simple hecho de llamar a un ser querido estando lejos de casa. Aunque nadie espera tener noticias mías, yo puedo casi agonizar preguntándome si debería llamar o no. A menudo, como soy incapaz de soportar la incomodidad de no constatar las evidencias de mi amor, termino esforzándome demasiado y haciendo lo imposible por llamar.

Aunque cuidar a otro parezca un acto de gran generosidad, en realidad es algo muy egoísta; nuestra necesidad urgente de centrarnos en nosotros nos impide llevar una vida de compasión genuina. Para ser sincero, curarse de esto exige un programa de recuperación tan riguroso como el que siguen los alcohólicos, incluyendo tener esos padrinos que nos amen por quienes somos.

En nuestro interior, el remedio del espíritu que permite el verdadero altruismo radica en algún lugar de la fe, en creer que todos somos dignos de amor, así, simplemente como somos.

- *Encuentra tu centro y piensa en un ser querido a quien parezcas ayudar más de lo que te ayuda a ti.*
- *Reflexiona sobre lo que te hace dar esos pasos adicionales.*
- *Imagina que esa persona sería capaz de amarte aunque no hicieras nada.*
- *Imagina que tú te amas a ti mismo aunque no hagas nada.*
- *Respira y no hagas nada hasta que percibas el surgimiento de un sentimiento de amor por ti mismo.*

19 DE MARZO

Debilidad

Nuestra fuerza perdurará si nos permitimos
tener el valor de sentirnos
asustados, débiles y vulnerables.

—MELODY BEATTIE

Esta es una oración para la eternidad. Ayuda a definir, en términos espirituales, la debilidad como cualquier hábito mental o del corazón que nos impide ver las cosas justo como son o de manera integral, o de verlas con toda nuestra capacidad para sentir. Me refiero a las cegueras que todo el tiempo nos alejan de la Verdad, la Unidad y la Compasión.

Todos somos frágiles, todos cometemos errores. Todos somos presa de miles de emociones y exageraciones. No obstante, si estamos dispuestos a enfrentarlas, nada de esto nos debilita, solo nos enriquece. Lo que en verdad nos vence no es la fibra de nuestra humanidad, sino negarnos a aceptar quiénes somos y a vivir de acuerdo con ello, incluso con las limitaciones que esto implique.

Más allá de todo, esta ceguera, en sus diversas formas recurrentes, es el origen de casi toda la crueldad porque, justo en esos momentos, creemos vernos con claridad rompiendo cosas irremplazables, sin siquiera darnos cuenta de lo valiosas que eran.

Después de haber roto muchas cosas en mi vida, como corazones, reliquias familiares o huevos de petirrojo, admito con humildad que la única diferencia que veo en la Tierra entre ser fuerte y ser débil es la honestidad con que nos enfrentamos a nosotros mismos, con que nos aceptamos y nos compartimos sin que nuestras imperfecciones ni nada más importen.

- *Para esta meditación, sostén la fotografía de alguien que te importe. Podría incluso ser una fotografía de ti mismo.*
- *Cierra los ojos y encuentra tu centro. Cuando abras los ojos, enfócate en la fotografía y permítete ver la relación que tienes con esa persona justo como es.*
- *Vuelve a cerrar los ojos. Cuando los abras, enfócate en la fotografía y permítete aceptar a ese ser de manera integral, con todo y sus imperfecciones.*

20 DE MARZO

Agitar el agua

Permitir que el conocimiento provoque problemas y luego
usar ese conocimiento para resolverlos
es como agitar las aguas con la esperanza de aclararlas.
—Lao-Tse

Este ciclo que se genera cuando provocamos problemas y luego tratamos de resolverlos es parecido a jalar un hilo que no debimos ni siquiera tocar. Entre más jalamos, más se deshilacha la tela, y luego tenemos que volver a tejer todo. También es como planear demasiados proyectos o comprometerse con demasiadas personas en un período breve, y luego fatigarte a ti mismo y a los demás al tratar de cumplir con todo.

Todos hemos hecho algo así. La versión más sutil de este comportamiento tiene que ver con la lucha por aceptarnos. Aunque nos creemos indignos o inseguros, nos fijamos un objetivo pensando que alcanzarlo nos permitirá sentirnos bien respecto a nosotros mismos. Luego empezamos a conspirar para triunfar, a prepararnos para un posible fracaso, y agitamos las aguas con la esperanza de que se aclaren.

Y mientras tanto, también desperdiciamos los recursos más profundos del corazón y el espíritu. ¿No es así como nos lanzamos de lleno a carreras profesionales que no tienen nada que ver con nuestra vocación? ¿No es así como nos involucramos en relaciones en las que no nos aceptan? ¿No es así como a veces traemos niños al mundo creyendo que nos ayudarán a alcanzar la claridad?

La mente es una araña. Si se lo permites, embrollará todo y luego culpará de haber creado la telaraña en que está atrapada a las mismas cosas a las que se aferra. Yo he hecho esto con mis sueños de grandeza y mis ambiciosas esperanzas de amor; he anhelado reflejarme con claridad en el agua, pero no dejo de agitarla y agitarla. Tal vez lo más difícil que he aprendido, con lo que aún tengo que luchar, es que no necesito terminar de crearme para estar completo.

❄ *Siéntate en silencio y recuerda un hilo en tu corazón que hayas jalado, un tejido que hayas deshilado hace poco.*

- *Respira hondo y piensa en lo que has tenido que hacer para volver a tejerlo.*
- *Respira de manera constante y trata de detenerte, trata de hacer todo a un lado así como es, y luego solo permite que el hilo sea.*

21 DE MARZO

Albergar o liberar

¿Cómo puedes seguir el curso de tu vida
si no le permites fluir?
—Lao-Tse

El polen se acumula hasta que la lluvia se lleva cualquier cosa que no haya sido implantada como semilla. El musgo se forma en las cepas y rocas hasta que las patas de los animales lo desgastan. Las hojas que cubren el sendero se desintegran a tiempo para mostrar el camino a quienes se han perdido.

Con nosotros sucede lo mismo. Nuestros sueños se acumulan como el polen hasta que el sudor y las lágrimas de nuestro vivir se llevan cualquier plan no realizado. Como la alegría y la pena, nuestras nudosas matas de apego crecen en la piedra hasta que lo que es alimento es consumido y lo que no lo es se desgasta. Al igual que las hojas secas, nuestros recuerdos cubren el sendero hasta que los revisitamos tanto que dejan de existir y nos liberan.

A menudo el dolor de resistirnos hace que nos oxidemos como fierro y, para volver a ingresar al flujo de la vida, necesitamos que nos raspen hasta que resurja nuestra superficie original. Si no los liberamos, los sentimientos cubren al corazón con su gravilla. Como ventanas empañadas por lo que el clima dicta, esperamos que unas manos amorosas nos froten hasta volver a quedar limpios. Es inevitable. La experiencia nos cubre y el expresivo viaje nos permite llegar sinceros a la mesa de luz una vez más.

Todas las cosas en la existencia participan en este ciclo involuntario. El proceso de vivir nos mancha una y otra vez con la arenilla de nuestra presencia, con el dolor, la desilusión y lo incisivo de ser humanos. Si albergamos estas sensaciones, nos pueden enfermar; si las liberamos, nos completan. Los seres humanos, más que cualquier otra forma de vida, tenemos el majestuoso y agobiante poder de albergar o liberar el impacto de nuestra experiencia.

Con humildad, la vida nos pide que mantengamos real el flujo entre lo que ingresa en nosotros y lo que permitimos que salga. Solo necesitamos respirar para recordar nuestro lugar como un canal vivo. La experiencia fluye hacia dentro, los sentimientos hacia fuera. La sorpresa y el desafío entran, el dolor y la alegría salen. La vida penetra a toda velocidad como una marea constante y luego tenemos que permitir que todo vuelva a salir a través de una liberación tenaz. Porque esta es la manera en que el mar forjó a la tierra con magnificencia y la manera en que el océano del espíritu liberador esculpe a la humanidad irguiéndola una y otra vez.

- *Hoy, cuando atravieses la puerta de tu casa y salgas al mundo, respira hondo y pregúntate cuál es el rasgo humano por el que te sientes más agradecido.*
- *Permanece con esta pregunta a lo largo del día.*
- *Esta noche, cuando vuelvas a entrar a tu nido, vuelve a respirar hondo y pregúntate: ¿Qué es lo que continúa sorprendiéndome del hecho de ser humano?*
- *Permanece con esta pregunta mientras descansas y duermes en la noche.*

22 DE MARZO

La hora del Shabat

Trabaja cuando haya trabajo. Descansa cuando estés cansado.
Probablemente, una tarea realizada en paz será mejor
que diez realizadas con pánico...
Negarme el descanso no me convierte en héroe, solo me agota.
—Susan McHenry

Cuando necesito refrescarme o sentirme renovado, vuelvo a las entradas del corazón que ya se han abierto antes. Camino, me paro frente al gran sauce y espero a que su familiar vaivén me hable. Vuelvo a tocar esa especial pieza para piano que logró colarse por el irritado pliegue de mi corazón y permito que todo se vaya revelando. Preparo un poco de té, me siento en mi silla favorita, saco un viejo y maltratado libro de E. E. Cummings y leo: "Te agradezco, dios, este día tan asombroso...".

Trato de abrir las horas con sutileza y silencio, los dos hilos que al desenredarse se transforman en gratitud, y espero a que el milagro vuelva. En mi opinión, este es el átomo renovador del *Shabat*. Trato de empezar cada día con un momento así de breve y tierno antes de que los golpes, las cortadas y el ruido entren sin reparo, antes de que las confusiones y los conflictos restrinjan mi noción de las cosas.

Creo que el corazón se contrae y se dilata como el ojo. Cuando está contraído, no hay descanso, el mundo parece más pequeño, más mezquino y lleno de peligro. Por eso el tiempo del *Shabat* se vuelve esencial, porque es una práctica que dilata todo lo constreñido. Estos privados momentos de descanso restauran, es decir, convierten el reposo en una joya y, al desacelerar el corazón, aflojan los nudos del mundo.

Durante el reposo siempre recuerdo que lo que me ata a la tierra es imperceptible. El otro día me sentía oprimido, mi corazón latía como una garza despierta entre las algas, sin espacio para moverse. Enredado y sorprendido por el ruido que producía mi mente, revoloteé sin gracia hasta el centro del lago que los humanos llamamos silencio. Si me preguntas, supongo que te diría que la paz no es sino la parte inferior de unas alas cansadas que yacen en el lago mientras el corazón entre sus plumas late cada vez más lento.

❇ *Coloca sobre tu regazo las manos con las palmas hacia arriba y practica el arte de aflojar el nudo en tu corazón.*
❇ *Cada vez que inhales, aprieta tus manos un instante.*
❇ *Cada vez que exhales relaja las manos hasta que se queden inmóviles como las cansadas alas que en realidad son.*

23 DE MARZO

Sin saber hacia dónde volamos

Las aves aprenden a volar sin saber
a dónde las llevará el vuelo.

Los hábitos de las aves encierran una profunda enseñanza que nos obliga a sentir humildad. Sus alas crecen, se estiran y abarcan porciones de aire. Se levantan, al principio titubeantes, luego con confianza, y después bombean, planean y aterrizan. Al parecer, el objetivo de las aves es el acto de volar. Cierto, migran y buscan alimento, pero cuando vuelan nos transmiten la sensación de que su verdadero destino es estar en el aire.

A diferencia de las aves, nosotros confundimos el tiempo que pasamos en la Tierra y nos obsesionamos con el destino, tanto que nos frustramos y mermamos nuestra capacidad humana de volar. Con frecuencia también domesticamos y callamos nuestra necesidad de amar, de aprender, de conocer la verdad del espíritu, hasta asegurarnos de que nuestro esfuerzo nos llevará a algún lugar. Todas estas condiciones y titubeos, todos los "sí, pero..." y los "¿qué tal si..." perturban la travesía humana e impiden que el corazón, siendo el ala que en realidad es, se despliegue como debería.

Pero sin consideración ni reservas, la simple presencia de la luz agita a las aves y las insta a cantar y elevarse. Ellas no necesitan entender conceptos como contenerse o invertir solo si se está seguro de la ganancia. En este sentido, nosotros somos las únicas criaturas que exigen garantías y, al hacerlo, extinguimos la chispa del descubrimiento.

¿Con qué frecuencia nos mutilamos al no permitir que el amor, con todos sus riesgos, nos enseñe a volar? ¿Cuán a menudo se estanca nuestro corazón porque no permitimos que el ala de nuestra pasión se abra por completo a nuestros dones? ¿Cuántas veces buscamos una canción guía que solo puede provenir de nuestro interior?

Sé que a lo largo de los años, a través del miedo y la expectativa, mi mente ha reunido y acumulado lugares a los que necesito ir, objetos que necesito poseer, los *yo* que necesito ser. Y sin embargo, aquí estoy, sin casi nada de ello, habiendo utilizado todos los objetivos y los anhelos de aprender a amar.

Por eso, aunque trato de imaginar y de construir el lugar adonde me dirijo, aunque trato de planear y descifrar lo que significa esta vida de sentimiento, lo que en realidad me eleva y me transforma en espíritu es el palpitar de lo que siento. Las alas no crecen distinto si vamos al sur, al este o al oeste, y nuestra vida, sin importar cómo nos preparemos, es más fundamental que cualquier dirección de ambición mundana. Como las aves, se supone que debemos volar y cantar, eso es todo; nuestros planes y estratagemas son como ramitas de un nido que solo abandonamos en cuanto nos queda pequeño.

- *Reflexiona sobre algún deseo al que hayas dudado darle vida. Podría ser el deseo de bailar o tocar el piano. O el impulso de viajar a un lugar que te llama. O, quizá, la urgencia de conocer a alguien, incluso a ti mismo.*
- *Respira y permite que ese sentimiento surja libre de cargas.*
- *Respira y enfócate en tu duda. Esta tal vez sea producto de un temor a fracasar, o del miedo al rechazo o a lo desconocido.*
- *Respira y atraviesa tu vacilación sabiendo que, así como las alas solo pueden volar si se baten, tu habilidad de vivir experiencias profundas y de estar en relación con otra vida solo podrá aumentar si lo intentas.*

24 DE MARZO

Incluso en la oscuridad

Estar destrozado no justifica
ver todo destrozado.

Rara vez avistada, la anémona gigante de plumas blancas crece sobre el fondo oceánico como una flor acuosa. Es como encaje blanco que se extiende sobre toneladas de negro, abriéndose como si tomara un baño de sol a pesar de la eternidad que la separa de este.

He aquí el truco para mantenerse bien, ¿no crees?, sentir el sol incluso en la oscuridad. No perder de vista la verdad de las cosas cuando se ocultan. Continuar creciendo sin importar lo que pase. Saber que aún hay agua, incluso cuando tenemos sed. Saber que aún hay amor, incluso cuando nos sentimos solos. Saber que aún hay paz, incluso cuando sufrimos.

Nada de esto anula nuestro dolor, solo fortalece nuestro regreso a la luz.

- *Cierra los ojos y siente el sol. Cuando vuelvas a ver, aún estará ahí.*
- *Inhala profundo a través de la parte de tu corazón que está cerrada y siente el amor. Cuando vuelvas a sentir, aún estará ahí.*
- *Respira lento a través de esa parte de ti que duda y siente la vida. Cuando puedas abrir tu espíritu, como lo hiciste al nacer, la vida seguirá ahí.*

25 DE MARZO

La oreja como un pétalo

La oreja es solo un pétalo
que crece del corazón.
Cuando nos escuchamos el uno al otro
deviene un jardín.

¿Qué significa escuchar? Todos hemos experimentado esa notoria capacidad mental de dividirnos y no prestar atención y, a pesar de todo, cuando nos lo piden, podemos repetir lo que se ha dicho, palabra por palabra.

Escuchar surge de un lugar más profundo y, al parecer, solo podemos escuchar lo vivo en la medida en que hayamos vivido en verdad, solo podemos entender el dolor y el gozo en la medida en que hayamos permitido que la vida nos conmoviera. Si la oreja crece del corazón como un pétalo, entonces, así como las raíces absorben la tierra y el sol hasta que una humilde flor se abre, el corazón debe absorber tanto las lágrimas como la alegría para producir una oreja que en verdad pueda escuchar.

Recuerdo que años antes de lastimarme los pies mientras buscaba un camino, estaba sentado en un hospital al lado de una inmigrante, mi abuela. La vi doblarse de dolor mientras le colocaban gasa en las escaras que se formaron en sus tobillos por estar confinada en cama. Recuerdo que, años antes de evitar que mi *golden retriever* se ahogara y salvarla, vi a un compañero de trabajo llorar la muerte de su perro. Mientras lo observaba, trataba de comprender cómo era posible que alguien pudiera amar a un animal más que a una persona. Recuerdo que, años antes de tener que comenzar mi vida de nuevo, corrí en medio de la noche por el sendero de una granja hasta ver la incredulidad en los ojos de mi suegro ante la imagen del granero que había construido hacía treinta años quemándose y convirtiéndose en cenizas.

No fue sino hasta después que sentí el dolor de estas personas y, sobre todo, la legítima alegría que les producía cuidar sus cosas. Cierto, no tenemos que pasar por las mismas situaciones para comprendernos, pero antes de que la vida pueda mostrar sus raíces, tenemos que experimentar lo que nos corresponde vivir.

¿Qué se requiere para escuchar en verdad? La ruptura de todo lo que desfila entre nuestros corazones. Si me atreviera a escucharte, te sentiría como el sol, crecería hacia ti y tú hacia mí. Porque cuando nos escuchamos el uno al otro, todo se vuelve un jardín, todo se transforma en huerto. Todo se vuelve comestible.

- *Siéntate con un ser querido en quien confíes y reflexiona sobre alguna historia de alegría o de dolor que hayas escuchado de manera completa con atención.*
- *Hablen sobre por qué esta historia ha permanecido en tu corazón.*
- *¿De qué forma se ha vuelto más profunda tu comprensión de la historia con el paso del tiempo?*
- *Respira lento y sensibiliza tu corazón un poco más ante un instante humano al que elegiste no prestarle atención la semana pasada.*

26 DE MARZO

Sentir tus sentimientos

La forma más rápida de alcanzar la libertad
es sintiendo tus sentimientos.
—Gita Bellin

Suena muy sencillo, pero, aunque es fácil saber que tienes sentimientos, y percibir su peso, su agitación y lo repentino de su naturaleza, sentirlos es un asunto distinto, más sutil. Es decir, permitir que penetren tu ser de la misma manera en que el viento atraviesa una bandera no es tan fácil.

Sentir nuestros sentimientos es necesario porque, si no lo hacemos todo el tiempo, nunca nos dejan, y entonces empezamos a hacer todo tipo de cosas inusuales para quitárnoslos de encima. Este fenómeno es causa de muchas adicciones.

A menudo me he distraído involucrándome en lo que envuelve a mi dolor o a mi tristeza, pero sin sentir en realidad. Incluso, he anticipado reacciones, pero sin sentir lo que me correspondía; o he nadado en la cólera de la injusticia sin sumergirme en la herida.

Aunque les tememos, nuestros sentimientos son la más nítida y directa forma de liberar del dolor a nuestro corazón.

- *Reflexiona sobre las maneras en que tal vez estés evitando tus sentimientos.*
- *En medio de tu silencio, deja de contenerlos con tus palabras, justificaciones u ocupándote de otras cosas.*
- *Solo conviértete en una playa y permite que tus sentimientos rompan en ti como olas.*

27 DE MARZO

Nacemos cantando

No es un lujo cantar,
es una manera necesaria de ser en el mundo.

De alguna forma nos engañaron, nos han hecho creer que cantar es entretenimiento, algo de lo que podemos prescindir, como el postre. Sin embargo, expresar lo que vive en el interior es lo que permite que todo siga siendo posible. En realidad nacemos cantando, pero la gente suele confundir nuestro canto con llanto. Si no tuviéramos este profundo reflejo, los pulmones no funcionarían y no podría iniciarse el permanente intercambio entre lo interior y lo exterior a lo largo de nuestra vida.

Recuerdo el primer día que me quedé solo en casa tras mi cirugía. Por primera vez en meses todo permaneció inmóvil, la luz matinal ahora llenaba el espacio donde solía estar la costilla que me extrajeron. Comencé a llorar por fin, a todo pulmón, permitiendo que escaparan manadas de miedo, dolor y cansancio. Esta liberación fue una canción. Lo que no comprendía era que, una vez que le diera salida a lo que se acumuló en mi viaje, la vida podría entrar con sus energías inacabables y sus ternuras infinitas.

Un secreto tan simple: al dejar salir algo, también permitimos que entre algo. Así que, si te sientes repudiado, si sufres, si te has distanciado o si la insensibilidad te invade, canta y expresa lo que sea necesario. No tiene que sonar hermoso, solo ábrete a pesar de las dificultades, ábrete con valentía y permite que emerja lo que se ha acumulado y que entre lo que está fuera. Canta y tu vida continuará.

- *Encuentra tu centro y ubica un acumulamiento de dolor, miedo o cansancio que se esté formando en tu interior.*
- *Permite que tu respiración te lleve al acumulamiento. Inhala y ve abriéndote paso. Exhala, permite que lo que está ahí se abra camino hacia el mundo.*
- *Comprende que tu respiración es el pasaje que conecta el acumulamiento interior con el aire del mundo exterior.*
- *Comprende que el sonido de tu respiración es la canción más sutil de todas.*

28 DE MARZO

El don de mudar de piel

Desde el principio,
la clave de la renovación ha sido
la posibilidad de mudar la vieja piel.

Resulta interesante que los primeros pueblos creyeran en algo que nosotros, en nuestro moderno panal de manufactura, hemos olvidado. Durante siglos, los miembros del pueblo Dusun en Borneo Septentrional han creído que cuando Dios terminó de crear el mundo, anunció: "Aquel que sea capaz de mudar de piel, no perecerá".

Pero ¿qué significa esto? No significa que podamos vivir para siempre, sino que para mantenernos lo más cerca posible del palpitar de la vida, para permanecer en la presencia de la realidad divina que lo crea todo, debemos estar dispuestos a cambiar. Pero ¿cambiar qué? Todo lo que haya dejado de funcionar en nuestro interior. Soltar cualquier cosa que estemos cargando. Mudar nuestra piel muerta, porque la piel muerta es incapaz de sentir, porque los ojos inertes no pueden ver, porque los oídos muertos no escuchan, y porque la completitud sigue siendo nuestra mejor oportunidad de sobrevivir al dolor de la ruptura.

En los seres humanos, por supuesto, la piel muerta adopta muchas formas, y la más significativa permanece intangible, pero nos sofoca como una manera de pensar rancia, una manera estéril de ver, de relacionarnos, de creer, o una manera muerta de vivir.

Mudar de piel nos abre a la autotransformación. Paradójicamente, quienes nos negamos a esta renovación tarde o temprano tendremos que vivirla de todas formas porque el mundo nos quebrará o nos erosionará. Muy a menudo, ambas cosas suceden al mismo tiempo, es decir, mudamos desde el interior mientras nos erosionamos en el exterior.

- *Encuentra tu centro y reflexiona sobre lo que cargas y que se ha convertido en tu piel muerta.*
- *Respira de manera rotunda y pregúntate qué es lo que se te pide que mudes, que dejes caer o que dejes atrás para tener un acceso mayor a la completitud oculta de la vida.*

29 DE MARZO

Lo que nos impide mudar de piel

Por adaptarnos a la ansiedad de quienes nos rodean,
a menudo renunciamos a nuestro derecho a la renovación.

Por supuesto, vivir no es fácil, y vivir al descubierto puede ser increíble pero peligroso. El hecho es que, sin importar cuán útil o inevitable sea, mudar de piel siempre conlleva un dolor personal. Por suerte, no hay manera de escapar a este aspecto negativo del crecimiento. Por otra parte, no resulta sorprendente que muchos sentimientos inherentes al ser humano nos impidan dejar caer lo que ya no funciona, como el miedo, el orgullo, la nostalgia, la comodidad que nos produce lo conocido, o el deseo de complacer a quienes amamos. Por adaptarnos a la ansiedad de quienes nos rodean, con frecuencia renunciamos a nuestro derecho a la renovación.

Los melanesios de las Nuevas Hébridas sostienen que esta es la forma en que renunciamos a nuestra inmortalidad. Sir James Frazer ha preservado la historia de este pueblo. Al parecer, los seres humanos no morían al principio, solo mudaban de piel como las serpientes y los cangrejos, y salían de ella con una juventud renovada. Sin embargo, pasado algún tiempo, una mujer que comenzaba a envejecer fue a un río para mudar de piel y sucedió lo siguiente:

> Según cuentan, Ul-ta-marama —que significa "cambio de piel del mundo"— dejó caer su antigua piel en el agua y la vio flotar hasta que se quedó atorada en una rama. Entonces volvió a casa, donde había dejado a su hijo y, cuando se acercó a él, este no la reconoció, se puso a llorar y dijo que su madre era una mujer mayor, no aquella joven. Para pacificar al niño, Ul-ta-marama volvió al río para recuperar su piel y volver a ponérsela. A partir de ese momento los seres humanos dejaron de mudar de piel y se volvieron mortales.

De la misma manera, cuando dejamos de mudar lo que ha muerto en nosotros con tal de acallar el miedo de otros, nos quedamos incompletos; cuando ya no permitimos que surja nuestra piel más sensible solo por evitar conflictos con otros, nos alejamos de lo que es verdad. Si conservamos comportamientos que ya habíamos descartado solo para aplacar la ignorancia de nuestros seres amados, perdemos el acceso a lo eterno.

- *Siéntate en silencio y pregúntate qué voces te están pidiendo que conserves tu antigua piel y que no cambies.*
- *Encuentra tu centro y pregúntate cuál es el costo de no renovar tu conexión con lo eterno.*

30 DE MARZO

La energía de ser real

No busques ninguna regla ni método de adoración.
Di lo que elija tu atormentado corazón.
—Rumi

"Maná" es el término original utilizado en las culturas polinesia y melanesia para describir un poder o fuerza extraordinario que habita en una persona u objeto, es un tipo de electricidad espiritual que recarga a cualquiera que lo toque. Más adelante, Carl Jung definió el término como "la influencia inconsciente de un ser sobre otro". Jung se refiere al hecho de que la energía de ser real tiene más poder que la franca persuasión, el debate o la fuerza de voluntad. Jung sugiere que ser quienes somos siempre libera un poder extraordinario que, sin ninguna intención ni plan, afecta a las personas que entran en contacto con este nivel de realidad.

En el sol podemos ver la hermosa y simple verdad de este concepto. El sol, sin intención, sin plan ni noción del principio, solo brilla de manera total y constante. Siendo él mismo, el sol entibia con su luz, sin retener nada, sin calentar de forma selectiva lo que hay en la tierra. Al contrario, el calor del sol emana en toda dirección todo el tiempo, y la vida se desarrolla. De la misma manera, cuando somos auténticos y expresamos nuestra calidez y nuestra luz en todas direcciones, estimulamos el desarrollo de vida en nuestro entorno. Cuando, como un pequeño sol, nuestra alma expresa la luz de lo que somos, emanamos eso a lo que Jesús llamó amor y Buda compasión, y las raíces de la comunidad se extienden.

De esta forma, sin la intención de moldear a otros, solo tenemos que ser auténticos para que una noción de maná, de luz espiritual y de calidez emane de nuestra alma y ayude a otros a crecer, no hacia nosotros, sino hacia la luz que se mueve en nuestro interior. Así, siendo quienes somos, no solo experimentamos la vida con todo su vigor; también, de una manera muy inocente y aleatoria, ayudamos a otros a ser más ellos mismos. Ser auténticos y mantener nuestra devoción a esta energía de ser real nos permite ayudarnos entre nosotros a crecer hacia la luz vital.

- *Encuentra tu centro y permite que el río de tus sentimientos se mueva a través de ti.*
- *Después de algún tiempo, dale voz a los sentimientos específicos a medida que surjan, aprovecha cada exhalación para decir lo que se mueve en ti: tristeza, miedo, confusión, paz, aburrimiento, alegría.*
- *Deja pasar un momento y luego permite que el río de sentimientos continúe surgiendo mientras vuelves a respirar en silencio.*
- *Ahora siente las cosas que te rodean: alfombra, silla, ventana, muro... Siente cómo se inclinan hacia ti.*

31 DE MARZO

La práctica de ser real

Así como el sol no puede contener su luz,
nosotros no podemos contener lo que se siente real.

La Tierra solo puede continuar avanzando hacia la luz, girando sobre su propio eje, y nosotros, como ella, no tenemos opción. A pesar de nuestros buenos modales y la educación que nos proveyeron, solo podemos seguir girando hacia lo que percibimos como real. Si no lo hacemos, nos convertimos en pequeños planetas gélidos girando en la oscuridad.

A menudo, cuando me siento confundido o deprimido durante un período prolongado, se debe a que he dejado de girar hacia la luz de lo que se siente real. En momentos como ese, tengo que romper la oscuridad de mi rotación con un paso muy sutil y simple que suele parecerme colosal y difícil solo porque llevo mucho tiempo girando sobre mi propio eje: practico ser real diciendo lo que siento. No solo una vez, sino todo el tiempo.

Toda mi vida he luchado contra esto. Como casi todos, he aprendido a sobrevivir conteniendo lo que se siente real. Cuando algo sucede, como cuando alguien dice o hace algo que me lastima, hago lo que he aprendido, absorbo el golpe y finjo que no ha cambiado nada, que todo sigue igual. Pero al reaccionar así, estoy usando mi energía para sostener la mentira de que no ha sucedido nada, y entonces empiezo a girar y a helarme en la oscuridad.

Decir que nos sentimos lastimados cuando nos hieren, que nos sentimos tristes cuando lo estamos, que estamos atemorizados cuando tenemos miedo es un acto muy simple pero, al mismo tiempo, demasiado valiente. De una manera directa y cotidiana, este maná o energía de ser real modifica las situaciones, y entonces, la expresión inmediata de nuestra verdad libera luz y calor que influyen sobre la vida de la que formamos parte. Así resplandece nuestro espíritu.

- *Encuentra tu centro y, una vez más, permite que el río de tus sentimientos se mueva en ti.*
- *Después de algún tiempo, da voz a los sentimientos particulares que surjan. Esta vez ten cuidado y asegúrate de expresar tus sentimientos como tuyos: estoy triste; tengo frío; percibo la luz; estoy agotado.*
- *A lo largo de tu día, trata de prestar atención a la forma en que cambia el pulso de lo que se siente real.*
- *Trata de continuar girando hacia ese pulso.*

1 DE ABRIL

La labor del gusano

Lo que come el gusano
alimenta a la raíz.

Un miembro de la tribu Ojibway cuenta la historia. Al Creador le estaba costando trabajo mantener el mundo unido y, de pronto, un pequeño gusano le dijo que él podría ayudar. El Creador hizo una pausa y el gusanito empezó a tejer su seda imperceptible y a conectar con una red invisible todo lo que formaba parte de la creación. Como regalo, el Creador le permitió al gusanito vivir por siempre y le concedió la posibilidad de encerrarse en su red invisible para, después de algún tiempo, resurgir con delgadísimas y coloridas alas. Como mariposa.

La historia nos dice que todo en la Creación está vinculado y que lo que lo mantiene unido proviene de la humilde labor que implica vivir en la Tierra. Nos indica que, si nos sumergimos de lleno en la invisible red de la vida, la experiencia de la eternidad será posible. Nos dice que si nos mantenemos inmóviles lo suficiente dentro de la red de todo lo que existe, con el tiempo experimentaremos la ligereza de la transformación.

Nosotros, como el gusanito, también tenemos la capacidad de ser humildes y de realizar una labor con nuestra experiencia, con el dolor, la frustración, la confusión y el asombro, y de convertir todo en hilos de seda. Y, como el gusanito, también tenemos, en el reino de nuestra elección, la libertad de conectar todo con nuestra experiencia para empezar y, luego, usar esos vínculos para tejer un capullo. Por último, podemos entrar en el capullo de la conexión de la experiencia, de la misma manera en que el nativo americano suda en su tipi, el yogui sostiene su tercer ojo, y el monje mantiene su voto de silencio; y así hasta que surjamos exhibiendo nuestros colores más profundos para que todos los vean.

Lo sorprendente es que al Universo lo mantienen unido los hilos invisibles de nuestra experiencia, y que la recompensa por mantener viva la red de la conexión es que nuestro espíritu emerja a través de lo personal hacia el centro de Todo lo que es. Así, al ser quienes somos, de pronto nos sentimos, aunque solo sea por un instante, animados y listos para formar parte de la red de la Creación.

No importa cuán importantes creamos que son los otros, quienes mantienen todo unido somos cada uno, trabajando con humildad y con lo que tenemos a lo largo de los días. Este es el discreto milagro que se produce al hilar la conexión a partir de nuestra propia humanidad. Esta humilde práctica que nadie puede detener es la labor del gusano.

- *Cuando se presente la oportunidad, observa a un ser querido respirar mientras duerme.*
- *Obsérvalo de la misma manera en que observarías a una flor: con gratitud y asombro por su mera existencia.*
- *Observa en silencio y, si te es posible, respira al mismo ritmo de su respiración inconsciente.*
- *Siente cómo se mueve el aire entre tu ser querido y tú al respirar, y cobra conciencia de que este momento humano es la seda común que lo conecta todo.*

2 DE ABRIL

Compartimos el mismo río

El río está ahora en mí.

Una mañana me encontraba viajando en Sudáfrica y me sentí muy vulnerable cuando mi amiga Kim se me acercó al verme llorar. Me preguntó si me encontraba bien y le dije que solo eran las aguas de la vida salpicando mi ribera. Más tarde, ese mismo día, la encontré a punto de estallar en llanto y le pregunté qué sucedía. Me dijo:

—El río está ahora en mí.

Nos miramos y comprendimos que todos compartimos ese río que fluye por debajo y a través de nosotros, de un corazón seco al siguiente. Vivimos el mismo río, la Tierra es un solo ser vivo.

El todo de la vida tiene el poder de ablandarnos y sensibilizarnos en contra de nuestra voluntad, de irrigar nuestro espíritu y, en esos momentos, descubrimos que las lágrimas, es decir, el agua del interior, conforman una sangre común, misteriosa y límpida. Hablamos distintas lenguas y vivimos vidas muy diversas, pero cuando esa agua profunda emerge, nos acerca los unos a los otros.

Compartimos el río y, cuando ingresa en nosotros, nuestra terquedad mengua de la misma forma en que los puños se desgastan y se abren cuando los mantenemos debajo de la corriente del amor.

- *Si te es posible, siéntate y observa un riachuelo o un arroyo mientas reflexionas sobre la vida del sentimiento que nos une a todos.*
- *Si no puedes hacerlo cerca de un riachuelo o un arroyo, reflexiona sobre lo mismo mientras observas la lluvia correr calle abajo.*
- *Observa cómo el mismo río toca todo y continúa fluyendo.*
- *Mientras respiras, siente cómo la vida de todo se intensifica a través de ti.*

3 DE ABRIL

Hablar rápido

Si vives con suficiente ruido en tu corazón,
no tendrás necesidad de hablar.

Cuando estudiaba en la universidad, hubo un tiempo en el que era tan parlanchín que la cascada de mis palabras mantenía a los otros a una distancia prudente. Por supuesto, con el tiempo la cascada alejó todavía más a esas personas. De lo que no me di cuenta sino hasta mucho después fue que yo le hablaba cada vez más rápido y con mayor volumen al mundo exterior porque no podía escuchar mi mundo interior. Claro, entre más ruido hacía, menos oportunidad había de que lo real entrara en mí o surgiera de mí, y este comportamiento se convirtió en un ciclo eterno.

A menudo confundimos la necesidad de escuchar con la necesidad de ser escuchados; toda esa palabrería era una manera de llamar a los otros con mi corazón. Finalmente, mi verborrea se sustentaba en el miedo de que, si no lanzaba de lleno mi corazón al exterior a través de palabras interminables, gestos y preguntas, me quedaría solo. Me ha tomado muchos años aprender que, si logro mantenerme abierto, el mundo vendrá a inundarme.

Por supuesto, contactar a otros y expresarse continúa siendo importante, pero subyacente a eso se encuentra la necesidad de ser auténtico y sensible. El mundo viene apresurado e ingresa a través del corazón abierto de la misma manera en que el mar llena incluso el hueco más pequeño a lo largo de la costa. Es el tipo de milagro más discreto de todos: si solo somos quienes somos, el mundo vendrá a colmarnos, purificarnos y bautizarnos sin cesar.

- *Respira de manera constante hasta encontrar tu centro.*
- *Visualiza lo que tratas de alcanzar. Al exhalar, estírate sin moverte y permite que lo que estés viendo sensibilice tu cuerpo.*
- *Visualiza algo que necesites expresar. Cuando inhales, siente sin hablar y permite que lo que estés viendo abra tu corazón.*

4 DE ABRIL

Reparar el daño

Existe la herida y existe el amor.
Ambos nos hacen rodar a lo largo de los días
como una tortuga cayendo por la colina.
Y al aterrizar bocarriba, solo nos queda
rodar una vez más y dirigirnos al mar.

Las piedras que las tormentas han aflojado cubren los senderos; los árboles desenraizados rompen los nidos recién formados; y las crisis, una tras otra, nos lanzan contra los demás. Es inevitable. Si te mantienes vivo, te lastimarán y tú lastimarás a otros.

Lastimar sin intención es tan común como que las ramas se quiebren por el viento, el problema es que el dolor no reconocido se convierte en herida. Así como nuestra única opción al caer es volver a levantarnos, al herir a otros solo podemos reconocer lo que hicimos y tratar de arreglar la situación. A esto se le conoce como reparar el daño, es un simple pero colosal acto de integridad que restaura la confianza que, después de todo, es la tierra fértil que alberga las raíces de la humanidad. Sin confianza, la vida en la Tierra empieza a comerse a sí misma hasta secarse.

¿Qué nos hace herirnos entre nosotros? Es difícil saberlo, pero al parecer, los humanos estamos sujetos a muchas contradicciones antiguas y poderosas de la vida. Entre las contradicciones que tienen un efecto más frecuente en nosotros se encuentran la de la luz y la oscuridad, el sí y el no, y, en especial, la del miedo y la paz. Porque el miedo es lo que nos hace sentir la necesidad de aislarnos o de controlar a otros; a menudo, ahí es cuando nos creemos superiores a ellos y, sobra decirlo, cuando nos lastimamos a nosotros mismos. Si no tenemos miedo, si nos encontramos en un momento de paz, la necesidad es muy distinta: conectarnos y pertenecer a otros seres vivos. Es entonces, durante el acto de la aceptación legítima, que nos amamos unos a otros.

Sin embargo, como nadie está a salvo de dormir ni de caminar en nuestra vida cotidiana, como nadie puede escapar al sentimiento del miedo ni al de la paz, nadie elude la posibilidad de ser hiriente y amoroso. El mundo se mantiene íntegro gracias a quienes logran superar su miedo aunque solo sea por un momento. La sangre de la vida misma se mantiene vital gracias a quienes logran, con sencillez y valentía, reparar sus separaciones una y otra vez.

Incluso si solo cobramos conciencia de que fuimos hirientes años después de haber herido, la palabra o el gesto más humilde, como aceptar lo que hicimos, puede reabrir nuestro corazón.

- *Siéntate en silencio y recuerda en tu mente y tu corazón un acto de aislamiento o control que ejerciste e hirió a otra persona.*
- *Respira hondo y trata de ver el miedo que te instó a aislar o a controlar.*
- *Respira lento y repara el daño en tu corazón, es decir, acepta el miedo que te instó a lastimar, el acto de aislamiento o control que surgió de ahí y la herida que se produjo.*
- *En una carta o una tarjeta dirigida a la persona que lastimaste, expresa la reparación del daño, pero solo para ti.*
- *Inicia tu día y permite que tu corazón te indique si debes enviar la carta o tarjeta de reparación, o no.*

5 DE ABRIL

El valor de la semilla

Todas las semillas enterradas
se quiebran y se abren en la oscuridad
en cuanto sucumben al proceso
que son incapaces de ver.

Qué lección tan contundente es el inicio de la primavera. Todo en nuestro entorno, todo lo pequeño y lo que yace enterrado sucumbe al proceso que ninguna de las partes enterradas puede ver. Esta rendición innata permite que todo lo que es comestible y aromático rompa la tierra y genere una vida de luz a la que podemos llamar primavera.

La naturaleza nos ofrece con discreción una enorme cantidad de ejemplos de cómo entregarnos a lo que parece oscuro e imposible, pero que al final, es en realidad un despertar más allá de todo lo imaginable. Este pasaje a través de la oscuridad hacia el florecimiento es el umbral que conduce a Dios.

Así como la semilla enterrada en la tierra no puede imaginarse a sí misma como la orquídea o el jacinto, el corazón desbordante de dolor no puede imaginarse amado o en paz. El valor de la semilla radica en que, una vez que se quiebra, se quiebra por completo.

- *Esta meditación debe hacerse caminando. Encuentra algunos capullos que apenas estén brotando y obsérvalos.*
- *Reflexiona sobre la forma invisible en que comenzaron, enterrados en la oscuridad.*
- *Respira lento y permite que tu aliento sustraiga cualquier cosa que esté floreciendo en ti y emergiendo en tu vida.*

6 DE ABRIL

Preguntas para los enfermos I

¿Cuándo fue la última vez que cantaste?

—Pregunta hecha a los enfermos por un curandero nativo americano

Después de una de mis cirugías, de pronto me encontré recostado en una camilla, en una gran sala de hospital. Acababan de traerme en silla de ruedas y ahí me reuní con cuatro enfermos más que se encontraban en recuperación. Nos miramos y se produjo un profundo silencio, solo se escuchaba la sutil respiración de los aparatos, el inequívoco goteo de los fluidos y el zumbar de radiadores viejos. De pronto un hombre mayor empezó a reír y, sin decir nada, nos miramos saltando con la vista de unos a otros y, uno por uno, nos fuimos uniendo a lo que se transformó en una cascada de risa tosijosa en la que se intercalaron breves gemidos. Cada vez que alguien reía, nuestras incisiones y escaras nos infligían dolores punzantes, pero reímos sintiendo el dolor y sentimos el dolor riendo, como una parvada de aves lastimadas que sueñan con su próximo vuelo.

Esa risa fue una especie de canción cruda y primigenia, una manera elemental de expresar nuestro sufrimiento. Fue un ritual sanador. Así aprendí una inmensa verdad de aquel inesperado coro, aprendí que incluso cuando nos sentimos impotentes podemos expresar nuestro dolor y la esperanza ante el exiguo hecho de que continuamos con vida.

Con frecuencia subestimamos el poder de expresar nuestros sentimientos, pero es algo real y vital, es el cimiento de toda canción. Es la razón por la que los prisioneros de pronto estallan en canto. Es la razón por la que se canta el *blues* incluso cuando nadie escucha, es la esencia de todos los himnos y todos los mantras.

El canto funciona como sanación, no tanto porque se escucha, sino porque, al expresar lo que mora en nuestro interior, incluso si se hace con el murmullo más sutil, permitimos que el mundo del espíritu alivie nuestro dolor. De esta manera, el gemido más acallado deviene canción de cuna. Al expresar lo que sentimos, el grito más oscuro, emitido con honestidad, puede transformarse en el más sagrado de los cantos.

- *Siéntate en silencio y respira lento hasta que sientas que tu respiración se corte.*
- *Enfócate en el corte porque significa que algo está ejerciendo presión en tu corazón.*
- *Coloca tu mano sobre tu corazón e inhala profundo.*
- *Al exhalar, expresa lo que presiona, incluso si no sabes lo que es.*
- *Aunque solo emitas un suspiro discreto, este será el principio de una canción.*

7 DE ABRIL

Que otros te den forma

Todo el mundo podría alabar a Sung Jung-Tzu
y eso no lo inquietaría.
Todo el mundo podría condenarlo
y eso no lo entristecería.
Sung Jung-Tzu dibujó una clara línea entre lo interno y lo externo.
—Chuang Tzu

Chuang Tzu pronunció estas palabras en el siglo cuatro a. C. Yo las leí hace quince años y las escribí y las pegué con cinta adhesiva a mi armario para recordar que no debía permitir que las opiniones de otros me dieran forma.

Desde ese entonces han cambiado muchas cosas: lo que hago, el lugar donde vivo y quién soy. Mucho ha venido y se ha ido. En el armario en el que pegué la frase de Chuang Tzu ahora cuelgan las prendas de alguien más, pero las palabras siguen en mi corazón y yo continúo tratando de evitar que lo que los otros piensan me dé forma, me moldee.

Esta es la intención espiritual más clara y, a la vez, la más difícil de honrar: mantenerse sensible a lo que los otros sienten y no a lo que piensan. No podemos vivir sin que los otros nos afecten, pero solo cuando permitimos que la verdad y el amor nos den forma desde el interior somos auténticos. Nuestro anhelo de agradar, de evitar el conflicto y de ser comprendidos son rasgos que nos confunden e impiden que tomemos en serio a la voz que nos habla desde dentro.

Aunque sobre ella influye todo lo vivo, la Tierra nunca deja de girar alrededor del fuego en su centro y, aunque a nosotros nos conmuevan las historias de los desconocidos y las canciones lejanas de las aves perdidas en el viento, siempre seguimos la voz en nuestro interior y así encontramos el camino. Pero perdemos demasiado tiempo esperando que alguien valide que lo que nos impulsa es real.

- *Mientras respiras siente cómo la Tierra misma que pisas te sostiene y gira lentamente sobre su centro.*
- *Respira hondo y siente por qué eres como la Tierra.*
- *Inhala de manera rotunda y siente todo lo que has estado conteniendo.*
- *Exhala y continúa girando sobre tu propio centro.*

8 DE ABRIL

El centro del ojo

Al mantener vacío el centro del Yo,
el milagro de la vida puede penetrar y sanarme.

No es casualidad que la pupila, ese oscuro centro del ojo humano, sea en realidad un agujero a través del cual conocemos el mundo. En un sentido espiritual, el Yo es el centro vacío por el cual vemos todo. Resulta revelador que a un umbral así se le denomine "pupila", femenino de "pupilo", ya que, solo cuando nos vaciamos de todo el ruido y los sueños del ego nos convertimos en seres a los que en verdad se les puede enseñar.

Tanto la tradición budista como la Zen hablan de una vacuidad inquebrantable en el centro de todo lo visible, a partir de la cual surge lo vivo, como sucede con el centro del ojo. Los *Upanishad* del hinduismo nos indican que en el centro de la semilla del gran árbol *nyagrodha* no hay nada, y que de esa nada nace el colosal árbol. Así nos recuerdan que, durante nuestro tiempo en la Tierra, crecemos como él: de la nada. De la misma manera en que la esencia del árbol es el centro vacío de su semilla, la esencia de nuestra vida es la presencia intangible en el centro de nuestra alma.

Por esta razón, nuestra principal labor como seres humanos radica en el sincero esfuerzo de permitir que la presencia central nos inunde. De ahí que todas las formas de oración y meditación tengan como objetivo mantener vacío el centro del Yo para que, con toda su gracia e inmensidad, el milagro de la vida pueda penetrar en nosotros y sanarnos.

- *Cierra los ojos y, uno tras otro, borra los pensamientos e imágenes que surjan. Hazlo como si tu mente fuera una pizarra y tu aliento la esponja con que vas limpiando y borrando cada aparición.*
- *Continúa haciendo esto hasta que sientas una desaceleración de los mensajes. Entonces abre tus ojos como si despertaras por primera vez en tu vida.*
- *Continúa respirando hondo y toma lo primero que veas. Siente lo que tienes frente a ti. Mira y siente la madera que constituye la silla a tu lado y resístete a afirmar que se trata de una silla y a anticipar su presencia de esta manera.*

9 DE ABRIL

Vivir y observar

¿De cuántas maneras puede una estatua soñar que vive?
Cada vez que trato de alcanzarte, comenzamos.
Comenzamos.

La línea entre vivir y observar es muy sutil. Una pausa o descanso momentáneo para reflexionar puede extenderse y adquirir el grosor de la vacilación, y luego, sin darnos cuenta, decir algo, contactar a alguien, tomar el teléfono o presentarse sin anunciarse se dificulta, como si de pronto se erigiera una muralla que necesitáramos escalar solo para ser escuchados.

Esta es la manera en que nos aislamos, cavando momentos de sana soledad hasta que se convierten en huecos en el patio trasero y, claro, la tierra que cavamos y apilamos se transforma en el montículo que nos separa de todas las personas que amamos. Sabemos que el hecho de no llamar por teléfono a aquel amigo porque estamos muy ocupados puede hacer crecer la distancia y, si le permitimos ir más lejos, se convertirá en una vastedad imposible de atravesar. La verdad es que el teléfono se encuentra a unos centímetros de nosotros, donde siempre ha estado. El desafío consiste en recordar esto cuando todo parece tan lejano.

Sentirse aislado es parte de la travesía humana, pero cuando honramos a los sentimientos de duda y de separación con más obediencia que a los sentimientos del amor, experimentamos indiferencia y depresión. Entonces comenzamos a vivir como estatuas y creemos que lo único que podemos hacer es observar.

Aunque resulta difícil, es en este momento que, sin importar cuán cerca o lejos se encuentre, debemos tratar de entrar en contacto con ese algo o alguien para volver a vivir. Si es otoño, frota tu rostro con una hoja, si es invierno, quiebra un trozo de hielo. Si es primavera, toca una pequeña flor.

- *Rodéate de objetos pequeños y valiosos: una piedra, una pluma, una concha marina.*
- *Encuentra tu centro y reflexiona sobre el espacio que existe entre esos objetos valiosos y tú.*

- *Inhala y finge que eres una estatua que cobra vida cada vez que respiras.*
- *Al exhalar, acércate a los objetos valiosos que tienes ante ti.*

10 DE ABRIL

Cómodos en nuestra piel

La vida espiritual radica en sentirte
más cómodo en tu propia piel.
—Parker J. Palmer

Cualquier cosa que elimine lo que crece como un obstáculo entre nuestro corazón y el día es espiritual. Puede ser la mirada adormilada de un ser querido que agita su café cuando la luz matinal lo sorprende. Puede ser la epifanía que se produce mientras se observa al petirrojo construir su nido: solo eres un ser temporal en este mundo. Puede ser la caída sobre hielo que te recuerda tus limitaciones y te mantiene humilde.

Parker J. Palmer dice que, sin importar su origen ni el rigor de su práctica, el objetivo de todas las vías espirituales es ayudarnos a vivir la existencia que nos fue concedida de una manera más íntegra. Así, cualquier cosa que surja de la gracia de un momento y nos una a nuestra vida y a los otros es una manifestación espiritual. El otro día, por ejemplo, estaba bebiendo un café en una cafetería y, de pronto, entre la tormenta de ruido que me rodeaba surgió una palabra verdadera pronunciada por la voz de una desconocida cuyo rostro ni siquiera alcanzaba a ver.

No sé nada sobre su contexto ni su historia, tampoco sé ante quién se estaba revelando. Ni siquiera giré para verla porque, en ese instante, el hecho de permanecer anónimos fue de una belleza perfecta. Solo sentí, de una manera sencilla y profunda que, sin que ella lo supiera, su momento de inesperada y aguda verdad me hizo sentir más cómodo en mi propia piel, siendo yo mismo.

La vida del espíritu se encuentra en todas partes: en el polvo que espera a la luz, en la música que espera ser escuchada, en las sensaciones del día que esperan ser percibidas. Ser espiritual es mucho más útil e inmediato de lo que los libros nos han hecho creer.

- *Encuentra tu centro y, mientras respiras, comprende que tu espíritu llena tu vida de la misma manera en que tus huesos y tu sangre llenan tu mano.*
- *Mientras respiras, comprende que tu vida penetra en el mundo de la misma forma en que tu mano, viva y tibia, se desliza sin problemas en un guante.*
- *Mientras respiras, siente tu espíritu llenar tu piel y siente cómo tu piel le queda bien al mundo.*

11 DE ABRIL

Convertir la luz en alimento

Podríamos continuar alimentando eso oscuro
que mora en nosotros y que crece alejado de la luz
hasta que, contra toda lógica,
floreciéramos misteriosamente hacia la dirección contraria.

Cada primavera y con toda discreción, todo en el mundo de las plantas empieza a crecer lentamente hacia la luz mientras las raíces se extienden y se abren camino bajo la tierra. No obstante, una vez que ese todo sale a la superficie, vuelve a suceder en silencio lo más asombroso: lo que brota y crece hacia la luz permanece vivo al convertirse en alimento. Todos hemos escuchado de lo que se trata. El proceso se llama fotosíntesis y permite que las hojas transformen la luz solar en azúcar, la cual, a su vez, alimenta a las raíces. Luego, tras haberse nutrido, las raíces hacen que los tallos y las hojas crezcan aún más.

En primavera, incluso la más insignificante vida vegetal nos revela el desafío de ser espíritu en forma humana y la acallada valentía necesaria para crecer hacia el interior. Porque esta es nuestra vocación más profunda: transformar la luz en alimento.

Muy a menudo nos dicen: "No puedes vivir de aire"; pero si nos atrevemos a salir a campo abierto, nos vemos atraídos al aire y a la luz, y el resto pasa de alguna manera. Porque, como sucede con las protuberancias de los brotes que no han surgido aún, es inevitable. Algo en la fibra de la que estamos hechos sabe dónde está la luz, incluso si no podemos verla.

Mi experiencia más profunda respecto a este fenómeno sucedió en medio de mi mayor desesperación, cuando me diagnosticaron de cáncer y me dijeron que un tumor estaba ejerciendo presión en mi cerebro. De manera inexplicable, a pesar del miedo, el terror y la tristeza, a pesar de que los médicos y los técnicos me dijeron lo peor que imaginaban que me sucedería, incluso si no lo sabían en realidad, y a pesar de que yo me encontraba cavando más profundo en la oscuridad, como una raíz terca, una vena esencial del ser empezó a crecer hacia la luz.

Y ahora estoy aquí para decirte que *sí puedes* vivir de aire. La luz es nuestro hogar.

- *Al inicio de la primavera elige una ramita o un tallo y obsérvalo crecer. Sigue su desarrollo cada tercer día.*
- *A medida que vayas notando los cambios, cobra conciencia de la compleja relación que tiene con la luz que recibe desde arriba y la oscuridad que lo sostiene desde abajo.*
- *Mientras observas este fragmento de vida crecer, imagina que es un espejo de algo en ti que está a punto de brotar.*
- *¿Qué te está enseñando este trocito de vegetación?*

12 DE ABRIL

La necesidad de hablar

Con solo hablar puedo escapar de la prisión
que yo misma forjé.
—June Singer

En muchas ocasiones suponemos que no existimos, imaginamos que si decimos lo que en verdad sentimos, nos rechazarán o ignorarán.

En una ocasión vi a un hombre llamar a un amigo, estaba emocionado porque quería compartir con él una idea profunda que lo había conmovido. Sin embargo, mientras el teléfono repiqueteaba, lo vi imaginar un recibimiento frío, lo vi probarse como un traje el dolor de no ser escuchado y, en unos instantes, antes del cuarto timbrazo, colgó con un suspiro de decepción.

La expresión importa a pesar de todo, aunque sea malentendida, bien recibida o rechazada. Porque el costo de no hacer esa llamada es la muerte de un pedacito de nosotros. Piensa en la manera en que los peces nadan y las aves vuelan, lo hacen porque es parte de su naturaleza, porque nadar y volar es lo que los hace ser peces y aves.

De la misma forma, lo que hace humano a un humano es que se exprese y diga lo que siente. Incluso cuando nadie nos escucha, el acto de hablar es lo que nos libera porque permite que el espíritu nade y vuele por el mundo.

- *Siéntate en silencio y permítete permanecer inmóvil como el agua de un lago sin viento.*
- *Respira lento y mira dentro de ti. Mira al fondo.*
- *Inhala y siente cualquier cosa que surja de lo más hondo.*
- *Exhala de manera rotunda y, aunque estés solo, expresa lo que sientes en voz alta para ti mismo.*

13 DE ABRIL

Una reverencia profunda

Todos los riachuelos corren al mar
porque su altura es menor que la de ellos.
La humildad le otorga su poder.
—Lao-Tse

Hay un mudra de yoga, una postura de ejercicio en la que hay que arrodillarse y apoyar la cabeza en el pecho mientras se extienden los brazos hacia arriba y hacia atrás. De esta peculiar manera, es posible colocar la cabeza por debajo del corazón. Esta humilde posición te cansa de forma inevitable y, por lo tanto, te obliga a bajar los brazos. Cuando tienes la cabeza debajo del corazón, debes dejar de actuar.

Poco después de haber aprendido esto, conocí a una mujer que en el pasado fue monja. Me dijo que ella había practicado en muchísimas ocasiones posturas similares que encontró en un texto gregoriano: inclinación, reverencia y reverencia profunda. Cada movimiento la obligaba a bajar la cabeza más y más hacia la tierra.

Esta anécdota transmite una poderosa enseñanza: la cabeza debe colocarse por debajo del corazón todo el tiempo para evitar que el ego se inflame. Si no te inclinas por *motu proprio*, la vida te obligará a hacerlo. Así es como la humildad te insta a aceptar que tu cabeza debe estar en una posición inferior a tu corazón, que tu pensamiento debe subordinarse al sentimiento, que la voluntad deberá someterse a un orden mayor. Aceptar esto es la clave para ser digno de recibir la gracia.

Inclina tu cabeza y el mundo del ser abrirá sus alegrías para ti.

- *Siéntate en silencio sobre tus rodillas y, mientras respiras, inclínate hacia el frente.*
- *Deja pasar algún tiempo, respira profundo y, cuando exhales de manera regular, coloca tu cabeza por debajo de tu corazón al mismo tiempo que extiendes los brazos hacia atrás.*
- *Deja pasar algún tiempo de nuevo y, si te es posible, trata de que tu cabeza toque el piso y agradece esta lección de humildad.*

14 DE ABRIL

Confianza en uno mismo

Tal vez no tenga nada que ver conmigo,
pero si un amigo o ser querido está triste o molesto,
quizá yo me pregunte en silencio:
¿Qué hice? ¿Qué puedo hacer?
¿Por qué no hice las cosas bien para empezar?

A menudo me sorprende la rapidez con que mi inseguridad me hace asumir la responsabilidad de todo lo malo y de todo el sufrimiento que me rodea. Cuando me siento desestabilizado, cuando los antiguos comportamientos regresan, cuando estoy agotado o deprimido, enseguida me convierto en la causa exagerada de todo lo que va mal en el mundo.

Sé que no soy el único. Tal vez es una de las leyes del clima emocional: los descensos repentinos producen tormentas aisladas. En todos estos años, me ha sucedido lo suficiente como para reconocer el impacto de centrarse en uno mismo de forma negativa. Solemos pensar que quienes se concentran en el ego son arrogantes, egoístas y se creen demasiado. Sin embargo, mi lucha recurrente con sentir una responsabilidad exagerada me ha hecho comprender que, más bien, nos centramos en el ego cuando nos sentimos desanimados, cuando se desestabiliza la noción de la unidad que tenemos con lo que nos rodea. Al estar en ese lugar de separación, nos volvemos oscuros y narcisistas, nos culpamos de no arreglar las situaciones, de no hacer lo correcto o de permitir que sucedan cosas malas. Subyacente a esta autorrecriminación se encuentra la grandiosa suposición de que, para empezar, podemos controlar sucesos que, en realidad, se encuentran más allá del campo de influencia de cualquier ser humano.

En efecto, podemos afectarnos entre nosotros, pero dar por hecho que el estado de ánimo de otras personas tiene que ver con mi presencia es una manera egocéntrica de mantenerme dentro de un ciclo de sacrificio y culpa. Asimismo, dar por hecho que las condiciones o la forma de ser de otro en el mundo dependen de que yo esté ahí o no es el inicio de la opresión a mí mismo y de la codependencia. En momentos extremos en los que nos centramos de manera negativa en nosotros mismos, podemos incluso dar por sentado que existe una carga de culpa en proporciones mágicas. Nos creemos responsables en gran medida de la enfermedad o la mala suerte de un ser querido porque, según nosotros, no fuimos lo bastante buenos o perfectos, o porque no estuvimos presentes lo suficiente.

Aquí es útil retomar la definición de *autoconfianza* o confianza en uno mismo del psicólogo Michael Mahoney, quien rastrea "confianza" al término en latín *confidere* que quiere decir "fidelidad", y comprende la autoconfianza como la fidelidad a uno mismo. En este sentido, lo único que puede volver a alinearnos con el centro del corazón —que comparte el mismo centro vivo con todos los seres— es la devoción que tengamos al sagrado fondo más allá de nuestra sensación de inseguridad. Es lo que la tradición hinduista denomina *atman*: el yo inmortal.

Así pues, ahora, cada vez que tropiezo con momentos de baja autoestima y estoy seguro de que soy la causa del mal tiempo, trato de sentir la paz de la Tierra que gira bajo mis pies, que la paz de las nubes vaga sobre mí y que el pulso de mi corazón se abre tras toda una vida de dolor. Cuando todo esto se alinea, mi voluntad se debilita y despierto a un poder más grande que cualquier corazón, más portentoso que el clima de cualquier día o estado de ánimo de cualquier vida.

- *Siéntate en silencio y encuentra tu centro. Ahora recuerda la última vez que sentiste que el ánimo de un ser querido se desplomó en tu presencia. Trata de no evadir la incomodidad que esto te hace sentir.*
- *Deja ir todos los cuestionamientos contra ti mismo. Trata de respirar a través de la calma que sentías antes de empezar a recordar esto.*
- *Respira hondo y recuerda la profundidad del corazón que ves en esta persona, lo que te hace amarla. Trata de sentir el amor que subyace a todos los ánimos.*

15 DE ABRIL

El siguiente paso hacia la salud

Entre más profundo es el llanto,
más clara es la elección.

Tengo un amigo que se ha cuestionado a quién debería amar. Este cuestionamiento abrió todo un campo de complejidad y la vida de pronto se convirtió en una reflexión interminable sobre las posibilidades y las lealtades.

Pero por debajo de los inventarios infinitos, su alma en realidad lo estaba llamando desde el interior y, a través de su aflicción, mi amigo continuó escuchando este alarido lejano y notando que resurgía en los momentos más extraños. De pronto se dio cuenta de que, en efecto, el alarido preguntaba algo mucho más profundo que solo "¿quién?". Su alma le estaba implorando sentir y eso parecía más serio, más urgente, más pletórico de terror que solo elegir entre una u otra mujer.

Cuando empezó a luchar para enfrentarse a sí mismo, mi amigo se dio cuenta de que todas las decisiones que debía tomar respecto a quién, dónde y cuándo, en realidad eran sentidas distracciones producto de un grito más profundo. Debajo de las dolorosas ambigüedades y las ponderaciones, su alma se estaba ahogando, se estaba hundiendo más allá del alcance de la vida. En cuanto escuchó el profundo alarido en su interior, su elección se volvió básica en extremo, elemental: ¿cómo recupero el asombro de estar vivo? ¿Qué debo hacer para evitar que mi corazón se hunda?

Una y otra vez, el discreto valor de otras personas nos muestra que, si permitimos que pase el alarido, el siguiente paso hacia la salud aparecerá a plena vista.

- *Encuentra tu centro y recuerda una decisión compleja que necesites tomar.*
- *Respira lento y trata de relajar tu espíritu más allá de la decisión que debes tomar.*
- *Respira de manera rotunda y permite que el profundo alarido pase por ti.*
- *En la profundidad de ti mismo, siente tu postura básica de vida y admite lo que necesites para estar bien, es decir, acepta y permite que ingrese en ti.*

16 DE ABRIL

Una gota de verdad a la vez

Lo que hace que las aves salgan volando de la boca de Dios
es la atención que le prestamos
a todo lo que se encuentra cerca.

Los meses se relajan y el hielo que envuelve la rama doblada se descongela, la nieve comienza a gotear y la rama recobra su forma tras su sueño mortecino. El árbol que se acerca a la primavera nos enseña cómo dejar ir para dar paso a la renovación. Esta es la manera en que se descongela el hielo alrededor de un corazón roto. En otra parte del mundo, pececitos de colores muerden guijarros a lo largo de la arena del mar, succionan y extraen trozos de alimento, y luego escupen el resto. Es la manera en que peinan el fondo marino. Estas pequeñas criaturas sin miembros nos enseñan a sufrir y a continuar en movimiento, a separar lo que nutre y a devolver el resto. Y en lo alto, alejada de la mirada de todos, una pequeña cueva con un peculiar goteo recolecta el agua que es el ritmo de la montaña donde se encuentra. De esta forma, el centro de la Tierra nos enseña a ser: a recolectar, una nítida gota a la vez, el agua en el húmedo centro de lo que mantiene viva el alma.

Estos son solo algunos ejemplos de la relación esencial entre todas las cosas. En la práctica, si observamos con detenimiento y con todo nuestro ser cualquier cosa —las plantas, los árboles, el corazón humano, los peces e incluso el desgastado mecanismo de un reloj—, volverá a surgir ante nosotros la misma indicación profunda en una lengua que aguarda subyacente a las palabras. El mundo, tanto el natural como el construido, es una red infinita de enseñanzas particulares, cada una está fabricada con el mismo hilo convincente que se oculta a plena vista y solo espera a que le prestemos toda nuestra atención para revelarse. Al jalar estos hilos una y otra vez, he descubierto la profunda y común forma de las cosas que se encuentra incrustada en todo.

Así pues, cuando la confusión o el dolor parecen estrujar lo que es posible, cuando la tristeza o la frustración encogen tu noción de bienestar, cuando la preocupación o el miedo agitan la paz en tu interior y te despojan de ella, trata de prestarle atención a lo que se encuentre más cerca. Intenta observar la manera en que el polvo se eleva y vuelve a caer cada vez que lo soplas. Observa, durante tiempo suficiente, cómo las huellas del *golden retriever* de tu vecino se transforman en símbolos inesperados. Contempla la forma en que, por fin, la concha que trajiste hace tres años del mar se revela a sí misma como un rostro que te dice cómo continuar. Préstale toda tu atención al más cercano claro de vida, observa cómo se pela una manzana y cómo gotea su jugo. Y después de algún tiempo, cada cosa que contemples revelará otra manera de volver al centro.

- *Esta meditación se debe hacer caminando. Encuentra tu centro y respira profundo mientras ingresas lentamente al mundo cercano.*
- *Una vez que estés en tu centro, mira alrededor y enfócate en algo que parezca tener el ritmo de lo que estás sintiendo. Puede ser la sutil inclinación de un arbusto o la caída de un vaso plástico en la calle.*
- *Respira lento y préstale toda tu atención al modesto ritmo exterior que coincide con tu estado de ánimo.*
- *Respira y observa hasta que el ritmo que ves y el ritmo que sientes revelen su verdad común.*

17 DE ABRIL

Un momento de sabiduría y confianza

Si no puedes cruzar vivo,
¿cómo podrás cruzar cuando mueras?
—Kabir

En la película *Indiana Jones y la última cruzada* hay una escena que encarna con belleza nuestra necesidad de dar un paso y enfrentarnos a aquello a lo que le tememos y, de esa manera, diluir su control sobre nosotros. Después de buscar el Santo Grial en todos los lugares lógicos y que la memoria sugería, Indiana Jones termina frente a un enorme precipicio, un profundo abismo. Del otro lado, se encuentra lo que busca. Su padre está herido y depende del Grial, entonces grita a Indiana todas las posibles interpretaciones de las pistas que ha recibido para recuperar la reliquia.

Después de lo que parece un debate interior eterno y de sobreponerse al miedo, el héroe se atreve, a pesar de todo lo que sabe, a caminar hacia el vacío, al abismo y, al hacerlo, un enorme puente de piedra se materializa bajo sus pies, un puente que estuvo ahí todo el tiempo.

Es un momento de riesgo y confianza, un momento de sabiduría que se repite en nuestra vida ya sea con discreción o candidez. De manera recurrente, el cáliz del que necesitamos beber, el antiguo cáliz sanador de la completitud nos espera del otro lado de un gran abismo que nos da terror cruzar.

A menudo, los gritos y las pistas de nuestros seres amados y de las personas mayores nos conducen al borde, y ahí descubrimos que nada es lógico, que parece que no hay adónde ir. Pero entonces, el átomo del riesgo empieza a reproducirse en quienes han llegado al precipicio.

Luego, cuando todas las formas de ver nos han fallado, nos atrevemos a dar un paso sobre el vacío. Y si el vacío es un abismo de propósito o de autoestima, o si es un barranco en una relación o un cañón de adicción, ese paso de locura y sabiduría que comienza con el riesgo y aterriza en la confianza revela una base que estuvo ahí todo el tiempo, pero que solo se vuelve visible gracias a que nos arriesgamos a pensar y a ver de maneras nuevas, a que confiamos y damos un paso para ir al encuentro de lo que nos aterra.

- *Respira hondo y comprende que incluso el momento más breve de riesgo y confianza es difícil.*
- *Encuentra tu centro y reflexiona sobre un abismo que tú mismo hayas creado. Lo que te aísla puede ser una zanja de terquedad o de orgullo que nadie puede cruzar; el eco de tu propio dolor; la vastedad que se forma cuando tienes miedo de decirle a alguien la verdad en tu corazón; o no creer que mereces lo que se encuentra al otro lado.*
- *Inclínate hacia tu abismo con calma hasta que el miedo disminuya.*
- *Inclínate a tu abismo y, a través de tu respiración, ofrece una compasiva oración silenciosa por ti y por todos los que libramos la muy humana batalla de arriesgarnos a dar un paso para aterrizar con confianza.*

18 DE ABRIL

El propósito de la atención plena

Este es el propósito constante de la atención plena:
encontrar mil maneras de ser seccionado
para alcanzar la completitud.

Cuando me encontraba lidiando con el martirio de que me extrajeran una costilla, recibí una profunda y útil enseñanza. Durante semanas sentí un corsé de suplicio que se ceñía cada vez que respiraba, pero al observar cómo el agua invernal de un riachuelo empezaba a descongelarse y fluir, comprendí que para superar la tortura tenía que ser más como el agua y menos como el hielo.

Porque cuando las extensas ramas de los árboles caían al hielo, el río congelado se quebraba, pero cuando caían en el agua corriente, el río aceptaba el peso y fluía alrededor de estas. Los árboles y el agua invernal me estaban enseñando que el dolor era más agudo y potente cuando permanecía tenso y sólido como el hielo. Cada respiración me destrozaba. En cambio, cuando lograba descongelar el miedo y la tensión que me habitaban, el dolor se absorbía, y yo, como la corriente en deshielo, empezaba a moverme. No sin dolor, pero al menos, sin sentirme hecho añicos.

Así sucede con buena parte de la naturaleza. Al sensibilizarnos plenamente con nuestra propia experiencia podemos sentir y atestiguar la resiliencia de la vida que nos rodea. Sentir nuestras heridas nos permite aprender lo que el tocón ahuecado nos enseña: dejar que las raíces se arraiguen y produzcan un discreto verdor. Sentir nuestra tristeza nos enseña lo que las hojas demasiado cansadas para oponerse al viento nos transmiten: la sabiduría de rendirse. Sentir nuestra ternura nos deja aprender lo que la oruga nos dice: debemos soportar el tremor que antecede a la aparición de las alas. Sin embargo, para que los otros seres vivos nos revelen los secretos de su capacidad de supervivencia tenemos que estar presentes y no negar nada. En un marcado contrapunto al proverbio "Ojo por ojo", se inscribe una ley más profunda que nos conduce a la completitud: "Una verdad de ser por otra verdad de ser". Así pues, el propósito de la atención plena es rendirnos por completo y solicitar a la fuerza de la vida que radica en todo en nuestro entorno que se muestre a sí misma como ejemplo: una verdad de ser por otra verdad de ser.

Cuando el dolor te aqueje, imita al agua que fluye. Cuando sufras cerca del fondo, aliméntate de lo que puedas y escupe el resto, como los coloridos pececitos del lecho marino. Cuando te sientas apesadumbrado, observa a las pequeñas aves y fíjate en cómo aprenden a volar. Cuando te sientas devastado, contempla a los animales recién nacidos, ve cómo abren sus ojos húmedos e imita su inocencia. Una vez que les hayas prestado toda tu atención, volverás a la marea de lo vivo, una gota a la vez.

- *Esta meditación también se realiza caminando. Reflexiona sobre un dolor que te aqueje en particular.*
- *Mientras caminas, respira de manera constante y mira a través de las lentes de tu aflicción. No se trata de transformar todo en tu dolor, sino de identificar aquello que te podría enseñar algo respecto a él.*
- *Busca algo que se parezca a tu dolor. Puede ser una botella que dejaron por ahí abandonada porque se rompió, una rama que se está partiendo en dos o una valla pandeada. Puede ser un arbusto que anhela florecer.*
- *Respira de forma constante y, sintiendo tu dolor mientras observas, invita a este fragmento de la vida a que florezca y te revele su secreto.*

19 DE ABRIL

Esperar a que pasen las nubes

El capullo a medio florecer
espera a que pase la nube.

Algunos días despierto y veo que una nube envuelve mi corazón y opaca todo salvo el peso que cargo en lo más profundo. Pero el hecho de que ese día yo no pueda llegar a la luz no significa que esta se haya desvanecido. Al corazón, al igual que a la Tierra, lo cubren atmósferas cambiantes que vienen y van entre la persona que somos y la manera en que vivimos nuestros días.

Así pues, parece que la fe puede definirse como el esfuerzo por creer en la luz cuando nos cubren las nubes y, aunque nos da la impresión de que el sol no volverá a salir jamás, en realidad nunca ha dejado de arder ni de brillar. De hecho, su fuego y su calor arden de manera constante incluso ahora, del otro lado, sobre cualquier nube que nos cubra.

Ojalá pudiéramos suspender nuestro juicio cuando las nubes envuelven nuestro corazón. Mucho de nuestro escepticismo nace de conclusiones a las que llegamos cuando no podemos ver, como si cualquier tipo de entendimiento pudiera impedir que las nubes fueran y vinieran todo el tiempo.

Pero ninguna nube dura para siempre. La Tierra y todo lo que en ella crece lo saben bien. También lo saben el corazón y todo lo que crece a partir de él, lo saben a pesar de las penas que nos aquejan.

- *Cuando tengas oportunidad, siéntate afuera y observa las nubes.*
- *Respira lento y de manera regular, siente el cielo abrirse y cerrarse sobre ti.*
- *Observa que ni los árboles ni las flores se desploman cuando las nubes los envuelven.*
- *Saca fuerza de este hecho.*

20 DE ABRIL

Aves y ornitólogos

Las aves no necesitan a los ornitólogos para volar.

Pasamos demasiado tiempo deseando ser vistos y reconocidos como seres inteligentes, buenos, hermosos, guapos, bellos, exitosos, populares o invencibles. Sin embargo, el espíritu no conoce a su ser espiritual mejor de lo que el agua corriente conoce al riachuelo que la porta, ni el corazón sabe que la compasión lo hace expandirse, más de lo que el halcón que extiende las alas sabe que es un halcón. Asimismo, alguien que actúa por amor, rara vez sabe que está siendo amable.

Desde muy pequeños nos enseñan que para vivir con plenitud necesitamos ser aceptados, y que para ser aceptados necesitamos ser vistos. Por eso dejamos que nuestro éxito e incluso el amor dependan de un esfuerzo por hacernos notar, de cuánto destacamos.

La dolorosa verdad que descubrimos a lo largo del camino es que para sobrevivir de una manera interior que en verdad importe, que nos mantenga vinculados a todo lo que ha vivido y vive, necesitamos con urgencia aprender a aceptar y ser tolerantes.

Con esto no quiero decir que seamos pasivos, sino que debemos habitar nuestra capacidad de ver y afirmar el pulso común de la vida que encontramos en otros, sin importar lo distintos que parezcan ser de nosotros.

Al hacer esto ya no necesitamos ser singulares para ser valorados, no necesitamos ser aceptados para conocer el amor. En resumen, no necesitamos público para volar, solo tenemos que extender nuestra sinceridad cada día perdurable para coincidir con todo lo que es valioso.

Como las flores que esperan a que llegue la lluvia, nuestro corazón espera a que llegue el amor. Aunque deseamos ser vistos y conocidos, lo que nos mantiene despiertos es el regalo de la atención. Porque ofrecer atención nos abre al amor y porque aceptar que en nosotros yacen semillas significa creer en el mundo. Por eso, si me despiertas por medio de tu aceptación, el mundo nos hará brotar como hierba.

- *Permanece inmóvil, cierra los ojos y acalla tu mente hasta que sientas el aire entrar en ti cada vez que respiras.*
- *Cuando el aire ingrese, ábrete a lo que se siente obtener atención.*

- *Cuando el aire salga, ábrete a lo que se siente prestar atención.*
- *Mientras respiras, permítete sentir la manera en que se pueden fundir las dos acciones: entrar y salir, obtener y prestar atención.*
- *Cuando se fundan, piensa en lo que estar despierto significa para ti.*

21 DE ABRIL

El don de la sorpresa

"Sorpresa" es el otro nombre
de Dios.

—HERMANO DAVID STEINDL-RAST

Mientras te apresuras a completar tus planes más amados, los que no le cuentas a nadie, es probable que choques con alguien. Los víveres saldrán volando y, en lo que recoges la salsa cátsup, te enamoraste. O tal vez, en tu segundo año en la universidad, mientras estudias para llegar a ser lo que mami y papi quieren que seas, podrías por accidente abrir un libro sobre la vida de Albert Schweitzer y descubrir que te gustaría viajar a África. O quizás, al entender la geometría, comprendes que quieres ser jardinero para disfrutar de la interminable alegría de diseñar paisajes. También es posible que el fallecimiento de tu abuela sensibilice una parte de ti que anhela aprender sobre historia. En mi caso, perder una costilla me hizo descubrir al Adán que vive en mí.

Parece que cualquier momento de interés, dolor o adversidad nos puede sorprender y hacernos notar la totalidad de la vida, romper nuestras limitaciones actuales y darnos la oportunidad de redefinirnos con respecto a una noción más amplia que se cierne sobre nuestra vida. Esta apertura tan repentina y frecuente es la manera en que el alma se despliega en la Tierra.

Nunca estamos preparados para nada, nadie puede anticipar todo en la vida. De hecho, prepararnos de más es otra manera de construir murallas y separarnos de la existencia. Solo podemos prepararnos en cuanto a la forma en que podríamos responder al regalo de la sorpresa que con frecuencia penetra en nosotros tan rápido que nuestros reflejos no pueden evitarlo.

Gracias a Dios, la vida es sorprendente, y Dios, que es la oportunidad de conocer la Unidad, vive en la sorpresa. Porque Dios rara vez se encuentra en nuestros planes, pero siempre aparece donde no esperamos.

- *Encuentra tu centro y ora, pide la fortaleza de espíritu necesaria para mantenerte sensible a la sorpresa.*
- *Mientras exhalas, trata de relajarte y dejar de resistirte a lo inesperado.*
- *Mientras inhalas, trata de crear un pasaje para todo lo que te sobrepasa.*
- *Comienza tu día.*

22 DE ABRIL

Es suficiente

Si no puedes ver lo que buscas,
ve lo que sí está ahí.

Una de las cosas que más trabajo nos cuesta aceptar es que, más allá de todos nuestros sueños y desilusiones, vivimos y respiramos en la abundancia. Cuando algo nos duele es difícil creer que todo lo que necesitamos se encuentra frente a nosotros, en nuestro entorno y en nuestro interior. Y sin embargo, así es.

Como los árboles desnudos que esperan a que llegue la mañana, algo tan colosal y constante como la Tierra nos sostiene y nos transporta lentísimo hacia la luz. Nuestra tarea solo consiste en mantenernos bien arraigados y ser pacientes.

En mi caso, esto nunca fue tan doloroso y evidente como durante el período posterior a mi primer tratamiento de quimioterapia. Me encontraba en un Holiday Inn a las cinco de la mañana tras haber pasado veinticuatro horas vomitando cada veinte minutos. Estaba despatarrado en el suelo, aferrado al hueco que la costilla dejó cuando me la extrajeron, tres semanas antes. Mi esposa, presa de cólera, pánico y desesperación, gritó:

—¿Dónde está Dios?

Y desde algún lugar desconocido en mi interior, a través de mi cuerpo pálido y encorvado, musité:

—Aquí... justo aquí.

La presencia de Dios nunca ha eliminado el dolor, solo lo hace más soportable. Ahora, cuando las cosas no salen como quiero, trato de besar lo que subyace a mis deseos. Ahora, aunque me enojo cuando mi automóvil se descompone, trato de escuchar a la hierba que nace en la cuneta y que me indica que debo mirar al cielo. Ahora, aunque gimoteo porque el florero se me resbala de las manos y se hace añicos, trato de ver más allá de mi reflejo en la alberca con agua cubierta de flores. Ahora, cada vez que me siento herido, a través de la maraña que forman mis reacciones típicas, trato de sentir el camino hacia el silencio que subyace a toda experiencia.

Sin importar nuestro dolor o emoción, sin importar los dramas ni las circunstancias, y aunque resulta misterioso, todo lo que podríamos desear se encuentra aquí. No nos hace falta nada.

El desafío del ser humano no consiste en estar de acuerdo con esta verdad ni en refutarla, eso sería tan infructuoso como argumentar contra la gravedad. Si logramos abrirnos paso en él, nuestro humilde camino tendrá como objetivo que nos arraiguemos más allá de los miles de sueños y excusas que nos impiden hacer contacto con el suelo sobre el que caminamos. De manera reiterada, la vida nos insta a que duremos más que aquello que queremos o esperamos, para ver lo que está más allá. Con eso basta.

- *Elige un árbol o planta que te agrade mucho y obsérvalo crecer aunque tal vez no veas nada.*
- *Entiende que, mientras lo miras crecer, la Tierra te transporta hacia el sol.*
- *Imagina que eres ese árbol o planta.*
- *Cierra los ojos y ten la certeza de que, aunque tal vez no veas nada, estás creciendo, y que algo mucho más grandioso que tú te transporta hacia la luz.*
- *Aunque nada de esto sea visible, percibe este misterio y susurra con voz sonora: "Estoy creciendo... Estoy siendo transportado hacia la luz... No me hace falta nada...".*

23 DE ABRIL

Juega con humildad

Si juego con humildad,
nunca habrá un "nosotros".
—Sharon Preiss

En la *Divina comedia* de Dante, la única diferencia entre los amantes que soportan el Infierno y los que se esfuerzan por cruzar al Paraíso es que los que están en el Infierno no tienen un centro individual, y por eso giran identificándose de manera infinita el uno con el otro.

Aunque estar en una relación es difícil, no podemos reducir nuestra participación en ella porque, si lo hiciéramos, nos convertiríamos solamente en el público o en los mandaderos del amigo dominante, o de la pareja. Como la mayoría, yo también he tenido problemas en este aspecto toda mi vida: por una parte, temo lo que podría suceder si me atreviera a expresar más mis inquietudes y necesidades, y, por la otra, me ha sorprendido que, al hacerlo, a pesar de lo difícil o desagradable que es, siempre me permite ser yo mismo de una manera más plena.

Después de eso, siempre me siento más capaz de sentir y admirar el mundo que me rodea. Después puedo aportar más al escenario, y mi experiencia cotidiana me revitaliza con mayor facilidad.

El gran filósofo Martin Buber, quien creía que conocer a Dios con mayor profundidad era posible a través de las relaciones, habló sobre la esencia de esta paradoja. Buber dijo que antes de que pueda existir una relación auténtica, debe haber dos seres independientes capaces de relacionarse. La mayor parte de nuestra experiencia de vida lo confirma. A menos de que trabajemos para ser nosotros mismos, nunca podremos conocer en verdad a otros ni conocer el mundo numinoso en que vivimos.

- *Respira, pero sin desaparecer.*
- *Siéntate en silencio y, mientras inhalas, comprende que la expansión de tu espíritu conoce el mundo.*
- *A lo largo de tu día, cada vez que te sientas pequeño, inhala lento y preséntate de nuevo ante todo lo que te rodea.*

24 DE ABRIL

Ama como el agua

Solo el amor que no espera nada a cambio
puede suavizar la punta de la flecha del sufrimiento.

El agua llena con su límpida claridad cualquier hueco que encuentra. El agua no es ni escéptica ni desconfiada, no dice: "Esta zanja es demasiado profunda" ni "Ese campo es demasiado abierto". Al igual que el agua, el milagro del amor cubre todo lo que toca y, sin dejar rastro de su intervención, hace que aquello que toca crezca. Es cierto, desgasta hasta dejar en los huesos a los rostros de las orillas del mar y los brazos de los precipicios, pero ese es el proceso de la vida y el agua es solo uno de sus elementos.

La mayoría de las cosas se quiebran en lugar de transformarse porque se resisten. El discreto milagro del amor radica en que, sin nuestra interferencia y como el agua, acepta cualquier cosa que le lancen o viertan en él, y la asimila por completo.

Por supuesto, somos seres humanos y es fácil que nos sintamos lastimados si no nos aman o si nos aman de una forma mediocre. Sin embargo, mucha de la energía de la vida la desperdiciamos deliberando quién y qué será digno de nuestro amor a pesar de que, en el sentido más profundo y elemental, es algo sobre lo que no tenemos más injerencia que la que tiene la lluvia sobre el lugar donde caerá.

En efecto, necesitamos tomar decisiones: ¿Con quién pasaré tiempo? ¿De quién aprenderé? ¿Con quién viviré? ¿Con quién me casaré? Pero más allá de todo eso, el elemento del amor continúa siendo fundamental, continúa cubriendo todo lo que se presenta ante sí y, a lo largo de toda una vida, el dolor de contener esta fuerza colosal y silenciosa puede ser más dañino que el de ser rechazado o amado de forma mediocre. Porque el amor, como el agua, puede ser contenido en presas, pero ¿con qué objetivo?

De hecho, entre más permitamos que fluya el amor, más tendremos que amar. Es el resplandor interior que parecen compartir los sabios y los santos de todas las eras: bañan de amor todo lo que se encuentra ante ellos. No solo la gente, sino también las aves y las piedras y las flores y el aire.

Más allá de las muchas decisiones que debemos tomar, el amor, como el agua, fluye de vuelta al mundo a través de nosotros. Ese es el gran secreto a disposición de todos. A pesar de todo esto, en algún lugar se ha generado la percepción errónea de que contener al amor puede detener al sufrimiento, cuando en realidad sucede lo contrario. Así como el agua humedece las cicatrices, el amor ablanda nuestras heridas. El amor aceptará la piedra con cólera arrojada si nos abrimos a él, así nuestras diminutas lágrimas perderán un poco su ardor en el gran mar lacrimoso y la flecha liberada al fondo del río perderá su punta.

- *Elige un lugar silencioso y, en un momento de meditación, sensibilízate al agua del espíritu que corre subyacente a todo.*
- *Permite que la energía del amor surja de ti hacia los objetos simples de tu entorno.*
- *Siente la energía del amor en el aire que rodea la silla, la taza, el lápiz o el trozo de ventana rota.*
- *Imagina que eres la ventana rota o el lápiz. Siente el aire en tu piel de vidrio o de madera. Contempla este objeto de la misma forma en que contemplarías a un amante.*
- *Sin decir nada, siente la intensidad de la atención que sale de ti sin un destino en particular.*

25 DE ABRIL

El valor de unirse

La verdadera historia proviene de una fuente amorosa
que no se puede entender a través del intelecto,
que solo puede conocerse de la manera
en que se conoce a una persona.
—Coleman Barks

Vivir en la era moderna nos ha transformado en observadores. Ahora marcamos una delgada y fina capa de distancia entre nosotros y todo lo que se nos presenta. Esta manera de observar es lo que le resta ilusión a nuestros días, lo que sustrae el color de la tierra y hace que las canciones sobre el tiempo suenen llanas.

La visión del nativo americano se basa en la sanación. Con respeto por todos los aspectos de la Creación, nos invita a honrar todo lo que veamos como si fuera un miembro de nuestra familia: la piedra, la lluvia, la valla o al desconocido.

Al honrar todas las cosas como si estuvieran vivas, el valor de unirnos al Universo se convierte en una forma de ser que podemos ejercer incluso si permanecemos sentados e inmóviles. Al conocer el mundo de esta manera, la metáfora deja de existir y el viento ya no es como la voz de Dios, el viento *es* la voz de Dios. Los recuerdos no son imágenes de nuestros seres amados volviendo a nosotros, son su espíritu que nos visita.

Eliminar la capa de distancia que portamos alrededor del cuello requiere de mucho valor, el valor que permite que fluyan los jugos del mundo. La recompensa es un mundo vivo, no muerto.

- *Siéntate en silencio y encuentra tu centro.*
- *Después de algún tiempo, imagina que las cosas que te rodean —ventana, árbol, tapete, cama, puerta— están vivas de la misma manera en que las plantas lo están.*
- *Mientras respiras, siente cómo respira la energía de esos objetos y seres.*
- *A través del pulso de tu corazón, concédete la oportunidad de darles la bienvenida.*

26 DE ABRIL

El camino es arduo pero claro

Aunque el avance es difícil,
el camino está libre.

El naturalista y ambientalista Kevin Scribner nos dice que para avanzar y ascender contra la corriente, los salmones presionan de manera repetida en los pasajes bloqueados hasta que encuentran el área donde esta es más fuerte. De alguna manera, saben que una corriente de agua constante significa que ahí no hay ningún obstáculo, y por eso entran con fervor por esa abertura. Saben que, aunque el avance será difícil, el camino está libre.

La moraleja aquí es igual de útil que perturbadora. Al enfrentar nuestras adversidades interiores y exteriores, el pasaje de la verdad viene hacia nosotros con una inercia poderosa porque se encuentra libre de obstáculos y, por lo tanto, ahí donde percibamos la corriente de la verdad es donde deberemos aplicar nuestro máximo esfuerzo.

Para nosotros, seres humanos, las vías bloqueadas en el viaje pueden adoptar muchas formas. Se presentan cuando evitamos el conflicto con otros, cuando no nos arriesgamos a amar o cuando no aceptamos el llamado del espíritu que nos permitiría participar de una manera más plena en nuestros días. A menudo es más sencillo permanecer todo el tiempo en los linderos de estas vías que entrar con fervor en el único pasaje que se muestra viable con contundencia inigualable.

En este sentido, los salmones son ejemplo de una nata y sana persistencia porque nos muestran cómo continuar presionando e insistiendo en la búsqueda de un camino libre de obstáculos y en cómo esforzarnos aún más por recorrerlo una vez que lo encontramos.

Algunos dicen que para los salmones es más sencillo todo esto porque al vigor de su impulso por volver al lugar donde empezaron no lo merman las infinitas consideraciones que, con tanta frecuencia, a nosotros nos alejan de la verdad. No obstante, la capacidad del corazón de levantarse una vez más sin importar cuán lastimado se encuentre tras la caída, confirma que en nosotros también existe ese impulso. Como sucede con los salmones, para nosotros el camino no solo depende de lidiar con las cosas de frente, sino también de contonearnos y lograr que todo nuestro ser ingrese en el pasaje libre.

❄ *Encuentra tu centro y piensa en algo que hayas estado evitando. Podría ser una decisión importante o pedir lo que necesitas en el marco de una relación.*

❄ *Respira de manera regular y presiona alrededor de ti en busca de la energía de la evasión. ¿Contra qué estás chocando? Identifica cuál es la resistencia. ¿Qué parte proviene de ti mismo? ¿Qué parte proviene de otros?*

❄ *Respira de manera constante y busca la corriente de la verdad en todo esto. Trata de sentir el camino claro y vigoroso que viene hacia ti.*

❄ *Por el día de hoy, solo siente el poder del camino libre de obstáculos y mantenlo frente a ti.*

27 DE ABRIL

Que se haga la luz

Solo confía en ti mismo
y sabrás cómo vivir.
—GOETHE

Cuando Edison estaba tratando de crear la bombilla eléctrica, primero se involucró en un proceso que implicaba visualizar la manera de controlar una corriente invisible de energía y convertirla en luz. Como sucede a la mayoría de la gente, primero hubo una visión y luego vino su significado, el cual comprendió enseguida. Sin embargo, no encontró el material ideal para fabricar el filamento de la bombilla por algún tiempo.

Más adelante, cuando le preguntaron si en algún momento se desanimó o pensó que estaba desperdiciando su tiempo, Edison dijo que no, que cada vez que lo intentó con un material distinto aprendió algo importante, que había un material más que no debía utilizar.

La lección aquí es muy reveladora y transmisible, en especial respecto a la forma en que buscamos nuestra vocación y el amor en el mundo. Estar dispuestos a visualizar lo que necesitamos es un acto enérgico y auténtico, pero la confianza del espíritu al saber que algo funcionará también es crucial aunque no hayamos encontrado aún el lugar al que pertenecemos o a quién amar. La perseverancia en tratar de encontrar lo que funcionará también es vital.

La parte más inspiradora del viaje de Edison, sin embargo, es el hecho de que, en lugar de considerar que sus múltiples intentos fueron algún tipo de fracaso de su parte, los vio como parte inevitable del proceso del descubrimiento.

Después de todo esto, es obvio que el desafío que enfrenta tanto el amante como el científico es utilizar lo que se descubre y vivir en la luz.

- *Encuentra tu centro y, mientras respiras, visualiza lo que necesitas para vivir con mayor plenitud.*
- *Mientras inhalas, comprométete a tratar de encontrarlo hoy mismo sin juzgar lo que suceda.*
- *Mientras exhalas, comprométete a usar y aprovechar cualquier cosa que descubras.*

28 DE ABRIL

Wu Feng

Al final, no basta con pensar lo que sabemos.
También debemos vivirlo, porque solo así
puede el amor mostrarse como el principio mayor.

La manera en que el calor hace que el hielo se descongele e irrigue la tierra es similar a nuestra capacidad de encarnar lo que sabemos, a nuestra necesidad de hacer que lo que vive en nosotros coincida con nuestra forma de enfrentar los días. Este ancestral acto de integridad es lo que permite al amor mostrarse a sí mismo como el tipo más profundo de gravedad.

Hubo un hombre callado al que un momento valiente e inspirador le cambió la vida. Wu Feng fue un diplomático manchuriano del siglo dieciocho. Ocupó un puesto en las afueras de Taiwán que lo obligó a convivir con una tribu aborigen que tenía la costumbre de decapitar a uno de sus miembros cada año. Wu Feng se hizo amigo del jefe de la tribu.

Cada año, el diplomático imploraba, con toda la compasión y reverencia de que era capaz, por la vida que el jefe aborigen sofocaba para seguir sus costumbres. El jefe escuchaba con respeto la súplica de Wu Feng y, luego de hacer reverencias, llamaba al miembro de la tribu elegido y lo decapitaba sin titubeo alguno.

Tras veinticinco años de vivir con la tribu, Wu Feng volvió a suplicar al jefe que diera fin a esos asesinatos sin sentido y, cuando convocaron al miembro elegido para el ritual, él tomó su lugar y dijo al jefe:

—Si va a matar a un hombre, esta vez será a mí.

El jefe se quedó un largo rato mirando a su amigo a los ojos y, como había aprendido a amar a Wu Feng, comprendió que no podía matarlo. La costumbre de las decapitaciones llegó a su fin ese día.

Claro, Wu Feng pudo terminar decapitado, pero su valor nos muestra que, en algún momento, la manera en que vivimos en nuestro interior se vuelve la prioridad. En algún momento en la vida de todos, el discurso se evapora y las palabras son incapaces de hacer surgir al amor. Solo la presencia del alma que proviene de nosotros puede atraer a la presencia del alma en otros.

- *Mientras respiras, sé honesto contigo mismo, es decir, ve las cosas en tu vida como en realidad son.*
- *¿Hay alguna situación en la que estés sacrificando una parte de ti como lo hacía el jefe de la tribu aborigen?*
- *¿Sientes que, en el marco de una relación, te exigen todo el tiempo que niegues quién eres?*
- *De ser así, ¿podría el Wu Feng en ti dejar de hablar y hacerse presente?*
- *Si la respuesta es sí, solo honra el hecho de que un espíritu de encarnación como ese more en ti.*
- *Hazte la pregunta hoy mismo. Confía en que tu espíritu sabrá cuándo y cómo hacer las cosas.*

29 DE ABRIL

En tiernas hojas

Envuelta en
tiernas hojas
suena el agua.
—Soseki

Esta delicada observación del poeta japonés Soseki está repleta de la discreta esperanza de que, incluso al principio, el don incrustado en nuestra naturaleza se haya desplegado. Porque en la semilla está incrustada la flor, en el vientre está incrustado el adulto, en el impulso de cuidar se incrusta la paz del amor realizado, y en el borde del riesgo y el miedo está incrustada la autenticidad que hace que valga la pena vivir la vida.

Envuelta en tiernas hojas, el agua suena; la misma agua que nutrirá esas hojas cuando se extiendan. Se encuentra ahí ya, instándolas a desplegarse y crecer. Creer que esto es posible exige una fe a cántaros, más grande de la que cualquiera podría visualizar. Esto, sin embargo, no es tan difícil de aceptar porque, así como la tierra le debe su camino al viento, a los seres humanos se nos pide que reconozcamos que algo más magnífico nos envuelve y nos insta a desplegarnos.

Una gravedad del espíritu extrae la esencia de quienes somos y la transforma en ser. Nuestra labor, y la labor de todas las criaturas que son nuestras hermanas, consiste en encontrar la abundancia del aire, el agua y la luz, y desplegar lo que ya se encuentra en nosotros.

- *Siéntate en silencio e imagina que tu corazón es una hoja tierna, verde y suave, envuelta en sí misma.*
- *Mientras respiras, siente el agua de la vida que ya corre por tus venas.*
- *Ahora, mientras respiras, ponte de pie, estira los brazos y siente quién eres cuando te despliegas.*

30 DE ABRIL

Una llegada constante

Ya sea navegando por la vida en un bote o
escalando hacia la ancianidad montado a caballo,
cada día es un viaje y el viaje es en sí mismo el hogar.
—Basho

Hace doce años, cuando comenzaba mi travesía en el cáncer, mi abuela estaba agonizando. Yo no sabía que tenía cáncer, pero creo que ella sí sabía que iba a morir. Lo intuyo porque, cuando la visitaba en el Kingsbrook Medical Center, en Brooklyn, se sentaba al borde de su cama y atisbaba a una distancia que solo ella podía percibir. Tenía noventa y cuatro años y a mí me daba la impresión de que imaginaba la otra orilla como lo hizo cuando solo tenía diez y cruzó el Atlántico en un abarrotado barco de vapor avanzando fatigosamente entre olas descomunales.

La vida para mi abuela fue una migración infinita, una llegada constante a una nueva tierra. Tal vez por eso soy poeta, porque la migración corre por mis venas. Tal vez por eso entiendo el mundo de la experiencia como un mar vasto que nunca dejamos de cruzar, ni siquiera cuando morimos.

Ahora te pido que imagines la vida de tu espíritu en la tierra como una migración similar, como una constante llegada a una nueva tierra. Dado lo anterior, debemos aceptar que, sin importar la orilla que se muestre ante nosotros, la intensidad y la sacudida del mar no tienen fin.

Cuando llegamos a la cresta de una ola, podemos ver hacia la eternidad y el alma mantiene su perspectiva, pero cuando nos encontramos en el vientre de la ola, todos estamos perdidos. La vida del alma en la Tierra nos hace balancearnos de arriba abajo en una balsa de carne, a la vista y fuera de la vista de la eternidad, y la labor de nuestro peregrino interior consiste en mantener la eternidad en la mirada de nuestro corazón y nuestra mente cuando nos desplomamos en el vientre de nuestros días.

- *Siéntate en silencio e imagina que, sin correr peligro, te balanceas de arriba abajo en el mar de la experiencia que nunca dejamos de cruzar.*
- *Respira hondo e imagina que cada nuevo día es una ola.*
- *Ingresa en tus propios ritmos y trata de percibir qué tipo de ola será hoy.*
- *Si la ola de hoy se eleva, mira a tu alrededor y absorbe todo lo que puedas ver de la vida.*
- *Si la ola de hoy es un vientre profundo, reconoce las dificultades que enfrentarás.*
- *Respira lento y recuerda que se acerca otra ola. Evoca la última elevación y recuerda lo que te permitió ver.*

1 DE MAYO

Enterrar y plantar

La culminación de un amor, un sueño,
un yo, es la semilla anónima del siguiente.

Hay muy poca diferencia entre enterrar y plantar porque, con frecuencia, para que pueda crecer vida nueva primero necesitamos dejar que lo muerto descanse. Y porque, independientemente de si se trata de un ser querido, de un sueño o de una manera falsa de ver, aquello a lo que ayudamos a descansar deviene el fertilizante de la vida a punto de formarse. Así como lo desgastado se une a la tierra, el amor viejo fertiliza al nuevo, el sueño roto fertiliza al que no ha sido concebido aún, la dolorosa manera de ser que nos amarró al mundo fertiliza la libre postura que está a punto de mostrarse.

Saber esto es muy útil cuando consideramos las muchas formas del yo que habitamos a lo largo de nuestra vida. Un yo nos transporta hasta el fin de su vida útil y luego fenece. Entonces, nos vemos forzados a aniquilar esa amada piel, a unirla al suelo del espíritu de donde surgió para que pueda fertilizar la siguiente, la que nos llevará hacia el mañana.

Siempre sentimos dolor por lo que perdemos y sorpresa por lo que nace, pero buena parte de nuestro martirio al vivir se produce porque portamos una piel muerta e inútil, porque nos negamos a dejarla reposar en paz, o porque enterramos estas cosas para ocultarlas en lugar de renunciar a ellas.

Por cada nueva manera de ser, hay un intento fallido oculto bajo la lengua; por cada ramita que brota, hay una vieja estaca contoneándose bajo la tierra; por cada momento de gozo que florece, hay un nuevo instante de lucha echando raíces.

Vivimos, recibimos y luego dejamos descansar en paz nuestras posesiones más amadas, incluso la manera en que nos vemos a nosotros mismos. Lo hacemos para resucitar nuestra vida una vez más.

- *Trata de identificar un aspecto de tu forma de ser en el mundo que haya durado más allá de su vida útil, puede ser una manera de pensar, de sentir, de hablar o de relacionarse.*
- *Intenta entender por qué sigues usando esa piel.*
- *En una hoja de papel escribe tu reflexión sobre este aspecto duradero y sobre la razón por la que sigues portándolo.*
- *Toma la hoja de papel y, de manera simbólica, entiérrala en un lugar especial mientras agradeces por la forma en que ese aspecto ahora desgastado te ayudó a llegar al punto en que te encuentras en tu camino.*
- *Sé amable con el nuevo espacio que se abrió en ti al enterrar este aspecto.*
- *Riégalo y mantenlo bajo la luz.*

2 DE MAYO

Vive con tus manos

Si vives con tus manos,
tu mente aprenderá
a inclinarse como una raíz.

Hace muchos años, en una lectura de poesía en Nueva York, conocí a un joven. Estaba furioso porque acababa de presenciar cómo asaltaban a una mujer, estaba tan molesto que escribió un poema ahí mismo. Pero una voz pensativa proveniente de la sala gritó:

—Claro, porque seguro escribir un poema es mejor que impedir el asalto.

Me pareció que no había mucho más que decir. Aunque dolorosa, esta anécdota destaca el hecho de que vivir en nuestro pensamiento nos impide realizar el viaje real que implica estar vivos. Siempre analizar, siempre resolver problemas, observar y criticar lo que enfrentamos convierte a nuestro cerebro en un denso callo. En lugar de abrirnos de una manera más trascendente al misterio de vivir, nuestro intelecto sobreentrenado solo amortigua la experiencia.

Tengo una amiga muy querida que ha estudiado casi todo lo que se ha escrito respecto al corazón, la mente y la danza de la psicología. Esta hazaña intelectual la condujo a un sabio muy anciano cuyas últimas instrucciones fueron: "Vive con tus manos". Una vez que se sensibilizó a esta posibilidad, mi querida amiga, que no sabía nada sobre mampostería, se encontró de pronto construyendo con sus propias manos una capilla de piedra en la falda de una colina. Este acto le permitió consagrar la capilla que había estado esperando hasta entonces en su corazón.

Tengo otra amiga que, cada vez que ve flores, siente la necesidad de tocarlas. La he visto infinidad de veces acariciar pétalos amarillos. Mi amiga necesita tocar la belleza y, cuando lo hace, yo veo a la belleza acariciándola a ella. Luego, algo en mi amiga se sensibiliza un poco más.

Vivir con nuestras manos le imbuye humildad a la mente y la insta a aceptar algo más allá de ella misma. Esta es la manera en que nos sanamos los unos a los otros y a nosotros mismos, la manera en que cobramos vida a través del Braille del corazón.

- *Elige algo pequeño y delicado que te fascine, y colócalo frente a ti mientras meditas.*
- *Después de algún tiempo, tómalo lentamente entre tus manos y, con mucho cuidado, examínalo usando tus dedos y sintiendo sus diversas superficies.*
- *Respira de manera constante, toma la esencia de este objeto delicado y hazla llegar a tu mente a través de tus manos.*

3 DE MAYO

Nuestra energía masculina y nuestra energía femenina

Así como no tiene ningún caso cosechar si no podemos comer,
tampoco tiene caso actuar si somos incapaces de sentir.

En los últimos tiempos se ha hablado mucho de las energías masculina y femenina, y del hecho de que nos han enseñado a estar de un solo lado en lo que se refiere a nuestra participación en el mundo. Creo que la mayor parte de lo que se dice es cierto. Cuando nos domina nuestro lado masculino (el demasiado racional y estoico, el que no nos permite mostrar nuestros sentimientos), el lado femenino (las energías más creativas y receptivas) se vuelve estridente y se ve reprimido. Por eso, cuando por fin le permitimos emerger, lo hace de manera explosiva.

Por todo esto, no resulta sorprendente que quienes son reservados y se contienen, sean hombres o mujeres, tengan hasta cierto punto miedo de las personas intuitivas y expresivas. De la misma manera, las personas inexpresivas les resultan sofocantes a quienes les causa un impacto más inmediato lo que sienten. Por supuesto, cuando nos encontramos, los estoicos se ponen nerviosos y los apasionados sudan más. Todo esto forma parte de la vida: nos encontramos unos a otros y comenzamos a presionar. Quienes giran quieren que los inmóviles giren, los discretos acallan a los tambores, los delirantes tienen por destino atraer a las estatuas y convencerlas de bailar.

También nos cuesta trabajo lidiar con estas energías en nuestro interior. Mi propia experiencia es muy elocuente en este sentido. Soy un hombre que siempre ha permanecido activo, siempre he sido decidido, pero como poeta, me guía lo femenino y la intuitiva vida del sentimiento me dirige hacia mi interioridad. Sin embargo, sigue siendo claro que en el mundo exterior me educaron para ser práctico y me enseñaron a no habitar mis sentimientos demasiado tiempo.

Solo después de diez años de haber sobrevivido al cáncer y de tener una vida de logros extraordinarios he podido entrar y salir a tropezones de la alegría. Al volverme más integrado, al ser más como una ola única de lo masculino y lo femenino unidos, he podido comprobar que estoy aprendiendo a usar mi energía masculina de manera distinta, más en consonancia con mi lado femenino.

Me enseñaron a entender las cosas y a nombrarlas, pero ahora también puedo sentirlas. Me enseñaron a estructurar y articular todo desde una distancia considerable, pero ahora acepto y absorbo lo que tengo frente a mí. Esta estructuración y esta denominación a distancia forman parte de la tendencia a encasillarnos desde la infancia en maneras masculinas de ver, tendencia que, al ser tan desequilibrada, resulta seca y desprovista de cualquier apasionamiento por la vida.

La diferencia se encuentra entre pintar un ave y volar, entre analizar las secretas posturas del amor y sentir tu corazón latir con fuerza. Muy a menudo, bajo la disfrazada noción de sentirnos preparados y maduros, nos vemos atraídos a observar en lugar de vivir, a nombrar en lugar de sentir, a entender en lugar de experimentar. Pero, así como se necesitan dos manos para formar el cuenco en que se lleva agua a la boca, necesitamos de la energía masculina y de la femenina para beber de esta vida con plenitud.

❄ *Encuentra tu centro y respira lento.*
❄ *Coloca una mano frente a ti con la palma hacia arriba y reflexiona sobre lo que contiene: nervios, sangre, memoria, el poder de levantar y tocar. Reflexiona sobre cuán completa es la mano en sí misma.*
❄ *Coloca tu otra mano frente a ti con la palma hacia arriba y reflexiona sobre todo lo que contiene y sobre cuán completa es en sí misma.*
❄ *Respira hondo y junta tus manos, reflexiona sobre cuánto más puedes lograr cuando estas dos trabajan en equipo.*

4 DE MAYO

Llenar el día

¡Voy tarde! ¡Voy tarde a una cita importante!
¡No tengo tiempo para saludar! ¡Adiós!
¡Voy tarde! ¡Voy tarde! ¡Voy tarde!
—El conejo blanco de
Alicia en el país de las maravillas

Despierto descansado y lúcido, la luz inunda mi habitación. El día parece interminable y libre, pero al preparar café noto tres facturas que no he pagado y, después de tomar una ducha, noto que necesito un corte de cabello y, como tengo que salir para eso, pienso que podría aprovechar y recoger mis camisas. Pero también quiero pasar tiempo asoleándome, así que pienso: "Bueno, después de estos mandados iré al parque", y entonces empiezo a pensar cuál parque sería ideal visitar y elijo uno que queda a cuarenta minutos de distancia. Finalmente, como quiero asegurarme de que todo esto me resulte entretenido, llamo a una amiga y hago planes para encontrarnos a las seis de la tarde y ver una película en el cine.

Ahora tengo que apresurarme y asegurarme de llegar a todos esos lugares a tiempo, pero por suerte, mientras estoy llenando el tanque de gasolina, escucho el canto de una avecita y levanto la mirada justo cuando una nube se disipa y la luz inunda mi mente, entonces abandono y dejo caer todos mis planes como monedas al suelo.

Me río de mí mismo porque comprendo que me es demasiado fácil esclavizarme a los planes que me invento. No es necesario hacer nada de esto hoy, así que dejo todo por la paz y sigo a la avecita.

- *Recuerda todo lo que tienes planeado para hoy. Siente cómo te rodea y te abruma.*
- *Encuentra tu centro e inhala cada tarea lentamente, exhala cada urgencia.*
- *Levántate e inicia este día como si fuera tu primer día y el último también.*
- *Ahora deja caer y abandona todo lo innecesario.*

5 DE MAYO

Nuestra claridad esencial

Como las nubes moviéndose en el agua,
los problemas me hacen olvidar
la claridad que tengo.

El agua refleja todo lo que encuentra a su paso. Es algo tan común, que pensamos que el agua es azul, pero en realidad no tiene color. Es asombroso, cuando es sedosa y fluye ya sea en el mar o en el lago, o incluso en el más pequeño charco de lluvia, el agua adopta la imagen de todo el mundo sin perder su nitidez esencial.

Por supuesto, para nosotros no es tan sencillo porque, como somos seres emocionales, siempre nos perdemos en la imagen de lo que vivimos, pero la naturaleza del agua puede ayudarnos a entender nuestras luchas humanas.

Yo, como muchos, empecé en un hogar en donde, por alguna razón, tenía la tarea de ser el pararrayos de tensiones causadas por las emociones no expresadas de toda la familia. Así fue como aprendí a ser el que resolvía los problemas, el que rescataba, el que cuidaba a los otros. A lo largo de dos matrimonios y una cantidad incontable de amistades, amé absorbiendo las emociones confusas de las personas a las que amaba.

La tensión de las emociones no expresadas de otros me impedía sentir mi propia profundidad y claridad. Mi vida se volvió turbulenta, siempre me costaba trabajo mantener la cabeza sobre la superficie, por encima de las nubes.

El agua, en cambio, el agua gloriosa de todo el mundo me ha enseñado que somos más de lo que reflejamos o amamos. Esta es la labor de la compasión: aceptar todo con claridad, sin imponer nuestra personalidad, pero sin perderla tampoco.

Por supuesto, es una tarea infinita e imposible, pero aunque nunca podamos ser tan cristalinos como el agua, vale la pena recordar que, si bien los problemas reales que enfrentamos son aquello vivo con lo que debemos lidiar, eso no los convierte en la corriente fundamental de nuestra vida. Debajo de las nubes, el agua solo desea fluir, y debajo de nuestras tensiones y problemas, el espíritu humano solo desea aceptar y reconfortar.

- ❄ *La próxima vez que un ser querido exprese su frustración, desilusión o dolor, nota tu reacción.*
- ❄ *¿Tratas de resolver el problema o solo aceptas lo que tu ser querido dice?*
- ❄ *¿Tratas de animarlo o eres testigo de su experiencia?*
- ❄ *¿Te quedas sosteniendo su dolor o sintiéndote invadido por lo que atestiguas?*
- ❄ *Si te es posible, recibe este dolor como si fuera una piedra que alguien deja caer en la cristalina y dinámica profundidad de quien eres.*

6 DE MAYO

Rama y nido

Creo que podría vivir con los animales.
Ellos no preguntan ni gimotean por
su situación. Ninguno se siente insatisfecho.
—Walt Whitman

Me pareció muy pequeño aquel petirrojo tratando de cargar una rama demasiado grande para su nido. Intentó cargarla una vez y luego una segunda vez, pero entonces su pequeño cerebro de ave le dijo que la rama no servía, así que recogió otra.

Caminé hasta la rama que el ave había abandonado, no tenía hendiduras. La giré en mi mano y pensé en todas esas ocasiones en que me he esforzado por hacer que cosas demasiado grandes tengan cabida o sean adecuadas. Con mucha frecuencia, lo que deseamos es como esa rama, demasiado grande para ser útil y, sin embargo, nos regodeamos en la infelicidad que nos provoca aferrarnos a algo con lo que no podemos completar nuestro nido.

Fue muy aleccionador ver un ave tan pequeña trabajando, cantando mientras se afanaba, dejando atrás lo que no le serviría a pesar de que acababa de encontrarlo. ¡Si solo pudiéramos tratarnos los unos a los otros con esta amabilidad tan elemental!

- ❄ *Reflexiona sobre tu vida, piensa en ella como un nido que necesitas armar.*

- ❄ *Piensa en lo que estás buscando, en lo que, como un ave necia, cargas a pesar de que es demasiado grande para usarse.*
- ❄ *¿Podrías armar tu vida de una manera más completa si solo tomaras una versión más pequeña o modesta de lo que necesitas? ¿Si solo tomaras algo que coincida con lo que requieres?*

7 DE MAYO

El arte ordinario

Antes de reparar en lo que ves,
averigua a través de qué estás mirando.

Era un hermoso y soleado día. Había conducido casi quinientos kilómetros para verla. Ella tenía noventa y cuatro años y llevaba en esa habitación casi ocho meses. Yo fui su primer nieto. Estaba muy feliz de verme, pero después de ponernos al día, nos sentamos en silencio al borde de su cama y, finalmente, se quejó de lo nublado que estaba afuera.

Entonces me di cuenta de que no habían limpiado su ventana en casi un año. Cuando se lo hice notar, rio entre dientes, como solo una persona de noventa y cuatro años puede hacerlo, y susurró con su acento ruso:

—Si tienes los ojos sucios, verás al mundo sucio.

Con nuestra mente y nuestro corazón sucede lo mismo porque nuestro yo es nuestra ventana hacia esta vida. Con frecuencia sufrimos por culpa de una ventana sucia, creemos que el radiante mundo exterior está nublado y gris.

Tal vez el propósito de una relación auténtica es ayudarnos entre nosotros a mantener la mente y el corazón despejados. Tal vez, el trabajo interior es en realidad el ordinario arte de lavar ventanas para poder ver el día en su plenitud.

- ❄ *Siéntate en silencio hasta que encuentres tu centro.*
- ❄ *Ahora usa tu respiración para lavar las ideas en tu mente.*
- ❄ *Respira de manera regular y lava la capa que cubre tu corazón.*
- ❄ *Respira hondo y enjuaga las conclusiones que cubren tus ojos.*

8 DE MAYO

El asunto de la justicia

Mientras sigamos viendo lo que ha sucedido
como algo injusto, seremos prisioneros de
lo que pudo ser.

A todos nos resulta muy doloroso hablar de este asunto porque, en gran medida, la manera en que vemos al mundo depende de una noción de justicia y equidad, los dos nobles conceptos humanos que rigen la manera en que nos tratamos unos a otros.

No obstante, las leyes de la experiencia en el mundo natural, donde no tenemos otra opción más que vivir, no funcionan así. El Universo, que es grande y del que la humanidad forma solo una mínima parte, es un mundo de posibilidades infinitas, un ciclo eterno, un mundo en que las formas de vida vienen y van, un mundo que, en sí mismo, ha hecho erupción y se ha reformado en incontables ocasiones.

Es por esto que la tradición hindú tiene una deidad llamada Vishnu, la cual destruye la vida, pero también la otorga, y con frecuencia lo hace en ese orden. Aunque la equidad y la justicia son gravedades hermosas bajo las que nosotros, como humanos, tratamos de vivir y convivir, la tormenta y el germen, las termitas que devoran los cimientos de tu casa, la piedra errante que rompe tu parabrisas, la ola que empantana a tu pequeño bote, todas estas moléculas de la experiencia carecen de la conciencia de lo que es justo. Ellas solo nos bombardean en el infinito y cósmico baile de la vida que continúa sucediendo.

Cuando estaba luchando contra el cáncer, en repetidas ocasiones me pidieron que dejara salir la cólera que sentía por la injusticia de sufrir esta enfermedad. Para ser franco, en ese tiempo sentía demasiadas cosas, como miedo, dolor, ansiedad, frustración, incertidumbre y agotamiento, y sin embargo, no me parecía que tener cáncer fuera injusto. Porque ¿cuándo me prometieron a mí o a alguien más que tendría una salud perfecta? Una hormiga puede avanzar varios metros batallando, cargando su alimento en el hocico y, de repente, el pie de alguien que se cansó puede caerle encima y aplastarla. ¿Qué hace a los seres humanos suponer que estamos exentos de vivir este tipo de sucesos?

Ahora sé que todas las veces que he gritado que la vida es injusta a lo largo de los años han sido producto del inescapable dolor de vivir y que, aunque es comprensible, siempre me han distraído de la posibilidad de sentir mi camino hacia la reformación de mi vida a través de la tortura de mi devastación. Por alguna razón, gritar "¡Es injusto!" siempre me ha mantenido atascado en lo que hiere.

Lo que me ha sorprendido en medio del dolor es comprender que la vida no es justa en su capacidad para cambiarnos, sino interminable, que la compasión y el sentimiento son justos, y que no somos responsables de todo lo que nos ocurre, solo de la manera en que lo recibimos y de cómo nos sostenemos los unos a los otros a lo largo del camino.

- *Si te es posible, siéntate fuera de casa y observa al viento portar el polen. Reflexiona sobre el hecho de que algunos de esos granos de polen se convertirán en flores, y sobre que esas flores se marchitarán y proveerán las semillas para otras flores que aún no han nacido.*
- *Reflexiona sobre el hecho de que el drama humano, con todos sus sucesos desconocidos, se despliega más o menos de la misma manera.*
- *Respira hondo y observa los muchos sueños, errores, alegrías y penas en tu vida como si fueran un polen en un viento más extenso. Algunos crecerán, otros no.*
- *No niegues tu dolor al experimentar la vida, pero tampoco trates de otorgarle un estatus más elevado diciendo que es trágico o injusto.*
- *Trata de contener el dolor de tus cambios con compasión en lugar de con justicia.*

9 DE MAYO

El miedo a lo distinto

Dirigir la mente hacia la unidad básica
de todas las cosas y desviarla de la necesidad
de aferrarnos a las diferencias:
ahí radica la dicha.

—TEJOBINDU UPANISHAD

El ojo puede ver lo que tenemos en común o enfocarse en lo que nos separa, mientras que el corazón puede sentir lo que nos une a todo o recordar sus muchas heridas. La lengua puede alabar al viento o advertir contra la tormenta, puede alabar al mar o temerle a la inundación.

Esto no significa que no haya diferencias: al mundo lo conforma una variedad infinita de ellas. Significa que, más bien, lo que nos impide sentir la gracia es aferrarnos a las diferencias y temerles.

Paradójicamente, todo en la vida toca el mismo centro a través de su unicidad, es decir, del hecho de que, aunque no haya dos almas iguales, todas respiran el mismo aire.

Cuando caemos presa de la ilusión de que una creación es mejor que otra, nos alejamos del milagro de ser y entramos en lo que Seng-Ts'an, sabio del siglo seis, consideraba la peor enfermedad de la mente: la infinita indecisión entre querer y no querer, la infinita guerra entre estar a favor y en contra.

- *Enciende una vela y siéntate en silencio frente a una ventana.*
- *Relaja tu corazón y respira de manera profunda.*
- *Nota las distintas cosas que aparecen ante tu vista: árboles, viento, nubes, el repiqueteo de la ventana, la gente que pasa caminando.*
- *Observa la vela y la callada flama que de ella surge.*
- *Respira con calma e imagina a esa misma flama discreta surgiendo en el corazón de todo lo que ves.*

10 DE MAYO

El borde del centro

Como un ombligo,
toda tempestad tiene
en el centro un agujero
por el cual puede volar
una gaviota
en silencio.
—Poema japonés, siglo catorce

Desde siglos atrás, esta voz anónima nos dice que, si nos esforzáramos, encontraríamos el pacífico y perdurable centro en el corazón de cada lucha. Todas las tradiciones de sabiduría afirman esto.

No obstante, esta sabiduría contiene una paradoja más profunda de la vida. Porque la gaviota vuela a través del pacífico centro, pero no lo habita. Al parecer, nuestra tarea consiste en extraer el sustento de ese espacio central y eterno sin negar la experiencia de la tormenta.

Con mucha frecuencia nos lanzan a la tormenta y al centro y, cuando estamos ahí, nuestra humanidad se exacerba. Cuando estamos en el centro, nuestro lugar espiritual en la Unidad de las cosas nos alivia y, por lo mismo, encontrar el centro y extender nuestras golpeadas alas significa percibir al Dios en nuestro interior.

Dado que no podemos llegar al centro sin atravesar la tormenta que lo rodea, la batalla constante consiste en vivir en los dos flancos de esta paradoja. Y, sin embargo, únicamente sabiendo lo que la gaviota sabe nos es posible soportar la tormenta de la experiencia humana: solo es posible sobrevivir a la tormenta estando en el centro. Asimismo, solo en la manera en que atravesamos la tormenta para llegar al centro y en el viaje de vuelta podemos encontrar las tribulaciones y los regalos del amor.

- *Cierra tus ojos y permite que tu inhalación convoque a la gaviota de tu espíritu y la invite al centro.*
- *Inhala profundo y deja que tu aliento llame a la gaviota de vuelta a casa a través de tu centro y hacia el centro de Todo.*
- *Exhala profundo y siente el borde de la tormenta y el borde del centro.*
- *Cobra conciencia de que tu aliento es el borde.*

11 DE MAYO

Hablar y aceptar

El sueño despierta cuando pensamos
"Te amo", la vida comienza
cuando decimos "Te amo",
y la dicha fluye como sangre
cuando aceptamos a alguien con amor.

Aunque la vida a veces empieza en la mente, es imposible conocer solo en ella la alegría que produce. Todos hemos vivido esta diferencia. Recuerda la primera vez que, siendo adolescente, alguien más agitó tus sentimientos, la primera vez que la presencia de otro te impidió seguir siendo el centro del Universo. Recuerda la peculiar sensación de movimiento nadando en tu mente, la sensación que te incapacitó para extinguir en tu pensamiento el rostro de ese ser. Recuerda que, como la llama atizada, la verdadera y afligida vida de esta comenzó en cuanto se pronunció una palabra.

Lo mismo sucede con nuestra manera de soñar, de amarnos a nosotros mismos o de luchar con nuestra creencia en Dios. Si dejamos que la vida continúe nadando en la mente, solo será como una chispa que no logrará encendernos; me ha tomado toda una vida aprender esto. Así como el fuego de la música despierta el alma del compositor, el amor suena en nosotros cuando nadie más puede escuchar. Y así como los compositores deben luchar con el lenguaje en que sus canciones pueden ser interpretadas, nosotros debemos batallar para pronunciar nuestro amor. Todo con tal de elevar nuestros brazos como llamaradas.

Hablar y aceptar en un mundo que solo entrena a la mente de forma exhaustiva es un desafío complejo. El problema se exacerba si no hay aire de por medio. Mientras vivimos nuestros días, a veces el imperceptible aliento entre el pensamiento y el discurso, y entre el discurso y la aceptación puede parecer un cañón, un accidente geográfico imposible de cruzar. Por eso hemos invocado el mito de Cupido durante siglos, para recordar la revoloteadora presencia de la divinidad que rasga el confinamiento del pensamiento y nos fuerza a hablar y aceptar.

Todos portamos el arco y, aunque la flecha duele, rasga la cubierta del pensamiento e impone el tremor. Sí, es verdad, lo confieso: he sostenido pensamientos sublimes y entonado canciones asombrosas, todo como un ensayo que me prepare para la majestuosidad del abrazo.

- *Medita sosteniendo una piedra, invita a tu reflexión a ser partícipe de todo lo que es más imponente que tú.*
- *Respira lento y permite que esta presencia dé forma a tus pensamientos.*
- *Respira profundo y deja que la presencia, ahora envuelta en pensamiento, vibre en tu garganta.*
- *Nombra la presencia con una palabra. Pronúnciala con fuerza.*
- *Practica la encarnación sintiendo la presencia del Universo en ti y en la piedra mientras piensas, pronuncias y tocas, todo al mismo tiempo.*

12 DE MAYO

Ser directo

Debajo del cabello, todos somos calvos.

—Susan McHenry

Desperdiciamos mucha energía tratando de cubrir y ocultar quiénes somos, a pesar de que debajo de cada actitud subyace el deseo de ser amados, de que bajo cada exabrupto hay una herida que necesita ser sanada, de que en el fondo de toda tristeza radica el miedo de que no habrá tiempo suficiente.

Cuando dudamos ser directos, siempre dejamos algo pasar sin saberlo, una capa de protección que evita que sintamos al mundo. Esa delgada cubierta es el inicio de una soledad que mermará nuestra oportunidad de ser felices si no la abatimos.

Es como ponernos guantes cada vez que tocamos algo y luego quejarnos de que nada se siente real, habiendo olvidado que decidimos usarlos. Así pues, nuestro desafío cotidiano no es vestirnos para enfrentar al mundo, sino quitarnos los guantes para percibir la frialdad del picaporte, la humedad de la manija del automóvil, y los suaves e irrepetibles labios de otro ser durante un beso de despedida.

- *Mientras respiras permite que cada exhalación desnude tu ser, que lo despoje de su actitud, su estado de ánimo, su historia.*
- *Respira y siente tu piel debajo de tu ropa.*
- *Respira y siente tu ser debajo de tu piel.*

13 DE MAYO

Sentir nuestro camino

Debajo, solo hay una emoción.

Yo solía batallar, luchar contra la tristeza o evitar sentir ansiedad, pero como muchos vamos aprendiendo, en cuanto esa gota de melancolía o inquietud desciende hasta nuestro corazón, empeñarse en sentir cualquier otra cosa en realidad es negación. Una vez que la mente se agita ligeramente como la larga cuerda de una guitarra tras el ataque de la púa, no queda nada por hacer salvo dejar que vibre y suene hasta apagarse.

Todos conocemos las lágrimas que se convierten en risa o la risa que se extiende tanto que se transforma en llanto. También conocemos la ira que se desmorona y forma una tierna soledad, y el rostro impávido de la indiferencia que tarde o temprano se fragmenta y muestra la pasta adhesiva del miedo. Resulta sorprendente que, así como las infinitas formas de flores surgen con sus colores y sus delicadas siluetas de la misma tierra, del jardín terrenal de las emociones, también surjan todas de la misma tierra del corazón.

Lo que esto nos muestra es un hecho difícil de aceptar: bajo la superficie, solo existe una emoción innombrable que todos los sentimientos reconocen como su hogar. A pesar de nuestro esfuerzo por ser felices en lugar de sentirnos tristes, de permanecer sosegados en lugar de sucumbir a la ansiedad, de ser cristalinos en lugar de estar confundidos, de ser comprensivos en lugar de enfurecer, a pesar de todas las maneras en que amputamos nuestras reacciones al hecho de vivir y luego corremos de una a otra, a pesar de nuestro miedo a ciertos sentimientos, lo que nos permite aterrizar en el vibrante dolor de estar vivos es sentir cada uno de esos sentimientos. Llegar a este lugar vibrante es a menudo sanador.

Por supuesto, es difícil inclinarse hacia una tristeza que no deseamos, dejar que el tremor de la ansiedad nos embargue. En mi caso, me resisto a los sentimientos desagradables porque me da miedo ceder a la nostalgia, la ansiedad, la confusión o el dolor, para terminar ahogándome en ellos. Me da miedo que estos sentimientos se apoderen de mi vida, me da terror transformarme y no ser más que tristeza, ansiedad o confusión.

A pesar de todo, una y otra vez he descubierto que sentir cualquier sentimiento con suficiente profundidad, es decir, de manera total y absoluta, es lo que me sensibiliza a la fuente común de todo sentir. Y en esa fuente, ningún sentimiento puede perdurar por sí mismo. Así pues, es a través de nuestros sentimientos y no alrededor de ellos que llegamos al origen innombrable de todo sentimiento capaz de sanarnos del dolor que nos inflija cualquier estado de ánimo.

❄ *Respira de manera constante y siéntete seguro en este espacio de reflexión.*
❄ *Cuando te sientas cómodo, permítete sentir un momento de tristeza o ansiedad que se encuentre en tu interior. Trata de permanecer con ese sentimiento hasta que empiece a diluirse. Nota cómo va menguando la tristeza o la ansiedad, aunque sea solo un poco. Entonces, reconoce este momento como el inicio de la paz.*

14 DE MAYO

El subibaja

La mayor defensa es ser quien eres.

Es cierto, el conflicto es inevitable en ocasiones: solo hay un lugar de estacionamiento, solo queda una dona, solo hay una vacante de empleo. Sin embargo, con cuánta frecuencia nos encontramos oponiéndonos los unos a los otros.

La mayor parte del tiempo los recursos son abundantes y las situaciones son más complejas que en un subibaja: para mantenerme arriba o para conservar la noción de cómo me veo a mí mismo estando arriba, siento la necesidad de mantenerte a ti abajo.

Esto solo me desvía de mi camino y drena mi energía, la enfoca en una batalla sin importancia porque la verdad es que ninguna cantidad de reacomodo del mundo nos hará sentir dignos. La única respuesta a la adversidad o los malentendidos es ser más quienes somos, de una forma más plena, compartirnos más. De otra manera, siempre terminaremos reaccionando y contradiciendo en lugar de solo ser.

Observa a las flores y los árboles, ellos no se reprimen unos a otros. Incluso en áreas abarrotadas, se muestran, crecen en todas direcciones y logran ir hacia la luz.

- *Siéntate en silencio y piensa en alguien que ocupe una posición antagónica a la tuya.*
- *Respira de manera regular y permítete sentir la tendencia a desacreditar o invalidar a esa persona y su posición.*
- *Ahora respira lento y busca la cuerda del corazón que te hace pensar que sus perspectivas opuestas están vinculadas.*
- *Usa tu respiración más profunda para cortar la cuerda.*

15 DE MAYO

El riesgo de florecer

Entonces llegó el día
en que el riesgo de permanecer
encerrada en el capullo
fue más doloroso
que el riesgo de florecer.
—Anaïs Nin

Todos enfrentamos este punto de inflexión de manera constante: el momento en que, de pronto, resistirnos al flujo de los sucesos íntimos parece más doloroso que dar el salto de fe hacia lo desconocido. Sin embargo, nadie puede decirnos cuándo saltar excepto el Dios interior, el único que puede bendecir nuestra necesidad de entrar a la vida.

Con qué frecuencia nos boicoteamos al aferrarnos a lo que nos parece familiar. Tal vez te resulte perturbador, pero vale la pena que conozcas este dato: en las florerías, a las rosas que no se abren las llaman *bullets* (en inglés): "balas". Los floristas tiran estas "balas" porque nunca florecerán, porque se replegaron en sí mismas con tanta fuerza que nunca podrán liberar su fragancia.

Nosotros, sin embargo, como espíritus con forma corporal, tenemos la oportunidad de replegarnos y luego florecer en más de una ocasión. Solo es necesario recordar que, si se mantienen replegados demasiado tiempo, incluso los espíritus se acostumbran al encierro. A diferencia de las rosas, nuestra recámara humana puede permanecer cerrada por años y, de todas formas, solo se necesitaría el aliento del verdadero centro para hacernos florecer.

Siempre me ha parecido asombroso y aleccionador que el riesgo de florecer nos pueda parecer insuperable en un momento, y que luego, una vez que se ha cruzado el umbral del sufrimiento, nos parezca inevitable y liberador.

Tengo un amigo en rehabilitación y, cuando le preguntan qué hizo que dejara de beber, contesta: "El dolor de beber se volvió mucho más grande que el dolor de no beber". De nosotros podría decirse lo mismo, podríamos florecer en un instante, en cuanto la pena de no florecer y no amar se vuelva más grande que nuestro miedo.

- ❄ *Trata de identificar lo que más te asusta de ser quien eres en el mundo.*
- ❄ *Mientras reflexionas, imagina que el Dios en ti te ayuda a enfrentar tus miedos con su ternura.*
- ❄ *Nota qué se siente que tu centro se exponga de manera segura, incluso si solo sucede por un instante.*
- ❄ *Sin decirle a nadie, imagina este instante de apertura en algún momento de tu día: cuando estés en tu escritorio, en el autobús, en la fila del supermercado.*
- ❄ *Observa lo que se siente que tu centro se encuentre expuesto ante otros de manera segura, incluso si solo sucede por un instante.*
- ❄ *Repite esta meditación siempre que empieces a sentir que tu noción de las cosas se tensa.*

16 DE MAYO

Sin necesidad de aprobación

Hay miles de maneras de arrodillarse
y besar el suelo.
—RUMI

Tengo un joven amigo que, cuando habla del tiempo que pasa leyendo historias con su hija, se refiere a este como tiempo que no necesita confirmación. Hay mucha sabiduría en este concepto: "Tiempo que no necesita confirmación". Para alegrarnos lo suficiente y continuar viviendo, todos necesitamos tocar base con la fuente de la vida de manera constante. No importa cómo lleguemos a ella, no importa si es jugando, escuchando música, meditando, pintando, amando, leyendo cuentos a nuestros niños, a los hijos de nuestros amigos o a nosotros mismos: cuando cerramos la mente como si cerráramos los ojos y cuando le permitimos al corazón rendirse como una boca sedienta y abierta, arribamos a una fuente común donde nada necesita de aprobación o aceptación, donde no requerimos superar ningún rechazo ni crítica. La experiencia por sí misma es toda la autoridad que necesitamos.

Resulta interesante que estos períodos de renovación se inicien justo cuando nos olvidamos de nosotros mismos. Los humanos vamos husmeando por el camino como caballos con anteojeras fijas hasta llegar a las profundas piletas donde podemos beber y, en ese instante, estamos a salvo.

Diariamente bebemos de esta gran paradoja: aunque todos los vivos compartimos el momento que habitamos justo ahora, nadie lo experimenta de manera más directa que tú. La única persona que puede explicar lo que se siente estar vivo desde tu perspectiva eres tú. Nadie necesita permiso de estar vivo, de permanecer vivo, de conocer la dicha de tocar la tierra con tu irrepetible mano.

- *Camina hasta estar bajo la sombra de un árbol y, cuando encuentres tu centro, mira hacia arriba.*
- *Mientras respiras, siente el sólido estallido del árbol saliendo de la tierra y llegando como lluvia hasta sus hojas.*
- *El árbol crece sin el consentimiento de nadie, sin el aplauso de nadie.*
- *Toca el árbol y, respirando lento, aprende de él.*

17 DE MAYO

Cazar a la mariposa

En la liberación, comenzamos.

Un día, cuando tenía seis años, cacé una mariposa. La perseguí hasta la mitad de la reserva antes de hacer un cuenco con mis manos de niño y apresarla en ellas. Tenía algo hermoso, pero no podía verlo. Para admirarlo, tenía que dejarla ir. Mantuve las como un cáliz todo el tiempo que pude, incluso soporté la comezón en la nariz y la sacudida de mi pierna, pero al final, el oscuro revoloteo contra mis palmas me hizo abrir las manos y las gloriosas placas de color se elevaron contra mi voluntad.

Era una anécdota demasiado delicada para contarla en la cena, y después hubo libros, tareas, carros de modelismo que armar y discusiones y enojo, y entonces olvidé que existió siquiera una mariposa. Solo ahora, cuarenta años después, el recuerdo despierta en mí como revelación entre las manos de un peregrino, mucho tiempo antes de saber lo suficiente para creer. Ahora cazar una mariposa parece una forma de vida: temerosos de perder o de que nos dejen fuera, cazamos y nos aferramos, nos aferramos y nos perdemos. Es algo que parece demasiado obvio una vez que se vive.

Ahora veo que durante mi enfermedad esta fue la diferencia entre el miedo y la fe, entre el terror y la presencia de Dios. Cuando terminé en una cama de hospital, cacé en mi corazón el pulso de todo lo que enfrenté y traté de guardarlo entre mis manos de niño al tiempo que enterraba la cabeza. Así, en algún momento tuve la hermosura de la mariposa, pero esta vez, palpitando dentro de mí. Sin embargo, mientras mantuviera cautiva toda esa belleza y fuerza de la cruda vida, mientras la mantuviera cautiva en mi pecho, en mi rostro o en mis manos, no podría verla. Para verla, tendría que dejarla ir.

De la misma manera en que sucedió cuando era niño, me aferré a ella lo más que pude, hasta que el palpitar me hizo sensibilizarme y esa magnífica noción de la vida me elevó fuera de mí en contra de mi voluntad. Ahora sé que aquello a lo que me aferraba tanto era la presencia de Dios, que mientras estuvo en mi interior lo percibí como dolor, miedo y terror.

Me ha tomado más de cuarenta años aprender esta lección vital: las cosas más profundas que laten en el interior se tornan oscuras y temerosas cuando nos aferramos a ellas, cuando las atrapamos. Solo cuando las liberamos pueden ser inspiradoras.

- *Siéntate en silencio y reflexiona respecto a un dolor o miedo en particular que palpite en tu interior.*
- *Forma un cuenco con tus manos sobre tu pecho, por encima de tu corazón.*
- *Siente el dolor o el miedo que late en tu pecho como una mariposa, como una pequeña muestra de la belleza que espera ser liberada.*
- *Mientras respiras, abre las manos y déjala ir.*
- *Permite que se eleve, se aleje de ti y vuele al cielo abierto.*
- *Observa lo que sientes en cuanto dejas de aferrarte.*

18 DE MAYO

Amistad

Nada entre lo humano
tiene el poder de mantener nuestra mirada
fija en Dios de una manera más intensa
que la amistad.
—Simone Weil

En mi tiempo en la Tierra he sido bendecido con amigos muy íntimos. Estos amigos fueron un oasis cuando mi vida se convirtió en desierto, fueron un río fresco en el cual sumergirme cuando mi corazón se incendiaba. Estando enfermo, uno de ellos enrolló mi cabeza con una toalla cuando yo no podía mantenerme de pie sin sangrar. Otro apareció en mi puerta haciendo una reverencia y diciendo: "Seré cualquier cosa que requieras, todo el tiempo que lo necesites".

Otros más han garantizado mi libertad y me extrañaron cuando yo buscaba los fragmentos de verdad que solo me condujeron de vuelta a ellos. He dormido en el solitario y reacio viento, esperando la palabra de Dios y, aunque es cierto que nadie puede vivir por ti, cantar desde la cima es muy distinto a susurrar en el centro de un círculo que te ha llevado hasta la orilla del mar.

Los amigos honestos son una entrada a nuestra alma, los amigos amorosos son el césped que suaviza el mundo. No es coincidencia que la raíz germana de la palabra *friendship* signifique "lugar de alta seguridad". Esta seguridad nos abre a Dios y, como Cicerón dijo: "Un amigo es un segundo yo". San Martín, por su parte, declaró: "Mis amigos son los seres a través de los cuales Dios me ama".

No hay ambición más grande ni simple que *ser* amigo.

- *Encuentra tu centro y abre tu corazón al innombrable lugar de alta seguridad.*
- *Deja pasar algún tiempo y luego mira alrededor de tu corazón. Ve quién está ahí.*
- *Respira con suavidad y da gracias por los amigos genuinos que tienes.*

19 DE MAYO

La abeja llega

La flor no sueña con la abeja.
Solo florece y, entonces, la abeja llega.

En ocasiones, he anhelado tanto el amor que, en un intento por ser más deseable o digno, me he vuelto a imaginar a mí mismo, me he reinventado. Pero luego descubro que lo que en realidad invita al proceso natural del amor a comenzar es cuidar de mi propia alma.

Recuerdo mi primer descalabro en el amor. Encontré tanto confort en él que, como Narciso, me perdí en todo lo que se reflejaba en su belleza, salvo mi dolor. Y mientras tanto, renunciaba a mi propio valor y la empoderaba a ella como la clave de mi noción de la dicha.

Si algo he aprendido a lo largo de los años es que, aunque descubrimos y experimentamos la dicha acompañados de otros, nuestra capacidad de gozar de ella la portamos como una vaina de néctar insertada en el pecho. Ahora creo que nuestra vocación más intensa consiste en arraigarnos en esta vida lo suficiente para sensibilizar nuestro corazón a la luz de la experiencia y, de esa manera, florecer. Porque el florecimiento es lo que nos permite atraer a otros; al ser quienes somos de una manera tan plena, nuestro interior libera una fragancia que llama a los demás y los invita a probar nuestro néctar. Así es como nos aman tanto nuestros amigos como nuestros amantes.

Parecería que el simple trabajo de ser consiste en estar preparados para ese amor. De una manera muy misteriosa, cuidar nuestro propio crecimiento interior nos hace ser justo quienes somos, y como le sucede al tulipán, cuyo pétalo extendido imita la forma de la abeja, lo que nos permite atraer a un grupo de seres amorosos más auténtico de lo que podríamos imaginar en nuestras fantasías es ser nosotros mismos. De esta manera, el Universo continúa existiendo gracias a la inesperada unión de almas que han florecido.

Por todo esto, si puedes, renuncia al anhelo de ser otro y, en su lugar, sé quien eres. Si lo haces, con frecuencia el amor llegará justo en el momento en que te encuentres amándote a ti mismo.

- *Identifica un rasgo que te haga sentir bien respecto a quien eres: tu risa, tu sonrisa, tu capacidad de escuchar o el sonido de tu voz.*
- *La próxima vez que exhibas esta cualidad, nota la manera en que ser tú mismo afecta a otros.*
- *Estos delicados momentos son el inicio del amor, aún no tienen una definición.*
- *Date un momento para agradecer todas esas discretas cualidades y la posibilidad de recibir el amor de otros.*

20 DE MAYO

Romper patrones

Si me contradigo a mí mismo,
me contradigo, ¿y qué?
Soy inmenso.
—Walt Whitman

Los humanos creamos patrones de los que otros dependen y después sucede lo que menos imaginamos: crecemos y cambiamos; y para permanecer vitales debemos destruir los patrones que habíamos creado.

No hay ni culpa ni nada de malo en ello, es un suceso común en la naturaleza. Observa el mar y la orilla en su baile de acumulamiento y desmoronamiento, notarás que esto pasa todos los días.

Cuando escuchamos a alguien decir: "Tú no eres así" o "Eso no coincide con tu personalidad", sabemos que estamos cerca de este umbral. Lo difícil en esta coyuntura es resistirnos y coincidir con la manera en que los otros nos ven, conteniendo así lo que realmente somos.

Este es el desafío que yo no he superado, pero con el que me mantengo comprometido: decirles a quien amo: "Soy más de lo que te he mostrado y más de lo que estás dispuesto a ver. Trabajemos en nuestro amor y conozcámonos el uno al otro de una manera más plena".

- *Esta es una meditación para la atención y para cobrar conciencia. A medida que vayas interactuando hoy con la gente, nota si tratas de coincidir con la forma en que los otros te ven o si estás conteniendo lo que en verdad eres.*
- *Después de cada interacción respira lento una o dos veces, y luego regresa a la plenitud de quien eres.*

21 DE MAYO

Cuando nos cortan en dos

El gusano perdona al arado que lo corta.
—William Blake

El gusano es una de las pocas criaturas que puede regenerarse tras haber sido cortado. Es un gran misterio: si cortas a un gusano en dos, cada parte se vuelve una sola y después tienes dos gusanos.

¿Qué hay en la forma de vida del gusano que le permite crecer a partir de su dolor y cómo podríamos traducir este suceso en el hecho de ser humanos? Bien, sin ir demasiado lejos, el gusano está en contacto con la tierra de manera absoluta. De hecho, el gusano come tierra y vive entrando y saliendo de ella.

Tal vez el secreto para crecer a partir de nuestras heridas consiste en vivir cerca de la tierra, vivir con nuestro corazón y nuestra mente siempre en contacto, siempre entrando y saliendo de lo que es más portentoso que nosotros.

Quizá, cuando nos cortan en dos, lo que nos permite sanar y transformarnos en algo nuevo es la vida de humildad, arriesgarnos a ser uno con la tierra de nuestra experiencia.

- *Encuentra tu centro y reflexiona con ternura en un lugar donde te sientas cortado en dos.*
- *Inhala profundo y trae el aire universal a este lugar tierno y crudo.*
- *Inhala profundo y permite que los elementos inyecten en tu herida los átomos de un nuevo inicio.*

22 DE MAYO

Sentir más allá de la herida

Soportar la tensión entre los opuestos
hasta saber que es "suficiente"
nos libera de la oscilación entre un extremo y otro.
—Helen Luke

A veces, cuando pienso en mis padres, en que me han lastimado, el cielo invernal me arrulla hasta sentir lo mismo que ellos, hasta ver desde su perspectiva. En medio de mi empatía, sin embargo, de pronto aparece un viejo patrón y empiezo a perder la autenticidad de mi herida, como si solo hubiera espacio para una serie de sentimientos: los de ellos.

La lucha es común. Con frecuencia sentimos por otros y nos perdemos a nosotros mismos, o repudiamos a otros para preservarnos a nosotros. Como el radio que solo puede sintonizar una estación a la vez, parecería que nosotros solo podemos recibir una señal de las cosas aunque todas las emisoras estén transmitiendo.

No obstante, la compasión es algo trascendente que espera más allá de la tensión de elegir entre dos bandos. En la práctica, la compasión no nos exige renunciar a la verdad de lo que sentimos ni a la verdad de nuestra realidad, tampoco nos permite minimizar la humanidad de quienes nos hieren. Más bien nos pide conocernos lo suficiente para mantenernos sensibles a la verdad de los otros incluso cuando esa verdad o su incapacidad de honrarla sea lo que nos lastimó.

Esto no elimina los hechos emocionales de nuestra historia ni nos exige permanecer en una situación hiriente. La compasión nos invita a abrirnos como montañas hacia el cielo, como montañas que pueden soportar todo tipo de inclemencia.

- *Siéntate en silencio y recuerda a alguien con quien tengas una animadversión.*
- *Respira hondo y permite que no solo surja la verdad de tu posición, sino también la de tus sentimientos.*
- *Respira de manera regular y permite que surjan no solo la postura de la otra persona, sino también sus sentimientos.*
- *Permite que tu respiración apacigüe cualquier tensión que te esté socavando a ti o al otro.*

23 DE MAYO

Estar despierto

Siempre hay un propósito en ser,
pero no siempre hay ser en el propósito.

Con qué facilidad nos captura la definición de quiénes somos en relación con quienes nos rodean. Recuerdo que cuando estaba en cuarto grado, un día iba caminando a casa y noté que Roy, un compañero que no me agradaba del todo, caminaba al mismo ritmo que yo, pero del otro lado de la calle. Antes de notar a Roy, yo iba perdido en la alegría de volver a casa, de haberme librado de la escuela y de todavía no verme inmerso en la ira que me esperaba en mi hogar. Pero en cuanto lo vi, sin decir nada, empecé a caminar más rápido para rebasarlo. Él, por supuesto, percibió esto de inmediato y también aceleró el paso. Cuando estuvo más adelante, sentí que yo estaba quedando demasiado rezagado, así que aceleré más. Antes de que pudiera darme cuenta, ya íbamos los dos corriendo hacia la esquina, y entonces sentí que, si no llegaba primero que él, sería un fracaso terrible.

He vivido lo suficiente en el mundo para saber que así es como suelen evolucionar nuestras ambiciones. Primero nos encontramos solos en la alegría de lo que estamos haciendo, pero de alguna manera, de pronto aparecen otros en el camino y todos nos lanzamos a la desgastante carrera de la comparación, para luego descubrirnos corriendo en desesperanza y tratando de evitar que nos llamen fracasados.

A partir de ese momento nos aferramos a la meta más cercana como si fuera nuestro propósito y, si no encontramos una pronto, sentimos que vamos a la deriva. Pero la perdurable noción del propósito yace en nuestra respiración, en nuestro ser. La humanitaria Carol Hegedus nos recuerda: "Nuestro propósito es aquello que somos con más pasión cuando prestamos atención a nuestro yo más profundo".

Así pues, más allá de nuestras inquietudes respecto a la vida profesional, el empleo y el retiro, nuestro propósito se resume en vivir con plenitud, en coincidir con lo que somos por debajo de todos los nombres y títulos que nos otorguen o a los que aspiremos.

Imagina a Buda en su momento de iluminación, cuando la luz salió de su interior. Dudo que supiera que estaba encendido. De hecho, se dice que cuando surgió del árbol Bodhi, un monje se acercó a él asombrado por su luminosidad.

—Oh, Sagrado ser, ¿quién eres? Debes ser un Dios —le dijo.

—No... un Dios no —respondió Buda sin pensar en sí mismo como otra cosa que no fuera el ser presente y siguió caminando.

—Entonces debes ser un deva —insistió el monje anonadado. Buda se detuvo.

—No... un deva no —dijo y continuó su camino. El monje no dejó de seguirlo.

—¡Entonces debes ser Brahma en persona! —agregó.

—No —murmuró Buda al escuchar esto.

—¿Entonces qué eres? Dime, por favor, ¡¿qué eres?! —imploró el monje confundido.

Buda no pudo reprimir su alegría.

—Yo... estoy despierto —dijo.

Sin importar con quién nos encontremos ni lo que nos digan, ¿acaso nuestro propósito no es solo estar despiertos?

- *Siéntate en silencio y reflexiona sobre las cosas que han llegado a definirte.*
- *Siente lo que haces con tus días y di: "Soy más que mi empleo".*
- *Siente el lugar donde duermes por las noches y di: "Soy más que el lugar donde vivo".*

- *Siente la persona a la que amas y di: "Soy más que mis relaciones".*
- *Siente todo lo que has sufrido y di: "Soy más que mi historia".*
- *Siente tu propio nombre y di: "Soy más que mi nombre".*
- *Siente tu aliento entrar y salir de tu corazón, y, sin historia ni nombre, exclama: "Soy la flama de la vida que vive en este cuerpo".*

24 DE MAYO

Razones de sangre

Si no conoces el tipo de persona que soy,
y si no conozco el tipo de persona que eres,
el patrón que otros crearon podría prevalecer
en el mundo y, siguiendo al dios equivocado,
podríamos perder nuestra estrella.

—William Stafford

Hay un proverbio que dice: "El agua llena un agujero"; y de la misma manera, si no llenamos nosotros el espacio en que vivimos con nuestra auténtica presencia, otros lo colmarán con sus costumbres. Durante mucho tiempo pensé que guardar para mí quién era equivalía a ser yo mismo de una manera discreta, pero luego descubrí que no era así.

Esto no significa que debamos verbalizar o vociferar todo, sino que necesitamos estar aquí por completo, de la misma forma en que el precipicio acepta a la ola, en que el tallo del trébol crece en el único claro de luz que subsiste en el bosque, o de la forma en que el maíz suda su dulce humedad cuando nadie lo mira.

Siempre hay dos razones de sangre para ser quienes somos, así es como encontramos el amor y así es como evitamos que la forma de ser de los otros nos arrastre y elimine.

- *Esta meditación se hace caminando. En algún momento del día, haz una caminata lenta de cinco minutos.*
- *Mientras caminas, nota el aire en el viento que se mueve a tu alrededor y que se encuentra con tu rostro.*
- *Cuando prosigas con tu día, piensa de qué manera puedes usar tu corazón para ir al encuentro del viento de los otros.*

25 DE MAYO

A través del muro de llamas

El hombre asustado en un bote quemándose
solo tiene un camino hacia el resto de su vida.
Debemos cruzar con valentía
el muro de llamas
para llegar al gran mar.

Cuando vivimos el tiempo suficiente, de pronto descubrimos que nos envuelve una antigua manera de ser, de pensar o de amar, la cual se encuentra en llamas. En ese momento inesperado solemos encontrarnos desbordantes de miedo, sintiéndonos atrapados por la antigua forma de vida que se abalanza sobre nosotros. Sin embargo, este es el pasaje del renacimiento que debemos atravesar si deseamos que nuestra vida continúe. Es el cruce momentáneo y doloroso de lo viejo hacia lo nuevo.

Es comprensible que nos quedemos estancados frente al muro de llamas, que no queramos enfrentar todo lo que arde en nuestro entorno. El problema es que las antiguas costumbres pueden arder por siempre y esperar a que las llamas se extingan rara vez funciona. Podríamos perder años frente al muro.

Como el hombre asustado en el bote encendido, debemos confiar en que el gran mar al que saltaremos empapará con sus aguas cualquier cosa que se esté quemando. Esta es la esencia de la fe.

Sin tratar de ser valeroso y a pesar de mi incontrolable temor, yo me he topado con muchos muros de llamas y he saltado sobre ellos. Creo que la primera vez fue cuando me fui de casa. Necesitaba irme, ardía en los bordes y me daba miedo no sobrevivir al incendio de la ira con que me criaron. Poco después tuve que atravesar las llamas del primer rechazo amoroso. Aquí, la parte herida en mí casi estaba dispuesta a ser quemada viva, estaba seguro de que no tenía adónde ir ni nada que me consolara. En esa ocasión, más que saltar por encima, caí a través del muro y, por supuesto, en cuanto estuve en el mar de vida más allá de mí, el mundo continuó y yo pude sanar.

Tal vez el muro de llamas más grande que encontré consistió en superar el dolor del cáncer y la posibilidad de morir. En esa ocasión, todo el mar parecía estarse incendiando. Incluso después de saltar y alejarme cada vez más del fuego, seguía pensando que podría ahogarme y arder. ¿Cómo saber que el gran mar era el vientre de una vida más profunda? Estoy seguro de que a cualquier persona que batalle con una forma de adicción, enfermedad o relación abusiva, le sucede lo mismo.

No obstante, parece que el anillo más sutil de fuego es esa manera egoísta de pensar que nos sofoca con su humo porque, adondequiera que vayamos, llevamos con nosotros ese ardor. El egoísmo vive de nosotros e incluso nos devora. Pero entonces, ¿cómo saltar del bote en llamas que somos? Esto requiere saltar del bote del ego hacia el mar de nuestro espíritu. A veces implica tener el valor de renunciar a nuestra terquedad y a nuestros sueños de control, significa dejar que ardan las costillas del ego… y saltar. Sobreviviremos y más que eso: seremos llevados a una orilla inimaginada.

- *Encuentra tu centro y reflexiona sobre una manera de ser, de pensar o de amar que se encuentre entre la completitud de la vida y tú. Podría ser algo con lo que tienes que lidiar en secreto o tu propia naturaleza que te hace sufrir porque eres crítico o sueles culpar. O quizás es el miedo a tus propios sentimientos.*
- *Respira hondo y trata de imaginar lo que podría implicar atravesar y dejar atrás esta antigua manera de ser. Podría ser algo tan simple como permitirte a ti mismo ser espontáneo o darte permiso de romper con tus rutinas.*
- *Respira lento y visualízate atravesando el muro en llamas que arde a tu alrededor.*
- *Respira de manera constante y practica el salto visualizando, una y otra vez, el momento en que lo das.*

26 DE MAYO

Estar triste

—Lo mejor que puedes hacer
cuando estás triste —contestó Merlín—
es aprender algo.
—T. H. WHITE

Aquí la idea no es distraer a la tristeza, sino darle un contexto vital distinto a lo que te puso triste. Así como el jengibre pierde su amargura si se le cocina con pan, a la tristeza la puede aligerar otra vida.

Cuando sentimos el desconsuelo de estar tristes o heridos, siempre ayuda aprender cosas nuevas, nos permite verter el agua de la vida sobre el fuego del corazón.

Así pues, cuando te sientas exhausto de expresar todo lo que te lastima, escucha música que nunca hayas escuchado, pide a alguien que te cuente una antigua historia de cuando aún no nacías, o conduce por un camino que corra a lo largo de la cadena montañosa desde la que siempre se supuso que debías mirar.

Observa con tus ojos taciturnos cosas que te resulten nuevas y que te permitirán ocuparte de tu nostalgia. La tristeza es la pintura, solo necesitas encontrar un lienzo.

- *Siéntate en silencio y respira de manera regular, permite que tu tristeza surja poco a poco.*
- *Respira de manera rotunda y deja que las cosas que te rodean y que no son tristes te enseñen algo.*
- *Solo respira y deja que la silla te enseñe sobre la madera, que la pared te enseñe sobre la desnudez, que la ventana te enseña a dejar pasar la luz.*

27 DE MAYO

Bajar del carrusel

Ninguna cantidad de pensamiento
puede detener al pensamiento.

Pensar demasiado es un desagradable reflejo de nuestra humanidad. Con frecuencia analizo demasiado un problema o reproduzco en mi mente lo que quiero decir o hacer, y me siento como una vaca ahuyentando moscas que nunca se irán.

Todos lo hacemos, nadie se salva. Cuando me siento inseguro, me repito sin cesar todo lo que debería hacerme sentir seguro de mí mismo, pero paradójicamente, mi autoestima sigue deshilachándose entretanto.

¿Qué hacer? Recuerdo una reflexión de Einstein, que dijo que la manera de pensar que daba lugar a un problema no podía ser la misma manera de pensar con que se debería tratar de resolverlo. Dicho llanamente, cuando no dejamos de girar como trompos, aunque parezca difícil, lo único que podemos hacer es bajarnos del carrusel mental.

Aquí entramos en los terrenos de la fe: ¿deberíamos correr el riesgo de detenernos a medio pensamiento creyendo que un conocimiento más profundo nos iluminará? En realidad, ninguna cantidad de pensamiento respecto a ti mismo te imbuirá confianza, de la misma manera en que ninguna cantidad de pensamiento respecto al sol te hará sentir su calor, y ninguna reflexión extendida sobre el amor hará que este te abrace. La confianza, el amor y la luz del mundo nos esperan más allá de las labores de nuestra mente.

- *Siéntate en silencio y encuentra tu centro.*
- *Permite que tu mente empiece a hacer lo que suele hacer.*
- *Respira de manera constante y, en cada inhalación, practica dejar de pensar cuando estés a medio pensamiento.*
- *Con cada exhalación, practica ir más allá de tu pensamiento para llegar a tu ser.*

28 DE MAYO

El riesgo de la atención

Para la gota de lluvia,
la alegría consiste en unirse al río.
—Ghalib, poeta sufí

Resulta asombroso pensar que, cuando somos niños, somos uno con el todo. Con el paso del tiempo, por supuesto, aprendemos a distinguir entre nosotros y los demás, entre nuestro mundo interior y en el que nos movemos. Lo irónico es que, tras una vida entera de experiencia, los sabios de todas las culturas tratan de volver al estado primigenio de la unidad.

Cuando pienso en los momentos en que más vivo me he sentido, me doy cuenta de que todos poseían esta cualidad, que en ellos se unía lo que habitaba en mí con lo que vivía afuera, y que esto sucedía de una manera que me llevaba a olvidarme de mí mismo. Esos momentos los percibo como eternos. Los instantes más profundos al hacer el amor nos permiten, con una gran ternura, fusionarnos con la unidad más allá de nosotros, como sucede cuando nos encontramos inmersos en música portentosa o en grandes espacios abiertos. Esto también lo he sentido después de pasar mucho tiempo nadando o corriendo, o tras largos períodos en que he permanecido solo, pero de manera sana. Lo siento cuando descubro qué es lo que necesito escribir. Por eso me parece que la alegría radica en sentir esa unidad.

No resulta sorprendente que el riesgo del amor, es decir, el riesgo de prestar toda nuestra atención, sea lo que permita que lo eterno en nosotros se fusione con lo eterno en el exterior. En esos instantes de unidad, todos, como gotas del espíritu, nos incorporamos al largo río del espíritu mayor.

El riesgo de estar presentes por completo es lo que nos abre a la unidad que fluye a través de todas las cosas, como el arroyo fluye de tu tierra a mi valla y luego hacia la tierra y la valla de mi vecino. Así como el agua en su premura ignora todo lo que hemos construido en medio, la completitud de la vida nos traspasa socavando todos los muros que nosotros conservamos.

Parecería que siempre tenemos la posibilidad de elegir: seguir siendo constructores de vallas y muros, o incorporarnos al arroyo que lo ignora todo.

- ❄ *Respira lento y reflexiona respecto a la unidad de todas las cosas.*
- ❄ *Piensa en que tu respiración es la porción de unidad que ahora fluye a través de la tierra de tu cuerpo.*
- ❄ *Cuando exhales, permite que la unidad mane de ti y entre en la vida de tu vecino como un riachuelo primaveral.*
- ❄ *Respira y cobra conciencia de que, en el flujo de la unidad, las cosas más amadas traspasan todo lo que interponemos en su camino.*

29 DE MAYO

Renuncia a lo que ya no funciona

Quemar tu camino hasta llegar al centro
te dará el más solitario de todos los fuegos.
Sabrás que has llegado
cuando nada más arda.

Al principio esto puede sonar bastante sombrío, pero de Moisés a Buda y a Jesús, los seres más profundos de nuestra especie han probado que vivir es un proceso en el que nos vamos reduciendo hasta solo transportar lo esencial.

Sucede en el camino humano y en el mundo natural. A medida que el centro se expande, lo que alguna vez nos protegió se transforma en una cubierta, en algo parecido a la corteza del árbol o la piel de una serpiente. Se vuelve algo que ahora interfiere en el camino. Tarde o temprano, nosotros, como espíritus que crecen en cuerpos, nos enfrentamos a quemar nuestras viejas pieles como trapos en estacas, como antorchas con las que tenemos que iluminar el sendero para seguir ahondando en nuestra interioridad, ahí donde las fuerzas de Dios nos hacen uno.

Cuando nos vemos en la necesidad de continuar sumergiéndonos en nuestro interior, nos confrontamos con un tipo muy complejo de decisión de vida, como partir en trozos la mesa de tu abuela para tener leña y mantener calientes a quienes amas; renunciar a un empleo que ha sido seguro y satisfactorio para volver a sentirte vivo; o quemar una antigua noción conocida del yo porque se ha vuelto tan densa que ya no te permite sentir la lluvia.

La definición práctica de *sacrificio* es: eliminar lo que ya no es real para satisfacer la necesidad de permanecer en la inmediatez, es decir, renunciar con reverencia y compasión a lo que ya no funciona para mantenernos cerca de lo sagrado.

❄ *Siéntate en silencio y reflexiona en ese borde de ti mismo que se encuentra con el mundo. Siente su grosor.*
❄ *Mientras respiras, siente el borde interior de ti mismo que se encuentra con tu espíritu. Siente su suavidad.*
❄ *Mientras respiras, ora por que el borde que eres tú sea lo más delgado posible y, al mismo tiempo, tan grueso como sea necesario.*

30 DE MAYO

Todos los hoy

Si no es ahora, ¿cuándo?

Desde que superé el cáncer, he vivido con un ardiente fragmento de verdad todos los días. A veces no me deja dormir, pero la mayor parte del tiempo me proporciona una gran dicha. Nadie me susurró esto, tampoco llegué a donde se encontraba ni trabajé en ello, solo se reveló a sí mismo de la misma forma en que un hueso roto nos hace volver a sentir la inmensa presión del aire. Este es mi fragmento de verdad: "Si no es ahora, ¿cuándo?".

La frase se reduce a lo siguiente: no existe el mañana, solo una serie de días que son *hoy*. A mí, como a la mayoría, me enseñaron a soñar hacia delante, a llenar el futuro con lo que importa. Algún día seré feliz. Cuando sea rico seré libre. Cuando encuentre a la persona correcta, conoceré el amor. Entonces seré amoroso, feliz, honesto y genuino.

Sin embargo, estar a punto de morir quemó para mí la noción de futuro y, aunque espero vivir mucho tiempo y hago planes, y espero con ansia las muchas actividades que he previsto realizar, ahora no tengo otra opción más que soñar con el presente.

Solía verter lo mejor de mí en un tiempo imaginario que no existe, pero hoy escucho: "Si no es ahora, ¿cuándo?". Y entonces, lo mejor de mí fluye de vuelta al único lugar que en verdad conoce: el Ahora.

Esto me ayuda a entender de una manera muy distinta una historia sobre Jesús. Pienso en el joven y rico comerciante que se acercó a él después de su sermón en el monte. El comerciante admira mucho a Jesús, se siente conmovido y quiere unirse a él, por eso le pregunta con mucha sinceridad qué necesita hacer, ¿qué arreglos llevar a cabo?

Jesús abre los brazos y dice:

—Ven conmigo ahora. Deja todo atrás y ven.

El joven comerciante tartamudea y enumera sus muchos "sí" y "pero". No puede dejar su negocio así de repente, tiene que avisar que partirá, necesita reunir ropa limpia, ¿cuánto dinero deberá llevar consigo?

Con los brazos aún abiertos, Jesús solo insiste:

—Ven conmigo ahora.

Con cuánta frecuencia ensayamos este momento, cuántas veces hemos pospuesto el amor, la verdad, la alegría e incluso a Dios repitiéndonos nuestros muchos "sí" y "pero" a pesar de que, aunque difícil y simple a la vez, lo único que necesitamos hacer es dejar todo atrás e ir ahora.

- *Respira lento y reflexiona sobre algo que te sea entrañable y por lo que hayas estado trabajando. Podría ser: enfocarse en ser feliz, conocer el amor, encontrar una pareja, aprender a tocar un instrumento o entender la verdad de tu experiencia de una manera más profunda.*
- *Respira hondo y, por el momento, sueña respecto a eso entrañable ahora. Es decir, elimina el esfuerzo de construir para el mañana.*
- *Por el momento, imagina que cualquier porción de esa labor que llegarás a conocer, lograr o habitar, solo puede suceder hoy.*
- *Inhala profundo y lleva de nuevo a tu vida la energía de lo que has planeado y postergado hasta ahora.*
- *En lugar de sentirte abrumado por todo esto, trata de que la energía te embargue a lo largo de tu día.*

31 DE MAYO

Ver a través de los ojos de otro

Ahora no tengo opción más que
ver con tus ojos. Para no estar solo,
para que tú no estés solo.
—Yannis Ritsos

Hay una anécdota sobre Gandhi que revela cuán profunda y osada era su noción de la compasión. Sucedió durante una de sus famosas huelgas de hambre. Un hombre cuya hija había sido asesinada vino a verlo presa de la angustia y le dijo que, si Alma Grande, como llamaban a Gandhi, comía, él dejaría de luchar. Gandhi sabía que la sanación requería algo más trascendente que solo dar fin a la violencia, así que le dijo al atormentado padre que solo comería cuando él abrazara al hombre que mató a su hija.

Dicen que el hombre estalló en llanto y cayó de rodillas, pero hizo lo que Gandhi le dijo y el conflicto terminó. Pedir algo así a alguien que sufre y está de luto, alguien que fue mancillado de alguna manera, es brutal, pero más allá del enorme valor que se requiere para incorporar este tipo de amor a nuestra vida diaria, la petición de Gandhi revela una sabiduría irrefutable: sin importar lo que hayan hecho, solo cuando los devastados sanen podremos nosotros sanar como seres humanos.

Resulta difícil comprender cómo funciona esto, pero el misterio del perdón auténtico radica en olvidar los libros contables donde registramos la injusticia y la retribución, y en recobrar el sentimiento en nuestro corazón. Así pues, me veo forzado a examinar mi humilde vida, a contemplar mis insignificantes y agotadoras aflicciones, y preguntarme: "¿Quién soy? ¿Por qué no puedo perdonar el daño que me han infligido? ¿Por qué no puedo, más que perdonar, empezar a confiar de nuevo?".

- *Siéntate en silencio y solo empieza a hacer espacio en tus sentimientos para albergar otra vida.*
- *Ahora respira lento y piensa en alguien a quien no comprendas.*
- *Con cada inhalación, permite que esa persona entre poco a poco en tu corazón.*
- *Con cada exhalación, trata de ver a través de sus ojos.*

1 DE JUNIO

Caminar al norte

Si caminamos lo suficiente,
todos intercambiamos lugares.

El Todo nos rodea y nos está transportando siempre, y mientras tanto, nosotros nos turnamos para sostener y ser sostenidos, para caer y levantarnos, para escuchar y tratar de pronunciar lo que importa. Esto me recuerda a Nur. Ella también tuvo cáncer, fue un ejemplo de fortaleza, una vigorosa bendición. Recuerdo que me sentí muy triste cuando murió. Sin embargo, ese día la belleza de la luz era inclemente y me forzó a empezar el proceso de sanación. En esas dolorosas pero resplandecientes horas me hizo comprender que, sin importar cuánto gire y le dé la espalda, la imponente luz me seguirá y será el telón de fondo de mi tristeza.

Este fenómeno también se produce de manera inversa. He conocido tiempos de simplicidad absoluta en los que, por un instante, todos mis problemas y limitaciones parecieron desaparecer a pesar de que seguían ahí, creciendo como moho en la oscuridad. Así aprendí que, independientemente de cuánto anime a mi corazón, mi sombra siempre se desliza acechando detrás de mí, como el telón de fondo de mi alegría.

Y cuando traté de superar y escapar al hecho de que yo mismo tenía cáncer, fue muy evidente que, sin importar cuánto corriera, siempre terminaría en una inmovilidad sin pensamiento. Incluso cuando me estaba recuperando, una tarde de febrero, con las costillas vendadas y solo, tuve que aceptar que, sin importar cuánto tiempo me quedara sentado, un río de movimiento al que debía volver a incorporarme me estaría esperando.

Me parece que así suceden las cosas en nuestras múltiples vidas: adonde quiera que nos dirijamos, nos espera lo opuesto. Cuando me siento triste, tú estás feliz; cuando tú te sientes débil, yo estoy fortalecido. ¿De qué otra manera puedo explicar que cuando no logro mantener la cabeza erguida siempre cae en el regazo de alguien que acaba de abrirse al mundo? ¿De qué otra manera comprender que, cuando por fin me libero de una carga, siempre cae entre mis brazos la densa cabeza de alguien más?

Así es como crecemos y sanamos sin cesar, sosteniendo y siendo sostenidos. En mi vida me han sostenido y me han dejado caer, he herido y consolado a otros, y lo he hecho lo suficiente para por fin aceptar que las razones del corazón son hojas en el viento. Ponte de pie bien erguido y todo hará nido en ti.

Esto no es una queja. Es, como debería y debe ser, la manera en que todo lo natural se extiende y crece. Todos perdemos y todos ganamos. La oscuridad invade a la luz, la luz invade al dolor. Vivir es una conversación sin fin, un baile sin pasos, una canción sin palabras, una razón demasiado compleja para la mente.

Sin importar cómo giremos o nos hagan girar, la magnificencia nos sigue...

- *Esta meditación la deberás hacer caminando. Toma quince minutos de tu día y camina en silencio dondequiera que estés, puede ser en la ciudad, en el campo, en un estacionamiento, a lo largo de un extenso corredor que lleva a una ventana de luz.*
- *Mientas caminas, respira de manera regular y sintiendo tu aliento en tus pies.*
- *Siente el aire que ya han respirado otros a quienes no conoces.*
- *Detente en un claro de luz sin importar cuán pequeño sea. Cierra los ojos, siente la luz en tu rostro y di a ti mismo: "Este es mi hogar".*

2 DE JUNIO

Tragedia y paz

Demasiadas huellas en el mismo lugar,
porque el corazón es un sendero estrecho
y nuestros brazos, su única entrada.

A veces, tantos recuerdos me atropellan el corazón, que me resulta imposible saber lo que siento y por qué: mi primer amor riendo en un parque cuyo nombre nunca puedo recordar; mi abuela falleciendo cerca de sus sucios ladrillos en Brooklyn; el mareo de las Rocallosas gritándome que debía volver a estar entre los vivos; los hombros de mi exesposa encorvados y cansados bajo la lluvia; el viejo perro con que vivía y no dejaba de perseguir su propia cola… Y miles más.

El hecho de que todas las maneras en que nos han conmovido se fusionen en el suelo de quienes somos es una bendición, uno de los dones del ser humano. Es a lo que los sabios de todas las tradiciones han llamado *paz*: el elusivo instante en que todas las cosas se vuelven una sola. La naturaleza de estar vivos nos impide ordenar nuestros sentimientos y recuerdos una vez que la tierra de nuestra experiencia ha sido labrada, y que nosotros insistamos en conservar viejas heridas es nuestra maldición.

A pesar de todo, Thich Nhat Hanh nos recuerda lo siguiente: "Nuestra mente de amor podría estar enterrada debajo de muchas capas de olvido y sufrimiento". Yo he aprendido que la diferencia radica en aquello en lo que nos enfocamos. Cuando me enfoco en el rastrillo de la experiencia, en cómo sus dedos me aran como a la tierra, y en los muchos pies que han caminado sobre mí, entonces mi pena vive por siempre. En cambio, cuando me enfoco en la tierra del corazón y en la manera en que ha sido revuelta, lo que no tiene fin es la mezcla de sentimientos que desafían mi deseo de nombrarlos.

La tragedia permanece viva porque no sabemos dejarla atrás. La paz, en cambio, cobra vida cuando aprendemos a vivir con el resultado de esa paz.

- *Encuentra tu centro y, mientras respiras, siente tu corazón y los miles de sentimientos que laten en tu pecho.*
- *Respira con un ritmo lento y permite que surja una experiencia que haya ayudado a darte forma.*
- *Por el momento, enfócate en el rastrillo de esta experiencia, en las acciones que recibiste.*
- *Ahora enfócate en la tierra de la experiencia, en el resultado que la vida está labrando.*
- *Nota y siente la diferencia.*

3 DE JUNIO

Más que nuestros errores

El búfalo se alimenta con la pastura
que fue fertilizada con su propio excremento.
Esta pastura tiene raíces profundas, arraigadas a la tierra,
y resiste la sequía.
—David Peat

Por mucho que lo intentemos, no nos es posible escapar a los errores. Por suerte, el aleccionador ciclo que nos permite generar raíces sólidas es producto de comer lo que crece de nuestra propia mierda, de digerir y procesar nuestra humanidad. Al igual que el búfalo, nosotros nos nutrimos de lo que brota de nuestro propio camino roto. Lo que pisamos y dejamos atrás fertiliza lo que nos alimentará después; nadie está exento de ello.

A una bailarina le cae una tubería en la pierna y tiene que reinventarse a sí misma, en tanto que el trabajador que dejó caer la tubería tiene que cumplir una sentencia que implica trabajar con veteranos de guerra lisiados. Un amigo querido descubre pequeños tumores bulbosos y sus tulipanes empiezan a hablar. Cuando él fallece, la enfermera se consagra a trabajar en un jardín. A veces, las cosas se desmoronan y se vuelven a unir más rápido de lo que podemos lidiar con ellas y, sin embargo, nosotros evolucionamos a pesar de nuestras limitaciones. Aunque nos quebramos y cometemos errores, de una misteriosa manera, nuestro yo reconstruido siempre es más vasto que los fragmentos de lo que se rompió. De alguna forma, crecemos de la tierra de nuestros errores y, en ese proceso, algo nos obliga a soltar las cosas que nos habíamos negado a dejar atrás.

Yo he estado devastado y he fallado tantas veces que mi noción de identidad ha brotado y se ha pelado como una cebolla. Pero gracias a esto he vivido más de las vidas que me correspondía vivir, y por eso ahora me siento joven y viejo al mismo tiempo, y tengo un corazón repentino que llora solo porque tuvo un encuentro con el aire. Ahora que estoy del otro lado de todo lo que he sufrido, todo se ha vuelto raro e incierto, desde la ágil canción de las aves hasta la paz cautiva en el borboteo de un arroyo fresco. Ahora quiero permanecer desnudo ante todos los vientos y, aunque todavía me da miedo quebrarme, de alguna manera sé que todo, incluso el miedo, forma parte del ritmo de estar vivo.

Verás, a mí nadie me dijo que el corazón humano se descarapelaba de la manera en que las serpientes mudan de piel y los árboles quiebran y expulsan su corteza. Nadie me dijo que el corazón lloraba cuando lo forzaban a abrirse, ni que cantaba cuando lo entreabrían con amor. Ahora entiendo que, independientemente de lo que nos impida hacer arder la verdad como si fuera alimento, de lo que engañe al corazón y le haga creer que podemos ocultarnos a plena vista, de lo que nos inste a buscar en todos lados salvo en el centro, lo que en realidad nos aleja de lo vivo es el humo. Y, sin importar qué sea lo que nos haga regresar, aparecer, construir una casa con paja y de la nada solo porque el corazón nos duele, sin importar qué nos encienda y nos inste a volver a ver por vez primera, lo que mantiene a la Tierra en su camino al sol es la llama azulada.

- *Enciende una vela. Siéntate en silencio y enfócate en la parte azul de la llama mientras reflexionas sobre alguna pérdida que lleves en tu interior. Puede ser la pérdida de alguien que falleció o se fue de tu vida, o de un sueño que se evaporó.*
- *Examina los sentimientos que rodean a esta pérdida y encuentra un detalle que te parezca que valga la pena rescatar. Podría ser algo como una pluma o un libro que alguien usó. O tal vez una silla preferida, un fragmento musical o una herramienta de jardinería.*
- *Guarda este detalle en tu corazón, mira la llama azulada y medita sobre el regalo que ahora portas de aquello que se fue.*
- *Ahora, si te es posible, usa este detalle para ayudarte a construir lo que se encuentra frente a ti.*
- *Trata de infundirle lo que vale la pena rescatar de lo que perdiste.*
- *Usa lo viejo para construir lo nuevo.*

4 DE JUNIO

Resistirse

No hay ningún lugar a lo largo y ancho
de las regiones del Universo
en el que la fuente de todo no esté presente.
—Hakuin

Hay una antigua historia sobre un joven que empezó a congelarse al lado de la carretera en Alaska mientras esperaba que alguien le diera *ride* a Miami. El joven tenía tanto frío que difícilmente podía hacer el signo de *ride* con la mano. Tras mucho tiempo de espera, un amigable camionero se detuvo y le dijo:

—No voy hasta Miami, solo llegaré a Fort Lauderdale.

Afligido, el joven solo suspiró.

—Oh —exclamó y rechazó el *ride*.

Esta historia es un mito folclórico de nuestra cultura moderna que nos advierte sobre nuestro perfeccionismo. ¿Con cuánta frecuencia rechazamos nuestro destino diciéndonos que es mejor esperar a que llegue lo correcto? ¿Cuán a menudo rechazamos el camino que se nos presenta como un regalo porque no es precisamente lo que soñamos? ¿Cuán a menudo esperamos la llegada de la pareja perfecta, el empleo perfecto, la casa perfecta? ¿Cuán a menudo nos convertimos en mártires de un ideal imaginario?

¿Con cuánta frecuencia perdemos de vista lo que en verdad estamos buscando e insistimos en tener todo o nada a pesar de que hay tanta abundancia en todos lados y tantas oportunidades que podrían ayudarnos en el camino?

- *Si te es posible, siéntate afuera de casa y observa las nubes. Busca una que parezca un caballo. No importa si la encuentras o no, solo nota lo que se siente buscar una sola cosa.*
- *Cierra los ojos y respira de manera regular. Cuando encuentres tu centro, abre los ojos y observa las mismas nubes. Elige una que te llame la atención y trata de encontrar la forma oculta en ella.*
- *Sin importar lo que encuentres, nota lo que se siente encontrar lo que está ahí.*

5 DE JUNIO

Los espacios intermedios

No es necesario buscar la verdad,
¡solo deja de opinar!
—Seng-Ts'an

Así como a la vida la conforman el día y la noche, y a la canción la conforman la música y el silencio, las amistades forman parte de este mundo y se conforman de momentos en que estamos en contacto y de espacios intermedios. Dado que somos humanos, a veces llenamos estos espacios con preocupación, imaginamos que el silencio es una especie de castigo o internalizamos el tiempo que no estamos en contacto con un ser querido como un cambio de opinión.

Nuestra mente se esfuerza por comprender algo que no existe. En un instante podemos percibir el silencio como rechazo y luego construir un castillo helado con ese diminuto ladrillo imaginario.

La única manera de liberarnos de las tensiones que tejemos alrededor de la nada consiste en seguir siendo criaturas del corazón. Permitir que se exprese el río de sentimientos mientras fluye sin cesar nos ayuda a permanecer lúcidos y sensibles.

En términos cotidianos a esto le llamamos "ponernos al día", a pesar de que la mayoría de la gente lo reduce a una lista de compras: "¿Cómo estás hoy? ¿Necesitas leche? ¿Huevos? ¿Jugo? ¿Papel higiénico?". Aunque estas amabilidades externas nos permitan ayudarnos entre nosotros a sobrevivir y prosperar, es más auténtico hacerlo cuando nos "ponemos al día" con una lista de gentileza personal: ¿Cómo te encuentras hoy? ¿Necesitas afirmación? ¿Claridad? ¿Apoyo? ¿Comprensión?

Cuando hacemos estas preguntas más profundas, de manera directa, limpiamos la mente y eliminamos las percepciones erróneas. Así como debemos desempolvar nuestras pertenencias de vez en cuando, también debemos limpiar y eliminar la capa que se forma y nos cubre cuando no estamos en contacto con los otros.

- ❄ *Reflexiona sobre lo que significan para ti las siguientes frases y después dilas a un ser querido:*
- ❄ *"Te aprecio a ti y aprecio tu corazón."*

- *“Quiero que la vía del corazón esté bien abierta entre nosotros.”*
- *“Te prometo que si llegaran a surgir malentendidos o conflictos entre nosotros, hablaré de ellos contigo de manera directa y no permitiré que se construyan o crezcan al abrigo de la oscuridad.”*
- *“Para mí sería una bendición si tú pudieras hacerme la misma promesa.”*

6 DE JUNIO

Dos monos durmiendo

La ternura no elige sus usos,
se extiende hacia todo de forma equitativa.
—JANE HIRSHFIELD

Caminamos hasta un rincón del zoológico de Central Park y, al llegar ahí, a pesar de las decenas de turistas que señalaban y golpeaban en el vidrio, dos monos estaban de cuclillas en una base de piedra. Para nuestra sorpresa, ambos dormían profundamente con la cabeza inclinada hacia el otro, así como sus pequeños cuerpos flácidos.

Lo asombroso era que sus pequeñas y delicadas manos se tocaban y sus deditos de mono se entrelazaban. Era obvio que lo que les permitía dormir así era ese contacto discreto pero constante y que, mientras se tocaran, podrían olvidar todo lo demás.

Sentí envidia de su confianza y simplicidad. En ellos no había nada de la pretensión humana de ser independientes, era evidente que los monos se necesitaban para gozar de la paz. Uno se agitó, pero no se despertó y, el otro, aunque dormido, continuó tocando con sus dedos al primero. Qué gran recompensa es la vida del contacto. Cada uno vagaba en su interior, soñando lo que sea que sueñen los monos.

Parecían viajeros ancestrales orando en un lugar de descanso que solo era posible porque se atrevían a mantenerse vinculados. Es uno de los momentos más tiernos y aleccionadores que he presenciado, dos monos envejeciendo, entrelazando las puntas de sus dedos como si el mero contacto evitara que cayeran en el olvido.

Ahora oro por mostrar esa valentía y simplicidad para ser lo que necesito ser.

- *Siéntate junto a un ser querido en quien confíes, amante o amigo, y sensibilízate a todo lo que es más antiguo que tú.*
- *Ora de esta manera sin tocar al otro.*
- *Ahora entrelacen ligeramente los dedos con la simplicidad de los monos que envejecen y sensibilízate aún más al misterio de la ternura.*
- *No observes ni lleves un registro de lo que suceda, solo permanece conectado al otro y permítete vagar en lo inefable.*

7 DE JUNIO

Todos derramamos la sopa

Desear reformar el mundo sin descubrir primero nuestro
verdadero yo es como tratar de cubrir el mundo con cuero
para evitar el suplicio de caminar sobre piedras y espinas.
Es mucho más sencillo usar zapatos.

—RAMANA MAHARSHI, SABIO HINDÚ

Todos personalizamos y proyectamos. Personalizar significa confundir lo que sucede en el mundo con algo que siempre tiene que ver contigo; un ejemplo extremo de ello sería lo que sucede cuando un niño no hace su tarea y al día siguiente que se entera de que un avión se desplomó en Dallas, por alguna razón cree que es culpable del accidente. Una versión más adulta y menos extrema de esto se presenta cuando tu pareja llega a casa taciturna y de mal humor, y tú enseguida das por hecho que es tu culpa.

Proyectar es lo contrario, es lo que sucede cuando tomamos las cosas que suceden en nosotros y las insertamos en el mundo que nos rodea. Sin darnos cuenta, a menudo les atribuimos nuestros miedos y frustraciones a otros, es decir, en lugar de aceptar mi propio enojo, te veo enojado o enojada a ti. Un ejemplo generacional sería el siguiente: digamos que tengo miedo de los perros y, en mi intento por proteger a mis hijos, los mantengo alejados de ellos sin pedirles su opinión o saber lo que sienten. Un ejemplo más sutil de esto es lo que sucede cuando alguien llora y, como su emoción nos incomoda, le decimos que no necesita sucumbir a su malestar. O lo que pasa cuando le preguntamos a otra persona si se siente bien porque, en realidad, quienes nos sentimos mal somos nosotros.

Nadie puede evitar personalizar o proyectar, solo hay algunos que están conscientes de ello y otros que no, algunos que lo aceptan cuando sucede y los que no lo aceptan. Esta diferencia es crucial porque no aceptar estos comportamientos puede dar fin a nuestras relaciones. Aceptarlas, en cambio, las puede volver más profundas.

Los seres humanos han derramado la sopa toda una eternidad y las distintas generaciones siempre tienen alguna excusa como: "Fue la Tierra, la Tierra se movió", y esas mismas generaciones se han dicho en secreto: "Lo hizo a propósito".

Si quieres salvar al mundo, cada vez que derrames la sopa solo di: "Derramé la sopa, lo lamento".

- *Encuentra tu centro y recuerda un incidente reciente en el que tú hayas sido quien derramó la sopa.*
- *Respira de manera visible, detecta con precisión lo que hiciste y la manera en que esto afectó a otros.*
- *Respira tranquilo y acepta tu humanidad con gentileza.*
- *De ser necesario, repara el daño o haz las paces.*

8 DE JUNIO

Descansar como un árbol

El halago y la culpa, la ganancia y la pérdida,
el placer y la pena vienen y se van como el viento.
Para ser feliz, solo permanece como un gran árbol
en medio de todo ello.

—*El pequeño manual de Buda*

Vale la pena recordar esto. Por supuesto, es difícil hacerlo cuando sentimos culpa, pérdida o dolor, pero esos son los momentos en que más necesitamos esta sabiduría.

Como todos, yo prefiero no experimentar las corrientes subterráneas de la vida, pero el desafío no consiste en evadirlas, sino en aceptar que a lo largo de nuestra existencia tendremos que lidiar con ellas en muchas ocasiones.

Evitar los aspectos difíciles de vivir solo atrofia nuestra plenitud. Cada vez que lo hacemos somos como un árbol que nunca se abre por completo hacia el cielo. Además, regodearnos en nuestras dificultades solo impide que se vayan. Cuando lo hacemos nos convertimos en un gran árbol que atrapa a la tormenta entre sus hojas como si fuera una red.

La tormenta, por su naturaleza, quiere continuar viajando, en tanto que la gracia del árbol es no tener manos. Nuestra bendición y nuestra maldición consiste en aprender y reaprender en qué momento estirarnos, en cuál aferrarnos, y cuándo es mejor meter las manos en los bolsillos.

- *Ponte de pie junto a un árbol que haya alcanzado toda su madurez. Respira e inhala su sabiduría.*
- *Mientras observas al árbol mantenerse abierto hacia el viento, siente cómo el halago y la culpa se arremolinan a tu alrededor, y trata de mantenerte de pie como él.*
- *Respira hondo y vuelve a sentir cómo te rodean el triunfo y la pérdida, trata de abrir tu corazón como si fuera una rama.*
- *Respira lento y siente el placer y la pena haciendo crujir tus hojas mientras tú tratas de permanecer firme sin aferrarte a nada de esto.*

9 DE JUNIO

Estas son las señales

El dolor suele ser la señal
de que algo debe cambiar.

A menudo, nuestro corazón y nuestro cuerpo nos envían mensajes a los que no prestamos atención. Lo irónico es que todos estamos muy conscientes del dolor. De hecho, nos cuesta trabajo ignorarlo, pero rara vez escuchamos lo que nos quiere decir. Es cierto que, quizá, para poder desplegarnos hacia el resto de nuestra vida necesitemos soportar un dolor más profundo, más desesperanza, más pérdida y desilusión, pero el dolor también podría estar mostrándonos lo que necesitamos cambiar.

Si vemos nuestro cuerpo como un gran puente que nos lleva de la vida interior hacia el mundo exterior, el dolor sería información sobre la zona que sufre más estrés. El dolor nos permite saber dónde podría quebrarse el puente, en qué aspecto necesitamos reforzarlo y proveerle descanso para mantener vinculada nuestra vida interior con la exterior.

Durante mi lucha contra el cáncer, experimenté una serie de profundos y agudos dolores. Aprendí a aferrarme y a dejar ir, aprendí a soportar, es decir, a permitir que el suplicio me atravesara sin negar que me lastimaba, pero lo más fundamental que aprendí fue a escuchar al dolor.

El tratamiento con quimioterapia me estaba desgastando porque era muy agresivo, pero yo me esforzaba en soportar la mayor cantidad posible de sesiones. Mientras tanto, todos me recomendaban resistir.

—Por supuesto —decían quienes tenían más miedo que yo—, tienes que ingerir todo el veneno que seas capaz de recibir para que abata al cáncer y lo expulse de tu cuerpo por completo.

Y yo permanecía comprometido con esta forma de abordar la enfermedad.

Sin embargo, pasados cuatro meses dejé de sentir los dedos de las manos y de los pies. La quimioterapia me estaba produciendo un daño al sistema nervioso que me hizo perder los reflejos. Luché, no estaba seguro de si debía continuar. Sentía que el cáncer se había ido y la quimioterapia era una especie de garantía.

—Si puedes, soporta más, aguanta.

En menos de veinticuatro horas tras una sesión, me desperté en la noche con el peor dolor estomacal que he tenido en mi vida. Ahí estaba yo, caminando de ida y vuelta en la sala a las tres de la mañana, tratando de soportar el dolor y pidiéndole una señal a Dios. La quimioterapia me había provocado una úlcera en el esófago. Me volvió a dar un acceso de dolor que me hizo doblarme.

—Señor, dame una señal. ¿Qué debo hacer? Quiero vivir.

Otro acceso. Hubo tres más hasta que de pronto comprendí: el dolor era la señal y el mensaje era que debía parar. Todo había terminado. Me quedé ahí encorvado, con el esófago sangrando y sin sensibilidad en las manos ni los pies. Dios me estaba diciendo: "Estas son las señales. ¿Quieres más? Puedo enviarte más".

Al día siguiente hablé con mi dulce doctor y le dije que no volvería a permitir que me inyectaran. Y todo terminó.

- *Respira lento y reflexiona sobre un dolor que te haya estado aquejando. Puede ser físico, emocional o incluso mental.*
- *En lugar de hacerte el fuerte y de resistir la aparición del dolor, deja que se mueva a través de ti.*
- *Observa en qué parte de ti es más agudo el dolor. A medida que vaya menguando, nota dónde lo sientes al principio y dónde lo sientes al final.*
- *¿Qué te está diciendo el dolor respecto a la parte de tu cuerpo, corazón o mente que atraviesa?*
- *¿Qué podrías cambiar tú de la manera en que te mueves, sientes o piensas para fortalecer la zona que está sufriendo?*

10 DE JUNIO

El ejercicio de la gentileza

No poseo ningún poder milagroso
que no sea el logro de la felicidad sutil.
No tengo otro tacto que no sea
el ejercicio de la gentileza.
—Oráculo de Sumiyoshi

Esta sabiduría shinto de las colinas de Japón afirma lo que todo sabemos en el corazón, pero rara vez respetamos. Yo me he esforzado por renunciar a ocupar en el mundo el lugar que me ordenan otros porque eso siempre me ha hecho caer en el ruido, la confusión y la brusquedad. A menudo, lo que me detiene y me agita hasta hacerme recordar el ejercicio de la gentileza que sirve para abrir el mundo silencioso es una especie de aflicción o suplicio.

La verdad es que, más que olvidar esto, hay una parte de mí, una parte ignorada, que susurra con insistencia que puedo ocupar ambos lugares. Como soy tonto, por pena u orgullo suelo escuchar, pero luego solo descubro con tristeza que el mundo no funciona así.

El misterio es hermoso: al extraordinario borde de todo lo cubre una corriente de velocidad y ruido, de la misma manera en que las piedras no son del todo visibles porque yacen debajo del acelerado paso del rostro del río. Solo cuando podemos mantener inmóvil al río del mundo y al río de nuestro rostro, todo se vuelve extraordinario y límpido.

- *Esta meditación se realiza mientras caminas. Respira hondo sin dejar de caminar.*
- *Cuando empieces a desacelerar, nota la manera en que se amplía tu campo de atención.*
- *Acércate a la primera cosa que te muestre su sutil alegría.*
- *Respira lento frente a ese objeto o ser, y háblale con tu gentileza.*

11 DE JUNIO

Compartir el ascenso

Quienes beben de la misma agua
contemplan las mismas estrellas.

El ascenso fue largo, era un día cálido. Tom lo anticipó, así que congeló su botella de agua para que se mantuviera fría, pero tras beber lo que se había descongelado, un trozo de hielo se quedó traqueteando en su botella de plástico. Entonces Bill, otro montañista que no anticipó la necesidad de tener agua fría, le pidió a Tom que le diera un poco de su hielo. Bill tenía bastante agua, pero estaba caliente por el ascenso bajo el sol.

A Tom le dio gusto compartir su hielo y trató de romper el trozo para poder pasar una parte a la botella de Bill. Después de un buen rato de frustración, a Tom se le ocurrió dejar que Bill vertiera el agua caliente en el hielo, y luego permitirle beber de su botella.

Este instante cambió la vida de Tom. De pronto se dio cuenta de que, si dejaba entrar las cosas, podría compartir con más facilidad que tratando de quebrar lo que tenía para compartirlo con Bill.

Cuando descendió de vuelta al mundo, comprendió los tres misterios del arte de compartir: en primer lugar, si hay tiempo, permite que lo frío se descongele. Si no hay tiempo, deja que lo tibio entre y, solo cuando sea necesario, rompe los remanentes sólidos, reza como loco y pide poder compartir.

- *Encuentra tu centro y abre las manos mientras respiras, permite que lo tibio que te rodea ingrese en ti.*
- *Mientras inhalas, permite que la energía de vida descongele lo que posees y te vuelva bebible.*

12 DE JUNIO

Contar con el tacto

Necesitamos contar con el tacto,
no sumando ni restando.

Cuando contamos con los ojos, estancamos al corazón. Porque los ojos pueden ver con claridad lo que está roto sin sentir la ruptura y porque la mente puede calcular la pérdida sin nunca suturar la herida. Si no tocamos la vida que se desmorona frente a nosotros, podemos correr a reconstruirla antes de que el sueño devastado llegue al suelo. Pero aunque esto nos vuelve resilientes y eficaces como las hormigas, también nos impide vivir en lo que construimos.

¡Vaya! Lo que nos hace precisos y eficientes también puede ser el principio de una vida de neurosis: una vida sin tocar lo que vemos, sin sentir lo que sabemos. Así es como la mente se salta la etapa del corazón. ¿Cómo olvidamos que la sangre que aparece en los noticieros es real, que el alarido en la calle proviene de algo vivo?

Recuerdo el día en que, después de mi cirugía de la costilla, me desperté y encontré a una querida amiga sentada al pie de mi cama. Me sentí eufórico al descubrir que había logrado despertar. Le hablé a mi amiga, pero ella tenía la mirada perdida. En ese instante supe que estaba de luto por mí y que, por lo mismo, no me había visto cobrar vida. Como ya se estaba preparando para la vida sin mí, no sintió la profunda cercanía que nos esperaba. A veces pensamos que hacer un inventario y seguir adelante nos permite protegernos, pero en realidad solo estamos tensando más la red que tejimos.

Hace poco, otra amiga tuvo un sueño en el que nos vio construyendo una casa con gruesas repisas para las cosas que amábamos. Ella trataba de contar las repisas, pero le costaba trabajo mantener los números en la cabeza. Tuvo que contar y recontar tocando cada repisa, al tacto. Lo misterioso era que, mientras tocaba, las repisas se seguían multiplicando, y que su toque era lo que hacía posible esa reproducción.

Qué lección tan profunda y sencilla: contar con las manos nos lleva a un lugar más profundo que todo el proceso de contar. Luego los números dan paso a notas, y las sumas dan paso a una canción.

- *Siéntate en silencio y reflexiona sobre tres cosas que te sean importantes. Una podría ser el amor de otra persona, la segunda podría ser tu amor por el mar, y la tercera una pieza musical que te haga sentir pleno.*
- *Cada vez que respires permite que la imagen y la sensación de estas cosas se eleven hacia ti, una a la vez.*
- *Continúa respirando y cuenta tus objetos preciados a medida que vayas cobrando conciencia de ellos una y otra vez.*
- *Continúa sintiéndolos hasta que los números (uno, dos, tres...) se desvanezcan.*
- *Sigue respirando de manera constante y permite que las sensaciones de estos preciados objetos se mezclen y se toquen entre sí.*
- *Inicia tu día en este estado de ánimo, portando aquello que amas.*

13 DE JUNIO

En contra de nuestra voluntad

Así como la bahía no se puede cerrar
al mar que le da forma,
el corazón solo puede usarse
expuesto.

Una de las bendiciones más difíciles de aceptar es que, como sucede en la vida misma, el corazón no dejará de surgir a través de la experiencia. No importa cuánto tratemos de preservar o revivir lo que ya sucedió, es imposible dejar de seguirle dando forma al corazón.

Esta es una maravillosa clave para la salud: a pesar de nuestra reticencia a aceptar que lo que perdimos se ha quedado atrás, a pesar de que a veces necesitamos suturar nuestras heridas volviendo a vivirlas, a pesar de nuestros heroicos esfuerzos por preservar lo valioso, y de nuestros intentos por detener el flujo de la vida, el corazón sabe lo que hay que hacer. Sabe que la única manera de recordar en verdad o de permanecer completos es tomando lo mejor y lo peor y añadiéndolo a su tejido.

A pesar de todas nuestras intenciones de no volver a dejar que nos lastimen, el corazón nos mantiene avanzando, moviéndonos por siempre hacia la salud. Aunque caminamos por ahí pensando que no podemos dirigirlo, el corazón siempre está tomando forma como la tierra y, a menudo, en contra de nuestra voluntad.

- *Encuentra tu centro y recuerda un momento valioso que te gustaría preservar.*
- *Mientras respiras, permite que la vida presente en tu entorno venga y vaya con todo lo que ofrece: la calidad de la luz, la temperatura, los sonidos.*
- *Respira de manera constante y trata de no elegir algo por encima de algo más. Solo deja que el recuerdo valioso y el momento se transformen con ternura en uno solo.*

14 DE JUNIO

Nadar en nuestro amor

A veces nos pierdo de vista,
como los peces que no pueden ver el mar.
Es el precio que pagan
los amantes por nadar en su amor.

Cuando nos enamoramos por primera vez, la poderosa fuerza de la posibilidad nos sujeta, nos jala y nos lleva cada vez más profundo en los días. Cuando empezamos a darle forma a los lazos del amor, nos miramos el uno al otro con una frescura inefable y apreciamos a quien está frente a nosotros. Miramos en los ojos de nuestro nuevo amante como contemplaríamos una pintura abrumadora en la que el pintor captó los secretos de la vida con gruesas pinceladas.

Pero de manera inevitable, a medida que intimamos más, empezamos a perder de vista al otro, hasta que llega un día en que ya no vemos al ser querido como lo ven los otros. Ahora vemos el *interior* de su rostro, muy de cerca. Ahora nadamos el uno en el otro como un río secreto en el que a veces nos miramos o nos consolamos y, otras, bebemos el uno del otro.

Con el tiempo escalamos y *entramos* en la pintura que alguna vez contemplamos con el corazón latiendo con fuerza y, desde el interior, olvidamos que alguna vez existió la pintura. Así es como nos damos por hecho el uno al otro, así es como imaginamos que la magia se esfumó.

En otras palabras, la recompensa de ser cautivado por el mar es nadar con las olas, y la recompensa de ser atraído a la profundidad del otro es sentirnos en lugar de vernos. Esta es la paradoja de la intimidad. En el camino vemos lo que soñamos sentir, pero, una vez que llegamos, sentimos lo que ya no podemos ver.

- *Siéntate en silencio con un ser querido.*
- *Tómense de las manos, cierra los ojos y recuerda la primera vez que se miraron de manera profunda. Permite que esa imagen fluya a través de sus manos.*
- *Sin dejar de estrechar las manos, mírense a los ojos con libertad y sientan lo que habita entre ustedes ahora.*
- *Vuelvan a cerrar los ojos y dejen que lo que ven y sienten fluya entre ustedes.*

15 DE JUNIO

Mantenerse poroso

Sé paciente con todo lo que no se ha resuelto en tu corazón
e intenta amar las preguntas mismas.
—Rainer Maria Rilke

Es un caluroso día de verano y voy trotando por la ciudad, mis piernas avanzan con ritmo, me llevan sin necesitar casi guía a través de multitudes discretas, rosas y paradas de autobús.

Empiezo a pensar en lo mucho que batallo por no renunciar a mí mismo. Cuando era niño, para poder relacionarme con los otros, antes tenía que revisarme en la puerta, como si fuera a dejar el abrigo en un vestidor. Con frecuencia, para ser amado tenía que fingir que era menos de lo que era en realidad.

Durante muchos años oculté mi luz para cuidar a otros. Como los bomberos, abandonaba cualquier cosa que estuviera haciendo por ir al rescate. Por mucho tiempo me pareció que solo podía elegir entre mantenerme abierto y perderme a mí mismo o cerrarme y alejar a los otros. Hoy en día, sin embargo, aunque corro con libertad por las calles, cerca de otras personas, pero sin mezclarme, me doy cuenta de que, tras muchos intentos, estoy aprendiendo que puedo permanecer a proximidad y poroso, preocupado por otros y presente, pero sin aferrarme a la ansiedad de todos y sin enterrarme en el mundo subterráneo. Al menos, puedo intentarlo.

Goteo sudor y respiro como un caballo pequeño. El cielo empieza a nublarse, incluso llueve un poco. Me muevo entre la gente hermosa y pido un *hot dog* con mostaza y chucrut. Mientras mastico esta sencilla comida, la lluvia del cielo se encuentra con la de mi cuerpo y, en la unión de la lluvia y el sudor, siento el picor del chucrut en mis labios y soy feliz. Otros pasan por ahí. Hoy no hay espacio para sentirse inútil o indigno.

- ❄ *Siéntate en silencio y recuerda un momento en que te hayas perdido por completo en el problema de alguien más.*
- ❄ *Encuentra tu centro y recuerda un tiempo en el que hayas conservado tu noción del yo, pero, para hacerlo, hayas alejado a alguien más por completo.*
- ❄ *Respira profundo y permite que los dos sentimientos coexistan: compasión y noción de ti mismo.*
- ❄ *Inhala la noción de ti mismo. Exhala compasión.*

16 DE JUNIO

El paso hacia otros

Vagamos pensando
que nadie nos encontrará.
Y al levantar nuestra apesadumbrada cabeza,
estamos el uno junto al otro.
—Mark Nepo

Imaginamos que para encontrar el amor hay muchas condiciones, prerrequisitos, pero en realidad, lo único que se necesita es que, como el hombre que desembarca en el muelle, demos un paso y crucemos la breve brecha que existe ante nosotros. Con frecuencia no hay nada para lo que debamos prepararnos, nada que debamos implementar con anticipación; basta con dar el paso que nos separa y aterrizar en lo que tenemos enfrente.

El problema es que sucumbimos a nuestros miedos y ensanchamos la brecha porque inventamos condiciones que deben cumplirse antes de caminar hacia el otro. Por eso invertimos en forjarnos antecedentes, cuentas bancarias y estilos de vida que a menudo son distracciones de la simple y esencial necesidad que tenemos de que nos abracen. Así es como nos contoneamos hacia arriba, hacia abajo y alrededor, pero rara vez hacia lo que nos proporcionará amor.

Para conocer el amor debemos hacer algo más que entender: debemos aterrizar y entrar. Antes de dar el paso, la brecha hacia los otros nos parece un cañón, pero si avanzamos de todas maneras y cruzamos, veremos las separaciones en que nos movemos mucho más estrechas. Suele suceder que, una vez que cruzamos, aquello a lo que le tememos resulta ser un puente inesperado desde donde podemos ver quiénes éramos y en quiénes nos estamos convirtiendo.

- *Encuentra tu centro y enfócate en la brecha entre los otros y tú.*
- *Cuando inhales, trae más de los otros a la brecha.*
- *Cuando exhales, extiende más de quien eres hacia la brecha.*
- *Respira y permite que las líneas de la separación se desdibujen.*

17 DE JUNIO

Espíritu y psicología

A gran profundidad,
incluso el agua más clara
parece opaca.
—Joel Agee

Como el enorme e indómito mar, todos obedecemos a corrientes más profundas que rara vez son visibles. Saber esto nos ofrece tres reflexiones que vale la pena mantener en la conciencia. En primer lugar, debemos considerar que el fragmento más profundo del mar es tan claro como la ola en su superficie a pesar de que continúa siendo invisible para la mirada humana que oscila sobre ella. En segundo lugar, nuestra capacidad para mirar en lo profundo depende de la calma o de la turbulencia de la superficie. Y en tercer lugar, así como la profundidad y la superficie del mar son inseparables, también el espíritu y la psicología de cada ser humano viven fusionados.

Lo que nos hace levantarnos, convertirnos en marea, caer en picada y chocar son las corrientes indóciles de sonidos profundos. Pero como la base del espíritu pertenece a un orden más profundo, permanece incólume, sin que le afecten las tormentas que sacuden la superficie. A pesar de todo, nosotros, como seres humanos en el mundo, siempre estamos sujetos a ambas: a la profundidad y a la superficie, a nuestro espíritu y a nuestra psicología. Aunque nunca podemos ver hasta el fondo, en los días claros, en nuestro sosiego mental, podemos conocer la profundidad que nos transporta. Cuando estamos libres de la turbulencia y la ansiedad, conocemos el océano de Dios que crece en nuestro interior.

Así pues, en el amor, en una relación, en la breve claridad a la que la vida da lugar, veo a través de ti por completo, tan lejos como alcanza mi vista. Y esto me cambia para siempre. Entonces los vientos soplan desde el este y, de pronto, te agitas, tu profundidad se paraliza y me pregunto quién eres. Esto también sucede en el transcurso de conocer nuestro yo, es inevitable. Observa cualquier claro del mar y verás que nunca permanece inmóvil. Incluso cuando está en calma refleja todo mientras se extiende, nunca desaparece. Lo mismo sucede con nuestros sentimientos: cambian dependiendo de la luz.

Nuestro grado de claridad y visibilidad depende de cuán aplacados estemos, de la tranquilidad del día. Sin embargo, nunca nos separamos del espíritu, de la misma manera en que la ola en la superficie nunca se despega del suelo marino. El miedo a vivir suele llegar cuando enfocamos toda nuestra energía en el instante de la ola, en el turbulento momento de nuestra psicología.

Si la revelación es la breve experiencia que implica ver a través de la superficie, vernos a nosotros mismos o a otros, entonces la sabiduría es el recordatorio de esa visión cuando las aguas se enturbian.

- *Busca un plato ancho y hondo, y llénalo de agua. Agita el agua con tu mano y obsérvala calmarse en silencio.*
- *Haz esto varias veces mientras piensas en las tormentas de tu vida que agitan tu mente.*
- *Las últimas dos veces observa el agua en el fondo y nota que lo que agita la superficie la afecta menos.*

18 DE JUNIO

Emerger

Esta noche pasará...
luego tendremos trabajo que hacer.
Todo tiene que ver
con amar y no amar...
—Rumi

Muy a menudo, cuando nos sentimos heridos, deprimidos o ansiosos, encontramos sentimientos vigorosos que parecen fantasmas tratando de verterse en nosotros, de dominar nuestra vida. Parecen reunirse en la gruta de nuestra pena para atizar las heridas con piedras en la fogata que les brinda calor.

Tras años de batallar para dejar salir mis sentimientos de dolor, estoy aprendiendo que el otro lado de esto, igual de esencial para mi bienestar, consiste en no permitir que el suplicio, la depresión o la ansiedad establezcan su campamento en mí.

Debo confesar que me ha tomado todo este tiempo comprender por completo que el propósito de estos vigorosos sentimientos al resurgir era vaciar de manera continua el sedimento de mi corazón y mi mente para que la vida nueva encontrara su camino hacia mí.

Estos son los peligros de no permitir que los sentimientos emerjan, pero una vez que los sientes, también es peligroso no dejar que se muevan en tu interior. Porque, así como los pulmones deben permanecer liberados para la siguiente bocanada de aire, el corazón debe permanecer libre de obstrucciones para recibir al próximo sentimiento que se presente.

La libertad no llegará sino hasta que saquemos bailando a los fantasmas de las recámaras de nuestras heridas, hasta que no apilemos las laceraciones como piedras en la boca de nuestras propias canteras.

- *Encuentra tu centro y visualiza un sentimiento doloroso que haya permanecido contigo demasiado tiempo.*
- *A través de tu meditación, inicia un diálogo con este sentimiento y pregúntale por qué no se ha ido. ¿Qué necesitaría para hacerlo?*
- *Respira de manera constante y vive con su respuesta.*

19 DE JUNIO

Un horizonte más amplio

Los ojos sufren menos estrés cuando
contemplan un horizonte más amplio.
—R. D. Chin

No importa si se trata de física o arquitectura, de las formas orientales de la meditación o de las formas occidentales de la oración: todos los campos de investigación afirman que, entre más amplia sea nuestra visión, menos aislados estaremos. Entre más vinculados estemos con todo lo que es más imponente que nosotros, menos turbulento será nuestro tiempo en la Tierra.

Es por esto por lo que siempre sirve compartir nuestro viaje con otros. Porque así nos convertimos en un coro de voces y el estrés de navegar disminuye en cuanto descubrimos que tenemos compañía.

Así como la luz se transforma en calor cuando se le confina, cuando lo capturamos, todo lo que conforma nuestra vida enciende los incendios forestales del aislamiento. Yo sentí la dramática diferencia cuando me uní a un grupo de salud y bienestar durante mi experiencia con el cáncer. Estando solo sentía el calor de la muerte, pero en cuanto expresé mi aflicción ante un círculo de personas en la misma travesía, mi corazón se relajó y volvió a la luz de la existencia.

Por eso, cuando veas a alguien avanzar a trompicones con una piedra clavada en el corazón, solo acércate y escucha. Cuando las laceraciones de vivir se vuelvan más agudas, abre tu atención y bríndala: los vínculos que se formen alisarán el agudo dolor. Siempre que sientas la pesadez de la vida, acércate a quienquiera que se encuentre cerca y distribuye el peso.

- *Visualiza una situación que te esté provocando estrés.*
- *Mantén esa situación a la vista e inhala y ábrete hacia todo lo que no sea estresante a tu alrededor.*
- *Sin dejar de ver lo estresante y lo no estresante, respira lento y cobra conciencia de que estrechar y ampliar forma parte de la experiencia de ser humano.*

20 DE JUNIO

El aire después del dolor

Vive por el aire que viene después del dolor
y no tendrás necesidad de correr.

Hipócrates dijo que el placer era la ausencia de dolor, y cualquiera que haya sufrido sabe que esta es una profunda verdad. Cuando enfrenté la tormenta de pruebas de laboratorio que me realizarían después de diagnosticarme el cáncer, me aterraba sentir dolor. Por eso, siempre que me presentaba con un nuevo médico o cualquier persona del equipo del hospital, le decía que mi nombre era Mark Nepo, alias "Anestésieme por favor". Por desgracia, en cada procedimiento siempre había una razón médica por la que debía permanecer consciente. Entonces caí en cuenta de que no tenía escapatoria.

Me tomó algún tiempo, pero en cuanto acepté esto, comprendí que lo más aterrador de mi dolor era la posibilidad de que nunca me abandonara, de que la vida se congelara en cualquier momento de aflicción en que yo cayera. El terror fue acumulando fuerza porque me era imposible imaginar la vida más allá del dolor.

El punto de inflexión llegó un día que tuve que someterme a una extracción más de médula ósea para análisis. Estas pruebas me parecían las peores, pero, por alguna razón, ese día se presentó una especie de bendición más profunda que me hizo pensar de manera distinta. Reconocí que la incómoda prueba duraba, por mucho, entre cuarenta y cincuenta segundos, y que yo estaba organizando mi vida entera con base en esos segundos, anticipando y tratando de evitarlos.

Por primera vez noté que tenía una opción. El dolor durante esos segundos sería el mismo, pero yo podía controlar mi miedo y plantarme en el hecho de que, después de ese brevísimo período, mi vida continuaría. Tras el dolor volvería a haber luz en el aire. Por primera vez sentí en el alma que yo era más grande que mi aflicción, y eso me empoderó.

Como nos sentimos desesperados, muy a menudo vemos el dolor como algo interminable. Y, de hecho, eso suele definir nuestros momentos de desesperanza: cuando creemos que el dolor nos contiene por completo. En realidad podríamos trabajar en una noción de paz, en la creencia de que nuestra vida es la que limita al dolor.

❉ *Encuentra tu centro y enfócate en un dolor físico o emocional que te aqueje.*
❉ *Mientras inhalas, trata de invocar a todo lo que es más grande que tu dolor.*
❉ *Mientras exhalas, libera el dolor hacia el aire inmenso y libre de aflicción.*
❉ *Repite este ejercicio y enfócate en los momentos libres de dolor, invítalos a ampliarse.*

21 DE JUNIO

La presencia de Dios

Miré cien veces y lo único que vi fue polvo.
El sol penetró y briznas doradas
colmaron el aire.

Piensa en la manera en que el sol ilumina nuestro mundo cotidiano y en que, a pesar de ello, solo podemos ver la luz reflejada en lo que toca. Aunque el sol arde todo el tiempo y mantiene a todo lo vivo cautivo en su fuerza de atracción, aunque lanza su poder a lo ancho de millones de kilómetros, hasta que no choca con una humilde brizna o transforma una telaraña en un fragmento de encaje dorado, no nos es posible verlo.

De la misma manera, la presencia de Dios se mueve vigorosa e invisible entre nosotros, pero solo podemos atisbarla brevemente cuando estamos iluminados, en esos instantes animados que identificamos como amor.

Porque, así como podemos contemplar la telaraña y no notar su belleza sino hasta que se revela bajo lo repentino de la luz, también podemos mirar el rostro más cercano una y otra vez sin notar la belleza del otro hasta que uno de nosotros, o ambos, somos revelados. Los espíritus se muestran a sí mismos de esta manera o, más bien, la ternura de nuestro corazón nos permite ver y ser vistos.

Todo esto hace que nuestra búsqueda de amor se vuelva humilde porque no nos queda nada que hacer más que crecer en libertad y esperar.

- *Toma algo que te resulte familiar, algo que veas todos los días, como tus zapatos, tu peine, tu abridor de cartas. Colócalo afuera, bajo la luz del sol.*
- *Déjalo ahí por un momento y reflexiona sobre la presencia general del amor, cómo lo vives.*
- *Después de un rato, observa el objeto que conoces a través de la mirada de tu corazón y bajo la luz del sol.*
- *Nota cómo cobra vida.*
- *Date cuenta de que ahora tu corazón está en el sol.*
- *Siente cómo cobra vida.*

22 DE JUNIO

La pesca espiritual

La honestidad es la red
con la que pescamos lo profundo.

A pesar de que nos enseñan a hacer planes y a mantenerlos, y aunque seguimos cursos de estudio prediseñados con el objetivo de obtener títulos y desarrollar habilidades, nuestro intento por vivir la vida real no se produce de esta manera.

En mi opinión, buscar el lugar al que pertenezco en el mundo es como un proceso de pesca espiritual. El vasto y misterioso mar de la experiencia continúa convocándome y, ya sea con cubetas de preguntas o redes de honestidad, yo sigo recolectando el alimento de los días. Continúo reuniendo conchas marinas, perlas y algas provenientes de una profundidad común que nadie puede ver, y luego paso eternidades limpiando lo que encontré y escuchando lo que tiene que decirme.

Así es como todos los seres deben pescar. Este proceso requiere inmovilidad, paciencia y disposición a navegar sin rumbo porque nunca sabemos dónde habitan las cosas vivas. Incluso nuestro esfuerzo por conocernos a nosotros mismos es parecido a este ritual porque buena parte de lo que somos habita bajo la superficie, en la claridad, y porque, si deseamos sobrevivir, debemos alimentarnos de lo que yace abajo.

Paradójicamente, nuestros sentimientos esenciales y nuestra verdad personal viven en la profundidad como los peces y tampoco quieren ser pescados. Pero el proceso de este tipo de pesca produce alimento espiritual, y el secreto nutriente al que tenemos acceso cuando comemos lo que vive en nosotros es que, si queremos consumir lo que habita en nuestra concha, debemos abrirla, y que comer lo que nada bajo nuestra superficie nos hace ver con la perspectiva de lo profundo.

Todas las personas que amé y los senderos que me convocaron se han mostrado ante mí tras haber pescado en las aguas de mi espíritu, las aguas a las que, si me sumerjo lo suficiente, reconozco como el mar de todo lo etéreo. Creo que ahí estamos todos conectados, y que solo a través de esta comunión, de hacer surgir y aceptar lo que vive en nosotros, podemos tener la esperanza de descubrir nuestro propósito común de ser. Al comprometernos con esta honesta práctica, la sabiduría se convierte en esa red consciente del corazón a través de la cual nos enjuagamos y reclamamos hasta la más pequeña de las conchas marinas: los diminutos estuches que albergan tanto alimento como perlas.

- *Encuentra algún arroyo y camina a lo largo de su ribera hasta que te convoque.*
- *Estira tu mano hasta su limpidez en movimiento como si se tratara de tu alma. Abre la mano y pesca con ella lo que el agua desee darte.*
- *No importa lo que pesques, una piedra, una rama, una concha o un trozo de basura, solo sácalo y sostenlo por completo en tu mano.*
- *Ahora medita y trabaja con este símbolo vivo. Escucha lo que sabe y cómo lo aprendió.*
- *¿Qué riqueza te ofrece?*

23 DE JUNIO

Fama o paz

Antes el vuelo del ave, que pasa y no deja rastro,
que el paso del animal, que deja un recuerdo en la tierra.
—Fernando Pessoa

Buena parte de nuestra ansiedad y de la agitación interior proviene de vivir en una cultura global cuyos valores nos alejan de la esencia de lo que importa. Al centro de esto se encuentra el conflicto entre la definición externa de éxito y el valor interno de la paz.

Por desgracia nos motivan, e incluso nos entrenan, para obtener la atención de otros cuando en realidad el secreto renovador de la vida radica en brindar atención. Desde tener buenos resultados en los exámenes hasta colocarnos en el lugar idóneo para recibir un ascenso, nos hacen creer que para tener éxito debemos captar la atención de los otros y que nos reconozcan como seres especiales. Pero el umbral de lo extraordinario en la vida solo se abre cuando nos dedicamos por completo a brindar atención, no a obtenerla. Las cosas cobran vida cuando nos atrevemos a ver y a reconocer que todo es especial.

Entre más tratemos de atraer la atención en lugar de brindarla, más profunda será nuestra infelicidad. Esta tendencia nos hace movernos en el mundo mientras soñamos con la grandeza, necesitando verificación y aprobación en todo momento, pero los sentimientos de la unidad solo nos favorecen cuando comprobamos la vida que nos rodea. Esta tendencia nos hace sentir desesperados por ser amados, aunque lo que necesitamos con urgencia es el medicamento de ser amorosos.

Una de las razones por las que muchos nos sentimos solos en este sueño de éxito es porque, en lugar de buscar lo nítido y auténtico, aprendemos a codiciar lo grandioso y poderoso. Vivimos tan lejos de la paz porque en lugar de amar a lo largo del camino hasta llegar a la inefable dicha del espíritu, pensamos que la fama nos reconfortará. Y mientras estamos ocupados soñando en convertirnos en celebridades, ahogamos nuestra necesidad de ver, dar y amar, acciones que nos abren a la verdadera salud de la celebración.

Esta situación nos deja con ciertas opciones: fama o paz, ser una celebridad o celebrar ser, construir nuestros días para ser vistos o dedicarnos a ver, forjar nuestra identidad con base en la atención que podamos captar o encontrar nuestro lugar en la belleza de las cosas gracias a la atención que seamos capaces de brindar.

- *Siéntate en silencio y trata de respirar en el centro, por debajo de tu anhelo de ser visto.*
- *Abre los ojos y solo presta tu dulce atención a las cosas que te rodean.*
- *Respira profundo y observa el tapete hasta que se convierta en fibra. Contempla tus llaves hasta que se vuelvan metal. Observa al ave hasta que se transforme en canción.*
- *Permite que lo que ves ingrese en ti y llévalo contigo a lo largo del día.*

24 DE JUNIO

Preguntas para los enfermos II

¿Cuándo fue la última vez que bailaste?

—Pregunta hecha a los enfermos por un curandero nativo americano

El principio del baile consiste en convertir en gesto el sentimiento. Aunque esto puede parecer muy evidente y básico a los niños, continúa siendo difícil para quienes aprendimos a vivir en nuestra cabeza.

El esfuerzo permanente por bailar, por convertir en gesto lo que sentimos y experimentamos termina siendo una especie de sanación porque, así como a los lechos de los ríos les da forma el agua que se mueve a través de ellos, a los seres humanos nos dan forma los sentimientos y las experiencias que nos invaden todo el tiempo. Si no hay agua en movimiento, el lecho del río se seca y se desmorona. De la misma manera, si no se agita el sentimiento en el cuerpo, el ser al centro de ese cuerpo se fragmenta.

Lo que sucede con aún más frecuencia es que, como es mucho a lo que hay que otorgarle un gesto, no logramos agitar los sentimientos en nuestro cuerpo. Buena parte de nuestra enfermedad interior es producto del acumulamiento y de la presión que ejerce todo lo que albergamos. El continuo acto de liberar ese acumulamiento es a lo que las prácticas espirituales llaman "encarnación".

Muchas antiguas prácticas tienen como propósito ayudarnos a vivir de una manera más plena en nuestro cuerpo, entre ellas, el arte chino del movimiento meditativo conocido como *tai chi* y el arte budista de la conciencia del espacio conocido como *maitri*, por nombrar solo dos. Una vez que se realiza el desbloqueo, proveer un gesto dinámico a nuestra interioridad no solo nos libera de la presión; los gestos a los que les permitimos manifestarse también nos enseñan a bailar para adentrarnos más en nuestra vida.

A pesar de todo, casi todos aprendemos a sentir, a atrapar y a extinguir nuestros sentimientos en el corazón y, si no se van, intentamos alejarlos con la mente. Y si persisten, a menudo los sentimos palpitando en las sienes o ardiendo en nuestro vientre.

En contraste con la aflictiva serie de capas de corazón, mente y cuerpo, la encarnación en sí misma no es más que sentir la laceración o el labio que tocas con la mano, la mente y el corazón al mismo tiempo. La encarnación implica permitir al corazón, a la mente y al cuerpo existir como una sola piel milagrosa.

- *Quédate de pie en silencio y respira lento, sintiendo cómo tu aliento se mueve a través de tu corazón.*
- *Con cada respiración, permite que el sentimiento de estar vivo se mueva y llegue más lejos en tu cuerpo.*
- *Primero siente cómo entra y sale de tu corazón, y luego cómo entra y sale de tus pulmones.*
- *Ahora deja que el aliento de estar vivo ascienda y descienda recorriendo tus hombros y tus caderas. Deja que se extienda a tus brazos con cualquier gesto que surja.*
- *Repite este proceso hasta que el aliento se sienta como un solo gesto continuo que va del corazón a la punta de tus dedos.*

25 DE JUNIO

Tallos y raíces

El amor que mostramos salva al amor que ocultamos,
de la misma forma que una ramita bajo el sol alimenta a la raíz velada.

Aunque creo en vivir en apertura, ciertas partes de mí se ocultan y no puedo controlarlo. Lo que sí puedo controlar es cuáles dirigen mi vida: las ocultas o las que se muestran. También puedo confiar en el inexplicable conocimiento de que, cuando me muestro, la vida nutre incluso las zonas más disimuladas.

Así como los tallos verdes en la primavera permanecen enlazados con sus oscuras raíces, y así como las raíces se extienden cuando los tallos crecen, mi compasión reconforta a mi miedo en las zonas donde no puedo ver. Sin que yo lo sepa, mi amor alimenta el fondo de mi confusión. La luz que recibo en mi interior mantiene vivas las raíces de mi alma.

Nos preocupamos tanto por lo que no somos capaces de manejar, por lo que no podemos reparar, que somos incapaces de dejar las cosas atrás y olvidamos que, sin importar lo que seamos a la luz del día, eso es lo que, de manera lenta pero segura, sana al resto de lo que somos.

- ❄ *Recuerda algo de tu personalidad que sientas que eres incapaz de resolver.*
- ❄ *Rodéalo con tu aliento, acepta que permanecerá contigo durante algún tiempo.*
- ❄ *Ahora déjalo caer y siente la parte de ti que aflora sin ningún esfuerzo.*
- ❄ *Inhala fuerte con esta parte de tu ser y entiende que su fortaleza inherente está suavizando lo que no puedes resolver.*

26 DE JUNIO

El regalo de la oración

Orar no es pedir, es un anhelo del alma,
es la aceptación diaria de nuestra debilidad.
Por eso es mejor orar con un corazón sin palabras
que con palabras sin corazón.
—Gandhi

Este gran maestro espiritual nos recuerda que, más que una petición o súplica por algo que no hemos vivido aún, la oración del tipo más profundo es una señal de gratitud por lo que ya recibimos, un esfuerzo que refresca el alma.

En las instrucciones de Gandhi se encuentra implícita la necesidad de sucumbir a nuestra vida en la Tierra. Al admitir nuestra debilidad, dejamos caer todas las máscaras que mostramos al mundo y nos inunda lo sagrado.

Una vez vi a un ciego meciéndose de manera infinita bajo el sol, con una sonrisa eterna en el rostro. No decía nada. En mi opinión, era un sacerdote o un chamán, y todo su ser oraba y gritaba en silencio que, más allá de su ceguera, con el día bastaba para ser feliz.

Si encontráramos la manera de escuchar, esto es lo que nos diría el corazón sin palabras: que más allá de nuestra mínima noción de todo, nos rodea una luz magnificente, y que esa luz es más de lo que cualquiera podría pedir. Esto es a lo que podría abrirnos la oración en tono de gratitud.

- *Encuentra tu centro y, mientras respiras, cierra los ojos y deja de pedir por completo.*
- *Solo respira sintiéndote agradecido por el aire.*
- *Relájate y siente tu fragilidad y tus imperfecciones, permite que el aire las llene.*
- *Respira hondo y lento, y desde tu tierno e imperfecto interior, pide nada y da nada, solo busca y siente sin palabras el lugar que ocupa tu alma en la fibra de las cosas.*

27 DE JUNIO

El mono y el río

Se cuenta que un gran maestro Zen le pidió
a un iniciado que se sentara junto a un río
y se quedara ahí hasta que escuchara todo
lo que el agua podía enseñarle. El iniciado enfocó
su mente en el lugar durante días y, de pronto,
un pequeño mono pasó por ahí. En una especie
de exabrupto de alegría, el monito saltó al río
e hizo salpicar el agua. El iniciado lloró y
regresó a donde estaba su maestro,
quien lo reprendió con ternura:
—El mono escuchó, tú solo oíste.

Aunque nuestras intenciones son las mejores, solemos construir falsos procesos en los que estudiamos al río sin siquiera mojarnos. Esto nos permite evaluar la gran filosofía sin nunca decir la verdad, analizar nuestro dolor o sentirlo siquiera. Así podemos estudiar lugares santos sin transformar aquel en el que vivimos en un sitio sagrado. De esta forma construimos una catedral a la orilla del agua y pasamos todo el tiempo tratando de mantenerla limpia, o podemos contar nuestro dinero o decir nuestras oraciones sin gastar un céntimo ni sentir la presencia de Dios.

De esta manera podemos tocar música o hacer el amor con destreza sin sentir las notas ni nuestra pasión.

Al salpicar y juguetear en el río, el monito aterrizó en un instante de dicha. El aprendiz comenzó a llorar porque sabía que toda su reverencia y meditación no le habían traído la alegría de la que el monito gozó.

El río, por supuesto, es el momento continuo de nuestra vida, es el torrente que nos convoca a habitar la existencia y, sin importar cuánto nos acerquemos ni cuánto obtengamos al aproximarnos con un corazón sensible, lo único que nos abrirá a la dicha será lanzarnos al río.

En un porche protegido por mosquiteros, junto a un lago que visité cada verano durante veinte años, mi amigo y yo observábamos cómo llovía, de la misma forma que lo habíamos hecho en incontables ocasiones. De pronto, al igual que el sencillo y hermoso monito, mi amigo se puso de pie, abrió la puerta con mosquitero de un golpe, se quitó la ropa y saltó al lago lleno de lluvia.

Yo observé como el aprendiz, sintiendo el dolor de siempre estar seco, pero entonces, me quité la ropa y salté también.

Ahí estábamos ambos, en el centro del lago, con el agua por encima de nuestra boca, metiéndosenos en los ojos, lloviéndonos con fuerza, agua entrando al agua, dos vidas entrando a la vida. Cada gota de lluvia cayendo sobre nosotros y en el lago, susurrando: dicha, dicha, dicha.

- ❆ *A lo largo de tu día, nota tus interacciones con otros y con la vida que te rodea.*
- ❆ *Fíjate si solo estás observando lo que sucede o si eres parte de ello.*
- ❆ *Si solo estás observando, coloca tu corazón en el río de lo que se encuentra frente a ti, hazlo de la misma manera en que hundirías tu mano en agua corriente.*
- ❆ *Haz esto mientras abres tu corazón con tu exhalación y permitiendo que la vida te invada en cada inhalación... Observa y sé... Abre y deja entrar... Escucha y mójate...*

28 DE JUNIO

Todo lo que no somos

El discernimiento es un proceso
que consiste en dejar ir lo que no somos.
—Padre Thomas Keating

A mí me resulta fácil identificarme de más con mis emociones y con los papeles que desempeño, es decir, se me facilita convertirme en lo que siento: Estoy/soy enojado, estoy/soy divorciado, estoy/soy deprimido, estoy/soy fracasado... No soy nada más que mi confusión y mi tristeza.

No importa cómo nos sintamos en algún momento dado, no somos solo nuestros sentimientos ni nuestros roles, tampoco nuestros traumas. No somos una prescripción de valores ni nuestras obligaciones o ambiciones. Es muy fácil definirnos por el instante de lucha al que nos enfrentamos; sentirnos consumidos por lo que se mueve a través de nosotros es una costumbre muy humana.

A veces pienso en la forma en que Miguel Ángel esculpía, en cómo veía la escultura completa ya, pero esperando oculta en la piedra aún no cortada ni tallada. Este gran escultor a menudo decía que su labor solo consistía en tallar el exceso, en liberar la belleza que aguardaba en el interior.

A mí me ayuda pensar el discernimiento espiritual de esta manera, pensar que nos enfrentamos a nosotros mismos, que estamos desvelando el significado de nuestras experiencias difíciles, que todo el trabajo de la conciencia tiene que ver con un proceso en el que tallamos y quitamos el exceso de todo lo que no somos, en el que encontramos y liberamos el gesto del alma que espera ya completo en nuestro interior. Este proceso, aplicado a la vida en la Tierra, es nuestra confirmación. Y las diversas maneras en que sufrimos, tanto por dentro como por fuera, son los cinceles de Dios liberando lo hermoso que hemos portado en nosotros desde que nacimos.

- *Siéntate en silencio y, mientras respiras, siente cómo surge a través de tu cuerpo todo lo que te aflige.*
- *Mientras respiras, permite que estos problemas se alejen de ti.*

- ❊ *Respira hondo y acepta la inmovilidad que se presenta. Es la piel de tu alma esperando en su completitud a que talles el exceso de tus humanos estados emocionales.*

29 DE JUNIO

El cuento del pececito

En el instante en que los peces aceptaron
que jamás tendrían brazos,
les salieron aletas.

Debo confesar que me sorprendió despertar un día sabiendo esto respecto a los peces. Parece un *kōan* budista o un acertijo por descifrar, pero después de vivir algún tiempo con él, he llegado a sentir que encierra otra clave de la fe: antes de que podamos ser lo que se supone que seremos, debemos aceptar lo que no somos. Esta forma de discernimiento nos exige decir adiós a las extensas fantasías que nos sacan de nuestra naturaleza, que nos instan a esforzarnos por llegar a ser famosos en lugar de amorosos, a ser perfectos en lugar de compasivos.

Sin embargo, en el instante en que aceptamos lo que no existe en nuestra naturaleza, en lugar de que nos distraiga todo lo que pensamos que podríamos o deberíamos ser, nuestros recursos interiores se liberan para transformarnos en ese particular yo que anhelamos ser.

Este acto de aceptación es un riesgo liberador: hasta que no renunciamos a lo que va en contra de nuestra naturaleza, no tenemos acceso al crecimiento que nos espera. Rendirnos sin saber lo que sucederá a continuación es lo que permite que nuestra vida se desarrolle de manera plena.

- ❊ *Siéntate en silencio y permite que tu verdadera naturaleza surja dentro de ti.*
- ❊ *Sin tratar de nombrarla ni de entenderla, cierra tus ojos y exhálala hacia tus manos.*
- ❊ *Respira de manera regular y permite que tu verdadera naturaleza encuentre salida en los gestos de tus manos.*
- ❊ *Juega con estos gestos a lo largo de tu día.*

30 DE JUNIO

Mirar hacia el otro lado

A cambio de la promesa de la seguridad,
muchas personas colocan una barrera entre ellas
y las aventuras de la conciencia. Aventuras que podrían
encender una luz por completo nueva en su vida personal.

—June Singer

La atracción hacia la autenticidad de las cosas es muy fuerte. Con frecuencia, la única manera de resistirse es negando lo que vemos, fingiendo que nuestra vida no tiene por qué evolucionar o cambiar. Cuando hacemos esto, sin embargo, nuestro espíritu, que no sabe fingir, continúa contoneándose. Porque, como dice el *Isa Upanishad*: "El espíritu es más ágil que la mente". Así pues, aunque sea doloroso, somos como un perro al final de la correa, atados a la estaca y corriendo al mismo tiempo, fingiendo no saber que deberíamos hacer algo al respecto.

Resulta interesante que tendamos a pensar que la ignorancia es un inocente "no saber", pero el maestro budista Chögyam Trungpa nos dice que ignorar a alguien o algo es una manera de mirar para otro lado de forma deliberada, un grave acto con el que negamos lo que ya es consciente. El maestro Trungpa explica que el deliberado acto de mirar en otra dirección es un crimen contra la esencia de las cosas y por el que pagamos muy caro.

Cuando descubrimos que, a pesar de que estamos fingiendo, el espíritu se mueve, la tensión puede llegar a ser desgarradora. Nos deja a todos con la necesidad de aprender a discernir entre un inocente "no saber" y el consciente y deliberado acto de mirar en otra dirección. Este conocimiento íntimo puede determinar si viviremos como un perro al final de la correa o si correremos libremente por las praderas de la vida.

- *Siéntate en silencio y encuentra tu centro.*
- *Respira lento y, en la inhalación, trata de percibir a tu espíritu. Siente el lugar de ti en el que vive.*
- *Con tu exhalación, trata de sentir tu lugar en el mundo, el sitio al que vas a través de los días.*
- *Mientras respiras, continúa percibiendo tu espíritu y sintiendo tu lugar.*

- *Nota cualquier diferencia y mírala a lo largo de tu día.*
- *Tu mirada humilde y honesta disminuirá la brecha.*

1 DE JULIO

La flor del corazón

La valentía es la flor del corazón.

Toda valentía implica cruzar un umbral. Y con frecuencia tenemos opciones: entrar a un edificio en llamas o no, decir la verdad o no, enfrentarnos a nosotros mismos sin engaños o no. Sin embargo, aquí hablamos de otro tipo de valentía, de aquella en la que, después, a los valientes les asombra que los consideren como tales. A menudo dicen: "No tenía opción, tuve que entrar al edificio a rescatar al niño" o "Tuve que renunciar a mi empleo, de otra forma habría muerto".

A pesar de las consecuencias, hay un inevitable acto con el que se honra lo auténtico, y en ese profundo nivel de la voz interna, no se convoca a la voluntad, se obedece a lo que en verdad se sabe.

Mi propia vida es un sendero de este tipo. En repetidas ocasiones he escuchado profundos llamados que parecían inevitables y que pude ignorar, pero hacerlo implicaba el riesgo de que algo esencial pereciera.

Honrar lo auténtico fue lo que me guio a través de mi experiencia con el cáncer: decir "no" a la cirugía del cerebro y "sí" a la de la costilla; decir "sí" a la quimioterapia en una primera instancia y luego decirle no. A mis médicos, cada una de mis decisiones les pareció valerosa e ilógica al mismo tiempo. Desde entonces me han catalogado como heroico por sobrevivir, lo cual es como vitorear a un águila por encontrar su nido. También me han señalado y dicho que fui egoísta por buscar la Verdad, lo cual es como culpar a la tortuga por meterse en su caparazón.

La valentía de este tipo es el resultado de ser auténtico. Es un valor disponible para todos y, más que el respeto, su recompensa es la apertura a la alegría.

- *Reflexiona sobre una decisión que te esté costando trabajo tomar.*
- *En lugar de enfocarte en tu miedo de lo que podría o no suceder, trata de sensibilizarte a lo que te parece verdadero.*

- *Sin diseñar una estrategia ni imaginar las consecuencias de honrar lo que se siente verdadero, solo deja que en ti surja la verdad que conoces.*
- *A lo largo de tu día deja que lo verdadero te invada, incluso si no lo entiendes por completo.*

2 DE JULIO

La visión equivocada

> La mente compuesta por ignorancia o visiones incorrectas
> sufre una enfermedad espiritual, ve con falsedad.
> Ver con falsedad nos hace pensar con falsedad, hablar
> y actuar con falsedad. Ahora verás que todos,
> sin excepción, sufren de la enfermedad espiritual.
> —Ajahn Buddhadasa

En pali, la antigua lengua fuente del budismo y el hinduismo, la palabra que se usaba para designar la enfermedad mental quería decir "visión equívoca". Debemos ser cautelosos y no interpretar esto al pie de la letra, es decir, no debemos pensar: "Si ves las cosas de manera distinta a la mía, estás equivocado". No, en este caso, la sabiduría radica en la revelación de que la salud de nuestra mente depende de cuán claros y leales nos mantengamos al pulso de la vida misma.

En el fondo, la salud mental es producto de la sagrada relación entre nuestro más profundo yo y la fuente de la vida. En cuando distorsionamos, limitamos o racionalizamos las cosas y, de esa manera, las alejamos de lo que en verdad son, empezamos a sufrir de la enfermedad espiritual a la que se refiere Ajahn Buddhadasa.

Este monje budista de Tailandia nos recuerda que los pasajes de desequilibrio y de pensamiento borroso son inevitables. No podemos eludirlos ni rodearlos de la manera que lo haríamos con un bache, lo único que podemos hacer respecto a estas distorsiones es minimizarlas y repararlas. Debemos aceptar que, como somos humanos, distorsionaremos el regalo de la vida. Por esta razón, tenemos que comprometernos a aprender a renovar nuestra relación con lo sagrado.

Muy a menudo, con tal de defender "una visión equivocada", construimos y mantenemos "una manera equivocada". Por ejemplo, cuando yo era más joven y necesitaba amor y aprobación en extremo, sufría tanto que llegué a dar por hecho que la vida no estaba donde yo me encontraba, sino en algún lugar más allá. En cuanto empecé a creer esto, enfoqué toda mi energía en llegar allá. Pero después de una travesía muy complicada, me quedé varado. La gente que estaba allá no me permitió entrar y ahora tenía que averiguar quién era el guardián y cuáles eran sus reglas. Luego tuve que realizar todas las tareas necesarias para satisfacer al guardián y que me dejara entrar. Me tomó años darme cuenta de que, sin importar la aflicción, la vida siempre se encuentra en donde estamos, nada está siendo retenido. Todo ese esfuerzo mal guiado se generó a partir de una visión errónea. Buddhadasa dice: "Todos, sin excepción, sufren de la enfermedad espiritual" y, mientras tanto, debajo, la vida libre de distorsiones nos espera con ternura. Tomando en cuenta esto, debemos realizar el ritual de no ver de manera correcta, sino absoluta.

- *Siéntate en silencio y recuerda la aprobación que esperas de alguien.*
- *Si te es posible, reflexiona respecto a por qué te parece tan importante.*
- *¿Qué es eso que necesitas y que te parece que podrías obtener gracias a esa aprobación?*
- *En lugar de concebir maneras de conseguir la aprobación, trata de entender de dónde proviene esta necesidad en ti.*

3 DE JULIO

Yo-endo y mi-endo

La orilla tiene sed, pero no posee al mar
que la mantiene blanda. De la misma manera
pasa con el corazón y todo lo que ama.

En pali, la antigua lengua india, la palabra *ahamkara* significa "yo-endo", es decir, estar teniendo o realizando el sentimiento del Yo. Asimismo, la palabra *mamamkara* significa "mi-endo", o sea, teniendo o realizando el sentimiento de lo Mío. Los sentimientos del yo-endo y del mi-endo le parecen tan peligrosos y venenosos al budismo, que son considerados una causa más de la enfermedad espiritual.

Esto nos indica que, en cuanto empezamos a separar lo que no puede ser separado, nuestra salud mental se ve afectada, así como que las cosas más preciadas en la vida no podemos poseerlas, solo compartirlas. Este misterio llamado vida lo compartimos de la misma forma en que las criaturas marinas comparten el océano. Aunque cada pez tiene su nido y su pequeña franja de fondo marino en la que puede apelmazarse, ninguno puede vivir sin la profundidad que fluye a través de todos ellos.

A los humanos nos sucede lo mismo. Podemos poseer un reloj o un automóvil, pero no el amor, ni la paz ni la energía de la vida que deben fluir a través de nuestro corazón si es que queremos sobrevivir.

En cuanto nos consagramos al yo-endo y al mi-endo nos vemos atraídos a una vida que nos distrae de lo que en verdad importa. Al comprometerme a hacer las cosas "mías", desencadeno una carrera por acumular y almacenar. Ahora existe la necesidad de amurallar y conservar, ahora hay un proceso interminable para ordenar las cosas del mundo que podrían pertenecerme. Ahora el logro. Ahora el aseguramiento. Ahora la posesividad y la envidia y los celos y la necesidad de proteger, y el derecho a portar armas. Ahora el secreto anhelo de obtener lo que otros tienen y de tener derecho a demandar. Este yo-endo y el mi-endo pueden enfermar incluso al alma más fuerte.

El yo-endo y el mi-endo suelen contaminar nuestra manera de amar. ¿Cuántas veces hemos pedido a nuestro amante que nos confirme: "¿Eres mío?". Incluso mientras estoy escribiendo, yo, igual que tú, batallo para no poseer las cosas, sino hacer buen uso de ellas; para no proteger y dividir mis cuidados, sino para permitir que el amor me traspase. Soy, de eso no hay duda, pero ¿qué es en verdad mío más allá de esta vibrante noción de estar vivo a la que continúo abriéndome?

- *Encuentra tu centro y, en tu imaginación, ve algo que creas poseer.*
- *Podría ser un curso que impartes, un jardín que cuidas o un niño al que criaste.*
- *Respira hondo y piensa en la energía que desperdicias al tratar de proteger y vigilar esto tan especial en lugar de disfrutarlo.*
- *Respira de manera constante y trata de aflojar tu sujeción sobre esto tan especial. Ve si se mantiene a tu lado a pesar de liberarlo.*

4 DE JULIO

Aquí y allá

Aquí siempre se encuentra por debajo de *Allá.*

Recuerdo que estuve sentado durante mucho tiempo al borde de un lago en el verano, observando la otra orilla a lo lejos. Podía ver cómo la luz matinal cubría el agua y, por alguna razón, esto hizo que el otro lado me pareciera exótico. Todas las mañanas me sentaba en el pequeño borde del lago y miraba la otra orilla imaginando que algún misterio me esperaba. Con cada mañana el llamado se tornaba más intenso y, finalmente, al séptimo día, tuve que ir allá. Me levanté más temprano de lo usual, remé para atravesar el lago, encallé mi pequeño bote y me senté justo en el punto que había estado observando.

Mientras miraba alrededor, el aura de otredad que había visto todos los días desde mi base al otro lado desapareció. Me sentí hasta cierto punto devastado porque, aunque esta lejana orilla era hermosa y pacífica, el húmedo terrón por el que pasé mi mano era idéntico al del lugar donde estaba antes.

Entonces comencé a reírme de mí mismo porque, al mirar el punto donde había estado sentado todos los días, vi la luz matinal cubrir el agua a la distancia y, ahora, el lugar que habitaba antes me pareció exótico. Ahora cierto misterio me llamaba de vuelta a donde solía estar.

Con frecuencia imaginamos que Allá hay mucho más oro que Aquí. Lo mismo sucede con el amor y los sueños y el empleo de nuestra vida. Vemos la luz en todos lados excepto donde estamos, y entonces perseguimos lo que pensamos que nos hace falta, pero luego solo descubrimos con humildad que lo que nos hacía falta estuvo con nosotros todo el tiempo.

- *Siéntate en silencio con alguien en quien confíes y a quien admires.*
- *Expresen un punto de luz que vean en la orilla del otro.*
- *Reflexiona sobre la cualidad que el otro ve en ti y trata de verla por ti mismo.*
- *Haz una reverencia ante el misterio del lugar donde te encuentras.*

5 DE JULIO

Más allá de la falsa esperanza

Necesitamos mantenernos al tanto del otro.

—Angeles Arrien

Me ha tomado toda una vida entender lo fácil que me resulta desear en secreto que las cosas cambien y, protegido por esa privacidad, evitar que el cambio real tenga lugar. Por ejemplo, durante muchos años amé a un amigo que era incapaz de escuchar, de ser amable y paciente, y en lugar de aceptar cuánto me lastimaba eso, solo "soporté y me quedé ahí" creyendo en secreto que cambiaría, que maduraría, y que algún día emergería frente a mis ojos como el amigo que siempre creí que podía ser.

Bien, eso no sucedió nunca. Con esto no quiero decir que el cambio no sea posible, sino algo más profundo, que el verdadero cambio, el tipo de cambio que inicia uno mismo y es perdurable, tiene más probabilidades de suceder en el marco de una relación que no oculta sus defectos.

Siempre que continuara soñando que mi amigo podía ser como yo anhelaba que fuera, podría disimular el verdadero dolor de la manera en que en realidad vivíamos. Pero sin que esta verdad aflorara, ninguno de los dos podía crecer. Él no podía porque tenía que enfrentar el efecto de su narcisismo, y yo tampoco porque no quería arriesgarme a decir lo que necesitaba expresar.

- *Encuentra tu centro y reflexiona sobre la verdad en una relación significativa que tengas.*
- *Respira hondo y trata de dejar ir la esperanza de que tu ser querido se transforme.*
- *Respira de manera constante y siente toda la humanidad de tu ser querido, con todo y las espinas.*
- *Acepta lo que surja. Honra lo que necesitas.*

6 DE JULIO

Ser testigo y esperar

Así como el calor del verano
hace al grillo cantar,
que nos abracen
imbuye vida al corazón.

Los tiempos modernos nos han vapuleado hasta transformarnos en seres obsesionados con resolver problemas, pero cuando la vida nos reduce a nuestra mínima expresión se vuelve evidente que es imposible resolver el sufrimiento más profundo del corazón y del espíritu, que solo podemos atestiguarlo y esperar.

Esto es algo con lo que he batallado de manera constante. Justo hace poco, después de un viaje de dos semanas, regresaba a mi tierna pareja que, en un tono amoroso, susurró:

—En verdad te extrañé.

Reaccioné de inmediato, empecé a buscar maneras de resolver ese sentimiento. Podría limitar mis viajes o llamar por teléfono con más frecuencia. Enseguida traté de modificar el patrón de mi ausencia de la relación, en lugar de solo sentir el sobrecogimiento de que alguien me amaba lo suficiente para extrañarme.

Con mucha frecuencia, nuestro reflejo de resolver, rescatar y reparar nos aleja de la ternura inmediata. Porque la intimidad no suele surgir de un intento por eliminar la aflicción, sino de superarla juntos, no surge de tratar de arreglar las cosas, sino de estar con el otro. La confianza y la cercanía se vuelven más profundas cuando abrazamos y nos abrazan, tanto en lo emocional como en lo físico.

Dolor a dolor y tensión a tensión, estoy aprendiendo que, después de que todas mis estrategias fallan, la fortaleza del amor yace en recibir, no en negociar; en aceptarnos el uno al otro, no en resolvernos entre nosotros como si fuéramos dificultades; en escuchar y afirmarnos, no en cambiar o tratar de reparar a quienes amamos.

- *Siéntate en silencio y recuerda una situación de un amigo o ser querido que te gustaría cambiar.*
- *Respira hondo y acepta que no puedes vivir su vida.*

- *Mejor, exhala lento y quédate con el conocimiento de tu corazón respecto a lo que significa amar a esa persona.*
- *Exhala de manera rotunda y libera tu deseo de solucionar la aflicción de tu ser querido.*
- *Inhala de manera rotunda y, con todo y el dolor, solo abrázalo en tu centro.*

7 DE JULIO

Paciencia

Solo tengo tres cosas que enseñar:
simplicidad, paciencia y compasión.
Estos son tus más grandes tesoros.
Si eres paciente con amigos y enemigos,
estarás en congruencia con las cosas como son.
—Lao-Tse

La paciencia es la segunda enseñanza fundamental de Lao-Tse. Es una sabiduría un poco difícil de aceptar porque esperar siempre es un desafío muy difícil, pero para ser honesto, eso fue lo que me salvó la vida y, naturalmente, desde entonces la paciencia ha sido la práctica más exigente y gratificante que he encontrado en la vida.

Si no hubiese soportado la confusión, la indecisión, la ambigüedad, el dolor y lo alarmante que fue imaginar lo peor durante la interminable serie de análisis de diagnóstico que viví, nunca habría llegado al momento en que se determinó el tratamiento correcto, el que me ayudó a superar mi experiencia con este mal. De no haber esperado, lo cual es distinto a eludir lo que necesita hacerse, jamás habría escrito estas palabras para ti. Porque habría tenido que someterme a procedimientos innecesarios que me habrían separado de mi memoria y mi habilidad para hablar.

El miedo quiere que actuemos enseguida, pero la paciencia, aunque difícil, nos ayuda a superar las preconcepciones. Gracias a la inevitable espera, los soldados exhaustos que se han quedado sin municiones descubren que tal vez ya no tienen razones para herirse los unos a los otros.

Lo mismo sucede a los amantes fatigados y a los amigos hirientes y agotadores. Si dejamos pasar el tiempo suficiente, la mayoría de nuestros enemigos dejarán de serlo porque esperar nos permite vernos en ellos. La paciencia nos devasta con la certidumbre de que, en esencia, cuando nos tememos entre nosotros, en realidad nos tememos a nosotros mismos; cuando desconfiamos de los otros, desconfiamos de nosotros; cuando lastimamos a otros, nos lastimamos a nosotros mismos; cuando matamos a otro, también nos matamos.

Por todo esto, cuando te sientas herido, temeroso o confundido, cuando sientas la urgencia de encontrar tu lugar en esta Tierra, aunque sea difícil, espera, encógete y trata de alojarte en la difícil e irremplazable belleza de las cosas como son, de las cosas de las que solo puedes formar parte.

- *Siéntate en silencio y recuerda una situación que ya se haya resuelto, pero que te haya exigido ser más paciente de lo que creíste que podrías.*
- *Si te es posible, recuerda cómo percibías la situación y a la gente involucrada cuando se presentó, cuando te quedaste sin paciencia y cuando todo se resolvió.*
- *¿De qué manera te cambió la espera?*
- *Si esperar te brindó algo, ¿qué fue?*

8 DE JULIO

Momentos, no palabras

Como la luna,
¡sal de atrás
de las nubes! ¡Y brilla!
—Buda

Cuando pienso en quienes me han enseñado a amar, a mi mente vienen momentos, no palabras. Desde que estaba en la primaria, cuando Lorrie no dejaba de dar vueltas al final del recreo, cuando giraba como obedeciendo a un llamado más profundo y elevado a la vez, riendo, con su cabecita echada hacia atrás y los brazos extendidos, tratando de abrazar al mundo.

Luego, el día en que le dispararon a Kennedy, ahí estaba el señor P., maestro del coro, llorando por un hombre al que no conocía, dejándonos volver a casa temprano sin saber que yo regresaría para escucharlo tocar un triste tema en el piano del aula que creía vacía. Y mi abuela, sosteniendo mis manos abiertas en los escalones del sótano diciendo:

—Esto es lo más antiguo que posees.

O los rostros cambiantes que vi al pie de mi cama cuando desperté tras la cirugía. O mi suegro regando nogales negros de quince centímetros que tardarían ciento cincuenta años en crecer y alcanzar su plenitud. O mi amigo de antaño, quien siempre escucha como un lago.

Aunque las palabras pueden portar al amor, a menudo más bien lo señalan. El amor es levantar algo que se ha caído, darle espacio a alguien para que descubra por sí mismo lo que significa ser humano, y perdonar errores cuando notamos que los hemos cometido.

❄ *Encuentra tu centro y piensa en tres personas que te hayan enseñado a amar.*
❄ *Mientras respiras, recuerda el momento en que cada enseñanza fue revelada.*
❄ *Habla de estas enseñanzas con un ser querido.*

9 DE JULIO

La superficie y el fondo

Cuando estés en el fondo, recuerda la superficie.
Cuando estés en la superficie, recuerda el fondo.

Cada vez que nuestros días son turbulentos y perturbadores, el desafío consiste en recordar que la ola no es el mar. Aunque nos golpee, la paliza pasará; aunque nos arroje con fuerza, si no nos resistimos, la sacudida pasará.

A menudo, nuestro miedo nos confunde y nos hace permanecer en la orilla a pesar de que el lugar más seguro es el fondo, si acaso podemos llegar a él. Todos los nadadores lo saben: si permaneces cerca de la orilla, el oleaje y la resaca te vapulearán. Si deseamos conocer la hamaca del fondo, debemos nadar más allá de donde rompen las olas.

Permanece en tierra o llega al fondo, porque lo que mata es quedarse a medias.

- *Siéntate en silencio y practica la inmersión a lo profundo.*
- *Imagina que cada respiración es una brazada.*
- *Respira lento y bracea hasta rebasar toda distracción.*
- *Cuando sientas la marea de la vida a tu alrededor, solo ve a la deriva...*

10 DE JULIO

El anillo de seguridad

Quien ve a todos los seres en su propio Yo
y a su propio Yo en todos los seres
pierde todo el miedo.
—*Isha Upanishad*

Un día estaba sentado en un banco bajo el sol esperando a Robert. De pronto, una avispa aterrizó a poco más de tres metros a mi izquierda. Observé cómo la rayada parte de su cuerpo latía y se extendía, el sol hacía que sus anillos negros se vieran aún más oscuros y que los amarillos se vieran casi anaranjados.

Me recordó a mi madre. Pensé que si esa avispa hubiera caído a unos metros de ella, mi madre habría enrollado la primera revista a la mano y, sobresaltada, habría tratado de golpearla hasta matarla. Su miedo de que algo la mordiera o la picara la hacía matar a muchos seres diminutos. Mi madre no toleraba la incertidumbre de que algo vivo pudiera lastimarla y, en su profundo miedo de ser herida, se amurallaba y golpeaba todo lo que se acercaba hasta alejarlo.

Casi cuarenta años más tarde, me doy cuenta de que todos sufrimos de la incertidumbre de que la vida que nos rodea pueda herirnos, de que a todos nos envuelve un cambiante anillo de seguridad y que, más allá de él, somos capaces de lastimar a otros seres vivos bajo el disfraz de la "defensa propia".

Permanecí sentado en la banca y la avispa revoloteó y se acercó aún más, pero como yo había estado a punto de morir de cáncer, me sentía bendecido de estar ahí del todo, así que dejé que el pequeño insecto se acercara mucho más de lo que normalmente habría permitido. Con una mirada más dulce y honesta, noté que la avispa estaba muy poco interesada en mí, y ahora me avergüenza admitir todas las veces que dañé a otros porque, como mi madre, no toleraba la impredecible naturaleza de su avance hacia mí.

Cuán a menudo imaginamos que algo es peligroso cuando, en realidad, solo hace lo que le resulta natural. La avispa se acercó aún más y, cuando estuvo casi en mi brazo, tuve tiempo suficiente para espantarla con suavidad y que ella saliera volando. Coqueteó conmigo por un rato. Se acercaba y yo la alejaba, se iba y zumbaba por ahí y luego volvía a acercarse.

Fue algo muy similar al baile que hacemos con los desconocidos y con nuestros seres queridos. Con cuánta frecuencia asesinamos partes de nosotros porque no permitimos que las cosas avancen o se acerquen, cuán a menudo permitimos que el miedo y el manotazo rijan nuestra vida emocional, o matamos o espantamos a todo lo que se mueve.

Pienso en San Francisco de Asís, quien se mantenía tan inmóvil que los pájaros se posaban en sus brazos porque parecían ramas, y ahora nos preguntamos por qué estamos tan solos a pesar de que no permitimos que nada desbordante de vida se acerque. Si pudiéramos ver a la abeja, al ave o a nuestro enemigo como un breve indicio de vida como el que nosotros mismos somos, los dejaríamos seguir su camino sin convertirnos en sus enemigos.

- ❄ *Cierra los ojos y reflexiona sobre alguien que te parezca molesto o entrometido. Nota lo que sientes, pero, si te es posible, evalúa con precisión por qué crees que esa persona es entrometida. Sentir esta especie de invasión, ¿será producto de tu miedo? ¿O la persona en verdad se impone en tu vida?*
- ❄ *Analiza qué debes hacer para mantenerte a salvo. Implementa solo esa acción y, si te es posible, ya no caigas en el juego de la invasión, ni en el miedo ni en el hecho de que exista.*
- ❄ *Observa en qué medida tu miedo te hace mantener alejados a otros. Nota lo mucho que podrían acercarse las cosas si les permitieras hacer lo que suelen hacer más allá de tus fronteras reales de seguridad.*

11 DE JULIO

La luna y la gota de rocío

La iluminación es como la luna que se refleja
en la gota de rocío sobre la hierba.
La luna no se moja y la gota no se quiebra...
Pero la luna y el cielo entero se reflejan
incluso en una sola gota de agua.
—Dogen

En el amor, el trabajo y en cualquier momento de unidad, el misterio consiste en que, como la hoja de rocío y la luna, somos nosotros por un instante y, al mismo tiempo, todo. Nuestra naturaleza esencial no cambia, solo mejora.

Las amantes y los amigos que me han ayudado a sobrevivir y a vivir con más plenitud llegaron a mi vida como la luna de Dogen: aunque todo su amor, tan grande como el cielo, llena mi corazón, no me transformo en ellos, solo soy más yo mismo.

Cualquier cosa o persona que te pida ser algo más que no sea tú mismo es profana, solo está tratando de satisfacer sus propias necesidades.

Al igual que la hierba solitaria, incluso el tallo más pequeño de un corazón herido contiene la esencia de todo lo vivo. La iluminación es el beso de cualquier cosa, la luna, la tormenta o la ternura que nos abre a dicha esencia.

- *Encuentra tu centro y recuerda un momento en que te haya conmovido otra vida que no fuera la tuya. Tal vez sucedió en la naturaleza o en los brazos de un ser querido.*
- *Respira profundo y piensa en el efecto que ese contacto tuvo en ti.*
- *Deja pasar algún tiempo y luego pregúntate dónde guardas ese toque de vida y en qué momento lo necesitas más.*

12 DE JULIO

Hacer olas

Yo haría cualquier cosa por ti.
Tú, ¿serías tú mismo?

En el cuento clásico "La sirenita", de Hans Christian Andersen, Ariel renuncia a su hermosa voz a cambio de tener piernas. Esta fábula, en apariencia inocente, explora el trato que hacemos con el mal moderno porque, ¿acaso no nos enseñan que la movilidad es libertad en todos los sentidos? ¿De un estado al otro, de un matrimonio a otro, o de una aventura a la siguiente? ¿No estamos también convencidos de que la movilidad ascendente, es decir, pasar de un empleo a uno mejor, por ejemplo, es el paradigma del éxito?

Naturalmente, no hay nada de malo en el cambio ni en la variedad, ni en la novedad o en mejorar nuestra situación. El problema es que nos pidan renunciar a nuestra voz para poder movernos con libertad, que nos soliciten callar lo que nos hace únicos a cambio de alcanzar el éxito. Cuando nos piden no hacer olas y renunciar a la oportunidad de sumergirnos hasta llegar a lo profundo, estamos negociando nuestro acceso a Dios y conformándonos con un mejor espacio en la superficie.

La historia de Ariel es una lección fundamental en lo que se refiere a las relaciones. A primera vista, su deseo de tener piernas nos parece conmovedor, creemos que lo que lo motiva es la dulzura del amor y el deseo de pertenecer. Sin embargo, en este anhelo hay otro trueque falso y oculto que daña a quienquiera que lo lleve a cabo. Porque, sin importar cuánto queramos amar o ser amados, no podemos alterar nuestra naturaleza y sobrevivir en el interior, donde en verdad cuenta.

- *Siéntate en silencio y piensa en tu propia historia de amor.*
- *Exhala y piensa en un momento en que hayas renunciado a un aspecto de ti mismo con tal de ser amado.*
- *Mientras inhalas, date la oportunidad de volver a conectarte con esa parte de tu naturaleza que fue silenciada.*

13 DE JULIO

Ahora lo ves, ahora no lo ves

El Señor me conduce
junto a las aguas en reposo.
Restaura mi espíritu.
—SALMOS 23

A los seres humanos no nos toma demasiado tiempo construir una historia emocional. El niño se quema la mano en la estufa y entonces nace el miedo al fuego. En un momento vulnerable, alguien da una palmada y el miedo al amor comienza. Nuestros reflejos y asociaciones emocionales son muy profundos; a menudo, el corazón respira al fondo de todas las asociaciones como un lecho arenoso y frágil que espera bajo el agua.

Por todo esto, para vernos con claridad debemos aquietar nuestras asociaciones hasta ser tan transparentes como un lago en calma. Cuando estamos lo bastante sosegados y nítidos, los otros también pueden ver a través de nuestro fondo, y eso hace que el amor sea posible de nuevo. Paradójicamente, cuando alguien quiere acercarse a nosotros, sus dedos agitan las aguas generando ondas en todas partes, y tanto ese otro como nosotros podemos perder de vista lo que importa.

Todo esto confirma la necesidad de guardar nuestros sentimientos el tiempo necesario para que las ondas, es decir, las asociaciones emocionales, se apacigüen y se posen. Nadie escapa de ello, no importa cuán joven o anciano seas, no importa cuán inocente o experimentado: si has estado despierto y vivo en cualquier tipo de relación vital de alguna manera, las aguas se agitarán, tus emociones generarán ondas. Parece que la única forma que tenemos de conocer a fondo nuestra profundidad es esperando a que las asociaciones y los reflejos se aquieten hasta que volvamos a ser tan límpidos como el lago. Solo cuando lo que se agita se posa de nuevo podemos vernos a nosotros mismos y al otro con claridad.

- *Respira lento y permite que la agitación de tu corazón vaya y venga cada vez que inhalas y exhalas.*
- *Respira de manera constante y espera hasta que haya pasado el reflejo de enojarte, sentirte ansioso, celoso o resentido.*

❄ *Respira con regularidad y, cada vez que exhales, trata de sentir la profundidad del corazón que espera en el fondo.*

14 DE JULIO

Conocer a alguien a fondo

Conocer a alguien a fondo
es como escuchar a la luna a través del mar
o como si un halcón dejara hojas resplandecientes a tus pies:
parece imposible, incluso mientras sucede.

Descubrir quiénes somos es como ir abriendo un camino en la nieve de una montaña. Las amistades más intensas comienzan cuando miramos a los otros a los ojos y notamos que también han estado ahí. Asimismo, siempre me asombra descubrir que lo que alguien ve, ya lo he visto yo, me parece aleccionador descubrir que el camino y la montaña, que pensé míos, en realidad nos pertenecen a todos.

Cuando nos rozamos por accidente en el supermercado mientras tratamos de leer las etiquetas en los frascos de mayonesa, llevamos en nosotros mundos enteros. Todo el drama de la vida se agita en nuestra sangre cuando bajamos apresurados las escaleras para tomar un tren subterráneo. Siempre somos demasiado conocidos y desconocidos al mismo tiempo.

Por todo esto, conocer a alguien a fondo es un verdadero tesoro y nos abre hacia el cielo de todos los tiempos. Conocer a alguien así permite que la canción emerja del mar y que el corazón, como una fotografía, sea revelado cuando alguien lo toca.

Y aunque tal vez en el camino encontremos a alguien que estuvo en el lugar a donde vamos o que vaya hacia donde hemos estado, nunca debemos dejar de caminar y marcar nuestro propio camino para subir a la montaña. Porque solo si nos atrevemos a ser nosotros mismos podremos conocer a los otros a fondo.

❄ *Esta meditación se realiza mientras caminas. Cuando vayas al trabajo o a la tienda, camina con paso constante y respira lento.*

❄ *Mientras respiras, siente tu interioridad.*

- *Mientras caminas y respiras, nota a otros que hacen lo mismo.*
- *Cuando te encuentres con su mirada, cobra conciencia de que los otros son tan profundos como tú.*

15 DE JULIO

El riesgo de que nos toquen

El contacto desangra al corazón
y disminuye su presión.

Hay muchas razones por las que deseamos ser tocados. La más sencilla y profunda es que el contacto de otros nos sana. Así como una gota de agua se extiende cuando la tocan, las aflicciones de vivir que llevamos con nosotros se extienden cuando nos abrazan y reconfortan. Cuando nos tocan con sinceridad y amor, liberamos la acumulación que se forma por soportar las cosas solos, sin compartirlas.

El contacto es el gesto común subyacente a todo lenguaje, es la energía que conecta todo lo que mora en nosotros con todo lo que se encuentra afuera. Podemos no estar de acuerdo, podemos ser católicos, musulmanes o judíos, conservadores o liberales, trabajar en corporaciones o en entornos rurales, pero el dulce contacto de una mano compasiva hará que se derrumben todos los estrictos muros que erige nuestro pensamiento.

Con frecuencia nos da miedo permitir que los otros entren, que nos lastimen, así que, en cuanto percibimos el bálsamo del contacto, buscamos ese mismo consuelo para las aflicciones que solo nosotros podemos sanar. En repetidas ocasiones, me he descubierto a mí mismo haciendo ambas cosas aunque, en realidad, la pregunta es cuándo y de qué manera sensibilizarnos para recibir el contacto. La necesidad de que nos toquen, como la de respirar, nunca se pone en duda.

Cuando mi abuela estaba agonizando a los noventa y cuatro años, empezó a hablar en el ruso de su niñez exclusivamente y yo sentí mi corazón desvalido porque pensé que ya no podríamos entendernos. Sin embargo, un antiguo amigo me dijo en privado:

—Ambos comprenden el contacto humano.

Después de escuchar esto, acaricié el rostro y los brazos de mi abuela en silencio, ella acarició mis muñecas y, a pesar de que ya no podía abrir los ojos ni hablar, el lenguaje del tacto nos acompañó hasta el momento de su fallecimiento.

A veces nos iría mejor si admitiéramos que el corazón funciona a la perfección cuando hay gestos de por medio. Porque, más allá de las preocupaciones y del miedo de que nos lastimen, nos rechacen o se aprovechen de nosotros, más allá de la avalancha de pretextos y explicaciones, subyace el profundo y humilde pulso de que necesitamos los unos de los otros para completarnos.

- *Inicia esta meditación con un ser querido con el que te sientas seguro.*
- *Enfócate en una aflicción que te haya sido difícil soportar solo.*
- *Ahora, por turnos, cada uno exprese, de la manera más directa y simple posible, no las circunstancias de ese dolor, sino la sensación de cargar con él. El otro solo deberá escuchar en silencio.*
- *Usando solo las yemas de sus dedos, quien escucha deberá reconfortar al orador por medio del don del contacto humano.*

16 DE JULIO

La magia de la paz

Así como los pulmones recuerdan
respirar incluso cuando dormimos,
el espíritu nos mantiene vivos
durante el sueño de nuestra voluntad.

Se cuenta que cuando Merlín estaba entrenando al joven Arturo en los bosques de Camelot, le dijo que la única diferencia entre los magos y el resto de los seres era que los magos aceptaban que la voluntad era solamente un sueño. En efecto, todos decidimos qué prendas comprar, qué automóvil conducir e incluso cómo usar nuestros días, pero todo esto es como las piedras que el pez hambriento conserva en su boca mientras el lecho del río arrasa con su diminuta vida.

Los humanos nos consagramos a estas nimiedades porque eso es lo que hacemos dado que es cierto: Dios está en todo. Sin embargo, a menudo sobrevivimos e incluso prosperamos, no gracias a nuestras infinitas estratagemas, sino a pesar de ellas.

Lo que necesito decirte ahora es que una noche me encontré con Merlín en un sueño y le pregunté sobre lo que significaba estar vivo. Él me preguntó si conocía a Arturo y, después de un rato, susurró:

—Ve más allá de las muchas lenguas del deseo... porque nuestra paz depende de si luchamos contra la corriente o si nos montamos en ella y permitimos que nos lleve.

❊ *Esta es una meditación para la hora de dormir. Cuando te hayas acostado, respira de manera constante y, cuando les confíes a tus pulmones tu necesidad de respirar toda la noche, confíale a tu espíritu tu necesidad de paz y entrégate a la profundidad que te rodea.*

17 DE JULIO

El impulso de amar

Si alguien me cortara en mil pedazos,
cada pedazo diría
que ama...
—Chris Lubbe

El hombre que dijo esto es una persona muy espiritual, originaria de Sudáfrica. Él, como muchos otros, creció bajo el régimen del *apartheid*. Me dijo que sus ancestros le enseñaron a no sentir amargura o deseos de venganza porque el odio devora al corazón y, cuando se tiene un corazón dañado, la vida no es posible.

De cierta manera, todos nos enfrentamos al mismo dilema que Chris Lubbe: cómo sentir el dolor de vivir sin negarlo y sin permitir que nos defina. No importa cuál sea nuestra carga, puede tratarse del *apartheid*, del cáncer, el abuso, la depresión o la adicción, en cuanto nos vemos reducidos a lo mínimo, todos tenemos la misma opción eterna: convertirnos en la herida o sanar.

Siempre es difícil enfrentar las cosas terribles cuando se presentan por primera vez, pero después, en la segunda, tercera y cuarta reiteración como trauma, su impacto puede transformarnos en seres terribles si no conservamos vivo nuestro deseo de amar. Tal vez el mayor desafío al ser heridos sea no entregarle nuestra naturaleza amorosa más profunda a la vida y la forma de la herida.

La conmovedora frase de este activista sudafricano afirma que la naturaleza del espíritu humano es irreprimible. Así como el arbusto y la enredadera continúan creciendo hacia la luz sin importar cuán a menudo sean podados, el corazón humano puede reafirmar su impulso de amar sin importar cuántas veces lo laceren.

- *Encuentra tu centro y recuerda a alguien que admires y siga siendo gentil y amoroso a pesar de las aflicciones que lo han aquejado.*
- *Respira lento y abre tu corazón a la sabiduría de su ser.*
- *Ahora respira profundo y permite que tu corazón-aliento enjuague tu propio dolor de la misma manera en que el oleaje desdibuja las huellas en la arena.*

18 DE JULIO

Una luciérnaga de amor

¿Quién sabe
que en el profundo barranco
de la montaña de mi oculto corazón
está encendida la luciérnaga de mi amor?

—Abutsu-ni

La confesión que esta silenciosa mujer japonesa se hizo a sí misma hace casi mil años nos dice que las cosas más importantes nacen en un lugar tan profundo que, al principio, incluso a nosotros mismos nos cuesta trabajo escucharlas. O que lo más importante lo guardamos tan bien que casi no le damos oportunidad de crecer. Tal vez, este suspiro del corazón de Abutsu-ni atestigua ambas situaciones. Vuelve a leer sus versos. Por favor. Ahora.

Estas no son solo palabras, son el corazón nublado de un ser vivo que se descubre a sí mismo en un instante que se ha repetido en todos los que alguna vez han conocido o deseado conocer el amor. Y aunque no estoy seguro de qué forma, creo que en la fugacidad de un momento cauteloso, en el gesto de un dolor inesperado, podemos ser una montaña separada de lo que sentimos. Y si aceptamos la separación, empezamos el arduo peregrinaje de vuelta a la unidad.

En algún lugar del camino y, a menudo con razón, aprendemos a tener miedo de mostrar nuestros sentimientos de manera abierta, a expresarlos en el clima del aire ordinario, como si nuestro pequeño amor fuera a morir por exponerse a dichos elementos, como si nuestros verdaderos sentimientos no fueran a sobrevivir la mirada ajena. Y, sin embargo, todos sabemos bien que, sin aire, nada puede crecer. Entonces, ¿qué vamos a hacer con nuestra diminuta luciérnaga?

Resulta una ironía muy hermosa que, al confesar su paradero, Abutsu-ni nos haya brindado un camino. Porque, ¿no es su luciérnaga la que sube todo el camino desde el barranco, revoloteando para humedecer sus ojos y agitar su renuente lengua? ¿No es su pequeña luciérnaga de amor la que ha mantenido su colita encendida más de novecientos años?

No necesita ser hermosa ni inteligente, solo honesta y auténtica, pues muchos bailes empiezan con un viaje y muchas canciones encuentran su entonación a través de la tos.

❄ *Respira hondo hacia tu corazón.*
❄ *Cuando llegues ahí, respira hondo y repite en voz alta las palabras de Abutsu-ni como si fueran tuyas.*
❄ *Respira hondo y siente la pequeña luciérnaga de tu amor revoloteando en el interior de la montaña de tu corazón.*
❄ *Respira lento y, con cada exhalación, permite que la luciérnaga revolotee y suba por tu montaña hasta llegar a tu garganta.*

19 DE JULIO

La sabiduría de parpadear

Si dormimos demasiado tiempo,
necesitamos despertar.
Si permanecemos despiertos mucho tiempo,
necesitamos dormir.

Parpadeamos miles de veces al día. Mil veces al día, el mundo oscurece. Mil veces al día, despertamos. No podemos escapar a este abrir y cerrar, es un reflejo incontrolable. No importa lo que hagas, incluso mientras lees esto, tus ojos están parpadeando junto con tu corazón y tu mente, abriéndose y cerrándose una y otra vez. Parpadear forma parte de ser humano.

Y sin embargo, mucho depende de lo que consideres tu hogar: ¿estás ahí cuando abres los ojos o cuando los cierras? ¿Ves la vida como un flujo de luz en el que se intercala la oscuridad de la noche? ¿O como un flujo de oscuridad en el que se intercalan los días con su luz? Aunque no hay respuesta posible, lo que pensamos respecto a la naturaleza resulta relevante porque puede abrumar o aligerar nuestros días. Así pues, pregúntate con frecuencia: ¿la vida es un prolongado milagro de sentimiento en el que se intercalan momentos de ruptura? ¿Caemos una y otra vez en nuestra humanidad desde una luz eterna? ¿O es la vida una larga y dolorosa ruptura en la que se intercalan momentos de asombro? ¿Luchamos para ascender, solo por instantes, de la incesante oscuridad a ciertos atisbos de luz?

Es obvio que a veces nos sentimos de una forma y, en otras ocasiones, estamos convencidos de que nos sentimos de la otra forma. Incluso hay veces en que sabemos que nos sentimos de ambas maneras. Pero lo que determina la alquimia personal de nuestra esperanza y desesperanza, de nuestro optimismo y nuestro pesimismo, de nuestra creencia y nuestra duda, es la forma en que permitimos que pase de ambas maneras, es decir, en qué medida hacemos de la luz nuestra casa y en qué medida nos instalamos en la oscuridad.

En mi viaje han sucedido las dos cosas. Al entrar a la cirugía estaba convencido de que la vida era oscura, de que no podría mantener los ojos abiertos, pero cuando desperté tras la operación, estaba seguro de que todo había cambiado mientras estuve anestesiado. Ahora todo me parecía alegre y me costaba trabajo cerrar los ojos para descansar. Fue lo mismo cuando perdí el amor. Me sentí encerrado y sombrío, incapaz de abrirme. Sin embargo, enamorarme siempre ha transformado mi vida en un intervalo sonoro de luz durante el cual difícilmente puedo dormir.

Tal vez, la sabiduría de parpadear radica en que cerrar los ojos nos mantiene en un punto medio, impide que nos ahoguemos en la oscuridad y que ardamos en la luz. Quizás este sea el reflejo que nos permite encontrar la lógica de ser humanos.

- *Medita con los ojos cerrados, mantenlos así hasta que sientas la necesidad de abrirlos.*
- *Ahora medita con los ojos abiertos y mantenlos así hasta que sientas la necesidad de cerrarlos.*
- *Repite este ejercicio y acepta tu intrínseca necesidad humana de despertar y de reposar.*

20 DE JULIO

Aprender a flotar

Cuando dejamos de batallar,
flotamos.

Al principio, cuando aprendí a nadar, no confiaba en lo profundo. Sin importar cuántas voces reconfortantes me gritaran desde la orilla, yo me agitaba y me esforzaba por mantener la barbilla sobre la superficie. Esto me agotaba, y solo cuando estaba exhausto me relajaba lo suficiente para sumergirme hasta el punto en que sentía que la cuna de lo profundo me mantenía a flote.

Ahora comprendo que esta es la lucha entre la duda y la fe que todos tendemos a librar. Cuando nos vemos de repente en una situación que no alcanzamos a comprender, el reflejo es luchar con toda nuestra fuerza y hacer frente a la terrible sensación de que nos estamos hundiendo. Pero entre más nos resistimos, más sentimos nuestro propio peso y nos desgastamos.

Recuerdo que fue en momentos como ese que aprendí a flotar. Parece un misterio, pero lo que necesitaba era dejar que casi todo mi cuerpo descansara bajo la superficie antes de que la profundidad pudiera sostenerme. Ahora, casi cuarenta años después, me parece que la práctica de buscar nuestra fe consiste en algo similar: necesitamos dejar bastante de nosotros mismos bajo la superficie de las cosas y esperar hasta descubrir lo que nos sostiene.

Esto es muy difícil de hacer, pero la esencia de la confianza radica en creer que, si te dejas ir y te relajas, algo te sostendrá. Y aunque podemos practicar relajar nuestro miedo y encontrarnos con lo profundo, no existe una manera real de prepararnos para dejar ir, salvo dejando ir.

Una vez que nos sumergimos y estamos bajo la superficie, las cosas se desaceleran, se aclaran y se aligeran, pero esto no es resultado de la suerte. Tal vez la fe no sea otra cosa que arriesgarnos a permanecer bajo la superficie.

El hecho de que no podamos permanecer ahí solo confirma que, para vivir en plenitud, debemos elegir lo profundo una y otra vez, debemos movernos a través de la noción del hundimiento antes de poder ser sostenidos: en eso consiste confiar en el Universo.

- *Llena tu tina de agua tibia.*
- *Mantén la mano abierta con la palma hacia arriba y el dorso sobre la superficie del agua. Siente el esfuerzo que requieres para mantener la mano en la superficie.*
- *Respira lento y relájate, permite que tu mano entre al agua. Cuando se relaje, siente tu encuentro con lo profundo.*
- *Respira lento y continúa con la mano en el agua, practica entrar a lo profundo y permanecer bajo la superficie.*
- *Practica moverte más allá de la sensación de hundimiento.*
- *Practica la sutil atención que necesitas para darte cuenta de que algo empieza a sostenerte.*

21 DE JULIO

Revelar quiénes somos

Ningún ave puede volar
sin abrir sus alas,
y nadie puede amar
sin exponer su corazón.

Tal vez esta sea la más antigua de las leyes internas, tan ineludible como la gravedad. No es posible elevarte hacia un lugar más grande que tú sin revelar los aspectos que mantienes cerca de tu pecho.

Cada vez que dudes en revelar quién eres, visualízate como un ave posada en un techo y con las alas pegadas a los lados. Entrar a una relación sin abrir tu corazón es como saltar de ese techo sin extender las alas.

Es cierto que las aves recién nacidas dudan la primera vez que salen del nido, pero en cuanto prueban el aire, saben que su naturaleza es abrir y elevarse, cerrar y aterrizar. Esta es su vida, la nuestra también.

La paradoja es sublime: debemos confiar en que el poder de elevarnos y aterrizar radica en revelar lo que ocultamos. Cuando por fin lo hagamos, nuestros tiernos secretos se convertirán en alas.

- *Si te es posible, siéntate afuera en silencio y observa a las aves abrir las alas, elevarse y aterrizar.*
- *Respira con libertad y, mientras las aves vuelan, practica abrirte y posar tu corazón.*

22 DE JULIO

Ubuntu

Ubuntu: Soy porque tú eres,
eres porque yo soy...
—PROFUNDA FILOSOFÍA AFRICANA DEL SER

En el invierno conocí a un hombre en Sudáfrica. Tras pasar varios días juntos, le pregunté qué significaba *ubuntu* y me dijo:

—Es una costumbre espiritual africana.

No me explicó, solo repitió el significado más lento y con una reverencia más intensa.

—Significa... Soy porque tú eres; eres porque yo soy... *Ubuntu*.

Esto es algo en lo que siempre he creído, que en el ardiente espacio de nuestra aflicción más profunda, en la liberación de nuestros miedos más abismales, en la conocida paz de nuestras alegrías más intensas, somos el otro. Lo percibí en las salas de oncología, en la mirada de las abrumadas madres sentadas frente a mí, cuando nadie quería los oscuros males que crecían en el interior... *Ubuntu*.

He vuelto a encontrar este concepto en todos los senderos, en todas las vías, en la noción del Yo-Tú de Martin Buber que sugiere que Dios solo puede aparecer si mantenemos real lo que existe entre nosotros; en el don de Jesús: "Donde dos o más de ustedes puedan reunirse, ahí estaré yo"; en la compasión de Buda; en el numinoso amor que mana de las piedras ancestrales cuando permanecemos inmóviles suficiente tiempo para hacerles reverencia. *Ubuntu*: soy porque tú eres, incluso en la manera en que tenemos vida gracias al aliento de las plantas; eres porque yo soy, incluso en la forma en que las plantas viven de nuestra exhalación.

Recuerdo que, años después de que Robert me ayudó a sobrevivir al cáncer y yo lo ayudé a sobrevivir al alcohol, nos encontrábamos en un pequeño parque comiendo emparedados con los dedos entumidos como dos avecitas lastimadas. De repente, Robert levantó la cabeza y dijo:

—Tuve cáncer.

Yo tomé su mano y, a modo de respuesta, afirmé:

—Y yo fui alcohólico.

Ubuntu: la manera en que nos necesitamos el uno al otro para estar completos.

- *Siéntate en silencio en un lugar público hasta que tu aliento y el aire que respiras se sientan como si solo fueran uno.*
- *Respira de manera constante, hasta que tu corazón y el corazón de quienes te rodean se sientan como uno solo.*
- *Continúa respirando lento hasta que, con cada exhalación, sientas la interconexión de todo lo vivo.*

23 DE JULIO

Hacer la paz

Somos el escenario
y todos los actores.

Una de las grandes contribuciones de la psicología es que nos ha ayudado a entender la manera en que reproducimos nuestras heridas y afectos con personas que no son las que nos hirieron o nos conmovieron. A este proceso se le llama de muchas formas, pero las más conocidas son: "proyección" y "transferencia". En pocas palabras, reproducimos una y otra vez lo que se dijo o se hizo, o lo que no se dijo o no se hizo, y continuamos así hasta que hacemos la paz con ello. A hacer la paz también se le llama: "sanar", "rendirse", "dejar ir" o, incluso, "perdonar".

El gran estereotipo de este comportamiento se manifiesta cuando nos gritan y, poco después, pateamos al perro. Sin embargo, es más frecuente que reproduzcamos los patrones de amor torpe que experimentamos. Cuando era niño, por ejemplo, soporté el gélido rechazo a mis sentimientos más auténticos. Cuando llegaba a expresar mi malestar, mis padres consideraban que estaba tratando de ablandarlos, de conmoverlos, y entonces me daban la espalda, como si les hubiera mostrado mi dolor para tratar de engañarlos.

Debido a esta experiencia, ahora soy en particular sensible a las aflicciones de las personas más cercanas a mí, pero hay momentos en los que me descubro manteniéndome firme e inaccesible, y reproduciendo el papel de mis padres y, a la vez, el mío. Esta actitud es aleccionadora y perturbadora, por decir lo menos.

Pero así como los gérmenes deben seguir su camino, los actores de nuestros dramas deben expresarse antes de permitirnos ser nosotros mismos. Así como continuamos tratando de que alguien más que no sabe por qué hacemos las cosas nos brinde lo que nunca obtuvimos, también mantenemos viva la ofensa reproduciéndola con otras personas cercanas hasta que logramos aprender con humildad lo que significa transgredir: el primer paso hacia el perdón.

Yo me he visto a mí mismo haciendo a otros lo que me hicieron a mí, pero nunca con tanta crueldad ni encono. Sin embargo, con eso ha bastado para hacerme temblar al ver lo fácil que es ser cruel cuando se tiene miedo, lo difícil que es aceptar que todos somos capaces de hacer cosas terribles, y que reparar el daño consiste en descubrir que la verdadera gentileza radica en reconocer nuestra culpa.

- *Reflexiona respecto a un acto insensible que hayan infligido en ti, ya sea en tu infancia o en el marco de una amistad o una relación.*
- *Respira lento, permite que la persona que lo hizo desaparezca y enfócate en la naturaleza del acto insensible. Tal vez te dieron la espalda, te rechazaron, fueron indiferentes contigo, te criticaron con dureza, desquitaron su enojo o se comportaron con frialdad.*
- *Respira profundo y recuerda la última vez que tú infligiste a alguien un daño similar. Trata de analizar qué te condujo a hacer eso.*
- *Respira de lleno y permite que se desvanezca todo lo similar a esos actos insensibles.*

24 DE JULIO

Salir de debajo de todo

¡Cuántas tinieblas! ¡Caminaré
hacia la luz!
—Job

Hay demasiadas cosas que tomar en cuenta, demasiado que entender y analizar, demasiadas consecuencias que imaginar, demasiado que limpiar, desempacar o reparar antes de poder salir a jugar.

A veces, la mejor manera y la más simple de ejercer nuestra voluntad consiste en dejar todo atrás, salir de debajo de todo lo que nos sepulta, incluso si solo lo hacemos por una hora, liberarnos de las telarañas que hemos tejido e irnos, abandonar las tareas que asumimos, las dificultades que tenemos que resolver. Cuando volvamos, todo seguirá en su lugar o, quizás, algunas cosas se habrán desplomado porque no estábamos ahí con nuestra preocupación para sostenerlas.

¿Acaso no sería maravilloso?

- *Siéntate en silencio e intenta dejar de trabajar en tus problemas.*

- *Cada vez que respires, renuncia a una de tus preocupaciones y percibe la sensación de ser intacto sin ella.*
- *Respira con libertad y cobra conciencia de que tu ser está completo, independientemente de si resuelves tus dificultades o no.*

25 DE JULIO

Grietas de luz

El alma humana actúa ante Dios como la flor
ante el sol, se abre cuando lo siente acercarse
y se cierra cuando él se aleja.
—Benjamin Whichcote

Dios, como el sol, mana sobre todo: en la colina expuesta, en la planta que crece en la ventana, incluso en la maleza debajo del porche que recibe la luz a través de las grietas. Dado que la misma fuente del espíritu mana hacia la vida de cada uno sin importar sus circunstancias individuales, nuestra experiencia y nuestra percepción de Dios en el mundo pueden ser limitadas y distintas, incluso pueden cambiar, pero eso no define ni limita la Fuente.

Y aunque el sol aparece todos los días y luego desaparece, quien provoca la noche es la Tierra cuando gira. De la misma manera, cuando parece que no podemos encontrar a Dios en ningún lugar, quienes no estamos ahí somos nosotros porque, en medio de la agitación de nuestra vida, giramos o le damos la espalda para luego regresar, una y otra vez.

La diferencia entre los humanos y la maleza que crece debajo del porche es que nosotros siempre podemos girar de nuevo hacia la luz.

- *Esta meditación debe realizarse durante el día. Siéntate en tu habitación en silencio y observa la forma en que la luz de afuera se mueve a través de los árboles.*
- *Deja pasar algún tiempo y continúa respirando hondo. Ponte de pie poco a poco y sal hacia la luz.*
- *Camina directo hacia una zona de luz.*
- *Inhala de manera rotunda y siente su calidez invadirte.*
- *Permanece ahí.*

26 DE JULIO

La casa de arcilla

La única razón por la que no abrimos nuestro corazón y nuestra mente a otras personas es porque desencadenan en nosotros una confusión con la que creemos que no podremos lidiar, porque no nos sentimos lo bastante valerosos o lúcidos.

—Ane Pema Chödrön

Cerca de Phuthaditjhaba, en QwaQwa, Sudáfrica, había una casa de arcilla. El techo era plano, estaba fabricado con placas sueltas de acero corrugado que se mantenían ahí porque las habían atado con un tenso alambre que atravesaba la superficie de un lado a otro. Cada extremo del alambre estaba atado a un enorme saco de arena y ambos colgaban con todo su peso en dos costados de la casa. Daba la impresión de que la densa carga de los sacos impedía que el techo se desprendiera y saliera volando.

Al principio pensé: "No tiene ni clavos ni tornillos, qué precario"; pero por alguna razón, la imagen permaneció en mi mente hasta que comprendí que la gente que vivía ahí podía abrir su techo y ver el cielo cuando el clima fuera glorioso. Esta humilde casa de arcilla me pareció entonces una imagen de adaptabilidad y equilibrio, una manera de superar las tormentas y de abrirse hacia el cielo. Ahora los pésados sacos de arena me parecían un fundamento honesto y práctico.

Esto me hizo preguntarme: ¿cuántas cosas clavo de manera prematura?, ¿cuánto de mi dolor es producto de haber arrancado algo que aseguré demasiado en momentos en que necesitaba ver el cielo?

- *Siéntate en tu casa en silencio e imagina que la habitación donde te encuentras no tiene techo, que la luz la inunda por completo con su crudeza.*
- *Respira lento y recuerda el techo que portas sobre tu corazón cuando te mueves por el mundo.*
- *Imagina cómo vivirías los días despejados si no cargaras con ese techo emocional.*
- *Mientras inhalas, trata de sentir el tirón del sitio en que está atado tu techo protector.*

27 DE JULIO

Permite que entre el dolor

Me estoy volviendo agua:
permito que todo enjuague su aflicción en mí y
reflejo tanta luz como me es posible.

Otra paradoja con la que batallo de manera continua es cómo permitir que otros ingresen en mí sin convertirme en ellos, cómo abrir la puerta de la compasión sin que las cosas ni la gente que estimo me dominen.

Todo comenzó en los tiempos de Jesús y Buda. El milagro de estos espíritus es que ahora nos muestran que en todos existe un elemento límpido como el agua que puede brillar sin nombre y permitir que el dolor y la aflicción de otros entre sin convertirnos en solo dolor y aflicción.

Muchas tradiciones hacen referencia a este fenómeno al que llamamos *amor* cuando hacemos algo por el otro y *compasión* cuando lo hacemos por todas las cosas vivas. En la tradición budista tibetana, hay una práctica de meditación llamada *tong-len*, la cual nos invita a inhalar el sufrimiento del mundo, a mantenerlo en el inquebrantable lugar de la compasión y a luego exhalarlo de vuelta a la luz.

La belleza de esta práctica radica en afirmar que dentro de todos existe algo sempiterno e indestructible que nos puede sanar, a nosotros y al mundo, si logramos sensibilizarnos a ello.

- *Siéntate en silencio hasta encontrar tu centro.*
- *Respira de manera constante y recuerda, en tu mente y tu corazón, el dolor de alguien a quien ames.*
- *Respira hondo, inhala su aflicción hasta hacerlo llegar al centro de compasión que todos tenemos en nuestro interior.*
- *Cuando lo sientas, será porque habrás transformado una parte de ese dolor.*
- *Ahora exhala luz.*

28 DE JULIO

La gracia llega a la ola

Para la ola, la iluminación llega en el momento
en que se da cuenta de que es agua.
En ese instante desaparece
todo el miedo a la muerte.
—Thich Nhat Hanh

De una manera muy parecida a la vida de las olas comunes, nosotros, los seres humanos, nos reunimos en nuestra pasión tras haber sido expulsados con fuerza desde una profundidad insondable y de haber salido de un hogar más extenso, el mar del espíritu infinito, y ascendemos, nos enrollamos, y nos convertimos en cresta y rocío para luego solo sucumbir y precipitarnos de vuelta al lugar de donde venimos.

En un acto trascendente, la gracia embarga a la ola cuando esta descubre de lo que está hecha. Como asciende de la misma agua en la que después se estrella, es decir, ya forma parte del lugar a donde se dirige, su miedo de fenecer disminuye. ¿Sería posible que tú y yo, como las olas comunes del mar, experimentáramos esta iluminación en cuanto comprendiéramos que todos estamos hechos de la misma agua? Saber esto a fondo, de la manera en que las olas conocen el viento, ¿podría disminuir nuestro miedo a la muerte?

Me parece que yo viví algo así cuando me estaba restableciendo de la cirugía de la costilla y me encontraba apartado de toda diferencia, lejos de todas las maneras de distinguirme de los otros. En ese agotador y perturbador estado, me di cuenta de que todos estamos hechos de la misma fibra, y que la vida que tenía detrás y frente a mí tal vez era igual a las luces y las sombras que en este instante parpadean en mis células. Como la ola, consciente de que es agua, entendí que mi piel era una frontera muy delgada y que cualquier lugar al que fuera sería igual al lugar donde me encontraba. Una vez que estuve consciente de este mar más extenso del espíritu, mi miedo a la muerte disminuyó, pero ahora por supuesto, incluso mientras escribo estas palabras, no quiero morir.

Creo que hay otra manera de leer todo esto: podríamos decir que la iluminación es el momento en que nos damos cuenta de que estamos hechos de amor. En ese instante, todo el miedo desaparece porque la gracia llega al corazón en cuanto este comprende de qué está hecho y de dónde proviene. Entonces, la gracia nos consuela y nos hace saber que sin importar las penas o las alegrías que encontremos en el camino, ya formamos parte del lugar al que vamos. La iluminación para un corazón en la tierra llega en el momento en que aceptamos que amar es lo que nos hace a todos ser olas, una y otra, y otra vez.

- *Respira lento y medita en la ventana más cercana. Nota que afuera se reúne el mismo aire que adentro.*
- *Respira lento y reflexiona respecto al hecho de que tu boca es como la ventana. Nota que el mismo aire que se reúne afuera también se reúne dentro de ti.*
- *Respira hondo y siente la esencia de todo lo que se mueve dentro y fuera de la ventana que eres.*

29 DE JULIO

Vive con la humildad de un perro

Vive con la humildad de un perro
y el mundo cobrará vida
en tu hocico.

El día que traje a casa a mi *golden retriever*, era todavía una cachorrita y yo no tenía idea de que se convertiría en mi maestra. Tenía siete semanas y permaneció dormida en mi camisa todo el camino a casa mientras yo sentía su rítmica y ligera exhalación, un diminuto viento animal que entibió mi corazón. Día a día, fui entendiendo su presencia plena, completa y constante. Nunca había conocido a ningún ser tan involucrado en el momento presente, tan consagrado en su inocencia a cualquier cosa que tuviese frente a sí. Si rodaba en el césped, el mundo devenía el césped y la sensación de rodar; si caminaba alrededor del tapete para recostarse, la vida era solo ese deseo de enroscarse y suspirar. Llegué a envidiar la capacidad de mi perrita para estar de manera absoluta dondequiera que se encontrara.

También comprendí que su forma de conocer el mundo era a través de lo que tocaba, sobre todo con el hocico, el cual pegaba a todo porque a ella no la aquejaba la vacilación que a nosotros los humanos. Este aprendizaje inmediato de las cosas la llenaba de dicha.

Aunque incapaz de articular palabras, mi pequeña *golden retriever* me enseñó que permanecer de manera directa conectado con la tierra produce un inefable sentimiento de estar bien plantado, la humildad que se genera al tocar cualquier cosa que estemos experimentando. Este vínculo directo ayuda a imbuir vida a las cosas y resulta vigorizante. Así es como la energía del mundo inunda todo momento en el que nos atrevemos a entrar de lleno.

- *Esta es una meditación para realizarse caminando. Encuentra tu centro y camina según el ritmo que marque tu respiración.*
- *A medida que vayas notando los detalles de tu entorno, la luz en una rama, el brillo de un charco, el moho creciendo sobre la piedra, trata de tocar las cosas simples que te convoquen.*
- *Respira hondo y toca el día con la punta de tu corazón como si fueras un* golden retriever *husmeando.*

30 DE JULIO

Cuando haya un obstáculo en el sendero

Cuando haya un obstáculo en el sendero,
retrocede y percibe más del camino.

Cada uno es una montaña que otro debe escalar, aunque a menudo, en nuestro sendero hacia el amor se presenta una interrupción, una dificultad o algo inesperado que requiere de nuestra atención. A estos sucesos repentinos en la vida solemos llamarlos "obstáculos".

Es común que lo que aparezca provenga de alguien más. Puede ser terquedad que cae como el árbol que bloquea el paso y nos impide ir a donde deseamos; tristeza que llega como una inundación instantánea y empantana el camino entre nosotros; o algo que sale de su escondite y nos muerde justo cuando nos proponíamos descansar en el claro del bosque que preparamos. Así pues, todos los días nos enfrentamos al dilema constante: vernos el uno al otro como esa cosa terca, pantanosa o ponzoñosa que bloquea el camino, o retroceder y mirar a la persona en todo su esplendor, de la misma manera que lo haríamos con una montaña, sintiéndonos mareados al levantar la cabeza y atestiguar su majestuosidad.

Cuando algo se interpone en nuestra cercanía al otro, se presenta ante nosotros la oportunidad de elevar la mirada, contemplarnos de forma total y arrodillarnos para levantar el árbol caído, cruzar el sendero inundado o arrancar de nuestra piel al bicho y arrojarlo lejos. Tenemos la oportunidad de escalar para beber del agua del otro, y así saciar nuestra sed como si se tratara de un manantial, sabiendo que el amor, como el agua, corre dócil a través de los lugares más escarpados.

- *Encuentra tu centro y recuerda a un ser querido. Puede ser un amigo, una pareja o un miembro de tu familia. Enfócate en la terquedad que mana de esa persona justo ahora.*
- *Sin negar esta dificultad, inhala y amplía el campo de visión de tu corazón. Si te es posible, retrocede y ve a la persona de forma integral, con todo y su terquedad.*
- *Respira profundo y percibe la dificultad proveniente del otro, pero también la completitud de su espíritu, es decir, lo que te hace amarlo.*

31 DE JULIO

El ojo es la lámpara

El ojo es la lámpara del cuerpo.
Si tu ojo es bueno,
la luz inundará tu cuerpo.
—Jesús

Con esta frase Jesús quiere decir que el ojo que es claro permite la entrada de la luz. Tomar en cuenta que el ojo recibe la luz y no solo es un instrumento que observa la que se encuentra fuera de él nos ayuda a comprender esta metáfora. Para sobrevivir a los días, debemos pensar que nuestro corazón es un órgano que facilita que la realidad de los otros entre en nosotros, no solo algo que va cartografiando su camino a través de los deseos y los miedos de los demás. Para continuar siendo auténticos, es necesario que dejemos a los otros ingresar, pero también que nos permitamos salir.

Hay una paradoja liberadora que hace que nuestro corazón se paralice. Tiene que ver con la tensión entre el riesgo y la seguridad, ya que con frecuencia consideramos que arriesgarnos a ser sensibles y abiertos es una manera peligrosa de perder la seguridad, así como que mantenerse en encierro es una forma de mantenernos a salvo. Esto refleja la noción de vivir intramuros o extramuros: rodeados de la muralla estaremos a salvo, afuera no. Naturalmente, esta creencia nunca reconoce el peligro de que los muros nos sofoquen. La máscara que se continúa usando cuando el rostro ha crecido se convierte en el muro que lo roza y lo lacera.

La paradoja es que, de una manera en verdad íntima, el único camino a la seguridad envolvente, al mar de la paz interior, se forma recorriendo las cambiantes arenas del riesgo. El riesgo no encierra a la seguridad, la abre. Solo arriesgándonos a abrirnos podemos habitar y recibir la fortaleza y la plenitud de lo que es total.

Esto da lugar a una pregunta trascendente: ¿cómo definir la protección de uno mismo? ¿Ocultando quien eres o siendo quien eres? ¿Protegiéndote con todo lo que ves o haciendo espacio en ti para dejar que la luz te embargue? ¿Preparándote para luchar contra todo lo que podría lastimarte o abriéndote hacia lo que podría sanarte?

❄ *Cierra los ojos y borra el pizarrón de tu mente con la esponja de tu aliento.*
❄ *Ahora mira hacia afuera y nota la primera instancia de luz y lo que está alumbrando.*
❄ *Mantén ese objeto frente a ti y cobra conciencia de que la luz que absorbió ahora se mueve a través de tu pantalla de riesgo y seguridad.*
❄ *Siente cómo entra. Acepta la luz.*

1 DE AGOSTO

El dolor de llegar a ser

La rosa necesita permanecer abierta
en todas las etapas del florecimiento.

Cuando los seres humanos juzgamos el lugar donde nos encontramos con relación a cierto destino final, nos causamos una gran aflicción. Este es uno de los tormentos de aspirar a llegar a ser algo específico: siempre comparamos la etapa de desarrollo en que nos encontramos con el paisaje imaginado de lo que tratamos de lograr. Es por eso que, aunque el lugar donde estamos siempre está más cerca de nosotros que el destino final, nunca nos parece suficiente.

En cada etapa de su florecimiento, la rosa común permanece lo más abierta que puede. Con nuestra vida sucede lo mismo. En cada fase de nuestro desarrollo permanecemos lo más estirados posible porque al corazón humano le toma mucho tiempo florecer y solo consideramos que algo le hace falta cuando lo comparamos con el amante, la madre o el padre imaginario que nos gustaría llegar a ser.

En este caso, vernos como flores puede ser de ayuda. Aunque le sería imposible, si una flor se forzara a florecer más rápido, se rasgaría. Los humanos, en cambio, podemos forzarnos y, de hecho, lo hacemos con frecuencia. Esto provoca que nos rasguemos en lugares que nadie puede ver. Cuando nos forzamos a desarrollarnos con más rapidez o de una manera más intensa de lo natural, nos boicoteamos, porque la naturaleza requiere de tiempo y porque la mayor parte de las dificultades que tenemos con la voluntad son producto de la impaciencia.

Antes de mi experiencia con el cáncer, me sentía muy motivado como artista, me presionaba muchísimo. Creo que mi impulso creativo era profundo e irreprimible, incluso sano, pero mi necesidad secreta de alcanzar algún tipo de grandeza fue lo que me hizo presionar hasta que algo empezó a romperse. La implacable y eterna presión de ponerme a la altura de una imaginaria versión de mí mismo y de llegar a ser esa versión rápido fue lo que hizo que la flor de mi mente se rasgara.

Yo no creo que la gente se provoque cáncer sola, pero sí que cualquier parte de nuestro cuerpo que nosotros mismos debilitemos será proclive a sucumbir a la enfermedad antes que cualquier otra. Que el cáncer haya atacado la parte creativa de mi cerebro no fue ningún accidente.

Quizás uno de los remedios más difíciles de aceptar para aliviar el dolor de crecer sea que, sin importar cuántas fallas tengamos o cuán incompletos nos sintamos, cualquier lugar en que nos encontremos del camino es ya un florecimiento en sí mismo. Finalmente, lo mucho o poco que hayamos logrado es más que suficiente, es el sueño volviéndose realidad.

- *Cierra los ojos y piensa en una rosa amarilla común floreciendo.*
- *Respira hondo y aprecia la belleza de la rosa sin esperar a que se abra por completo.*
- *Enfócate en los pétalos amarillos a punto de extenderse. Contempla su belleza ahora.*
- *Respira profundo y mírate como la rosa, no esperes a llegar a algún destino imaginado para admirar tu propia belleza.*
- *Solo inhala y aprecia tu hermosura a punto de abrirse y mostrarse.*

2 DE AGOSTO

La sirena

Una sirena descubrió a un joven nadando
y lo eligió para sí,
ciñó su cuerpo contra el de él,
rio y, en su cruel felicidad,
al sumergirse olvidó
que incluso los amantes se ahogan.
—William Butler Yeats

Anhelamos compartir nuestra experiencia más íntima con nuestros seres queridos, pero como sucedió a la sirena, con frecuencia olvidamos que no todos pueden acompañarnos adonde nosotros vamos. Este misterioso hecho nos atañe a todos: nadie más puede adentrarse por completo en nuestra profundidad, debemos realizar la travesía solos. Porque ahí es donde comulgamos con Dios.

El joven puede visitar la profundidad de la sirena, pero si viviera ahí, moriría. La sirena también puede visitar la vida del joven en tierra, pero no puede permanecer ahí porque, de hacerlo, se sofocará. Para sobrevivir, todos debemos volver a nuestro elemento más íntimo. Con frecuencia, nos juzgamos entre nosotros por no acompañarnos. Incluso consideramos como un rechazo el hecho de que otro no pueda visitar nuestra interioridad, pero la verdad es que, si permaneciéramos demasiado tiempo fuera de nuestro elemento natal, nosotros también nos ahogaríamos o sofocaríamos.

El terreno vivo de una relación existe en la superposición de nuestra respectiva naturaleza más íntima. La sirena y el joven regresan a abrazarse en el sitio donde lo profundo y el aire se encuentran. La responsabilidad amorosa de ella consiste en traer sus tesoros a la superficie, donde podrá compartirlos; la del joven es enjuagar sus tesoros en el terreno común. Esta es la manera en que toda relación auténtica se convierte en un hogar al que volvemos tras nuestra solitaria comunión con Dios.

Lo anterior nunca me pareció tan evidente como cuando llevé en silla de ruedas hasta el quirófano a Anne, mi pareja durante veinte años, para que se sometiera a una cirugía porque padecía cáncer. Llegué lo más lejos que me permitieron y, luego, a través de las puertas de vidrio, la vi ir haciéndose pequeña. Entonces comprendí que, sin importar si se trata de nuestra pelea con Dios, con nuestros padres muertos o con nuestra limitada humanidad, atravesar e ir más allá de las puertas de vidrio de nuestra experiencia es algo que todos debemos hacer solos. La labor de compasión consiste en guiar y acompañar a nuestros seres amados, en llegar lo más lejos que podamos y estar ahí cuando regresen, pero insisto: nadie puede atravesar las puertas en nuestro lugar ni con nosotros.

En el mar como en la tierra, involucrados en la comunidad o aislados de ella, todos compartimos esta soledad fundamental. En la travesía entre las profundidades y las alturas que nutren nuestra alma, y en ese contacto con los otros que nos mantiene cuerdos, ahí es donde sentimos con humildad el milagro del amor.

- ❄ *A través de un diálogo con un ser querido en quien confíes, identifica algo que desearías poder compartir de una forma más plena.*
- ❄ *Hablen sobre si esto es posible y, de ser así, disciernan qué tipo de esfuerzo podrían realizar para compartir de una manera más*

completa; identifiquen qué aspectos de ustedes mismos, por su naturaleza, están fuera del alcance del otro.

- *Ahora, a través de la meditación, sumérgete en ese lugar al que nadie más puede ir y trae contigo a la superficie un tesoro modesto. Trata de compartirlo.*
- *Cambien de lugar y repitan el proceso.*

3 DE AGOSTO

Desnudar nuestra voluntad

Estos cuerpos son perecederos,
pero su habitante es eterno.
—La Bhagavad-Gita

La mayoría de las verduras y los frutos crecen en el interior de una cubierta que debemos levantar para poder comer su dulzura y madurez. Hay muchas maneras en que este hecho es una metáfora del viaje humano, pero tal vez una de las más elocuentes es la que tiene que ver con que la persona que somos crece envuelto en nuestra voluntad.

A menudo, para proteger las semillas de nuestro esfuerzo, del deseo, la pasión y la curiosidad, las envolvemos en grandes proyectos y ambiciosos planes que, a final de cuentas, rara vez tienen algo que ver con la dulzura y la madurez de lo que termina creciendo en nuestro interior. No obstante, es importante recordar que, así como el maíz no puede madurar a menos de que sus hojas lo cubran durante meses, nosotros necesitamos incubar lo que somos debajo de las capas de quienes podríamos llegar a ser.

Esto no tiene nada de malo porque, para crecer, la mayoría de las cosas en la vida necesitan un contenedor que las proteja. Sin embargo, si la fruta que somos la mantenemos cubierta demasiado tiempo, si permanecemos envueltos demasiado tiempo en antiguos planes a pesar de haber madurado, podríamos lastimarnos a nosotros mismos, podríamos echarnos a perder, pudrirnos en el interior. Cuando cambiamos nuestra vida profesional o nuestras relaciones, en realidad estamos tratando de liberarnos de lo que nos ha cubierto durante mucho tiempo, y lo hacemos a pesar de que también nos ha ayudado a crecer. Quizá lleguemos a comprender que es nuestra manera de amar lo que necesitamos soltar y dejar atrás en lugar de abandonar lo que somos o lo que nos importa.

Lo más aleccionador de este proceso es que, aunque necesitamos hacer planes y trabajar para alcanzar nuestras metas e imaginar el posible futuro, nada puede prepararnos para el momento en que maduramos. En cuanto el alma se llena como fruta madura, todas nuestras fantasías, ambiciones y quejas más profundas devienen una cáscara inútil. Cuando maduramos, cuando somos capaces de sentir compasión y dicha, todas las formas de sacrificio y postergación del futuro desencadenan nuestra putrefacción interior. Como la seda que mantiene a la mazorca brillante, cuando el corazón estalla como un grano de maíz es porque nuestros delicados sueños del mañana han cumplido su propósito.

Dado que nadie puede controlar ni adivinar la maduración de nuestra dulzura, lo único que podemos hacer es evitar que lo que nos envuelve nos defina, incluso si nos ha ayudado a crecer. De esta manera, podemos esforzarnos y desear ser el sol y luego madurar y estallar con nuestro propio calor en el lugar donde nos encontramos. Así que sueña, planea construir tu propia versión de las pirámides, diseña una estrategia para amasar y gastar varias fortunas, porque lo único que importa es la dulzura que se incuba en nuestros sueños y sufrimientos cuando por fin se muestra y respira.

- *Elige un fruto, puede ser una manzana o una naranja.*
- *Respira lento y siente la cáscara que te separa de la fruta.*
- *Agradece a la cáscara haberte traído el fruto.*
- *Pela un poco de la cáscara y come un trozo del fruto.*
- *Vuelve a hacerlo mientras piensas en alguna cubierta, es decir, en un plan, sueño o deseo que te haya ayudado a ser quien ahora eres.*
- *Cierra los ojos y pela un poco de tu propia cáscara mientras agradeces haber sido traído hasta este momento.*

4 DE AGOSTO

La agitación de la oscuridad

Cuando la oscuridad reposa,
la luz empieza a moverse.
—EL SECRETO DE LA FLOR DORADA

¿Cómo lidiar con la agitación de la oscuridad? ¿Cómo abrirnos paso a través del embrollo de estar confundidos, tristes o atorados sin poder identificar el camino hacia el mañana? Lidiar con nuestros problemas como si fueran un sendero con maleza desenfrenada, irnos abriendo camino a machetazos e infligiendo un poco de violencia en nosotros mismos parece bastante natural. Sin embargo, esta reflexión tomada de un antiguo texto chino implica algo más sencillo, aunque difícil: que la agitación es oscura en sí misma y solo cuando logremos mantener las manos quietas habrá espacio para la luz.

En muchas ocasiones he examinado y reexaminado las palabras de otro en mi mente, he permitido que oscuras enredaderas crezcan porque no dejo pensar en lo que quiso decir: ¿qué significa lo que dijo? Y todo lo que no dijo, ¿qué podría significar? ¿Qué debería hacer yo ahora para responder o no? Los pensamientos tipo maleza crecen e impiden el paso de la luz.

Siempre que pienso en las muchas horas que he pasado en mi vida tejiendo guiones que nunca se volvieron realidad pero que cubrieron mi corazón como la maleza, me río. Es como si la luz, con su paciencia infinita, prefiriera no imponerse en nuestro corazón, como si prefiriera esperar a que nos abramos y se conformara con cualquier pequeño espacio que liberemos en nosotros mismos.

La agitación de la oscuridad siempre lo cubre todo. Yo, por ejemplo, durante muchos años me esforcé en cubrir las dolorosas lesiones en mi autoestima con la agitación del logro hasta que a mi corazón lo cubrió un matorral de triunfos. Solo cuando hice a un lado lo que había logrado empezó a moverse la luz. Entonces, el calor universal llegó a mi ulcerado centro, y solo cuando permití que las energías oscuras descansaran empecé a sanar.

- *Piensa en algo que estés examinando de nuevo en tu mente.*
- *Respira hondo y, si te es posible, deja de pensar en ello.*

❉ *Permite que tu aliento corte los pensamientos oscuros para que la luz del ser llegue al ulcerado centro que anhela ser arropado.*

5 DE AGOSTO

El pollito al nacer

Cada grieta es también una salida.

Cuando nos encontramos en medio de un cambio trascendental, siempre es útil recordar la manera en que nace un pollito. Desde su perspectiva, es una lucha aterradora. De entrada, se encuentra confinado y enrollado en el interior de una carcasa oscura, a medio formar, devorando todo su alimento y estirándose hasta adoptar el contorno del cascarón. Empieza a sentirse hambriento y apretujado. Con el paso del tiempo, siente que se muere de hambre y que el espacio de su mundo se encoge y lo sofoca.

Finalmente, su crecimiento quiebra el cascarón y el mundo que conoce llega a su fin, su cielo empieza a desmoronarse. Sale sacudiéndose por las grietas y comienza a comerse el cascarón. En ese instante sigue creciendo pero es aún frágil, se muere de hambre y está oprimido, su mundo se quiebra: seguramente siente que va a morir. Sin embargo, solo cuando todo de lo que ha dependido queda destruido, el pollito nace. No muere, solo cae en el mundo.

Esta lección es profunda. La transformación implica la destrucción de aquello de lo que hemos dependido. De pronto, nos quedamos con la sensación de que el universo que conocemos llega a su fin porque, de hecho, así es.

El pollito, sin embargo, nos ofrece sabiduría al mostrarnos que para nacer mientras aún estamos vivos, necesitamos comer nuestro propio cascarón. Cuando nos enfrentamos a grandes cambios en nosotros, en alguna relación o en nuestra vocación, a veces debemos engullir todo lo que nos ha arropado, nutrido e incubado para que, cuando la nueva vida llegue, lo antiguo siga habitándonos.

❉ *En la siguiente oportunidad que se te presente, observa cómo nace algo.*

- *Si esta noción te conmueve, continúa ahondando en ella. Ve a un zoológico, a una granja, a un vivero o un acuario. O camina por el piso donde tienen a los bebés en tu hospital local para ver a los recién nacidos.*
- *Mientras observes algún tipo de nacimiento, nota qué detalles te conmueven.*
- *Considera que estos detalles son como un maestro y trata de ver si describen algo a lo que le esté costando trabajo nacer dentro de ti.*

6 DE AGOSTO

El placer del corazón

Nacemos con la necesidad
de emitir nuestro desnudo alarido
en el interior del otro.

Somos tan tímidos respecto a nuestra sexualidad, que a menudo dejamos pasar de largo las enseñanzas que llegan a nosotros en momentos de verdadera intimidad. La profunda intensidad de la sensibilidad durante el orgasmo, por ejemplo, es una dulce paradoja de la manera en que celebramos el momento y queremos volver a él una y otra vez, a pesar de que nadie puede soportar el éxtasis por mucho tiempo.

Este instante exacerbado nos revela bastante sobre nuestras limitaciones humanas y sobre los momentos más profundos del hecho de estar vivo. No es casualidad que nos sintamos animados a presentarnos desnudos y vulnerables ante el otro, a pesar de todos nuestros miedos y actitudes defensivas, así como que queramos ser abrazados y tocados por completo justo en el momento en que nuestra sensibilidad alcanza su máximo punto.

Esta es la definición del placer desde la perspectiva del corazón y, aunque para sentirnos completos necesitamos este momento de exposición y liberación, también debemos aceptar que no podemos soportarlo por mucho tiempo. Esta es la razón por la que los gritos de éxtasis y agonía a menudo suenan iguales. El hecho de que necesitemos percibir esta sensibilidad tan plena y esta vulnerabilidad en la unión con otro es prueba de que nadie puede vivir esta vida solo. En este sentido, la verdadera intimidad no puede tener lugar sin la confianza. Cuando permitimos que nuestro cuerpo alcance este nivel de sensibilidad mientras contenemos al corazón, nos abstenemos del éxtasis y experimentamos su eco menor: el clímax.

Pero si no contenemos nada, el éxtasis puede experimentarse en otros contextos aparte del sexo, es decir, también podemos vivirlo en el ser y en el quehacer de todas nuestras relaciones, en el ejercicio de la verdad, en ese estático momento en que nos permitimos revelarnos por completo y ser abrazados al mismo tiempo. En este atrevido y frágil instante, el corazón ensaya todos sus dones: ser quienes en verdad somos, no reprimir nada, confiar en el otro, ser íntegros y atestiguar la completitud ajena.

- *Esta es una meditación sobre la intimidad y debe realizarse con un ser amado.*
- *Siéntense el uno frente al otro y respiren lento hasta que encuentren un ritmo común natural.*
- *Mantengan el contacto visual y contemplen con dulzura el rostro del otro.*
- *Tracen poco a poco los rasgos del otro tocándolo ligeramente con las puntas de los dedos, permitiendo que los muros entre ustedes pierdan su grosor.*

7 DE AGOSTO

Lo que llevamos con nosotros

Un río no puede contener toda el agua
que pasa por él.

En nuestro viaje a través del tiempo, todos batallamos de manera constante con lo que debemos llevar con nosotros y lo que debemos dejar atrás. Resulta muy difícil deshacerse de las cosas, pero si no lo hacemos, podemos terminar ahogándonos bajo un peso que nosotros mismos habremos acumulado.

El río es un buen ejemplo, no es dueño del agua que pasa por él, pero su relación con ella no podría ser más íntima, dado que la fuerza de la corriente es lo que le da forma. Sucede lo mismo con todo lo que amamos. De hecho, no tiene ningún sentido aferrarnos a las cosas más profundas porque ya nos dieron forma.

Así pues, el propósito de sentir es liberar las vigorosas emociones que duermen en nosotros. A veces, los libros, las tarjetas, las conchas marinas y las flores secas hacen esto, pero a menudo acumulamos más de lo necesario porque no creemos que en nosotros viva ya lo que estos discretos tesoros representan. Con frecuencia, el regalo más útil que nos podemos ofrecer es el de desplegar nuestra vida y abrirla como un río.

❈ *Toma un recuerdo significativo para ti y reflexiona respecto al sentimiento que de él mana.*
❈ *Cobra conciencia del lugar donde vive este sentimiento en ti.*
❈ *Piensa en cuán vivo o finito es este recuerdo para ti.*
❈ *Piensa en por qué lo conservas.*

8 DE AGOSTO

Entregarse como el pato

Debajo de lo que trato de ver
se encuentra oculto lo que necesito.

Sucedió hace años, pero lo recuerdo con claridad. Iba yo caminando por la orilla de un lago al mediodía y, de repente, bajo el sol, a unos tres metros, vi un pato acurrucado en sí mismo, durmiendo. Se balanceaba al ritmo del agua del lago con la cabeza y su brillante copete escondidos entre su cuerpo.

Esta breve escena me conmovió porque en ella descubrí una enseñanza sobre la confianza. Sin ninguna intención o conocimiento de sí mismo, el patito dormido en el vientre del mundo se convirtió en un profundo maestro silencioso. Si tan solo pudiera yo... si tan solo pudiéramos todos rendirnos y entregarnos de esta manera tan absoluta ante el misterio de la vida seríamos transportados y renovados.

Era obvio que la pequeña criatura despertaría pronto y empezaría a nadar como de costumbre sobre el agua, pero su capacidad de dejar ir todo por completo era lo que permitía que, aunque fuera solo por unos minutos, a su tiempo en la tierra lo llenara y lo saturara la profunda paz a la que solo podemos acceder cuando nos rendimos y nos entregamos al movimiento de la vida.

Yo he podido dejar ir todo de esta manera tan plena solo en algunas ocasiones. Sin embargo, esos momentos de rendición absoluta cambiaron mi vida por completo. Cuando me dio cáncer, caí al borde de mi miedo y entré al quirófano como el pequeño pato, sabiendo que estaba en el umbral hacia el otro lado. Cuando me he sentido solo y he tenido miedo de contactar a otros, he caído una y otra vez en el mar del amor de alguien más, y eso ha purificado mi cansado corazón. Y en mi búsqueda de una nueva sabiduría que me guíe, a veces tropiezo y me rindo respecto a lo que creo saber. Mi entrega es tan completa, que de pronto me encuentro vagando de una forma más profunda que no es ni sabia ni insensata: solo reafirma la vida.

- *Cuando estés cansado, siéntate en silencio y deshazte de la pesadumbre del día a través de tu respiración.*
- *Cada vez que respires libera algo inacabado, un moretón que hayas encontrado en tu cuerpo, una preocupación o miedo que hayas estado alimentando.*
- *No analices ni resuelvas estas cosas, solo libéralas a través de tu respiración.*
- *Cuando te sientas lo bastante ligero, visualízate como el patito y siente fluir el misterio que te envuelve. Siente su optimismo, su capacidad de flotar.*
- *Ríndete y entrégate diez segundos, es decir, renuncia a toda resistencia y permite que el agua de la vida te transporte.*

9 DE AGOSTO

Preparar el camino

Mientras no hayas muerto y,
por lo tanto crecido,
solo serás un afligido invitado
en la sombría tierra.
—Goethe

Morir no es cosa mala, las células lo hacen todos los días. De hecho, es así como el cuerpo vive, es una paradoja. Los revestimientos se desprenden, las cubiertas se caen, nuevas capas aparecen. Así es como nos mantenemos vitales. Las maneras de pensar también perecen como las células y, si impedimos que lo que crece debajo de ellas se abra camino como la nueva piel de nuestra vida, podemos sufrir mucho. La terquedad con que rechazamos que lo que crece surja nos hace daño, el miedo de que no crezca nada en las capas subyacentes alimenta nuestra desesperanza. Lo verdaderamente mortal es el instante en que dejamos de crecer del todo.

Resistirnos a este proceso nos convierte en un afligido invitado que gime como un cuervo humano. Si tratamos de impedir el surgimiento de todo por lo que pasa la vida, solo duplicamos el dolor de vivir. Imagina lo que sucedería si las hojas nunca cayeran de los árboles, si las olas no rompieran o si las nubes nunca vertieran su lluvia y desaparecieran.

Todo esto lo digo como un recordatorio para ti, pero también para mí: las breves muertes evitan las muertes colosales. Lo que más importa es esperar nuestro turno bajo todo lo que se desgasta a sí mismo para preparar el camino.

- *Siéntate en silencio y piensa en los muchos yo que has sido. Respira de manera regular y, mientras tanto, reflexiona sobre el hecho de que el nuevo* yo *siempre ha estado creciendo bajo el antiguo* yo.
- *Ahora cierra los ojos y piensa en eso nuevo que está creciendo en ti ahora mismo.*
- *Respira de manera constante y deja de aferrarte a los hábitos mentales que podrían estar bloqueando tu crecimiento.*

10 DE AGOSTO

Al azar

El azar es el instante en que un caballo
corriendo a toda velocidad
tiene los cuatro cascos separados del suelo.

Este es el significado original de la palabra *azar*. Se refiere al misterio de la pasión desenfrenada, a la elevación producto de la inmersión y la entrega absolutas. En nuestros tiempos, sin embargo, significa: sin plan, método o propósito; es un término que se refiere a la suerte absoluta. El azar nos ayuda a desestimar cualquier suceso más allá del control de nuestra voluntad: si nosotros no lo decidimos, seguro es un hecho accidental.

No obstante, nuestra vida está repleta de oleadas inesperadas de amabilidad que parecen venir de la nada. Justo cuando tienes sed, alguien sirve una taza de agua y los demás la hacen pasar. Justo cuando estás tan solo que quieres quebrar ese hueso que nadie ve porque está en lo más hondo de ti, alguien se ofrece a llevarte a casa o reacomoda la bolsa de víveres que está a punto de caerse de tus manos. Cuando sientes que nada podría hacerte levantar la tristona cabeza y despegar la mirada del solitario camino, los ciervos lo atraviesan tartamudeando y masticando al mismísimo ritmo de la música de Handel.

¿Qué podríamos aprender del caballo que corre al azar? Piensa en el hecho de que toda su energía y su deseo aumentan en cuanto se habita a sí mismo por completo y entonces es que vuela. Pero solo para volver a tocar el piso y volar otra vez y volver a caer. Para nosotros, el momento de azar es aquel en que no nos guardamos nada, en el que entregamos todo lo que tenemos a la situación que enfrentamos, sea cual sea. En ese intenso momento, nos acercamos lo más que es posible al vuelo siendo humanos, planeamos brevemente con una pasión por la vida que hace que todo en nuestro interior se encuentre con el mundo cotidiano.

Esto lo viví una y otra vez en todas las camas de hospital en las que yací mientras tuve cáncer. Cuando no podía guardarme nada, ni lágrimas, ni dolor, ni frustración ni ira, de pronto me encontraba al azar, despegado del suelo —aunque no pudiera levantarme de la cama— y lo más notable es que ese azar me insertaba en el flujo de las vidas que me rodeaban.

Porque, así como el dolor en el cuerpo avisa a otras células que deben flotar hacia la zona dañada, nuestra experiencia honesta, vivida al azar, convoca a otras vidas a ayudarnos. Lo que sucede cuando la sangre fluye de las partes sanas del cuerpo a las lastimadas, sin que ninguna de ellas sepa que se encontrarán, también pasa en el cuerpo universal. Fluimos para ayudarnos entre todos y rara vez sabemos a dónde nos dirigimos. Es un misterio, pero la fuerza de la vida se cura a sí misma de esta forma, y eso a lo que llamamos "suerte", "fortuna" o "coincidencia" es la circulación de la vida sanándose a sí misma en nosotros y a través de nosotros.

- *Haz algo azaroso hoy.*
- *Si un claro asoleado atrae tu atención, no te guardes nada, acércate, párate en él y levanta el rostro hacia el cielo.*
- *Si te sorprende la lluvia, ábrete a ella aunque sea solo por un momento.*
- *Si escuchas música en vivo en la calle, busca de dónde proviene y escúchala un rato en silencio.*
- *Si ves algo hermoso, sonríe lento. Si todavía te parece hermoso, date la oportunidad de reír porque has tenido el privilegio de verlo dos veces.*
- *No te guardes nada, permite que lo que te conmueve desvíe tu camino.*

11 DE AGOSTO

Mientras corro

Ver toma tiempo.
—Georgia O'Keeffe

Un día de mayo, mientras corría, vi un seto pulcramente podado. Del seno de su simetría brotaban vigorosas y desaliñadas flores azules que solo crecían sin obedecer a forma alguna. Sonreí porque he pasado muchos años resistiéndome a que me poden y me den forma. Amé la manera en que las silvestres flores azules yacían sobre el seto.

En junio, otro día que salí a correr, vi a un anciano podando el seto. Estaba muy concentrado, cortaba con cautela y luego retrocedía, sudaba hasta por los ojos, como si el mundo dependiera de su diligencia. Su compromiso con la tarea me conmovió. Nos vimos y asentimos por un instante sin decir nada, era obvio que su empeño no tenía que ver con el seto, sino con el hecho de que necesitaba ocuparse de algo. Me di cuenta de que esa era la manera en que yo había estado viviendo desde que sobreviví al cáncer.

En agosto, cuando salí a correr, descubrí una fuente escuálida brotando lo más alto que podía a partir de un centro imperceptible, tratando de alcanzar sin brazos hasta que no alcanzaba más y, en el momento en que más se acercaba al cielo, volvía a caer sobre sí misma. Lo que se elevaba reemplazaba todo el tiempo a lo que caía. Entre sudor y jadeos comprendí que eso era lo que significaba ser libre.

- *Siéntate en silencio y convoca a esa parte de ti que se resiste a que la poden. Aliéntala.*
- *Respira hondo y convoca a la parte de ti que necesita ocuparse de algo. Acéptala.*
- *Respira de manera libre y convoca a esa parte de ti que vuelve a caer sobre sí misma tras estirarse. Bendícela.*

12 DE AGOSTO

Vivir a todo volumen

Estamos aquí para vivir en voz alta.

—Émile Zola

Al principio sabemos lo suficiente para llorar y entrar a este mundo haciendo ruido, propósito principal de nuestra expresión. Todo lo que vociferamos se convierte en una línea vital, en una vena expresiva con la que afirmamos, una y otra vez, que somos esenciales, que formamos parte de la majestuosidad y la variedad de la vida.

Sin embargo, poco después, casi enseguida, tal vez en la escuela, en casa o cuando nos aventuramos por primera vez tras percibir una noción del amor que parece provenir de nuestro interior, empezamos a creer que lloramos y hacemos ruido para que nos escuchen, y entonces todo cambia.

De pronto nos entra la ansiedad de ser bien recibidos, aceptados y validados, pero imagina si las aves solo cantaran cuando fueran escuchadas, si los músicos solo tocaran cuando contaran con la aprobación del público, si los poetas solo declamaran cuando los entendieran.

En muchas ocasiones he luchado por no tomar en cuenta ni mis expectativas ni la desaprobación de otros mientras trato de reencontrar mi voz y de regocijarme como un fragmento vivo de las cosas. Ser escuchado provee una dicha particular y sustento, pero he llegado a comprender que lo primero que debo hacer es lograr que mi voz resuene para abrirme paso en el mundo y expresar quién soy. Como mi deseo de causarles una buena impresión a los otros nunca desaparece, tengo que mantener sus reacciones alejadas de mí lo suficiente para darle a mi voz tiempo de llegar a la luz.

Permíteme contarte la historia de un anciano al que conocí. Llegó de Italia y ha pasado su vida entera trabajando como plomero. Es un hombre bueno y dulce, y cuando ríe, lo cual sucede con frecuencia, también llora sin importar quién esté presente o si nadie comprende por qué lo hace. Este hombre mantiene sus ductos limpios, vive a todo volumen. Sin saberlo, me ha enseñado a amar al mundo.

- *Si puedes, sal de casa y escucha a las aves. Escucha la claridad de su canción.*
- *Nota que parece no haber nada entre su impulso de cantar y lo que cantan.*
- *Respira y observa lo que sientes, detecta cualquier vacilación que te impida sonar como un estruendo. Se trata de una enfermedad humana.*
- *Trabaja para eliminar tu vacilación humana. Cuando inhales, siente lo que se eleva en ti. Cuando hayas inhalado todo lo posible, parpadea con tu mente y ciérrala como si fuera un ojo. Al exhalar, deja que el sentimiento suene a partir de ti, no importa cuán sutil sea al salir.*

13 DE AGOSTO

La roca de todos

Tal vez por eso quiero tocar a la gente
con tanta frecuencia:
porque es otra manera de hablar.
—GEORGIA O'KEEFFE

Me sentía adolorido y vulnerable, estaba lejos de casa y, de repente, a través del violento viento de la costa, vi una gran roca rodeada por el mar agitado. La cubrían todo tipo de animales: el tigüi-tigüi, la gaviota, el cormorán, el león marino, la foca, el pelícano, la nutria. Para protegerse del martilleo del mar, se refugiaron en ella escalando, aleteando, empujándose a sí mismos sobre su superficie, viviendo juntos, yaciendo los unos sobre los otros, descubriendo este oasis en forma de piedra, oasis de viento y sol. Para cuando todos estuvieron sobre la roca, se sintieron demasiado cansados para pelear, a todos los había vapuleado el golpeteo de las húmedas aguas.

Comprendí que esta era la manera en que los heridos encontrábamos nuestro camino, la forma en que nos encontrábamos los unos a los otros, incluso en este libro. Sin importar lo que haya enfrentado, todo sobreviviente conoce el martilleo del mar; la roca en la que encontramos refugio es un lugar expuesto en el que por fin nos aceptamos entre nosotros, demasiado cansados de nadar para continuar pensando en territorios, demasiado cansados para comunicarnos de otra forma que no sea a través del dulce contacto táctil.

El grupo de ayuda al que asistí cada semana era una roca como esta. Las salas de reunión de recuperación también lo son. Las miles de salas de terapia silenciosas lo son. Para quienes han sufrido, la tolerancia no es una postura política, ni siquiera un principio. Para quienes hemos sufrido, para quienes nos hemos arrastrado hasta una roca bajo el calor del sol, cualquiera que yazca exhausto a nuestro lado es parte de la familia.

- *Encuentra tu centro e imagina que este momento es una gran roca que escalaste debido a tu sufrimiento.*
- *Respira hondo y siente la momentánea paz en medio del martilleo de tus días.*

- *Abre tu corazón para ver si otros a quienes tal vez conozcas vienen a pasar su tiempo aquí.*
- *Si alguien en particular te viene a la mente, ábrete a la posibilidad de hablar con esa persona sobre esto.*

14 DE AGOSTO

Los acantilados Puye

Pensé que podría ser sabio, pero lejos está
la sabiduría de mí. Lejano se encuentra todo
lo que ha llegado a ser, lejano y muy profundo.
¿Quién podrá hallarlo?
—ECLESIASTÉS, 7:24-25

La palabra "humildad" viene de *humus*, la tierra, y nos propone algo más que inclinar la cabeza. Nos ofrece un vínculo con todo lo que es más antiguo que nosotros y, por lo tanto, nos ofrece una perspectiva de sosiego más allá de nuestras preocupaciones cotidianas. A veces, incluso más allá de nuestro entendimiento.

Todo esto lo sentí de manera muy profunda el día que visité a mi amiga Carol en Nuevo México. Condujimos una hora hacia el norte de Santa Fe y ahí encontramos los acantilados Puye, un lugar repleto de viviendas fabricadas con piedra cortada en las que vivieron, durante doce generaciones, mil quinientos individuos nativoamericanos. Escalamos hasta la cima y terminamos en lo que nos pareció que era el borde del mundo. Carol dijo:

—Es hermoso cuán insignificantes somos...

Imaginamos a los ancianos hace ochocientos años, eligiendo este sitio porque su vastedad mantendría a todos conscientes del Creador.

El viento empezó a soplar con más fuerza y a azotar en las pequeñas perforaciones en las que vivían los espíritus nativos, y los espíritus comenzaron a cantar entre el sonido del viento. Pensé en Carl Jung confesando que su vida solo podría cobrar sentido en el contexto de los siglos, y comprendí que cualquiera que haya buscado la verdad del espíritu ha vivido de esta manera, mirando hacia afuera desde su vacía y oscura cueva, contemplando la majestuosidad de todo lo que es.

Vaya, ¡cómo escalamos las tribulaciones de nuestra vida exterior hasta llegar al precipicio de la humildad para morar ahí, al borde del misterio! ¡Cómo escalamos nuestro sufrimiento hasta donde podamos cavarnos una pequeña casa desde que la nos asomaremos y nos marearemos al comprender que nosotros somos diminutos y el Universo, colosal!

Y, oh, como los escaladores que pasaron antes que yo para vivir en las alturas del muro y esperar, yo también he sufrido este ascenso. Hemos permanecido ahí juntos y solos, fatigados por los días hasta transformarnos en lo que ahora somos. Ahí, en los acantilados interiores donde se encuentran las criaturas humildes para ver lo que no puede ser visto, para saber lo que no puede saberse, ahí extendemos los brazos para probar el aire ancestral como halcones. Extendemos nuestra mente como árboles que echan raíz en el borde para aceptar el fin del conocimiento que llega como el sol, no para instruirnos, sino para brindarnos su calor y ayudarnos a crecer.

Oh, así nos cernemos sobre la vastedad y extendemos nuestro corazón en el interior de nuestro pecho común, nuestro corazón latiendo por debajo del viento, como un objeto humano a diez centímetros de su canción.

- *En la siguiente oportunidad que se presente, viaja a un espacio natural abierto, como la cima de una montaña, la orilla del mar, la ribera de un lago extenso o el centro de un campo abierto.*
- *Medita ahí en silencio, permite que el viento envuelva tu diminuto aliento con la sensación de todo lo que es más antiguo que tú.*

15 DE AGOSTO

Ser abrazado

Tal vez la plegaria más breve y poderosa
en el lenguaje humano sea "ayuda".
—Padre Thomas Keating

Cuando permanecemos mucho tiempo sin expresar lo que necesitamos, empieza a formarse una dureza fría y rígida entre nosotros y el mundo. Ni siquiera se trata de conseguir lo que necesitamos, sino de admitir, sobre todo ante nosotros mismos, que tenemos necesidades.

Pedir ayuda, la obtengamos o no, rompe esa rigidez que se forma en el mundo. Resulta paradójico, pero incluso al pedir lo que nadie puede darnos nos sentimos aliviados y bendecidos por la posibilidad de articular la petición. Porque admitir nuestra humanidad deja que el alma fracture la superficie de la misma forma en que el delfín lo hace cuando salta hacia el sol.

Una de las barreras más lacerantes que podemos experimentar es la sensación de aislamiento que el mundo moderno tanto fomenta, esa sensación que solo podemos romper con nuestra disposición a ser abrazados, con la discreta valentía de permitir que otros atestigüen nuestra vulnerabilidad. Porque, así como el agua llena un hueco y la luz inunda la oscuridad, la gentileza arropa lo que es suave cuando lo que es suave se devela.

Por todo esto, admitir lo que necesitamos, solicitar ayuda, mostrar nuestra vulnerabilidad son todas formas de oración inefable que los amigos, los desconocidos, el viento y el tiempo arroparán. Dejar que nos abracen es como volver al vientre materno.

- ❆ *Respira y trata de relajarte y de bajar la guardia durante este breve momento.*
- ❆ *Respira lento y siente cómo tus poros se abren más al mundo.*
- ❆ *Inhala profundo y deja que el aire y el silencio se acerquen más.*
- ❆ *Inhala de manera contundente y permite que te abrace lo que es.*

16 DE AGOSTO

Vacía tus bolsillos

Por favor recuerda, lo que cura
es lo que eres, no lo que sabes.
—Carl Jung

Esto es difícil de recordar, yo batallo con ello todos los días. Incluso cuando entiendo que basta con exponer mi corazón ante el día como una esponja, alguien viene con alguna aflicción y yo empiezo a vaciar mis bolsillos, a buscar eso que sé que podrá ayudarles. Pero siempre resulta que lo único que esa persona quiere es que yo abra mi corazón como una esponja para ella, lo único que desea es ser escuchada, que la abracen.

Esto es muy fácil verlo en otras formas de la naturaleza. Las estrellas abrazan a la oscuridad permaneciendo encendidas, los ríos conservan viva a la Tierra manteniéndose mojados, el viento solo sopla y se lleva consigo las nubes que traemos en la cabeza.

Estos son los maestros que abren el corazón, son las cosas que esperan en nuestra naturaleza a que les imbuyamos vida, las que nos curan a nosotros y a otros.

Cuando mis bolsillos se quedan vacíos, cuando ya saqué todo lo que sé, con frecuencia termino encogiendo los hombros y admitiendo que no tengo idea de qué hacer. En este humilde hecho empieza la verdadera labor del amor.

❄ *Una vez al día piensa en ti como energía vital y no como una meta que debes lograr o un obstáculo que tienes que superar. Percíbete sin una lista de objetivos.*

17 DE AGOSTO

Todos somos una flauta viva

Sufrir nos transforma a cada uno en un instrumento
para que, al estar desnudos, con nuestros huecos y todo,
la vitalidad oculta se escuche a través
de la sencillez de nuestra vida.

A veces no nos es posible obtener lo que queremos y, aunque esto puede resultar decepcionante y doloroso, solo se torna devastador si lo permitimos. En el mundo hay un sinfín de posibilidades, es lo que hace que la naturaleza sea como una reserva de salud. Pero si el corazón está apretujado o si la mente se queda bloqueada en su dolor, podemos encoger el asombro hasta convertirlo en un simple hilo. A diferencia de la infinidad de huevecillos que desova el pez o de las incontables células que florecen para curar una herida, nosotros llegamos a aferrarnos a lo único que saciará nuestro apetito. A partir de aquí, la crisis y la desesperación se encuentran muy cerca.

Flagelarse por esa única semilla que no rindió fruto se convierte en una ocupación de pena. El camino es insidioso, entre más nos negamos al misterio, más nos sentimos responsables de todo lo que nos acontece. Entre más nos distraemos analizando estrategias fallidas, más eludimos los verdaderos sentimientos de pérdida de los que nadie puede escapar en el camino a una vida plena y vigorosa.

Incluso si lo aceptamos, seguimos destinados a la convulsión y a la aflicción que surgen cuando queremos amor. Porque, una vez que nos hemos volcado en amar a otra persona, nos parece que, cuando se va, nos lleva con ella. Sí, quienes amamos se llevan consigo un profundo fragmento de lo que somos, pero lo que alimenta al corazón desde el interior es infinito, y todo lo vivo nos puede sanar.

Esto no puede ser más evidente que en la belleza de los árboles. Sus infinitos giros de corteza y las protuberancias de su tronco hacen que todos parezcan sabios, pero, aunque parezca asombroso, la piel de un árbol ancestral no es más que el mapa vivo de sus cicatrices. ¿Será que las cortadas se convierten en cicatrices y las cicatrices devienen hermosas y silenciosas muescas en las que hace su nido todo lo que puede volar?

En cada espacio que se abre cuando lo que anhelamos huye, se libera un lugar más profundo donde los misterios cantan. Si lográramos sobrevivir al suplicio de sentirnos vaciados, aún podríamos conocer la alegría de que algo cante a través de nosotros. Resulta extraño y hermoso, toda alma es una flauta viva, tallada por su existencia en la Tierra con el fin de hacer sonar una canción cada vez más profunda.

- *Siéntate en silencio y medita respecto a una relación en la que sientas que has perdido una parte de ti. Puede ser una relación romántica, una amistad o un lazo familiar.*
- *Respira de manera constante y analiza cómo sucedió esto. ¿Fue por un rechazo? ¿Por sumisión? ¿Porque renunciaste a tu capacidad de elegir lo que necesitaba tu alma? ¿O porque tu ser querido se alejó o murió?*
- *Respira profundo, ve al fondo de todo lo correcto y lo incorrecto, a lo largo de la herida, más allá de la pérdida. Ve si puedes sentir lo que se ha abierto y ahora está expuesto debido al rasgamiento.*
- *Aunque no puedas nombrarla, lleva contigo esta nueva presencia y, a lo largo del día, trata de descubrir la canción que en el fondo espera a ser interpretada a través de ti.*

18 DE AGOSTO

Alojarse en la espera

Mantente sereno en la unidad de las cosas.
Las perspectivas erróneas
desaparecerán por sí solas.
—Seng-Ts'an

Mientras escribo esto me encuentro sentado en Bryant Park, en Nueva York. Es verano y los altos robles se inclinan hacia el sur por alguna razón. Es mediodía. Todos caminan con flojera, presas del calor. Hay empleados almorzando, turistas alemanes, ancianos durmiendo una siesta y e indigentes murmurando para sí mismos mientras los gorriones revolotean y canturrean un mensaje que nadie puede descifrar.

A veces, la vida parece una enorme sala de espera sin destino en la que algunos caminan con rigidez de un lado a otro, esperando que el dolor fenezca. Otros temen que algo malo pueda suceder enseguida. Los que se sienten motivados planean mientras esperan. Yo soy cada uno de ellos.

Para todos, la batalla siempre ha consistido en mantenernos bien anclados en la espera, alojarnos y afianzarnos en el peso hasta descubrir que no tenemos a dónde ir.

Una vez despiertos, tal vez el mayor desafío sea dejar de tratar de alcanzar y solo abrirnos como una ostra que espera en lo profundo, hasta que la vida, con todos sus disfraces, nos inunde a través del centro entrecerrado que somos.

Entonces Dios entra en nosotros como una piedra brillante que cae en un lago, y el pasado se queda atrás haciendo ondas mientras el futuro hace ondas al frente, y nosotros respiramos la eternidad.

- *Esta meditación podría tomarte algún tiempo. Siéntate en silencio y trata de meditar hasta que tu percepción del tiempo empiece a desvanecerse.*
- *Mientras respiras, permite que tus imágenes del pasado y tus esperanzas para el futuro surjan y pasen.*
- *Cuando desaceleres y superes la espera, deja que se fusionen el pasado, el futuro y tu noción del tiempo.*
- *Cuando comiences tu día, no intentes alcanzar a la vida. No trates ni de partir ni de llegar, solo deja que la vida entre en ti.*

19 DE AGOSTO

El privilegio necesario

No sentir es impedirle respirar al corazón.

Muy a menudo libramos una guerra contra la tristeza como si se tratara de un germen indeseable y suspiramos por la felicidad como si fuera un Edén prometido cuya puerta está cerrada con llave y le impide la entrada a la única falla secreta que necesitamos corregir para ser dignos de entrar. Incluso nuestra Constitución trata de rescatarnos del difícil viaje de la individuación y, para ello, nos asegura lo que ningún gobierno puede asegurar: la alegría del alma. Nos insinúa que la felicidad es nuestro derecho inalienable y, al mismo tiempo, que experimentar tristeza nos pone en desventaja.

Por otra parte, es cierto que sufrir significa sentir profusamente. Porque sentir profundo y con toda nuestra conciencia es lo que nos sensibiliza a la dicha y a la pena. La capacidad de sentir con vigor revela el significado de nuestras experiencias.

Si tienes sed, no puedes nada más sumergir tu rostro en el arroyo y decir: "Solo beberé el hidrógeno y dejaré el oxígeno a un lado" porque, si los separas, el agua dejará de ser agua. En nuestra existencia sucede lo mismo, no podemos solo beber la felicidad o solo beber la pena y que la vida continúe siendo vida.

Mientras los pulmones aprovechan el aire que respiramos, el corazón aprovecha las experiencias que vivimos, y por eso estar vivo significa *vivir*. Es nuestro derecho. Sentir de manera profusa es un privilegio necesario.

- *Recuerda tu momento de felicidad más reciente y qué fue lo que te condujo a él.*
- *Recuerda tu momento de tristeza más reciente y qué te condujo a él.*
- *Respira con calma y permite que, en cada ocasión, tu aliento fusione estos sentimientos de la misma forma en que los ríos se unen al llegar al mar.*
- *Sin tratar de mantenerlas separadas, siente cómo se unen tu felicidad y tu pena en la profundidad de tu ser.*

20 DE AGOSTO

Lo que estrechamos contra el vientre

La batalla interior contra nuestra mente,
contra las heridas y los residuos del pasado,
es más terrible que la batalla exterior.
—SWAMI SIVANANDA

Vi a una nutria marina retozando en la bahía, estaba bocarriba y contra su vientre estrechaba lo que parecía un cangrejo o una tortuguita. Por momentos comía un trozo del animal, luego lo apretaba contra su cuerpo de nuevo, giraba y nadaba otro poco.

Esta imagen permaneció conmigo varios días hasta que me di cuenta de que había estado viviendo como la nutria, sosteniendo y estrechando contra mi vientre la parte no roída de mí mientras rodaba en lo profundo. Pero, por supuesto, es imposible nadar con libertad mientras te aferras a animales muertos y su caparazón.

Tratar de avanzar y devorar el pasado al mismo tiempo es lo que me ha causado tantas úlceras. Por eso, en cuanto me di cuenta de lo que pasaba, me detuve y enfrenté la aflicción de las viejas heridas a las que me aferraba y apretaba contra mi vientre.

Esto me hizo comprender, una vez más, que aunque tratemos de integrar nuestra experiencia interior con la exterior, aunque aspiremos a ese tipo de unidad, la labor se hace un paso a la vez: confrontándonos a nosotros mismos sin ir a ningún lado y sin mordisquear el alma enferma que trata de huir.

- *Mantente un momento inmóvil y trata de identificar si hay tensión entre tus acciones y tu ser, una tensión nacida del hecho de que te ocupas de algo en tu vida al mismo tiempo que tratas de avanzar.*
- *Si encuentras tensión, detente y enfrenta lo que estrechas contra tu vientre. Haz lo necesario para fluir hacia donde te diriges.*
- *Respira hondo y permite que tu atención interior y tu atención exterior avancen en la misma dirección.*

21 DE AGOSTO

Los maestros están en todos lados

Los maestros surgen de algún lugar en mi interior,
un lugar más allá de mí. De la misma manera
en que la tierra oscura no siendo raíz
sujeta a la raíz y alimenta a la flor.

Muy a menudo pensamos que somos independientes, que estamos al mando solo porque fuimos bendecidos y podemos ir dondequiera que queramos. Sin embargo, en realidad vivimos arraigados como los arbustos, los árboles y las flores en una tierra imperceptible que está en todos lados. La única diferencia es que nuestras raíces se mueven.

En efecto, podemos tomar nuestras propias decisiones decenas de veces al día, pero la tierra sobre la que caminamos nutre esas decisiones de la misma forma que la nutren los discretos maestros presentes en todos lados. El problema es que, con frecuencia, nuestro orgullo y confusión, nuestro narcisismo y nuestro miedo, nos impiden alcanzar a los maestros, y entonces nos sentimos abrumados y solos.

Cuando trato de escuchar a estos silenciosos maestros, recuerdo al gran poeta Stanley Kunitz, quien, siendo joven, enfrentó un momento sombrío en el que no sabía qué hacer con su vida, y de pronto escuchó gansos cruzando el cielo nocturno y supo que debía escribir un poema. A veces también pienso en un hombre que conocí hace mucho. Se estaba extinguiendo solo y se encontraba profundamente deprimido, pero un día que se sentía exhausto de sus infinitas cavilaciones, escuchó a unas avecitas entonar una inesperada canción entre la nieve. Entonces se dio cuenta de que era músico y necesitaba encontrar y aprender a tocar el instrumento que le correspondía en la vida.

Desde la perspectiva de quien se siente independiente y a cargo, las experiencias de este tipo parecen una locura, sueños poco creíbles. Sin embargo, la tierra vital en la que crecemos habla un lenguaje distinto al que nos enseñan en la escuela. El amor, la confianza y el espíritu de la eternidad rara vez son previsibles, y, de la misma manera, la claridad del ser pocas veces se manifiesta a través de las palabras.

En el breve tiempo que llevo en la Tierra, he sentido la luz del espíritu atemporal inundarme en momentos en los que pensé que moriría y, como el agua que bombea y asciende por la delgada raíz que insta a las hojas a crecer hacia la luz, las posibilidades me han emocionado y dirigido, a pesar de todo el miedo y la voluntad, hacia sueños que jamás hubiera imaginado.

Ya sea a través de las aves en la nieve, de los gansos graznando en la oscuridad o gracias a la esplendorosa hoja húmeda que golpea tu rostro, en cuanto pones en duda tu valor, los maestros sutiles se manifiestan en todos lados. Cuando pensamos que estamos a cargo, sus lecciones se disuelven como accidentes o coincidencias; pero cuando tenemos el suficiente valor para escuchar, el vidrio rompiéndose del otro lado del salón nos ofrece una dirección que solo es posible escuchar en las raíces de nuestra emoción y pensamiento.

- *Respira de manera regular y acepta que el único modo de prepararse para las enseñanzas inesperadas es manteniendo tu corazón y tu mente en silencio y en un estado receptivo.*
- *Respira hondo y lento, sabiendo que, así como el cuerpo debe estirarse para hacer ejercicio, el corazón y la mente deben extenderse si desean permanecer abiertos al espíritu de la vida.*
- *Respira hondo y de manera constante, extiende los pasajes de tu corazón y tu mente. Admite que eres una flor que aún no ha florecido.*

22 DE AGOSTO

Antes de la llegada

Solo estaré perdido si me dirijo
a un sitio en particular.
—Megan Scribner

Una amiga viajó por toda Europa yendo de una ciudad a otra en tren. A pesar de sus planes, su interés la llevó en distintas direcciones y de pronto ante ella se desplegó un sendero que no pudo haber previsto. Cada punto de descubrimiento la fue conduciendo al siguiente, como si la guiara una lógica invisible. Aunque no estaba segura del todo dónde se encontraba, nunca se sintió perdida durante esta fase del viaje. Solo cuando necesitó llegar a una estación a cierta hora sintió que había perdido el rumbo, que estaba extraviada, al margen de donde se suponía que debía estar.

Esta experiencia la hizo notar que, entre más estrechas eran sus intenciones en cualquier momento dado, más rezagada se sentía, más se retrasaba y se perdía. En contraste, entre más se ampliaba la red de sus planes, más frecuente era su sensación de descubrimiento. Sin importar dónde tuviera que estar, le daba la impresión de que, a medida que se sensibilizaba a la posibilidad y al cambio, los instantes que vivía le proponían más tesoros que encontrar.

Por supuesto, siempre habrá momentos en que necesitaremos hallar un camino muy preciso, pero lo más común es que nuestro destino solo sea un punto de inicio al que nos aferramos de manera innecesaria. Cuando logramos liberarnos de esa necesidad de llegar a cierto lugar, el peso de estar perdidos disminuye y, cuando llegamos y nos encontramos más allá del miedo de no lograrlo, el verdadero viaje comienza.

❄ *Esta meditación es para llevarse a cabo mientras caminas. Elige un lugar cercano al que te gustaría ir caminando; puede ser el banco de un parque, una cafetería en el centro o el patio de una escuela cerca de tu casa.*

❄ *Elige una ruta sencilla y empieza tu caminata.*

❄ *Mientras caminas ábrete a cualquier cosa que capte tu interés: el cantar de un ave, una onda luminosa o, quizás, el sonido de los niños jugando. Sigue lo que te llame la atención.*

❄ *Practica el arte de olvidar tu plan y descubrir el sendero de interés que espera más allá de lo que previste.*

23 DE AGOSTO

El sabor del cielo

Con las puertas mágicas sucede lo siguiente:
no las ves ni siquiera cuando pasas
a través de ellas.
—Anónimo

Cuando atravesamos una transformación, a menudo no sabemos lo que sucede. Porque cuando permanecemos a flote es casi imposible ver el mar hacia el que nos conducen las aguas. Mientras lidiamos con la aflicción del cambio, casi nunca podemos ver al nuevo yo en que nos estamos convirtiendo; por eso, aunque sintamos que a nuestra mano la toma con soltura la experiencia, rara vez imaginamos qué la llenará cuando la abramos. A medida que los días enjuagan nuestro corazón, sentimos algo invisible que nos explora, mas no imaginamos cuán frescos nos sabrán la leche, el cielo y la risa cuando volvamos a la sensación de ser nuevos.

- ❄ *Siéntate en silencio y piensa en una lucha que estés librando en este momento de tu vida.*
- ❄ *Respira a través de ella y bendice la parte de ti que está enterrada, esperando a que llegue su turno de ser en el mundo.*

24 DE AGOSTO

Entusiasmo

Somos seres humanos:
nuestro ser es infinito como el viento,
nuestro hogar humano está repleto de huecos.

Aunque es difícil aceptar que en la vida no hay respuestas, a veces es incluso más tortuoso aceptar que nadie las tiene. Nadie. Solo existe la mirada reiterada de la completitud en que todo es visto y sentido, así como las confusas consecuencias en que la claridad desaparece y toda el habla falla.

Así como los humanos debemos parpadear miles de veces al día, lo humano en nosotros parpadea ante nuestra esencia. Esta es la manera en que nuestras limitaciones nos aleccionan, parpadeando, ocultando nuestros dones de forma reiterada: están, no están; están, no están. No hay forma de escapar a la mezcla de todo esto, solo nos queda aceptar el misterio de la verdad que tenemos a la vista incluso cuando nos encontramos en la oscuridad, de la misma manera que sentimos el calor del sol, aunque cerremos los párpados.

Pero entonces, ¿qué nos queda? Todos nos enfrentamos a la eterna y mecánica tarea de descubrir o develar nuestro entusiasmo, lo que significa, en esencia, ser uno con la energía de Dios o de lo divino. La palabra misma, *entusiasmo*, viene del griego *en* (uno con) y *theos* (lo divino).

A pesar de nuestras infinitas limitaciones, las cualidades de la atención, el riesgo y la compasión nos permiten ser uno con la energía del Todo. Y el resultado es el entusiasmo: la profunda sensación de la unidad.

Como tal, el entusiasmo no es un estado de ánimo que podamos asumir a voluntad o imponernos. Más bien, es la onda que se produce cuando cae la piedra en el agua. Solo se puede experimentar tras habernos sumergido en la vida.

Así como el ave planea en la corriente de aire que no puede ver; el pez nada con la marea de la profundidad que no percibe, y la nota es entonada como parte de una canción que no escucha. Lo único que nos queda es el riesgo necesario de matar de hambre al ego: esa parte de nosotros que cree que puede controlar al mundo. Debemos matarlo para que lo invisible en la música del ser pueda elevarse y transportarnos. Al recurrir a la humildad, nuestro entusiasmo, la momentánea unidad con la energía del Universo, deviene el sonido de Dios moviéndose a través del arpa del alma.

Esta práctica es simple, misteriosa y extenuante: caminar cuando podamos y mantenernos inmóviles cuando no, sangrar lo sombrío acumulado en nosotros y sustituirlo con la luz que siempre está a la espera. A pesar de nuestras restricciones, el desafío más importante de ser humano es estar presente en la vida, como una rosa.

❄ *Tómate un momento en tu día para sentarte en silencio y con los ojos abiertos fuera de casa.*

- *Respira y cobra conciencia de todas las veces que tienes que parpadear.*
- *Siéntete consolado al saber que, cuando parpadeas, el sol no deja de brillar, las aves no dejan de cantar y las flores continúan floreciendo.*
- *Mientras respiras y parpadeas, siéntete reconfortado por el hecho de que tu espíritu no deja de brillar, tu corazón no deja de cantar y tu vida no deja de florecer.*

25 DE AGOSTO

El amor está en el ser

El centro que alguna vez vislumbré me envuelve,
es el paisaje en el que ahora habito,
y no fingiré más.

Si a quienes amé no pueden reconocerme
al ver mi alma expuesta,
ya no me aislaré más
para mostrarme como me reconocerían.

No tienes que hacer nada para ser amado. No tienes que alcanzar cierto nivel de desempeño o logros, no tienes que ganar una medalla ni ser visto haciendo el bien. A mí me ha tomado casi medio siglo aprender esto y creerlo, y sigue siendo mi tarea incluso hoy porque los mensajes que recibimos diciendo lo contrario son fuertes.

Cuando era niño escuché mil veces a mi padre decir: "No me digas lo mucho que te esfuerzas, solo muéstrame lo que has logrado". Sin embargo, la vida me ha mostrado que las cosas funcionan de la manera contraria. En mi corazón, donde en verdad cobra vida el espíritu del mundo, no importa lo que logre, lo único relevante es cuánto me esfuerce, porque el amor y la sinceridad son producto de ese esfuerzo.

Esto me ha conducido a otra reflexión: ser quienes somos no decepciona a otros. Durante buena parte de mi vida adulta escuche este mensaje: "Debes tomar en cuenta a los otros". Era algo que me decían para advertirme que no escuchara a mi corazón porque, si lo hacía, corría el riesgo de molestar a los demás. Sí, la verdadera compasión empieza por respetar a los otros, pero su incomodidad no tiene por qué acallar tu amor.

No tienes que hacer nada para ser amado, y ser quien eres no decepcionará a los otros. Repítelo con frecuencia, solo sé quien eres y ama lo que tienes frente a ti.

- *Encuentra tu centro y, cada vez que respires, haz a un lado tus logros.*
- *Respira hondo. Cada vez que inhales haz a un lado todo aquello que no has logrado.*
- *Siéntate en el centro de tu ser sin los uniformes del bien y solo cobra conciencia de que eres tan hermoso como una montaña o un río.*

26 DE AGOSTO

El conejo y el jardín

El verdadero viaje del descubrimiento
no consiste en buscar nuevos paisajes,
sino en mirar con ojos nuevos.
—Marcel Proust

En la película *Fenómeno*, el personaje de John Travolta ha hecho todo lo que se le ocurre para mantener a un inoportuno conejito lejos de su jardín, incluso colocó una valla que se extiende metro y medio por debajo del nivel del suelo. Pero es inútil, de todas formas, siempre encuentra sus plantas mordisqueadas.

Una noche despierta y se da cuenta de que ha estado haciendo las cosas mal, así que sale al jardín en silencio y, a la luz de la luna, abre la reja, se sienta en el porche y espera.

Para su sorpresa, justo cuando se empieza a quedar dormido, el conejo sale por la reja. Había estado tratando de mantenerlo fuera, pero el conejo estaba atrapado dentro del jardín y él, sin darse cuenta, lo mantenía encerrado.

Muy a menudo construimos vallas y barricadas alrededor de nuestra vida para evitar que el dolor y la pérdida entren. Pensamos que así mantendremos a las aflicciones afuera, pero en realidad, ellas ya están atrapadas en nuestro interior y devorando nuestras raíces. ¿No crees que lo que necesitamos, más bien, es abrir la reja y dejarlas salir?

- *Encuentra tu centro y piensa en algo que en este momento estés tratando de mantener fuera de tu corazón. Podría ser el miedo a lo que pudiera pasar, un recuerdo de algo que fue o la verdad de una situación que atraviesas.*
- *Cierra los ojos, abre la reja a tu corazón y espera. Respira y espera.*
- *Respira lento y dale al conejo la oportunidad de salir de tu jardín.*

27 DE AGOSTO

Mantén frescos los colores

> No sé si lo que termina es el día o el mundo,
> o si el secreto de los secretos
> está de nuevo dentro de mí.
> —Anna Akhmatova

Entre más vivo, más difícil me resulta discernir entre las emociones intensas porque todas parecen mezclarse en el lugar donde se originan. Sin embargo, entre más avanzo, más distingo entre sentir y no sentir, porque esto es todo lo que parece importar. No sentir me margina, me hace ver el mundo en blanco y negro, y a mí, en un estéril tono de gris. Solo el hecho de sentir me coloca en el escenario y mantiene los colores frescos.

El otro día fue muy colorido. Salí a comprar víveres y el anciano que los empacó miraba a lo lejos, a la nada. Al ver sus apesadumbrados ojos grises supe que era viudo y que, mientras levantaba mi queso cottage desgrasado para colocarlo en la bolsa de papel, la veía a ella flotando en algún lugar frente a él. El refresco, el pez espada y las mantecadas inglesas empezaron a amontonarse, la banda negra no dejaba de correr, así que con ternura tomé el queso de su mano. Él se volteó, me miró, un poco mareado de seguir ahí.

Durante mucho tiempo me esforcé por sentir la vida de otros, y al final descubrí que todos hacemos lo mismo, y que eso no solo es triste, también es desolador: es el suelo del corazón donde todos nos encontramos. A veces, la piel de la mente se rasga y dejamos de ser seres separados. Cuando las palabras se agotan, devenimos pruebas inmóviles de amor. Ese día me fui de la tienda sintiendo más de lo que debería soportar un solo corazón, sin saber si estaba en problemas o en tierra santa.

- *Siéntate en silencio y respira hasta llegar más allá del nombre que damos a nuestras emociones.*
- *Respira lento y trata de sentir la agitación que surge de ti sin calificarla, sin decir si es producto de la felicidad o de la tristeza.*
- *Respira de manera regular y siente el lugar del espíritu donde comienzan todas las agitaciones.*

28 DE AGOSTO

En el océano del espíritu

Aunque el viento vigoriza al árbol,
el árbol no es el viento.
Y aunque la vida nos da vida,
no somos la fuente.

En todos lados vemos ejemplos de la manera en que los elementos que confieren vitalidad nos habitan y nos hacen cobrar vida. Los peces, por ejemplo, constituyen el mar y dependen de él, pero aunque el mar puede habitar a cada uno de los peces, ninguno es capaz de contenerlo. Piensa en el hecho de que el árbol no tiene injerencia sobre el movimiento del viento, de la misma manera en que el pez no controla el movimiento del mar.

Esto nos ofrece una humilde manera de entender la vasta vida del espíritu. Porque, como el árbol y el pez, los seres humanos carecemos de control sobre el movimiento de la gracia. Las almas, al igual que los peces, constituyen el mar de todo espíritu y dependen de ese elemento, y sin embargo, aunque el mar de la gracia habita las almas, ninguna lo contiene.

Si llegamos a entenderlo, esto ejercerá un efecto en la forma en que vivimos porque, sin importar a través de qué lente espiritual mires o los nombres que prefieras usar para denominar al misterio, los seres humanos constituimos el mundo de Dios y dependemos de él; y aunque es posible encontrarlo en todos los seres, ninguna vida individual puede contener el mundo de Dios.

Cuando negamos esta verdad, el orgullo y la voluntad nos instan a contener y controlar más de lo que es capaz cualquier ser humano, y entonces, comienza nuestra destrucción. Solo llegaremos a reconocer la bendición y la energía de todo lo vivo si reconocemos la relación elemental del alma y el espíritu, es decir, de la vida individual con el arroyo de la vida.

Si soy honesto al examinar mis intentos por amar y ser amado, debo admitir que esto también es aplicable a los asuntos del corazón. Porque, ¿acaso no son nuestras pasiones y anhelos como pececitos que conforman un mar de amor? ¿No dependemos del amor que nos rodea para que lo que vive en nosotros cobre vida? Y, sin embargo, aunque podemos encontrar el mar del amor en todos los corazones, ningún corazón puede contenerlo. Como Jesús lo afirmó, la esencia del amor es más grande que todos los corazones que proclaman albergarla.

Pero ¿de qué forma puede ayudarnos a vivir saber todo esto? Solo puedo decir que a menudo me siento como un árbol que le hace frente al viento. Y así como solo nos es posible escuchar un viento agitado gracias a los árboles que le hacen frente, a Dios solo lo podemos conocer inclinando nuestra alma hacia el viento de la experiencia.

❄ *Observa cómo se mueve el viento a través de un árbol que conozcas.*
❄ *Observa hasta que el viento se haya ido y nota que, incluso cuando el árbol se ha quedado quieto, las ramas oscilan un poco.*
❄ *Ahora nota que incluso lo que parece aire inmóvil es solo un viento sutil.*
❄ *Reflexiona sobre lo similar que es la vida del espíritu cuando se mueve a través de nosotros.*
❄ *Percibe la fuerza de la vida como un viento discreto que se mueve a través de ti cuando respiras.*

29 DE AGOSTO

Vivir las preocupaciones

Vive, te digo, vive tus preocupaciones
y tu espíritu despertará de su fiebre,
y entonces querrás a los otros como si fueran sopa.

Durante mi lucha contra el cáncer, enfrentar la interminable serie de pruebas y procedimientos médicos y la subsecuente espera de los resultados me enseñó a lidiar con la preocupación.

En muy poco tiempo comprendí que el miedo se fortificaba cada vez que yo abandonaba el momento presente para imaginar cosas terribles que podrían suceder, como aflicción, pérdida y penas. A pesar de que me daba cuenta de ello, me costaba mucho trabajo dejar de pensar así. Poco después descubrí que la preocupación era el eco mental del miedo, la tendencia a reproducir en detalle todas las calamidades que podrían llegar a suceder, o no.

Finalmente, gracias al agotamiento, abandoné mi miedo y mis preocupaciones, y descubrí que podía volver a aterrizar en mi vida como en verdad era, con dificultades y alegrías entrelazadas por igual. Descubrí que, sin importar mis circunstancias, el único lugar seguro era el momento que estaba viviendo. A partir de eso empecé a buscar a otras personas cuyo amor me nutriese, que se preocupaban por mí. En gran medida, lo que me mantuvo cuerdo fue el instante subsecuente al miedo y mi intento de buscar a otros tras superar la inquietud.

- *Toma algo que te inquiete y usa tu respiración para convertirte en una bandera.*
- *En cada exhalación agita tus manos con las palmas abiertas, permite que la ráfaga de la preocupación te traspase.*
- *Percibe el momento en que la preocupación abandone tus manos, no importa cuán breve te parezca.*
- *Si te inquietas o sientes temor durante el día, exhala lento y abre las manos.*

30 DE AGOSTO

Salir del miedo

Siempre tendré miedos,
pero no necesito convertirme en ellos,
hay otros lugares en mí
desde donde puedo hablar y actuar.
—PARKER J. PALMER

Ningún sentimiento invade nuestra vida de manera más repentina o total que el miedo. El miedo parece llegar de la nada, en un parpadeo o en menos de lo que nos toma tragar saliva, y lo infecta todo.

Jacques Lusseyran, un joven invidente francés, decía que lo único que en verdad le impedía ver era su temor:

> "Hubo ocasiones en que la luz se iba desvaneciendo casi hasta desaparecer, sucedía cada vez que tenía miedo. Si en lugar de dejarme guiar por la confianza y arrojarme a hacer las cosas, vacilaba, calculaba, pensaba en el muro, en la puerta entreabierta o en la llave en la cerradura, si me decía a mí mismo que todos los objetos eran hostiles y trataban de golpear o rasguñarme, entonces chocaba o me lastimaba de manera inevitable. La única forma sencilla de desplazarme en la casa, el jardín o la playa era dejando de pensar en todo eso o considerándolo lo menos posible; entonces podía moverme entre los obstáculos como dicen que lo hacen los murciélagos. Lo que la pérdida de la vista no logró, lo lograba el miedo. *El miedo* me cegaba".

El miedo es la ceguera más profunda. Por eso, solo dar el próximo paso sin titubear y adentrarnos en el siguiente centímetro de lo desconocido nos permite forjar la confianza necesaria para lanzarnos a la vida que estamos a punto de encarnar.

- *Siéntate y coloca tres objetos pequeños frente a ti. Cierra los ojos y encuentra tu centro.*
- *Practica moverte entre lo desconocido, extiéndete sin vacilar y toma cada uno de los objetos.*
- *Cada vez que respires, toma uno y colócalo cerca de ti.*
- *Continúa haciendo esto hasta que el gesto de alcanzarlos y sujetarlos se vuelva tan natural como tu respiración.*

31 DE AGOSTO

En tus venas

Olvida la iluminación.
Siéntate dondequiera que estés
y escucha al viento cantando en tus venas.
—John Welwood

Cuando apenas empezaba, deseaba tanto llegar a ser poeta, que lo visualizaba como una especie de colina que tenía que escalar para poder ver desde ahí. Al llegar a la cima, sin embargo, me parecía que algo faltaba, así que escalaba la siguiente colina. Finalmente comprendí que no necesitaba seguir ascendiendo para volverme poeta. Ya lo era.

Lo mismo sucedió con el amor. Anhelaba muchísimo convertirme en amante, pero al escalar las relaciones como si fueran colinas, volví a darme cuenta de que siempre había sido amante.

Entonces quise volverme sabio, y después de mucho viajar y estudiar, cuando estuve postrado en la cama con cáncer comprendí que ya era sabio, el problema era que desconocía el lenguaje de mi sabiduría.

Ahora entiendo que todas estas encarnaciones cobran vida en nosotros cuando nos atrevemos a vivir los días que tenemos al frente, cuando decidimos escuchar al viento que canta en nuestras venas. Portamos el amor y la sabiduría como semillas, y los días nos permiten retoñar.

- *Siéntate dondequiera que te encuentres y solo respira.*
- *Cada vez que respires, deja ir los nombres de las cosas a las que aspiras.*
- *Respira de manera constante y nombra tus relaciones también: amante, padre, madre, hijo.*
- *Siéntate donde estés sin que ningún nombre te cubra y escucha al viento en tus venas.*

1 DE SEPTIEMBRE

Kikaku y Basho

> No deberíamos abusar de las criaturas de Dios. Hay que invertir el haiku. No es: A una libélula, arráncale las alas, falso pimentero. Sino: Falso pimentero, colócale las alas a la libélula.
>
> —El maestro japonés Basho en respuesta al poema de Kikaku

La destrucción o la sanación del mundo depende de la manera en que se despliegue esta reflexión poética, la cual nos dice que la diferencia la marca nuestra decisión de destruir o construir las cosas. Las sucintas instrucciones de Basho nos revelan la forma en que se ha desarrollado la historia humana: un peregrino destruye algo y otro lo reconstruye de manera incesante.

Como ejemplo podemos analizar el comportamiento de dos exploradores muy distintos que le dieron forma al mundo como lo conocemos ahora: Cristóbal Colón y Carl Jung. Mientras Colón atravesó el océano con el fin de encontrar atajos y reclamar cualquier tesoro que encontrara a su paso, Jung atravesó un océano interior con la intención de ensamblar las piezas que encontrara y reconstruir con ellas los tesoros que ya tenía a su alcance. Tendríamos que preguntarnos por qué un explorador pisó tierra en un continente que jamás había visto y proclamó: "¡Esta tierra es mía!"; y por qué el otro hizo una reverencia y susurró con humildad: "A esto le pertenezco...".

Tal vez la diferencia sea que Colón buscaba fuera de sí con una noción predeterminada de conquista, en tanto que, cuando encontró el inconsciente, Carl Jung buscaba en el interior con una noción indeterminada del amor. Es evidente que ambos estaban consagrados a sus respectivas búsquedas, pero mientras Colón tenía la intención de separar y poseer, Jung, como Basho, albergaba el anhelo de unificar y pertenecer.

Debemos tener cuidado: sufrimos tanto del impulso de separar y poseer como del de unificar y pertenecer. Mientras nuestros párpados se abren y se cierran sin cesar, nosotros, como arquitectos de la vida, separamos las cosas, las desensamblamos y las volvemos a ensamblar. Sin embargo, así como la conciencia depende de mantener los ojos abiertos, sanar a menudo depende de que construyamos y unifiquemos.

En el amor, en la amistad, en la búsqueda de aprendizaje y crecimiento, en nuestro deseo de entendernos, ¿cuántas veces, al igual que Kikaku, despojamos de sus alas a aquello que podría liberarnos?

- *Siéntate en silencio y reflexiona sobre una misión de búsqueda que estés llevando a cabo en este momento. Puede ser la búsqueda del entendimiento de ti mismo, de una relación más profunda, o de un hogar o un mejor empleo.*
- *Analiza la manera en que estás trabajando en esta misión.*
- *¿Estás armando las cosas o desarmándolas?*
- *¿Estás tratando de separar y poseer, o de unir y pertenecer?*
- *¿Estás arrancando alas o colocándolas?*

2 DE SEPTIEMBRE

Donde el amor es profundo

Donde el amor es profundo,
se puede lograr mucho.
—Shinichi Suzuki

A pesar del énfasis excesivo de nuestra cultura en el *hacer*, siempre hay un lugar y un tiempo adecuados para llevar algo a cabo. En realidad, hay muy poco que *no* podamos hacer. La mayor parte del tiempo solo somos incapaces de visualizar el sueño ya construido o, incluso, nuestra habilidad de realizarlo.

Recuerdo que, desde que era muy niño, mi abuela me animaba a visualizar incluso los sueños más modestos a través de mis manos y hacia el mundo.

—Velo aquí —decía señalando mi frente. Luego tomaba mis manitas y añadía—: Ahora velo aquí.

Se reía y, por último, mirando alrededor, dondequiera que nos encontráramos, exclamaba:

—¡Y dentro de muy poco, estará aquí!

Lo maravilloso de los seres humanos es que podemos sentir algo en nuestro interior y luego construirlo y materializarlo en el mundo. Es como si tuviéramos la necesidad nata de amar y crear, y en el fondo, estos impulsos del espíritu parecen ser los mismos. Lo que mi abuela hacía, por ejemplo, ¿no era crearme a través de su amor? En cuanto animamos a alguien más a ver con su corazón, ¿no lo estamos ayudando a nacer? Cada vez que le imbuimos a alguien la confianza necesaria para construir lo que su corazón contempla, ¿no ayudamos al mundo a renacer?

Se supone que debemos involucrarnos con la tierra, con la madera, la arcilla o el mármol, y convertirlos en formas. Que deberíamos asir el aire, las notas, palabras y colores, y transformarlos en signos. Se supone que deberíamos abrazar a otros que, como nosotros, también exudan dudas, y estremecernos al separarnos. Yo continúo haciéndolo como una suerte de declaración: vale la pena vivir la vida. Y eso me hace preguntar con dicha: ¿de qué nos vamos a enamorar esta noche?, ¿a qué color consagraremos nuestro ser?, ¿qué instrumento musical seremos ahora?

- *Cierra los ojos y visualiza algo que desees que se vuelva realidad. Puede ser el sueño de una relación sólida, de una casa, o de construir algo duradero con tus manos.*
- *Respira hondo y visualiza el sueño completo, finalizado, existiendo ya en el mundo.*
- *Respira lento y pasa algún tiempo con esta visión. Entra en ella y rodéala.*
- *Ahora abre los ojos y mira tus manos.*
- *Siente cómo el sueño terminado se mueve hacia tus manos abiertas.*
- *Siente tus manos palpitar con la energía del sueño que espera a ser construido.*

3 DE SEPTIEMBRE

El espacio no observado

Me esforcé tanto en complacer,
que nunca comprendí
que nadie está observando.

Como todos los otros niños en la escuela, yo imaginaba que mis padres se sentaban fuera de mi campo de visión como los discretos médicos que te observan detrás de los espejos, y que veían y juzgaban cada uno de mis movimientos. Y yo no dejé de creer esto cuando me convertí en adulto. Siempre caminaba por ahí preocupado por lo que podrían estar pensando los otros respecto a lo que hacía o dejaba de hacer. En este sentido, a todos nos abruman las semillas de la vergüenza. Por eso socavamos nuestra espontaneidad y la posibilidad de ser felices, porque nos observamos con demasiada atención y creyendo que todo lo que hacemos es un error en potencia.

La carga que otros nos imponen al observarnos y juzgarnos hace que nuestra de necesidad de lograr algo aumente de manera desproporcionada y se transforme en el deseo de alcanzar la fama. Recuerdo que en varias ocasiones fantaseé que mi futuro se reunía como si fuera un público listo para maravillarse por lo mucho que había yo logrado teniendo tan poco. Ni siquiera me importaba qué habría generado toda esa atención, que quienes me vigilaban validaran mis logros me bastaba para sentirme aliviado.

No fue sino hasta que desperté sangrando tras la cirugía, con todos esos ángeles como polillas respirando a mi lado, que comprendí que el público se había ido. Lloré por dentro, no porque me acabaran de quitar una costilla ni porque estuviera en medio de una batalla contra el cáncer, sino porque además de abrirme físicamente, rajaron más allá de mi noción de ser observado. El espacio no observado respiró al fin y, aunque yo no podía explicárselo a nadie, mis gemidos eran gemidos de alivio y mis lágrimas, un espíritu sin coraza mojando la tierra.

Han transcurrido muchos años. Ahora paso varias horas bajo el sol esperando ver caer el abeto por su propio peso al lago, y me parece que su caída enfatiza los gestos de Dios. No hay nada de triste en ello. El público se ha ido y siento que la vida sucede de una manera silenciosa y vibrante sin que nada interfiera. Ahora, a veces por la noche, cuando el perro duerme y el búho contempla lo que nadie más ve, me quedo de pie sobre la terraza y siento la miel de la noche derramarse de las estrellas, siento cómo cubre la tierra, los árboles, la mente de los niños adormilados, siento la inmovilidad evaporando todas las nociones de fama hacia el espacio no observado que espera a que llegue la luz. En este silencio sin distorsión, la presencia de Dios es un beso. Aquí, en este espacio no observado, es donde nace la paz.

❄ *Siéntate en silencio y exhala las muchas miradas que parecen estar fijas en ti.*

- *Encuentra tu centro y exhala las opiniones de tus compañeros de trabajo y amigos.*
- *Enfócate en el espacio no observado en tu interior, respira y exhala la mirada juzgadora de tus padres o abuelos que aún habita vigorosa en ti.*
- *Inhala a partir del espacio no observado y exhala incluso tus sueños de reconocimiento y fama.*
- *Inhala a partir del espacio no observado y siente la atención de la vida conectándote con todo.*

4 DE SEPTIEMBRE

Crecer en el interior de la canción

Lo que yace detrás
y frente a nosotros
son nimiedades
en comparación con
lo que yace en nuestro interior.
—Ralph Waldo Emerson

Un día vi a una mujer embarazada cantando e imaginé la manera en que los ritmos de su canción afectaban la vida que se gestaba en su interior. Imaginé a la canción dibujando el alma de su niño no nacido para acercarlo más a su tiempo en el mundo, igual que la luz afecta a la raíz que se fortalece bajo la tierra.

Observé cómo cantaba y me di cuenta de que la vida en su vientre crecía en el interior de la canción. Miré alrededor porque estábamos en un círculo de cantantes y el canto de cada uno acercaba más su alma a su tiempo en el mundo. Mientras cantaban, el hombre nervioso empezó a calmarse y la mujer insegura junto a mí fue olvidando la sensación de que no valía nada, y yo, con los ojos cerrados y la boca abierta, dejé de reproducir mis heridas en mi mente.

En ese momento comprendí que, más allá de las palabras o la melodía, el esfuerzo de cantar era una manera de abrir pasajes entre lo que crecía adentro y lo que crecía afuera.

Ahora creo que es esencial que cantemos cuando estemos embarazados de nuestros sueños y problemas, y cuando queramos verdad y amor. Es importante que cuidemos a nuestra pequeña semilla del espíritu con el mismo cariño que le brindamos a la vida nonata que se gesta en nosotros. Es fundamental que cuidemos nuestro único cuerpo, porque es el portador de la vida que, de manera mágica, se forma en nuestro interior mientras vamos superando los días.

- *Encuentra tu centro y medita con las manos sobre el vientre imaginando que estás embarazado de una forma de ti mismo que crece en tu interior.*
- *Respira hondo y, cuando te sientas cómodo, permite que se exprese tu aliento, deja que adopte cualquier forma de sonido que desee.*
- *Respira hondo y profundo, sabiendo que esta modesta respiración con voz es una canción.*
- *Respira y canta mientras tus manos sostienen al espíritu que se gesta dentro de ti.*

5 DE SEPTIEMBRE

La tierra sobre la que caminamos

Caminante, no hay camino,
se hace camino al andar.
—Antonio Machado

Escuché con cuidado mientras él me describía los primeros pasos de su pequeña hija. La animó a mantener la vista fija en él y, cuando dejó de mirarlo, se cayó. Solo cuando perdió el enfoque tuvo demasiada confianza en los pasos que daba y se desplomó.

En ese momento temí que mi amigo declarara una especie de supremacía paternal, que dijera que, si él no estaba presente, su pequeña no podría abrirse camino, pero para mi sorpresa, comprendió los primeros pasos de su hija de una manera más profunda, como una sabiduría que nos atañe a todos.

Se quedó mirando a la nada hasta que habló lento.

—Mi hija me hizo entender que cuando dejo de buscarle la lógica a la verdad, me caigo. Cuando pierdo el enfoque en lo trascendente, me vengo abajo.

Esta breve anécdota ha permanecido conmigo mucho tiempo porque, ¿acaso no estamos dando nuestros primeros pasos una y otra vez? Al mirar al frente y enfocarnos en una noción más profunda de la verdad, ¿no estamos develando un misterio de fortaleza? ¿No es el equilibrio la habilidad de caminar de la forma más natural, como la hija de mi amigo, sin pensar demasiado en lo que es más fuerte que nuestro miedo?

- *Siéntate en silencio e imagina un aspecto de ti mismo relacionado con cómo te gustaría ser: más amoroso, menos temeroso, más confiado en ti mismo, menos receloso, más comprensivo, menos crítico.*
- *Respira de manera regular y, sin preocuparte mucho por cómo hacerlo, avanza con los pasos de tu corazón hacia el campo de este crecimiento.*

6 DE SEPTIEMBRE

En nuestro propio elemento

Un pez no puede ahogarse en el agua.
Un ave no puede caerse del aire.
Cada una de las criaturas que Dios hizo
debe vivir en su propia y auténtica naturaleza.
—Matilde de Magdeburgo

En algún momento de la Edad Media, en un remoto lugar de Alemania, esta introspectiva profetisa llegó a la sabia conclusión de que vivir en nuestro elemento natural era la mejor manera de conocer la prosperidad personal de la riqueza, la paz y la dicha.

Sus ejemplos son asombrosos, lo único que tenemos que hacer es colocar al pez en el aire y al ave en el agua para ver el peligro de ser lo que no somos. Por supuesto, para el pez y para el ave es muy obvio que deben permanecer en el lugar al que pertenecen. A los humanos, en cambio, no nos resulta tan evidente.

Parte de la bendición y del desafío de ser humanos es que debemos descubrir nuestra propia naturaleza, la que Dios nos dio. Esta búsqueda no es ni noble ni abstracta, es una necesidad personal. Porque solo viviendo en nuestro propio elemento podemos prosperar sin sentir ansiedad, y como los seres humanos son la única forma de vida que puede ahogarse y seguir yendo a trabajar, o caerse del cielo y continuar doblando la ropa limpia, resulta imperativo que encontremos todo aquello que nos imbuye vida.

Recuerdo de forma muy vívida la batalla que libré cuando era adolescente y mi madre quería que fuera abogado y mi padre, arquitecto. Yo, en el fondo, sabía que necesitaba ser poeta, que algo en esta forma de ser me daría vida. El único que me comprendía era mi amigo Vic, quien, estando a punto de reunir los requisitos, con muy alto nivel, para realizar estudios introductorios de medicina, descubrió que necesitaba ser florista porque algo en el trabajo con las flores le imbuía vida.

Esto no tiene que ver con ser poeta, florista, médico, abogado o arquitecto, sino con la verdadera vitalidad que espera en lo profundo de todas las ocupaciones y que podríamos conocer si descubriéramos lo que amamos. Si tú sientes energía y emoción, y si tienes la impresión de que la vida está sucediendo por vez primera, lo más probable es que te encuentres cerca de la naturaleza que Dios te dio. Experimentar dicha en lo que hacemos no es un beneficio adicional, sino un símbolo de salud plena.

- *Siéntate en silencio e inhala la naturaleza que Dios te dio. Se encuentra tan cerca de ti como el aire del ave.*
- *Inhala y medita respecto a aquello en lo que debes involucrarte para sentir tu propia naturaleza.*
- *Sin importar el empleo que tengas ahora, piensa cómo podrías ser tú de una manera más plena todos los días.*
- *A medida que transcurra el día, participa en un gesto de vitalidad que te ponga en contacto con tu propia y auténtica naturaleza.*

7 DE SEPTIEMBRE

El experimento diario

Eres el laboratorio
y cada día hay un experimento.
Ve y encuentra lo nuevo
e inesperado.
—JOEL ELKES

Cada vez que hablamos con alguien, aparece frente a nosotros un mapa de expectativas sobre la manera en que deberíamos interactuar con esa persona. Si decimos que estamos confundidos, con frecuencia nos ofrecen consejo; si confesamos tener una pena, nos dan instrucciones; si hablamos de algo que deseamos, nos ofrecen un plan. No subestimemos el poder de estos mapas sobreentendidos, porque negar o someternos a la infinita gravedad de las expectativas en la que nos adentramos y de la que salimos rige la mayor parte de nuestro pensamiento y atrae casi toda nuestra energía.

En realidad, más allá de todos los planes, presiones y expectativas, más allá de la sutil guía y los empujoncitos que nos da casi toda la gente, hay un siguiente paso que desconocemos y que nadie ha dado nunca. Por esta razón, nuestra carga espiritual consiste en conservar el asombro de ese explorador singular que habita en cada uno de nosotros.

Aunque yo atesoro el asombro, casi toda mi vida he sido obediente. Con la esperanza de que me amen, he hecho lo que se espera de mí e incluso más. También he sido rebelde, he hecho lo opuesto a cualquier cosa que me han sugerido, aunque fuera de manera sutil, y he estado preparado para luchar y destruir cualquier poder que alguien quisiera ejercer sobre mí. Sin embargo, el paso más fresco siempre lo doy cuando soy lo bastante valeroso para aterrizar al final de lo poquísimo que sé, cuando respiro aire nuevo y experimento nuevas sensaciones sin reaccionar ante nadie y con asombro por lo que siempre es posible.

❄ *Esta meditación deberá realizarse estando de pie. Encuentra tu centro y date cuenta de que, aunque todas las otras personas que han existido también han caminado, nadie ha dado el paso que tú estás a punto de dar.*

- *Inhala lento y respira mientras tratas de interiorizar esta paradoja.*
- *Exhala todos los pensamientos que tienes respecto a dar un paso.*
- *Solo respira y lánzate a lo desconocido dando un paso al frente.*

8 DE SEPTIEMBRE

Durar más que la niebla

Estar cerca de algo hermoso o valioso,
pero ser incapaz de experimentarlo,
es la forma de tortura más sutil posible.
—Robert Johnson

Todos hemos pasado por estos momentos, cuando la rosa pierde su color por alguna razón, cuando la música deja de emocionarnos, o cuando la dulce y tierna alma frente a nosotros ya no enternece a nuestro corazón.

Entrar y salir del significado es tan natural como entrar y salir de la luz porque las nubes se forman y se disipan. Sin embargo, puede convertirse en tortura si creemos que la rosa ya no tiene color, que la música es incapaz de conmover o, peor aún, si llegamos a la conclusión de que la persona frente a nosotros ya no es ni dulce ni tierna.

Lo peor, aparte de no ver nada, es ver y que lo que veamos no nos conmueva. En efecto, los objetos y las personas cambian, es decir, el sistema nervioso simpático de nuestras necesidades puede evolucionar, pero si no admitimos que a veces somos incapaces de sentir lo que vemos, no tendremos la oportunidad de reconocer el verdadero cambio o la pérdida.

A menudo, las tragedias emocionales empiezan cuando reorganizamos nuestra vida para tratar de encontrar el significado de lo que continúa dormido e insensible en nuestro interior, como cuando cambiamos de pareja, de religión o de empleo.

Esto me recuerda a un hombre que construyó una casa en un acantilado junto al mar y después tuvo que soportar todo un mes de niebla. Maldijo el lugar y se mudó, y, una semana después de haberse ido, la niebla se disipó. Somos seres humanos, la niebla siempre rodea nuestro corazón. Vivir la vida depende de que tengamos el apacible valor de esperar a que se disipe.

- *Siéntate en silencio con algo en tu vida que parezca haber perdido el significado para ti.*
- *Respira y permite que tu inhalación refresque tu corazón.*
- *Respira y permite que tu exhalación refresque tu mirada.*
- *Inicia tu día y mantén en tu pensamiento, cerca de ti, ese algo que perdió el significado. De vez en cuando, vuelve a verlo con la mirada fresca.*

9 DE SEPTIEMBRE

Sabes demasiado

> Dos científicos recorrieron la mitad del mundo para preguntarle a un sabio hindú qué opinaba de sus teorías. Cuando llegaron, el sabio los invitó a su jardín y empezó a servirles té. El té continuó fluyendo hasta desbordarse y los científicos con aire amable, pero incómodos, dijeron:
>
> —Su Santidad, las tazas ya no pueden contener más té.
>
> El sabio dejó de verter té y dijo:
>
> —Sus mentes son como las tazas. Ustedes ya saben demasiado. Vacíen su mente y vuelvan después, entonces hablaremos.
>
> —Leroy Little Bear

Saber cuándo es el cumpleaños de todo el mundo no es lo mismo que sentir asombro por un nacimiento, de la misma manera en que ser experto en las muchas posturas para hacer el amor no quiere decir que alguien sea una persona apasionada. El gran académico canadiense Northrop Frye dijo que entender los principios de la aerodinámica no tenía nada que ver con la experiencia de volar.

Si en ocasiones te sientes adormecido o alejado de la esencia de lo que sabes, tal vez sea porque tu mente, como la taza del sabio, está demasiado llena. Quizá, como el pescado que se desborda del cuenco, tus pensamientos ya no tienen espacio para moverse. Tal vez todos necesitamos tirar de vez en cuando a la basura lo que no se aferra a nuestra mente, permitir que, como un vigoroso viento, Dios se lleve todo lo que se desborde y deje el cuenco vacío.

Información no significa sabiduría. Aunque la mente es una herramienta extraordinaria e irremplazable, puede almacenar en lugar de sentir, organizar en lugar de entender y, como los castores, es capaz de construir una presa repleta de todo lo que aprecia. Pero, si no puedes hablar cuando tienes la boca llena de alimento sin masticar, ¿qué te hace creer que pensarás con claridad si tu mente está repleta de información no digerida?

Ahora bien, ¿cómo vaciar la mente? Dejando de pensar demasiado, dejando de almacenar u organizar, dejando de reproducir nuestros miedos, sueños, dudas o halagos; eligiendo lo más importante en nuestra interminable lista de cosas por hacer y hacerla tras haber roto la hoja con la lista en mil pedazos.

Todas las tradiciones de sabiduría dicen que debemos permanecer inmóviles, que la inmovilidad soportará los huecos de nuestro conocimiento inútil. ¿Y cómo comenzamos? Cada vez que descubras que estás organizando tu vida en tu cabeza, detente, mira a tu alrededor y detecta qué ilumina el rayo de luz más brillante. Hazlo por una semana y, después, haz un trato contigo mismo: cambia cinco teorías respecto a cómo vivir por una hora de vivencias no planeadas. Luego bebe un poco de té.

- *Si tu mente fuera una maleta y en ella solo pudieras guardar cinco cosas, ¿cuáles serían?*
- *Cuando te enfrentas a una complicación, ¿cuántas veces permites que te dé vueltas en la cabeza? ¿Por qué? ¿Qué pasaría si solo te permitieras pensar en ella una sola vez?*
- *Cuando te acuestas a dormir, ¿tu mente organiza, archiva y reproduce información?*
- *Cuando despiertas, ¿tu mente experimenta con más facilidad lo que tienes ante ti?*
- *De ser así, trata de imbuirle vida a la sensación de despertarte dos veces en el día.*
- *Hoy solo saca una cosa de tu maleta para llevarla contigo y deja la maleta en casa.*

10 DE SEPTIEMBRE

Quiénes somos y qué sabemos

Llegar a entender a partir de
ser nuestro verdadero *yo* se llama naturaleza.
Llegar a ser nuestro verdadero *yo*
a partir del entendimiento se llama *cultura.*
—CONFUCIO

Parece que, de manera constante, todos aprendemos a través de dos hechos: ser quienes somos nos ayuda a conocer más sobre esta vida y, luego, lo que aprendemos nos ayuda a ser quienes somos. Si observáramos cómo nos movemos en nuestros días, veríamos que nos constituyen distintas mezclas de naturaleza y cultura. Soy, por ejemplo, un muchacho. Me quemo la mano en la estufa y comprendo los peligros del fuego. Si la experiencia es la maestra, yo soy hijo de la naturaleza. Ahora soy adolescente, escucho a otros hablar de sus fracasos en el amor y este conocimiento moldea mi manera de intentar la conquista. Aquí el entendimiento es el maestro y, en este momento, soy hijo de la cultura.

Debo confesar que cuando encontré estas definiciones cambió la manera en que me veía a mí mismo. Enseguida me di cuenta de que, aunque me jactaba de ser una persona muy natural y empírica, en realidad era muy cultural, casi solo un observador. Desde entonces me queda muy claro que el peligro para el aprendiz natural radica en evitar la necesidad de transformar su experiencia en entendimiento. Cuando hacemos esto nos convertimos en esa persona caprichosa que nunca logra entretejer las heridas y las dichas en una sola enseñanza, la que vuelve a caer en lo mismo. Por otra parte, el peligro de ser un aprendiz cultural radica en evitar la necesidad de transformar el entendimiento en experiencia. En estos casos, somos esa persona seria que toma en cuenta todo, pero nunca actúa, el que nunca se compromete a nada. De cualquier manera, cuando fallamos y no aplicamos lo que somos a lo que sabemos, experimentamos una falla en nuestra capacidad de ser reales. Esta es una enfermedad crónica que a mí, como a muchos, me ha aquejado con frecuencia.

Así como las aves vuelan y mudan sus plumas, así como las arañas giran y atrapan, y como las serpientes sisean y cambian de piel, los humanos se preocupan por otros y aprenden. Y, de la misma manera en que el ave no encuentra gran utilidad a sus plumas caídas, en que la araña gira y se queda atrapada en su propia red, y en que la serpiente ignora la piel que ya olvidó, nosotros conservamos nuestro conocimiento con la esperanza de que nos sea útil. La utilidad, sin embargo, dependerá de nuestra preocupación por los otros.

- *Encuentra tu centro y, mientras respiras, observa tu vida y trata de descubrir si en tu manera de aprender eres un ser natural* o *más bien cultural.*
- *Respira de forma constante y pregúntate quién es tu principal maestro: ¿la experiencia* o *el entendimiento?*
- *Detecta tu fortaleza principal y otra que podrías utilizar más en tu vida.*

11 DE SEPTIEMBRE

La incomodidad de la novedad

La ansiedad es el vértigo que produce la libertad.

—Kierkegaard

Tal vez la primera vez que nos sentimos desorientados es cuando aprendemos a caminar, cuando nos alejamos de la pared o la silla, cuando nos separamos de los brazos de mamá o papá que nos guían. Pero sin duda, aprender a caminar bien vale la incomodidad que nos impone la transición.

Esto sucede de nuevo cuando nos enamoramos por primera vez, cuando nuestra inquietud atraviesa los muros a los que estamos acostumbrados. Y, de la misma manera, la habilidad de amar más allá de nuestra muralla vale la pena, lo suficiente para soportar el vértigo de estos nuevos primeros pasos.

Toda experiencia nueva provoca este vértigo de libertad que necesitamos superar. Cada vez que salimos de nuestra área de confort y de lo que conocemos, tenemos que aclimatarnos a lo nuevo, es el inicio de toda etapa de aprendizaje. No debemos tener miedo ni darle demasiada importancia, solo hay que seguir enfocándonos en lo que estamos aprendiendo.

- *Cuando puedas, observa cómo vuelan las aves más pequeñas. Nota que el viento repentino las hace perder altura y virar con brusquedad, pero luego se adaptan y continúan volando.*
- *Respira hondo y cobra conciencia de que tu corazón es un ave como estas, que sus caídas y giros producen la incomodidad de la novedad y que no puedes eludirla, y que si quieres seguir volando, debes vivir.*

12 DE SEPTIEMBRE

En el ojo del águila

La vastedad del cielo infinito
se refleja en el rabillo del ojo del águila.
De la misma manera, el corazón
cuando se anima refleja al universo.

Así como la luna lleva la luz del sol a quienes están apartados de él, el corazón abierto lleva amor a quienes batallan en la oscuridad. Es necesario recordar que la luna no es la fuente de la luz, sino su reflejo y que, de la misma manera, aunque el corazón es magnificente, no es la fuente del amor, sino un transmisor de fuerzas que con frecuencia perdemos de vista cuando luchamos contra algo.

Un día me di cuenta de que la gente a la que había admirado a lo largo de toda mi vida, las personas a las que había tratado de imitar, eran como la luna que aparece en la noche y, aunque en secreto me gustaría ser como esos seres maravillosos, sé que lo que les permitió resplandecer en medio de mi oscuridad fue su apertura, una apertura que no necesito ni copiar ni envidiar, solo descubrir en mí mismo.

Pienso, por ejemplo, en mi abuela, cuya inconmensurable calidez de inmigrante me permitió verme a mí mismo de la misma manera en que la luna llena te ayuda a ver tus manos en la oscuridad. También hubo un maestro con mirada penetrante que sostuvo en alto la verdad frente al confundido y joven ego de sus alumnos, y que me permitió relajarme lo suficiente para encontrar lo que en verdad importaba. Y hubo aquel sacerdote de setenta años que lideraba mi grupo de salud y recuperación, un hombre tan genuino en su amor, que su corazón reflejaba todo con el mismo nivel de detalle y compasión: nuestro dolor y nuestra gracia, el miedo y la esperanza, la confusión y la certidumbre.

He nombrado a todos estos seres para mostrar que cuidar de los otros es elevarse por encima de las cosas sin necesariamente abandonarlas. Cuando nos preocupamos por otros recibimos la verdad que habita más allá de las palabras, y la noción de lo que es demasiado para pronunciarse se refleja en nuestro corazón y consuela a quienes nos rodean.

- *Siéntate junto a un ser querido y describan el corazón de alguien a quien admiren.*
- *¿De qué manera te ha beneficiado la gracia de esa persona?*
- *¿En qué lugar de ti vive esa gracia? ¿Podrías beneficiarte de ella?*
- *Mediten juntos, reflexionen sobre la cualidad que admiran de sus corazones e invítenla a mostrarse.*

13 DE SEPTIEMBRE

Criaturas de sabiduría

Muéstrate
y nadaré hacia ti.

Dado que somos espíritus en un cuerpo, vivimos como las ballenas o los delfines: nadando siempre cerca de la superficie, atraídos eternamente por una luz que se cierne sobre nosotros, pero que no podemos distinguir del todo. Y, así como el agua roza los ojos de estos mamíferos a medida que se abren camino para zambullirse y emerger de la profundidad, los días van dando forma a nuestra manera de ver.

En todo momento están sucediendo tantas cosas más allá de lo que mostramos al mundo, que nuestros sentimientos, nuestros pensamientos y expresiones salpican como agua a las personas ante las que emergemos. De esta manera, cuando se le mira directo a los ojos, todo individuo deviene una criatura de sabiduría repleta de sentimientos inefables. Cada uno de nosotros es un espíritu marino que sale a la superficie en busca de aire y amor.

Rara vez corremos el riesgo de pararnos frente a otra persona o nos tomamos tiempo suficiente para que su verdad emerja. Esto es lo que necesito, que esperes hasta que yo pueda llegar adonde estás, con la frescura de lo profundo. Después de todo lo que enfrentamos para encontrarnos, debemos esperar todo el tiempo que sea necesario para que nuestros seres amados salgan a la superficie con su sabiduría.

- *Siéntate en silencio frente a un ser querido y encuentren su respectivo centro con los ojos cerrados.*
- *Cuando estén listos, mírense a los ojos en silencio.*
- *Inhalen la sabiduría del otro y luego hagan una reverencia.*

14 DE SEPTIEMBRE

Tan simple como un pez

He sido un pez en busca del fondo cuando estoy en la superficie
y viceversa.
Y lo que sentí, pensé y pronuncié es el listón del mar de Dios
pasando a través de mis branquias.

Un simple pez que va palpando su camino con la boca en el fondo del mar es un avezado maestro por sí mismo y, como los maestros más sabios, ni siquiera sabe que está enseñando. No obstante, en su diminuta y eficiente branquia habita el misterio de cómo vivir como espíritu en la Tierra.

Como todos sabemos, incluso el pez más pequeño va ingiriendo agua al nadar, y sus branquias transforman el agua en el aire con que vive. Aunque hay detalles fisiológicos que explican la mecánica de este proceso, es un misterio en esencia.

Lo que debemos preguntarnos es: ¿cuáles son nuestras branquias?, ¿el corazón, la mente, el espíritu o una mezcla de los tres? Independientemente de la respuesta, nosotros, como el pececito, debemos convertir el agua en aire para vivir, lo que en nuestro caso significa transmutar la experiencia en sustento, transformar el dolor en asombro y las penas del corazón en dicha.

Nada más importa, al igual que los peces, debemos continuar nadando para mantenernos vivos, debemos nadar a través de los días. No podemos detener el flujo de la experiencia ni la necesidad de recibirlo, solo podemos enfocar todo nuestro esfuerzo en aprender el secreto de las branquias, de transformar en aire aquello en lo que nos movemos.

¿Cuál es tu branquia? En mi caso es el corazón, y el amor es el rastro invisible que voy dejando, pero sea lo que sea en tu caso, es más importante nadar a través de los días y honrar a la branquia en tu interior, que averiguar cómo funciona todo.

- *Siéntate en silencio y respira lento.*
- *Mientras respiras, nota que lo que te mantiene vivo es la manera en que transformas el aire en aliento.*
- *Continúa respirando lento y, mientras tanto, abre tu corazón al misterio de la transformación de la experiencia en sentimiento y del dolor en asombro.*
- *Inhala profundo y deja que las branquias en tu interior hagan su trabajo.*

15 DE SEPTIEMBRE

Preguntas para los enfermos III

¿Cuándo fue la última vez que contaste tu historia?

—Pregunta hecha a los enfermos por un curandero nativo americano

Las historias son como pequeñas cápsulas del tiempo, transportan fragmentos de verdad y significado a lo largo de los años. No importa si se trata de una leyenda de hace cuatro milenios o de la historia de tu propia infancia, el significado espera en ella como una ración de alimento seco que solo recobra su tamaño, se suaviza y deviene comestible cuando es relatada. Lo que despierta al significado y lo hace surgir como si el tiempo no hubiese pasado son el sudor y las lágrimas de su transmisión. Porque lo que cura es la narración.

Con frecuencia repetimos las historias no porque seamos olvidadizos o indulgentes, sino porque hay demasiado que digerir en una sola expresión. Por eso continuamos compartiendo la historia que oprime nuestro corazón hasta que la entendemos por completo. Recuerdo la primera vez que me enamoré, lo profundo de la caída, lo profundo del aterrizaje. Cuando todo terminó, cuando ella me dejó por otros amores, quedé devastado. A lo largo de mis días en la universidad, mi tristeza continuó siendo una herida que necesitaba aire, y cada vez que volvía a contar la historia, aunque hasta los desconocidos se cansaban de escucharla, cada vez que hablaba de su repentina mirada y de su inesperada partida, era como un punto más suturando la herida en mi corazón.

Cuando mi suegra perdió a su esposo tras haber estado casados cincuenta y cinco años, me senté a su lado dos semanas después del acontecimiento y, una vez que pasaron todas las flores y los discursos, atisbó el momento del deceso y me narró incontables veces cómo fue su último aliento y cómo fue encontrarlo despatarrado en su sillón. Al principio pensé que estaba divagando, pero luego me di cuenta de que esa era la manera en que trataba de darle significado a su aflicción. Como un chamán o como un monje, mi suegra cantó el mantra de su experiencia hasta que la verdad fue liberada.

Imagina cuántas veces relató Pablo la historia de cómo Dios lo tiró del caballo, lo más probable es que lo haya hecho cientos de veces porque cada narración lo acercaba más al fondo de la revelación. O piensa en todas las ocasiones en que Moisés volvió a relatar sus reuniones con Dios, imagino que lo hacía porque, con cada reiteración, veía al Creador con más claridad. Piensa en todas las ocasiones en que Lázaro contó cómo lo resucitó Jesús, sin duda lo hizo porque cada recuento lo acercaba más al fondo de su nuevo despertar.

La verdad es que, aunque creemos saber lo que estamos a punto de decir, la historia nos cuenta y nos salva, de la misma misteriosa manera en que la respiración es siempre igual pero distinta.

- *Siéntate con un ser querido y túrnense.*
- *Reflexionen sobre las marcas en su corazón.*
- *Elijan una marca y observen cómo va mutando a medida que respiran.*
- *Dejen pasar algún tiempo y luego cuenten la historia de cómo se formó esa marca en su corazón y cómo les afecta ahora.*

16 DE SEPTIEMBRE

Donde hemos estado

He vuelto a nacer una y otra vez,
y en cada ocasión, he encontrado
algo que amar.
—Gordon Parks

Nuestra capacidad de encontrar algo que amar y de volver a amar por primera vez depende en gran medida de la forma en que resolvemos e integramos el significado de los lugares donde hemos estado antes. El nautilo perlado es un gran ejemplo. Se trata de una exquisita criatura con concha que vive en el lecho marino. El nautilo perlado es una forma de vida de las profundidades que avanza como un hombre blando que habita una concha dura y encuentra sus oraciones en el fondo del mar. Con el tiempo va construyendo su concha en espiral, pero siempre vive en la cámara de creación más reciente.

Dicen que las otras cámaras contienen un gas o líquido que ayuda al molusco a controlar su flotación, así que incluso aquí encontramos una enseñanza sobre cómo usar el pasado: vivir en la cámara más reciente y usar las anteriores para mantenernos a flote.

¿Podríamos nosotros, de la misma manera, construir sólidas cámaras para nuestros traumas? ¿No para vivir en ellas sino para desglosar nuestro pasado hasta que pierda la mayor parte de su peso? ¿Podríamos internalizar todo ese conocimiento? ¿Lo suficiente para ya no vivir ahí? Si pudiéramos, la vida nos parecería más ligera.

No resulta casualidad que el nautilo perlado transforme su lenta digestión del lecho marino en un cuerpo capaz de flotar. Esto nos indica que solo el tiempo puede poner al pasado en perspectiva, y que solo cuando queda detrás en lugar de al frente podemos ser lo bastante abiertos y vacuos para sentir lo que está a punto de suceder. Solo viviendo en la cámara más fresca del corazón podemos volver a amar por vez primera, una y otra, y otra vez.

- *Encuentra tu centro, cierra los ojos e imagina los pasajes que te han convertido en quien eres ahora.*
- *Inhala de manera regular e identifica qué pasaje contiene más sentimiento.*

- *Respira de manera constante y pregúntate: ¿el pasado vive en mí o yo estoy viviendo en este pasaje del pasado?*
- *No hagas nada hoy, solo permanece donde dicte tu corazón.*
- *Mañana comparte el sentimiento con un amigo o amiga.*

17 DE SEPTIEMBRE

La charola giratoria

El Dios que habita en nosotros
no es una presencia incompleta.
No podemos ocultar lo que somos.

Durante cuatro años viví de esta manera: mostrando a los otros la parte de mí que podrían entender, rotando los aspectos de mi verdadero yo como una charola giratoria de condimentos, ofreciendo a los demás solo lo que querían o necesitaban de mí, o lo que los hacía sentir más cómodos.

Me volví muy hábil en esta práctica, podía girar en medio de una multitud de seres queridos y adaptarme a las necesidades de muchos al mismo tiempo. Llegué a creer que estaba siendo generoso, que era un escucha flexible y confiable. Pensé que había encontrado la manera de ser considerado y de ser quien yo era al mismo tiempo.

De lo que no me daba cuenta era de que cada vez estaba escondiendo una mayor parte de quien era, y de que, al solo mostrar a los otros la parte de mí que les parecía aceptable estaba siendo falso conmigo mismo. Con el paso del tiempo me convertí en un espía oculto con mis creencias y mis sentimientos más profundos. El costo fue un sofocamiento espiritual sutil pero permanente.

Nadie me pidió que hiciera eso. En efecto, en mi historia había heridas que me obligaban a ocultarme de vez en cuando, pero lo que me hizo dominar el arte de cambiar de rostro a pesar de que todos mis rostros eran legítimos en sí mismos fue mi propia visión equivocada sobre cómo lidiar con el mundo.

El miedo al conflicto, el miedo al rechazo, el miedo a no ser amado, el miedo a mostrar lo que creía que nadie más podría entender. Era la falta de confianza y fe en que la flor en mi interior sobreviviría a la inclemencia de los elementos externos. Todo esto permaneció desatendido durante años mientras yo continuaba dando vueltas y ocultándome como la charola giratoria de condimentos en la mesa de Mark.

Por la forma en que vivimos, la línea entre la privacidad y el ocultamiento es sin duda muy delgada. De una manera dolorosa y rotunda, he aprendido que cada uno es una sinfonía completa y que, aunque no siempre seremos escuchados, la enfermedad comienza en cuanto dejan de interpretarnos.

- *Siéntate en silencio y reflexiona sobre un aspecto de ti que ocultes a otros. Podría ser tu amabilidad, tu carácter infantil, tu noción de la duda o tu forma de soñar.*
- *Respira lento y pregúntate: ¿qué temes que suceda si permitieras que los otros vieran esta parte de ti?*
- *Respira hondo y desciende hasta el centro de tu corazón, al lugar donde habita este valioso aspecto de ti mismo.*
- *Ahora respira con libertad en la seguridad de este momento.*
- *Mantente inmóvil y trata de inhalar esta valiosa parte de ti y luego exhalarla hacia la habitación donde te encuentras.*
- *Piensa en lo que se siente que algo tan esencial de ti se mueva en tu interior y salga de tu corazón para unirse al aire.*

18 DE SEPTIEMBRE

La ayuda de Dios

No nos permitimos confiar
sino hasta que agotamos al ego.
—Rob Lehman

Hay una antigua historia sobre un hombre que quedó atrapado en una inundación. Primero lo llamaron y le dijeron que evacuara su casa, pero él se negó con tranquilidad y dijo que Dios lo salvaría. Las aguas inundaron las calles y ascendieron sobre los cimientos de las casas. Cuando las calles se llenaron de agua, se acercó al hombre el equipo de rescate en una balsa, pero él se negó a ir con ellos e insistió en que Dios lo salvaría. La inundación arreció y empezó a romper las ventanas de la casa del hombre que, para ese momento, ya se había refugiado en el techo. Entonces llegó un helicóptero y él volvió a negarse a ir con los rescatistas diciendo de nuevo que Dios lo salvaría.

La inundación hizo lo que hacen las inundaciones y el hombre terminó ahogándose. Pasó a la otra vida iracundo y al llegar cuestionó a Dios con amargura:

—¡¿Por qué no me salvaste?! ¡Tuve fe en ti hasta el último momento!

Entonces Dios, confundido, contestó:

—Lo intenté. Llamé por teléfono, te envié una balsa y luego un helicóptero.

Como el pensamiento del amor, Dios empieza en todo lo que no es visible, pero viene a nosotros de manera franca en las cosas de este mundo.

- *Cierra los ojos y ora por algo que necesites.*
- *Respira hondo, hasta que la oración pierda sus palabras.*
- *Abre los ojos e inicia tu día escuchando a las cosas a tu alrededor porque en ellas está lo que necesitas.*

19 DE SEPTIEMBRE

Más allá de toda petición

Si tratas de entender al amor
antes de ser abrazado,
nunca sentirás compasión.

Hubo un chico que sabía cómo relajar a la gente con su plática amistosa y, en cuanto estaban relajados, los bombardeaba con preguntas. No obstante, siempre regresaba solo a casa. Al siguiente día hablaba un poco más y, tarde o temprano, siempre llegaba a las preguntas sobre el amor, a preguntas coloridas que brotaban, se extendían y caían como las hojas.

El chico hizo esto durante muchos años y su manera profunda de preguntar abrió su corazón. El espacio que se formó se extendió y las personas empezaron a ir y venir como pájaros al huerto de preguntas que era su corazón. Pero al final, cuando todos se iban, volvía a quedarse solo con todo lo que sabía.

Un día apareció un vibrante ser que no entró al huerto de sus preguntas. Sin importar cuán amigable era el chico, ella no le contestaba, solo revoloteaba cerca y lo abrazaba, luego esperaba en el mundo. Como ahora estaba cubierto con corteza de hombre, le tomó mucho tiempo, pero deseaba ser abrazado, así que finalmente arrancó sus raíces, abandonó la sombra de su corazón y empezó a vivir.

- *Respira hondo y piensa en las maneras en que te preparas para ser amado.*
- *Cada vez que inhales, anula tus prerrequisitos para ser abrazado.*
- *Cada vez que exhales, deshazte de todo lo innecesario.*
- *Respira lento y empieza por permitir que te abrace solo el aire.*

20 DE SEPTIEMBRE

Amor incondicional

El amor incondicional no tiene tanto que ver con
cómo nos recibimos y nos soportamos el uno al otro,
sino con la profunda promesa de que nunca, bajo ninguna
circunstancia, dejaremos de mostrar, entre nosotros,
la imperfecta verdad de quiénes somos.

En la actualidad se habla mucho del amor incondicional y a mí me da miedo que lo estén malinterpretando como una forma extrema de "poner la otra mejilla": un consejo nada sabio para alguien que haya sufrido de abuso. No obstante, esta pasividad exagerada es muy distinta al flujo libre del amor que transporta lo que somos.

En realidad, el amor incondicional no exige aceptar con pasividad cualquier cosa que suceda en nombre del amor mismo. Más bien significa mantener, en los espacios auténticos de nuestras relaciones cotidianas, el compromiso de que ninguna circunstancia nos impedirá entregarle con honestidad al otro todo lo que somos.

Por ejemplo, yo podría estar preocupado cualquier día por mis necesidades personales y no darme cuenta de lo que tú necesitas y, por lo tanto, lastimarte. Pero entonces tú me dices lo que sucede y me muestras tu herida, yo me siento mal y tú admites que a veces me vuelvo ciego y no veo a quienes me rodean. Entonces nos miramos a los ojos de manera profunda y aceptas mis fallas, aunque no mi comportamiento, y yo me siento agradecido por la oportunidad de trabajar en mí mismo. Y de alguna manera, esto nos une más.

El amor incondicional no es el hueco en nosotros donde se puede verter la basura, sino un sol en nuestro interior que nunca deja de brillar.

- *Encuentra tu centro y piensa en una relación en la que hayas sufrido a causa del amor en tiempos recientes.*
- *Inhala de manera profunda y piensa en las circunstancias que impidieron que expresaras tu dolor.*
- *Exhala profundo y piensa que, más que soportar lo que viene de fuera, "ser incondicional" implica dejar emerger lo que viene del interior.*
- *Inicia tu día tratando de "hacer salir quien eres" en nombre del amor.*

21 DE SEPTIEMBRE

Un maestro silencioso

Cuando dejo de recolectar evidencia
empiezan a hablar las piedras.

Quiero hablar de algo muy querido y obvio que me ha tomado toda la vida aprender y que, más que con el conocimiento, que es algo en lo que creo, tiene que ver con *saber*. Una diferencia de la que ya hablé anteriormente.

Siempre he sido lector. Los universos que honestas voces han abierto a lo largo de las eras me han salvado de la confusión y la soledad en muchas ocasiones. También he pasado alrededor de cuarenta de mis cuarenta y nueve años en escuelas, ya sea como estudiante o como profesor. No es casualidad que el salón de clases haya crecido con el tiempo hasta formar parte de la experiencia de la vida misma y que mis enseñanzas cada vez tienen menos que ver con instruir y más con cuestionar las cosas sobre el secreto de su simplicidad.

Lo que quiero decir es que, aunque parezca sorprendente, después de todo este tiempo, la recompensa a la verdad no es, aunque bien es posible, ni la justicia, ni el conocimiento ni la experiencia, sino la dicha. Asimismo, la recompensa a la amabilidad no es ni la bondad ni que los otros piensen bien de uno, ni siquiera que nos devuelvan la amabilidad, aunque esto también puede suceder. No, la recompensa a la amabilidad también es la dicha.

Después de los largos y difíciles años que me tomó obtener un doctorado, tras estudiar por mi cuenta cientos de textos sagrados provenientes de muchos senderos distintos, he aprendido que la bendición de experimentar la unidad no es ni la fortaleza ni la claridad que la acompañan, sino algo más profundo: la paz, un descanso de la división.

Sin importar si estoy reposando en una cama de hospital cuando el dolor por fin ha pasado, despertando en los brazos de mi amada mientras me acaricia y me saca la preocupación de la cabeza, o quedándome dormido con un libro abierto en el regazo y las palabras de alguien que murió mucho tiempo atrás, la desnudez de la verdad y la compasión siempre es la misma. Me lleva de vuelta a un momento sencillo aunque raro en el que pensar, sentir, conocer, saber y ser son lo mismo. Este momento vigorizante, tan difícil de hallar y de asir, es mi maestro silencioso.

❋ *Cierra los ojos y enfócate en algo que sepas porque lo leíste o lo estudiaste, y que te haya ayudado. Observa a qué parte de tu conciencia llega. ¿Cobra vida en tu cabeza, en tu corazón o en tu estómago?*

❋ *Enfócate en algo importante que hayas aprendido gracias a tu experiencia de vida. Observa a qué parte de tu conciencia llega. ¿En dónde cobra vida?*

❋ *De nuevo sin juzgar, observa el parecido o la diferencia en las maneras en que estos conocimientos viven en ti.*

22 DE SEPTIEMBRE

Enfrentar momentos sagrados

El objetivo más elevado de la vida espiritual
no es amasar una riqueza de información,
sino enfrentar los momentos sagrados.
—Abraham Heschel

Tal vez anhelo construir muchas cosas porque soy estadounidense. Me refiero a este deseo de construir sobre las cosas en lugar de enfrentarlas porque, después de todo, nuestros ancestros creían en su destino manifiesto de continuar moviéndose hasta quedarse sin tierra. Sin embargo, ahora que no queda a dónde ir, una noción distinta de exploración que ha esperado siglos nos convoca.

En lugar de construir un camino hacia un lugar diferente a este en que nos encontramos, la vida del espíritu requiere que abramos las puertas que aguardan frente a nosotros y en nuestro interior. Es a lo que Abraham Heschel llama "enfrentar los momentos sagrados": abrir puertas hacia la vida que ya tenemos.

El esfuerzo de construir nuestro camino para llegar a otro lugar puede ser admirable e incluso heroico, pero a menudo nos distrae y nos impide habitar la vida que nos fue otorgada.

En efecto, mejorar nuestras circunstancias externas no tiene nada de malo, pero estas construcciones y mejoras no significarán nada si nunca enfrentamos el pulso de la vida que, como una dulce madre, espera al borde de nuestra extenuación.

- *Siéntate en silencio y recuerda un momento sagrado que hayas vivido.*
- *Respira de vuelta a él y enfréntalo mientras inhalas. Permite que su luz te brinde calor desde el interior.*
- *Al exhalar enfrenta tu vida de hoy y permite que lo sagrado te encuentre.*

23 DE SEPTIEMBRE

Repetir no es fracasar

Repetir no significa fracasar.
Pregúntales a las olas,
a las hojas, al viento.

El aprendizaje interior no tiene un ritmo definido. Lo que necesitamos aprender aparece cuando lo necesitamos sin importar cuán jóvenes o viejos seamos, cuántas veces tengamos que recomenzar, ni cuántas veces debamos aprender la misma lección. Para aprender a caer y levantarnos, caeremos todas las veces que sea necesario; para aprender a abrazar y ser abrazados, nos enamoraremos todas las veces que sea necesario; para en verdad escuchar al coro de la diversidad que nos rodea, malentenderemos las muchas voces de la verdad todas las veces que sea necesario. Para aprender a quebrarnos y a sanar, sufriremos nuestra aflicción con la frecuencia que sea necesaria. Por supuesto que a nadie le agrada esta perspectiva, pero también lidiaremos con el desagrado de la misma manera sin cesar, hasta que aprendamos lo que necesitamos saber sobre la humildad en la aceptación.

- *Siéntate en silencio y recuerda un aprendizaje que siga presentándose en tu vida. Puede ser que te entregas por completo siempre, que te cuesta trabajo confiar, o que lastimas a otros con frecuencia y de una forma en particular.*
- *Siéntate en silencio y respira sin tratar de resistirte a lo que te está tratando de enseñar este recurrente fragmento de vida.*
- *Siéntate en silencio, respira y mírate a ti mismo como una costa, y ese recurrente fragmento de vida como una ola cuya misión es ablandarte.*

24 DE SEPTIEMBRE

El proceso de individuación

Lejos, en el mar, una flota atunera rodeó
a un grupo de delfines que nadaban
sobre un banco de atunes y los atrapó en una red gigante.
Una serie de pequeños pero poderosos botes giraron
alrededor de los delfines produciendo una muralla de sonido
que los desorientó y aterró. Los delfines se hundieron en silencio
en la red, la única señal de vida era el tremor de sus ojos.
De pronto un delfín cruzó la relinga de flotadores
y supo que era libre. Se lanzó hacia el frente impulsado por
sus amplios coletazos... Luego se zambulló y nadó
a toda velocidad... hacia el fondo, alejándose hacia
la oscuridad de las aguas, y luego emergió en la superficie
con una vigorosa serie de saltos.
—Jeffrey Moussaieff Masson

Este momento de protagonismo de los delfines revela una secuencia recurrente para nosotros como seres humanos. Dado que nos encontramos confinados contra nuestra voluntad, y a veces con nuestro consentimiento, sentimos la necesidad de espacio y avanzamos como sin vida. Nos sentimos atrapados, temerosos, furiosos; no estamos seguros de dónde se encuentra el borde de la red. Es la deprimente y confusa lucha que siempre antecede a la libertad.

Pero al igual que los magníficos delfines, reconocemos el momento en que somos libres porque un poder interior nos abruma y sentimos una alegría que nos insta a explorar la profundidad, lo cual nos proporciona la gracia suficiente para emerger saltando hacia una unidad difícil de imaginar.

Todo esto describe un momento de la naturaleza al que Carl Jung llamó "proceso de individuación", es decir, la manera en que un individuo dividido sale de su confinamiento más profundo para alcanzar la completitud del ser.

Si acaso nos convocan, es para sobrevivir a la red, zambullirnos y emerger de nuevo.

- *Encuentra tu centro y visualiza a tu espíritu como un poderoso delfín.*
- *Respira hondo y trata de sentir la red que te confina.*
- *Visualiza el borde de la red.*
- *¿Qué debes hacer para nadar más allá de ella?*

25 DE SEPTIEMBRE

Cazar u ocultarse

Si cazar u ocultarse es una locura de dos filos,
la fe es el valor de arriesgarse y recibir.
Cierro los ojos y la luz me atraviesa...
—Robert Mason

Demasiado de nuestro tiempo en la Tierra lo pasamos corriendo detrás de algo o corriendo para huir de algo. Nuestro anhelo de amor nos hace cazar a alguien o ponernos de carnada, nuestros sueños de éxito nos hacen perseguir objetivos y escondernos de lo que nosotros mismos u otros perciben como fracaso. Y nada de esto, ninguna de las estrategias para conseguir un empleo ni nuestros intentos de ocultarnos para evitar que nos lastimen, pueden recompensarnos con paz ni protegernos de la vida.

Yo desperdicié muchas horas tratando no solo de que me publicaran, sino también de encontrar al editor adecuado, el que me hiciera sentir digno ante la mirada de los otros. Pero ni ese gran esfuerzo ni haber logrado mi objetivo pudieron acercarme más al pulso de vida que, desde un inicio, descubrí gracias a la escritura.

A menudo fantaseamos en secreto, imaginamos que la vida sería mejor en otro lugar si pudiéramos llegar allá. Trabajamos con más ahínco en nuestros sueños que en nuestra vida, tendemos mucho a hacerlo con la idea de tener una relación sentimental más satisfactoria. Imaginamos que, en algún lugar, al margen de la vida que vivimos, nos espera esa persona que aliviará todas nuestras aflicciones e insensibilidad.

Por eso ocultamos la insatisfacción que sentimos por la vida que hemos creado y en secreto cazamos una cura imaginaria para lo que significa ser quienes somos.

Robert Mason lo infirió con sabiduría: no recurrimos a la complacencia y la infelicidad para cazar una presa más relevante u ocultar nuestras heridas más profundas, tampoco para mudar nuestro mobiliario interior a otra habitación u otra ciudad. La oportunidad más grande que tenemos de cambiar nuestra vida consiste en clausurar los hábitos mentales y abrir nuestro siempre virginal corazón.

- *Cierra los ojos y respira lento.*
- *Imagina que lo que despierta en ti ha vivido por siempre y que surge cubierto de un revestimiento suave y resiliente de tejido que te llevará adondequiera que desees. Imagina que posees esas delicadas superficies a través de las que podrás sentir el viento, ver la luz y percibir el espíritu de todo lo demás que ha vivido por siempre.*
- *Imagina que, una vez despierto, caminas en un mundo en que pequeñas criaturas vuelan sobre tu cabeza y cantan, en donde cosas jugosas y coloridas crecen de los árboles, que puedes comer lo que surge de la tierra. Imagina que siempre hay agua corriente cerca de ti, que puedes lavarte el cansancio de la cara siempre que quieras.*
- *Imagina que, una vez despierto, vives en un tiempo en el que existen otros con quienes puedes hablar del milagro de estar vivo, otros con quienes puedes reír y llorar, otros a quienes puedes amar.*
- *Imagina que puedes abrir los ojos y bailar en un mundo en el que cae agua del cielo, que al abrir tu garganta surgen canciones de ella, que encuentras el sol y le permites brindar calor a la flor que eres hasta hacerla florecer.*
- *Ahora abre los ojos y recibe todo lo verdadero, está aquí, es ahora…*

26 DE SEPTIEMBRE

Suelta el dolor

Ha llegado el momento de soltar nuestras piedras:
las manos que cargan piedras no pueden tocar tambores
y los corazones que se aferran al pasado no pueden cantar con libertad.

Solo me tomó toda una vida aprenderla, pero esta lección es tan profunda como sencilla. Mientras sujetemos algo, sin importar si es una piedra, un barandal o un arma, las manos no se pueden abrir y tomar otra cosa.

El atemporal y esencial drama de vivir en lo desconocido radica en esta sencilla secuencia: debemos arriesgarnos a soltar la piedra, el mazo o la pistola que estemos asiendo para poder construir, tocar o interpretar música de cualquier tipo.

Esto me recuerda a un amigo que no soltaba su pasado, se aferraba a él como si fuera una soga, tenía miedo de caer si lo dejaba ir. Pero mientras sujetaba su propia historia no podía abrazar el amor que tenía frente a sí, y por eso nunca sanó.

Es una verdad ineludible, antes de poder tomar algo y llenarse de ello, las manos deben vaciarse, soltar. Con nuestros corazones sucede lo mismo, por eso debemos ser valerosos todos los días.

- *Siéntate en silencio y piensa en lo que tienes en el puño de tu corazón.*
- *Exhala, abre tus manos y trata de que el sentimiento se relaje en tu corazón.*
- *Trata de usar tus manos para abrir tu corazón.*

27 DE SEPTIEMBRE

Ceder para vencer

Pocas situaciones se pueden solucionar
perdiendo los estribos.
—Melody Beattie

El filósofo Michael Zimmerman contó la historia de un chico que estaba en la escuela cuando alguien le pasó una trampa china para dedos, un inocente juguete que tiene la apariencia de dedales unidos por un tubo abierto de ambos lados. Le entregaron la trampa sin decirle nada y, por supuesto, le dio curiosidad y metió un dedo índice de cada lado.

El misterio de la trampa china es que, entre más jalas los dedos para sacarlos, más te aprieta el tubo. Al sentirse atrapado sintió pánico, jaló más fuerte y la trampa se tensó. De pronto se le ocurrió intentar lo opuesto, así que cedió, empujó en dirección contraria y la trampa se aflojó, entonces pudo sacar los dedos poco a poco.

Muy a menudo en nuestra vida jalamos porque caemos presas del pánico y las trampas solo nos aprietan con más fuerza. En este breve instante, a través del chico de la anécdota, el filósofo nos revela la paradoja que enfatiza todo acto de valentía: ceder ante lo que nos aprisiona para poder liberarnos.

- *Siéntate y piensa en una situación en la que te sientas atrapado o una postura en la que te has empecinado.*
- *Respira y trata de relajar tu noción de autoprotección para ceder un poco ante lo que te aprisiona.*
- *Observa lo que sientes. Trata de ver si la energía que rodea a la situación se suaviza y relaja.*

28 DE SEPTIEMBRE

Sobre el perdón

El dolor era necesario para conocer la verdad,
pero no tenemos que mantenerlo vivo
para que la verdad prevalezca.

Esto es lo que me ha impedido perdonar: la sensación de que todo por lo que he pasado se evaporará si no lo revivo, que si quienes me lastimaron no ven lo que hicieron, mi sufrimiento habrá sido en vano. En este sentido, la piedra que lanzo al lago sabe más que yo: sus ondas terminan por desvanecerse.

Todo se resume en tener claridad de corazón para dejar de definir quién soy con base en quienes me han lastimado y en arriesgarme a amarme a mí mismo, a validar mi existencia con todo y sus penas a partir del centro.

Como lo puede confirmar cualquiera a quien hayan ofendido, para mantener encendido el fuego de la justicia necesitamos mantener encendidas también nuestras heridas, conservarlas abiertas como evidencia perpetua. Sin embargo, es imposible sanar si se vive de esta manera. Vivir así nos convierte en una versión personal de Prometeo y enormes aves de amargura nos comen las entrañas todos los días.

Las recompensas de perdonar son más importantes que el hecho de disculpar a alguien por la manera en que nos lastimó. Para sanar de una forma más profunda debemos hacer un intercambio: nuestros resentimientos por la libertad interior. De esta manera, incluso si la otra persona nunca la reconoce, nuestra herida puede sanar, y nosotros continuar con nuestra vida.

Resulta útil comprender que la palabra inglesa *forgive*, es decir, *perdonar*, en su acepción original significaba tanto dar como recibir: *give-for*, "dar a cambio de". Si mantenemos ese sentido etimológico, vemos que la recompensa del perdón es un intercambio de vida, el tomar y el dar entre nuestra alma y el universo.

Comprender este mecanismo no es sencillo. Sin embargo, el misterio del perdón legítimo radica en abandonar nuestros registros de injusticias y retribución, y recobrar la sensibilidad de nuestro corazón. Solo podemos esperar que este intercambio comience hoy, ahora, perdonando lo que alguien rompió en ti, en mí, e imaginando a través del amor cómo ensamblar estos fragmentos sagrados.

- *Respira y permítete sentir el dolor de una herida que te aflija. Siente el dolor que te causa mantener la herida abierta como evidencia de lo que sufriste.*
- *Respira y date oportunidad de dejar atrás la indignidad, la injusticia y la laceración.*
- *Al inhalar recibe la suavidad y la frescura del aire.*
- *Respira, perdona la herida, es decir, entrega esa parte de ti a la que la herida define a cambio de la parte de ti que continúa sanando sin tu consentimiento.*

29 DE SEPTIEMBRE

Analizar o entrar

Si tratas de comprender el aire
antes de respirarlo,
morirás.

Las cosas solo las podemos considerar durante un tiempo limitado. Después de eso, toda la información —es decir, las opciones y las opiniones— empezará a pesarnos. Después de que nuestros ojos críticos han ponderado la situación, todas las voces bien intencionadas que nos han dicho lo que deberíamos o no hacer empiezan a sentirse como sogas imposibles de cortar.

Ese fue el destino del pobre Hamlet. Pensó demasiado su vida y terminó perdiéndola, analizó demasiado qué curso seguir hasta que empezó a sentirse estancado y oprimido por el simple hecho de estar en el mundo. Claro, ser precavido y reflexivo es natural, en especial cuando nos enfrentamos a decisiones importantes, pero a menudo la única manera de saber lo que nos espera es viviéndolo.

Esto me recuerda la revelación que tuvo un sabio hindú hace siglos. Un día, a la mitad de sus oraciones matutinas, se levantó y sacó a sus estudiantes del monasterio. Corrió detrás de ellos ahuyentándolos, instándolos a volver a la vida como si fueran patitos y proclamando:

—¡El día hay que vivirlo, no entenderlo!

- *Encuentra tu centro mientras sujetas un vaso con agua y uno vacío.*
- *Mientras viertes el agua en el vaso vacío, piensa en las opciones que te esperan.*
- *Cuando te canses de verter, respira hondo y bebe el agua.*
- *Ahora entra a tu vida.*

30 DE SEPTIEMBRE

Somos excepcionales

Somos excepcionales,
imperfectos.

Con las manos colmadas de víveres, la cabeza repleta de pendientes, el corazón desbordante de recuerdos y nuestros sueños como agendas planificadoras, tendemos a pensar que, si pudiéramos terminar de tachar los pendientes de la lista y deshacer lo que se hizo o hacer lo que no se ha hecho, podríamos vivir de una manera más plena, perfecta. El problema es que somos seres humanos, es decir, coloridos seres falibles que comen plantas y recuerdos.

Esta es una paradoja latente en nosotros. Porque, aunque aspiramos al autocontrol y la paz mental, solo somos plenos por un instante. Somos seres conscientes habitando cuerpos, los días nos desgastan hasta que nos sensibilizamos con todo. Son momentos de iluminación, cuando la claridad y la compasión de los siglos surgen en nosotros, y de pronto somos más de lo que somos, aunque al día siguiente nos tropecemos con la basura y le digamos algo hiriente a la persona que más amamos un minuto después.

Yo solía pensar que estas caídas eran fracasos, que eran la evidencia de que no me estaba esforzando lo suficiente, y que me picarían todo el cuerpo como agujas de incompetencia. A menudo me sentía desanimado, como si hubiera algo esencial que no podía aprender por alguna razón. Durante algún tiempo sentí que tenía muchísimas fallas.

Sin embargo, he llegado a entender que esta es solo la sensación mundana de nuestra condición humana, no es algo que debamos corregir, eliminar o trascender. Solo podemos aceptarla.

Por momentos somos tan puros y eternos como la luz, y, un instante después, dejamos caer cosas o quebramos tesoros irremplazables. Pero lo que necesitamos es consolarnos, no culparnos. Somos excepcionales, imperfectos, y parecemos estar destinados a saber todo lo que existe por un período breve y luego solo convertirlo en pan.

- *Siéntate en silencio y recuerda un momento especial en el que la vida te parecía particularmente clara.*
- *Ahora recuerda un momento en el que te hayas lastimado a ti mismo o a un ser querido y siente el resultado de tu torpeza.*
- *Sin juzgarte, mantén ese recordatorio mundano de tu humanidad frente a la claridad y permite que se suavicen entre sí.*
- *Inicia tu día con claridad y compasión por tu condición de ser humano.*

1 DE OCTUBRE

La mosca en la ventana

La fe es la condición de la
preocupación como última instancia.
—Paul Tillich

Es imposible evitarlo. Aunque lo hacemos a través de preguntas distintas, siempre volvemos al asunto central: ¿cómo vivir en plenitud?, ¿cómo vivir para que el asombro de sentir sea más poderoso que el dolor de rompernos?

No estoy seguro, yo mismo solo estoy probando. De forma individual, todos somos una voluntad diminuta esforzándose por encontrar la corriente universal y montarla sin perecer. Pero para esto parece crucial tener fe, es decir, contar con la capacidad de habitar la anchura y la profundidad de nuestra compasión. Parece esencial saber, incluso en el lóbrego centro de nuestro martirio, que en algún lugar fuera de vista hay alegría y asombro, que hasta cuando tropezamos somos parte de un torrente más grande que nuestro propio destino. Resulta un poco difícil pedir este tipo de conciencia y, sin embargo, la fe, la vida de preocupación, es posible incluso si fracasamos.

La coherencia infinita de todas las cosas y los sucesos continúa como un torrente colosal sin fondo, y nosotros, como los peces, solo tenemos una opción: encontrar el torrente y montarlo. Ese torrente es Dios o, como el gran sabio chino Lao-Tse le llama, el Tao, y la fortaleza que nos levanta cuando nuestra diminuta voluntad se mezcla con el torrente del ser es la luminosidad sagrada que experimentamos como la gracia.

En cuanto nos encontramos en el torrente termina la vida de preparación, la vida de la defensa, la ponderación de los rasgos individuales. De alguna forma, el miedo da paso a la confianza, el control se evapora y se transforma en rendición. Los peces y el torrente son uno mismo por un momento. El instante sagrado y Dios son siempre uno. No hay nada más por qué vivir, incluso la declaración cambia porque ya no se trata de *vivir por algo* sino de *vivir algo*. Siempre dar salida a lo interior y, una vez que está fuera, mantenerlo abierto para que el Todo fluya hacia dentro.

Así pues, la fe no es más que "la disposición a" y la valentía de entrar al torrente y montarlo. El misterio radica en que correr el riesgo de sumergirnos en nuestro momento de vida en sí mismo nos une a todo lo que es portentoso, más grande que nosotros. ¿Qué es la compasión sino incorporarse al torrente de otro ser sin perderse a sí mismo?

Recuerdo que una vez, un verano, estaba junto a la ventana y vi una mosca junto al pestillo girando con patas furiosas sobre su espalda, sin poder ir a ningún lado. Pensé en aplastarla, pero algo en su lucha se sentía demasiado como la mía. Siguió girando y empezó a cansarse. Sin acercarme, exhalé de forma constante, mi aliento se convirtió en un viento repentino y la mosca logró voltearse sobre las patas. Se frotó la cara y se fue volando. Continué mirando el pestillo con la esperanza de que algún día el aliento de algo incomprensible me pusiera de vuelta en mis patas y me permitiera volar.

- *Si te es posible, visita un arroyo y deja caer una hoja tras otra en su corriente.*
- *Observa cómo la corriente se lleva cada hoja. Observa cómo giran y se zambullen.*
- *Nota que las hojas se dejan llevar sin ningún esfuerzo.*
- *Nota que las hojas no tienen noción de a dónde se dirigen.*

- *Cierra los ojos, escucha el agua y reflexiona mientras visualizas tu vida como una de esas hojas en el arroyo del tiempo de Dios.*
- *Siente los días pasar como agua a tu alrededor. Disfruta del paseo.*

2 DE OCTUBRE

El reino rojo

Nunca he sentido una pena
que no conlleve a una bendición.
—Gene Knudson Hoffman

Lo sé por experiencia. De los matrimonios rotos a perder una costilla por culpa del cáncer, y a que te despidan después de dieciocho años de ser maestro, una vez que la pena, el miedo y la aflicción se sosiegan, siempre he encontrado un regalo esperándome.

Pero debo ser claro, ni la enfermedad ni la injusticia son una bendición. Aunque me siento agradecido por la manera en que mi vida cambió para siempre tras la experiencia del cáncer, no le deseo a nadie esta enfermedad.

A pesar de que el dolor de la transformación y el reacomodo que tienen lugar estando uno aún vivo a veces parecen insoportables, una vez que el silencio termina de absorber los gemidos, cuando el sol se levanta tras una noche que tiene la intención de durar para siempre, y cuando el cielo sostiene todo lo que vuela y todo lo que cae, siempre surge algo indestructible en el centro de cada uno de nosotros.

Siendo niño me corté el dedo con una navaja y todavía tengo la cicatriz. Después de llorar y patalear por todos lados, me maravilló ver por vez primera el reino rojo que vivía dentro de mí.

- *Encuentra tu centro y recuerda un tiempo en el que hayas sanado de una herida física o emocional.*
- *Respira hondo y pregúntate si, después de que el dolor menguó, volviste a experimentar el mundo de una manera renovada.*
- *Cuando tengas oportunidad, describe todo esto a un ser querido. Explícale lo que te costó esa herida y lo que abrió en ti.*

3 DE OCTUBRE

Tan poco acostumbrado a la emoción

Estamos tan poco acostumbrados a la emoción,
que confundimos cualquier sentimiento profundo
con tristeza, cualquier noción de lo desconocido
con miedo, y cualquier noción de paz
con aburrimiento.

Nos han educado tan alejados de la vida que cualquier cosa bajo la superficie nos asusta, y sin embargo, la necesidad de mirar ahí no nos abandona. Esto se explica, en parte, por la oleada de violencia que vemos en las películas porque, dado que nos niegan la posibilidad de satisfacer nuestra necesidad introspectiva de mirarnos con crudeza, esta emerge de cualquier manera, en exageradas historias de gente a la que destripan o en persecuciones que terminan con alguien destrozando cuerpos contra la voluntad de sus dueños. Negar nuestra necesidad de ver hacia dentro solo la empodera en direcciones distintas, y por eso de pronto nos encontramos pagando para sentarnos en la oscuridad, incapaces de mirar, pero también incapaces de voltear a otro lado mientras personas iguales a nosotros son destripadas fisiológica y psicológicamente.

Todos hacemos esto de formas personales también. Cuando era treintañero, no me sentía dispuesto a mirar al fondo, a la fuente de mi baja autoestima, pero me descubría cavando en el jardín con una urgencia inesperada, ansioso por descubrir una raíz desconocida. A lo largo de los años también me he descubierto picoteando mi propio cuerpo, las cutículas y las manchas de la piel, pinchando las pequeñas heridas hasta hacerlas sangrar, y poco a poco he descubierto que, en realidad, quien pica es la necesidad de mi alma de mirar más allá de la superficie, necesidad que se ha desviado porque yo me negué a hacerlo.

Mi lucha personal por abrir mi corazón ha sido muy prolongada. He estado casado en dos ocasiones, sobreviví al cáncer y a una madre insensible; durante veinticinco años traté de aferrarme a amigos como si fueran comida, y todo eso terminó mal. Ahora uso la soledad como una lámpara con que ilumino rincones que nunca he visto. Y, aunque a veces me da miedo que, después de todo este tiempo, pueda salir vacío, todavía creo que sumergirme y traer conmigo cualquier tesoro que encuentre es lo que hace la diferencia.

Lo que guardamos en el interior y sacamos a la superficie es tan sagrado y aterrador, que las personas no saben si quieren involucrarse o no; es como subir por una escalera hasta una rama y estirarse para ver un nido con aves recién nacidas. Es, a la vez, demasiado tierno y sacrílego; me parece que es un lugar que las manos humanas no deberían conocer, pero te invito a hacerlo de todas maneras. Vamos, permite que otros se acerquen con honestidad para que podamos decir: "Este soy yo cuando nadie me mira". Porque todos somos un polluelo que, si recibe alimento, tarde o temprano volará.

- *Siéntate en silencio y con los ojos cerrados frente a un espejo. Reflexiona sobre una parte insegura de ti.*
- *Respira hondo y trata de levantar la fuente de tu inseguridad hasta que esté a la altura de tu conciencia.*
- *Ahora abre los ojos y mira al espejo. Examina tu rostro con amabilidad.*
- *Contempla tu propia inseguridad y a tu conciencia sosteniéndola... Acepta a la persona que eres.*

4 DE OCTUBRE

Nuestra naturaleza abarcadora

Ningún individuo, en su propia naturaleza,
existe independiente de todos los otros factores de la vida.
Cada uno posee la totalidad del universo en su base.
Por lo tanto, todos los individuos cuentan con el
universo entero como su territorio común, y esta universalidad
se vuelve consciente en la experiencia de la iluminación,
en la que el individuo despierta a su propia
naturaleza abarcadora.

—Lama Govinda

Imagina este hecho espiritual: todo el universo es la base de quienes somos. Lo que la ballena ve cuando se apresura a llegar a la superficie es invisible para la vista humana; lo que el águila siente en la parte inferior de sus alas está más allá de todo cuestionamiento humano.

Lo que las hojas en la parte superior de la copa de un árbol saben sobre la luz que se extiende por primera vez está más allá de todos los intentos de amar. La esencia de todo lo que vive y su potencialidad dormida se encuentra incrustada en la energía del corazón, bajo su piel. Lama Govinda lo expresa de una manera muy conmovedora, la iluminación es una experiencia en la que toda esa *relación esencial* se vuelve más que conocible, se torna palpable y, al ser tocada de esta manera, esencia con esencia, reanima la condición espiritual de la unidad.

Imagina que debajo de toda nuestra desconfianza hay un torrente de unidad que no deja de fluir y que la única manera de incorporarse a él es quitándonos la desconfianza y la experiencia fallida como si fueran ropa. Imagina que al entrar desnudos al torrente nos estiramos y tratamos de alcanzar con todas las manos que jamás se extendieron para alcanzar.

Confieso que he conocido momentos que se abren por debajo de la red del tiempo, donde la luz es más que luz y, sin embargo, sigue siendo solo luz; donde el sutil viento que corre entre las hojas doradas que aún quedan y van cayendo al estanque es viento hoy y viento hace cien años. Por lo general entro solo a estos momentos porque es mi manera de escalar hacia Dios.

Sin embargo, cuando me he atrevido a amar sin guardarme, también he ido acompañado de otros en silencio, y en esos períodos de aceptación total de la vida y del uno por parte del otro, ambos miramos hacia dentro y hacia fuera y vemos que todo resplandece. Entonces se vuelve obvio que ahí es donde se encuentran los verdaderos amantes que escalan a lo largo de su vida hasta llegar a un resquicio que nadie más parece entender, un lugar donde estar juntos significa estar solos, donde tocar la piel es tocar el punto de Dios en el interior que nació para ser tocado.

De esta manera, más que el inicio de la sabiduría, la iluminación es la experiencia, es *el sentimiento* de la unidad de todo lo vivo.

- *Solo respira y medita con los brazos extendidos y las manos abiertas.*
- *Mientras inhalas imagina que te unes a todo hasta el punto en que no puedas continuar inhalando.*
- *Mientras exhalas imagina que la totalidad del universo te atrae de vuelta a su cotidianeidad.*
- *Permítete abrazar y ser abrazado.*

5 DE OCTUBRE

Caminar junto al hueso

Busqué la vida en todos lados,
la encontré en el ardor de mis pulmones.

Me he despertado y me he cerrado durante casi medio siglo, he corrido de algo y me he detenido, he corrido hacia algo y me he detenido, he escalado y me he detenido, me he levantado y me he detenido. Hago preguntas que nunca podrán ser respondidas y vivo como una respuesta a todo lo que nunca es preguntado. Como la hormiga que construye hogares temporales, sigo moviendo lo que debería dejar en paz y dejando caer lo que no puedo cargar, y en el denso espacio que existe entre la piel del mundo y la de mi alma, la experiencia corre a toda velocidad.

Ahora, con el mero hecho de despertar, una oleada de sentimiento palpita cerca del hueso, es un pulso continuo y tan profundo que duele. Es el dolor de estar vivo. Solía pensar que este dolor era tristeza, pero ahora sé que es algo más intenso que no obtener lo que quiero o perder lo que necesito. Este caminar tan cercano al hueso es el pulso de donde surgen tanto la dicha como el desconsuelo, donde se encuentran la aflicción y el asombro. Ahora despierto los necios días de otoño que resisten el frío, despierto antes que el sol, veo el mundo húmedo y ansioso, y siento esta pena de la misma forma que la Tierra siente su centro rechinar y girar alrededor del fuego cardinal que nadie ve. Es la ligera quemadura de estar ahí.

- *Si te es posible, despierta temprano y medita en torno a tu estado de ánimo presente.*
- *Respira hondo y reflexiona respecto al sentimiento subyacente a dicho estado de ánimo.*
- *Respira de manera constante y reflexiona sobre el palpitar subyacente al sentimiento.*
- *Si te es posible, reflexiona sobre el palpitar del ser que vive en tus huesos.*

6 DE OCTUBRE

Dos maneras de sentir el viento

Hay dos maneras de sentir el viento:
estar al descubierto y mantenerse inmóvil
o seguir avanzando.

Toda la gente viva encarna tanto el ser como el hacer. El viento que generamos al correr es la energía del llegar a ser, y el viento que viene hacia nosotros cuando nos mantenemos inmóviles es la energía del ser.

Como seres humanos, tenemos la necesidad de mantenernos inmóviles en incontables ocasiones pero, igualmente, sentimos la necesidad de movernos. Sin embargo, buena parte de nuestra confusión como ciudadanos de la modernidad es producto de tratar de sustituir una de estas necesidades con la otra, con la que nos sintamos más cómodos.

A menudo, a quienes nos cuesta trabajo permanecer quietos también se nos dificulta encontrar el viento nativo, y en cambio, quienes nos sentimos incómodos viviendo en el mundo podemos retirarnos a una quietud que continúa siendo externa, pero que con frecuencia carece de la energía de vivir.

Estas preocupaciones, sin embargo, son más continuas que la manera en que solemos discutir respecto a ellas. Mi ahijado Eli capturó la unidad de ser y de llegar a ser un día de otoño en que salió a hacer una caminata. Tenía seis años. Eli y su padre se encontraban parados en un campo abierto rodeado de arces y sauces cuando empezó a soplar el viento. Eli se emocionó tanto, que empezó a girar y a correr con los brazos extendidos entre los resplandecientes árboles. Luego, sofocado y desbordante de asombro, jaló la manga de su padre y exclamó:

—¡Papi! ¡Papi! Si corres muy rápido, ¡no puedes saber lo que es real!

La sabiduría en las reflexiones de los niños es colosal y asombrosa, también contiene una gran inocencia. Los niños con frecuencia encarnan su sabiduría, pero rara vez saben que la tienen. Resulta irónico, pasamos toda nuestra vida tratando de recobrar ese valioso estado en el que ser y hacer son inseparables.

❄ *¿Qué te resulta más fácil? ¿Ser o hacer? ¿A qué crees que se deba esto?*

- *¿Qué te gustaría cambiar respecto a tu energía de hacer?*
- *¿Qué te gustaría cambiar respecto a tu energía de ser?*
- *En la siguiente oportunidad que se presente, elige de todo corazón girar con los brazos extendidos en un campo abierto.*
- *¿Qué otra cosa te parece que sentirías igual a esta experiencia? En tu caso, ¿qué tipo de actividad permite que ser y hacer sean lo mismo?*
- *Una vez más, de todo corazón, elige involucrarte de esta manera por lo menos dos veces en las próximas dos semanas.*

7 DE OCTUBRE

Hasta que lo vivamos

Llegamos al mundo con un montón de piezas
y sin instrucciones de cómo ensamblarlas.

Es muy tentador querer tener las respuestas antes de iniciar el viaje porque siempre queremos conocer el camino. Nos gusta tener mapas, guías. Sin embargo, los humanos somos más bien como rompecabezas que respiran, somos un saco lleno de piezas, y cada día nos van enseñando para qué sirven una o dos de ellas, dónde podrían ir, dónde podrían encajar. Con el tiempo empieza a surgir una imagen que nos permite comprender nuestro lugar en el mundo.

Por desgracia, desperdiciamos bastante tiempo buscando a alguien que nos diga cómo será la vida una vez que la vivamos, pedir a otros que nos tracen un mapa nos drena de la fortitud interna vital. Y al final de este estancamiento, de todas formas todos y cada uno tenemos que aventurarnos, vivir y ver qué sucede.

Las instrucciones se encuentran en la experiencia misma de vida, y confieso que en todas las ocasiones que pensé que me gustaba esto o que no importaba aquello, las elecciones no eran ni mías ni tuyas. Porque, si la Tierra empezó con un estallido parecido a cuando un plato se quiebra, la eternidad es esta misma escena reproducida en cámara lenta y hacia atrás, y tú y yo y todas las cosas que nos atraen no somos más que piezas de Dios rompiéndose a la inversa y re-uniéndose.

- *Encuentra tu centro y recuerda la frescura de hoy.*
- *Cada vez que respires deja ir tus preconcepciones respecto a dónde te diriges y lo que debes hacer.*
- *Solo respira sabiendo que todo es posible y que, incluso hoy, todo continúa siendo desconocido hasta que no lo vives.*

8 DE OCTUBRE

Romper el frasco

Un hombre crio a un polluelo de cisne en un frasco de vidrio
y cuando el ave creció, quedó atrapada en él.
Ahora el hombre también está atrapado porque la única manera
de liberar al cisne es rompiendo el frasco y, por lo tanto,
matándolo.

—Proverbio zen

Esta parábola es vigorosa y elocuente en cuanto a los límites transparentes que establecemos con nuestros seres queridos sin imaginar que tanto los seres como lo que amamos crecen. Todo lo que, por miedo, arrogancia o incluso con nuestras mejores intenciones de proteger, fijamos como parámetros puede sofocar precisamente lo que más atesoramos.

Las maneras en que nosotros mismos nos "enfrascamos" son incluso más devastadoras y sutiles. Si nuestra mente es el hombre que crio al polluelo de cisne, el polluelo es nuestro corazón. Muy a menudo, en un esfuerzo por protegernos y evitar ser lastimados, colocamos nuestro tierno y pequeño corazón en un frasco transparente de desconfianza, sin imaginar que, como el polluelo de cisne, continuará creciendo. Con frecuencia, nuestra forma de sobrevivir restringe nuestra forma de ser.

Esta es la manera en que terminamos amurallando nuestro corazón con el paso del tiempo; incluso los seres más cautelosos y modestos pueden encontrarse en la difícil situación de tener que romper su corazón, es decir, su forma de sentir en el mundo, para poder liberarse de su transparente pero rígida resolución.

Muchos, sin embargo, solo continuamos viviendo en el interior de la rigidez, si acaso podemos llamarle a esa restricción "vida". Pensando en este nivel de sofocamiento del corazón, Rachel Naomi Remin se pregunta con sabiduría: "¿Es posible vivir tan a la defensiva que nunca vivas del todo?". El punto esencial de su pregunta y de la breve fábula zen es la diferencia entre sobrevivir y desarrollarse, entre existir y vivir, entre resignarse y ser dichosos.

Somos seres humanos y nuestra desconfianza forma una capa de resolución que cubre nuestra inocencia y se endurece de la misma manera en que la plata se deslustra cuando es expuesta al aire. Solo la discreta y cotidiana valentía de ser puede permitir que el aire ablande nuestro corazón de nuevo.

- *Recuerda la última vez que te sentiste vulnerable o lastimado, pero que no lo mostraste.*
- *¿Qué pasó en tu interior debido a que no mostraste tu dolor?*
- *Vuelve a pensar en ese momento de vulnerabilidad, pero ahora hazlo en la seguridad de tu soledad.*
- *Suaviza el momento y permite que el sentimiento original entre.*
- *Recíbete a ti mismo de la manera que habrías deseado que otros lo hicieran.*

9 DE OCTUBRE

Arder para salir

El alma se cierne como un sol en nuestro interior:
ardiendo para salir sin abandonar el centro nunca.
A esto, al ardor, lo llamamos pasión.

¿De dónde viene nuestra pasión? No nos la enseñan, es algo que solo permitimos que nos embargue o no. Cuando nos resistimos, la pasión ahueca diario al corazón y se hace un lugar en él; cuando permitimos que entre, se eleva, se inflama y casi nos sofoca con su calor. De alguna manera, sin embargo, cuidar su liberación con ternura, sin impedirla y sin sofocarnos en ella, con el cuidado constante y humilde que nos hace abrir los labios ante la celeridad de la luz interior y dejar que la intensidad de todo el sentimiento salga por nuestra boca, se convierte en el ritmo de su gracia. Es la fuente de toda canción.

A pesar de la gravedad, en contra de ella, en contrapunto con el peso del mundo, un resplandeciente calor que puede ser bloqueado pero no contenido mana de todos los seres en forma de amor, pensamiento, anhelo y paz. Cuando permitimos que esta vitalidad pase, abrimos el corazón común que vive de manera subyacente a todo anhelo humano, y el fuego en el centro empieza a surgir.

Es por este surgimiento que vivo; me mantiene vivo. Si fuera bailarín, solo trataría de escribir el incesante levantamiento contra el cielo y se lo regalaría al mundo. Porque, ¡ay!, como la ballena, el corazón no tiene otra opción más que emerger. Si no, morimos. Y, una vez que emerge, todos debemos zambullirnos. O morimos. Y, más que libros, flores o tarjetas con amables pensamientos que mostrarían que te conozco, lo más encantador que podría brindarte es mi propio surgimiento, salir con el lustre de mi espíritu y mostrarme ante ti. Por eso busco las amistades más auténticas, por eso observo la profundidad y busco ahí espíritus que emerjan mojados y con alma.

- *Siéntate en silencio y, mientras respiras, siente el vigoroso resplandor en el centro de quien eres.*
- *Respira de manera constante y permite que esta pasión surja en ti sin objetivo ni intención.*
- *Respira lento y, cuando empieces a sentir su calor, mira las cosas simples que te rodean.*

10 DE OCTUBRE

Talento

El mundo es lo que está iluminado
y nosotros, la intermitencia.

Al igual que los radios, a los humanos nos cuesta trabajo deshacernos de nuestra estática y recibir las longitudes de onda que siempre están ahí. Nuestra naturaleza nos hace incapaces de mantener la claridad necesaria para comprender la magia inherente a todo, por eso oscilamos entre lo ordinario y lo extraordinario sin cesar, por eso casi todos culpamos al mundo.

Por todo esto, no resulta sorprendente que, aunque solo nos sintamos dotados intermitentemente, nuestros dones siempre estén presentes. Porque, si la iluminación es producto de una claridad del ser, entonces el talento no es más que una claridad del hacer, un momento encarnado en el que el espíritu y la mano son uno mismo. El principal obstáculo del talento es el lapso en el ser. No es que no tengamos talento, es que carecemos de la claridad para descubrir cuál es el nuestro y sus mecanismos.

El talento es una energía que está a la espera de ser liberada a través de una participación honesta en la vida. Sin embargo, muchos tratamos de verificar si podemos encendernos sin tocar el interruptor que, en este caso, son el riesgo, la curiosidad, la pasión y el amor.

Tomando esto en cuenta, la felicidad puede describirse en términos sencillos como la satisfacción que sentimos cuando, aunque sea por un instante, coincidimos de manera total con el ser y el hacer. En este momento de unificación, nuestro propósito es la vida y nuestro talento es vivir con el más inmediato detalle, ya sea al secar los platos, cuando arrastramos las hojas en el jardín o al enjuagar el cabello del bebé.

Por eso, cuando no puedo encontrar mi propósito, me suplico a mí mismo sentarme en un campo bajo el sol y observar a las hormigas con la esperanza de encontrar mi claridad. Asimismo, cuando me convenzo de que no tengo ningún don, me imploro tocar el interruptor, intentar algo fuera de mi campo de visión y apostarle a lo que me convoca desde lejos. Cuando me pierdo entre un cometa y otro, trato primero de observar cómo nadan los peces y escuchar a las aves planear mientras yo avanzo trabajosamente y desincronizado. Y, en un tremor de fe, sé que si no lo intento, de todas formas, todo volverá a mí con la misma certeza y rapidez con la que la luz inunda un hueco.

- *Encuentra tu centro y recuerda la última vez que experimentaste tu ser y tu hacer como uno solo. Tal vez fue mientras cavabas, mientras trabajas en el jardín o escuchabas música.*
- *Respira lento y piensa en esta habilidad de experimentar la unidad como uno de tus talentos, aunque solo sea por un instante.*
- *Trata de aplicar este talento una vez a lo largo de tu día.*

11 DE OCTUBRE

Recortes

Nuestras experiencias de vida resonarán
con lo más profundo de nuestro ser interior
para que sintamos el éxtasis de estar vivos.
—Joseph Campbell

Hace poco, una amiga me dijo:

—Todas las personas que conozco tienen que trabajar de forma obsesiva y les preocupa perder su empleo, que hagan un recorte en su empresa y las eliminen.

Confieso que a veces a mí también me inquieta esto. No es posible minimizar las dificultades que se encuentran más allá de nuestro control, en especial cuando otros dependen de nosotros. A pesar de ello, hay una infinidad de anécdotas de personas que encontraron su verdadero significado cuando ciertos sucesos las obligaron a renunciar a la vida profesional a la que se habían consagrado hasta entonces.

Esto no tiene nada de nuevo. Después de ser marinero toda su vida, cuando volvió a casa tras diez años de librar una guerra y diez más de errar, incluso el mítico Odiseo sufrió los efectos de un *recorte* y se vio obligado a retirarse.

Ahí estaba él, añorando, soñando con volver a sus días de gloria en el mar, cuando un augur vino a él en un sueño y le dijo:

—Toma tu remo favorito y ve tierra adentro hasta llegar a donde nadie ha escuchado de ti, continúa y ve hasta donde nadie haya escuchado de los remos ni del mar. Entierra ahí tu remo y planta un jardín.

La vida podría recortar las cosas de las que dependemos o la manera en que nos vemos a nosotros mismos, pero nuestro espíritu siempre espera como una canción en una cobija. Sin importar cuán amado sea el tejido, siempre hay algo más amado en cada uno de nosotros, y ese algo espera a que alguien o algo levante la cobija para que nuestro espíritu pueda cantar.

- *Piensa en un cambio de vida profesional al que te estés enfrentando ahora.*
- *Piensa en la manera en que tu trabajo ha definido quién eres.*

- ❄ *Cierra los ojos y piensa en tu trabajo como el vaso y en quién eres como el agua.*
- ❄ *Reflexiona. ¿En qué otros tipos de trabajos podrías verterte?*

12 DE OCTUBRE

Tendemos a colgarnos

Envidio al árbol
porque se extiende
pero nunca sujeta.

Las cosas que importan van y vienen, pero cuando la vida nos toca y la sentimos moverse, tenemos la tendencia a colgarnos, a aferrarnos, a desear que nada cambie. Pero, por supuesto, esto no funciona y la vida cambia. Con frecuencia somos muy necios y tratamos de perseguir lo que creemos que se va, tratamos de manipular y controlar el flujo de la vida, pero esto tampoco funciona.

Como no podemos impedir que la vida fluya, nos quedamos sintiendo lo que fue y lo que es, y a la diferencia entre esos dos momentos la llamamos pérdida. Colgarse y aferrarse solo empeora todo. Nuevas cosas llegan, pero algunos anticipamos la pérdida y solo dejamos que las situaciones de la vida pasen sin sentirlas en absoluto.

Yo mismo he hecho todo esto, pero cuando tengo suficiente claridad y apertura, trato de permitir que las cosas ingresen en mí y me conmuevan, evito picotearlas y jalonearlas cuando van pasando. Esto no elimina la pérdida, pero cuando tengo suficiente confianza para permitir que esto suceda, me siento afinado como un arpa de cara al viento.

- ❄ *Siéntate en silencio y recuerda un sentimiento al que hayas tratado de aferrarte.*
- ❄ *Respira de manera regular y recuerda un sentimiento que hayas cortado de tajo.*
- ❄ *Respira lento y recuerda algo que estés sintiendo en estos tiempos de manera muy profunda, trata de dejarlo entrar en ti sin interferir con su presencia.*

13 DE OCTUBRE

La sabiduría del corazón desgarrado

Como no tiene huesos, una bandera
adopta la forma del viento que la azota.
De esa misma manera, yo amo.

La lección de la bandera desafía la confianza que tenemos en la fibra de nuestra vida. Nos pide no resistirnos al viento del espíritu que sopla, porque las energías vitales de la vida vienen a nosotros como repentinas ráfagas de experiencia, y la única manera de desplegar nuestro verdadero yo es renunciando a resistirnos y dándonos cuenta de que, después de todo el sufrimiento, nuestro propósito es tan simple y hermoso como el de la bandera.

El gran poeta Rilke dijo: "Quiero desplegarme, no quiero estar plegado en ningún lugar porque, donde estoy plegado, soy una mentira". Esta es una invitación más a vivir en apertura. Nos anima y nos desafía a desplegarnos más allá de nuestro miedo para que la apariencia de una vida más imponente y antigua que nosotros nos haga ondear hasta vivir en plenitud.

Naturalmente, esto no es sencillo porque todas nuestras experiencias negativas y el cuidado excesivo con que nos criaron hacen que nos resistamos a todo lo repentino o vigoroso. Sin embargo, incluso cuando nos tropezamos y caemos, enseguida aprendemos que el brazo que se rompe es el que se pone rígido y se resiste. A menudo, resistirnos solo empeora las cosas. Hace dos mil quinientos años, el sabio chino Lao-Tse dijo: "Lo rígido y duro se romperá, lo suave y plegable prevalecerá. Quienquiera que sea rígido e inflexible es discípulo de la muerte, quienquiera que sea dócil y maleable es discípulo de la vida".

Por todo esto, para permanecer entre los vivos, con frecuencia nos instan a reunir el valor necesario para no resistirnos. Por supuesto, es algo distinto a poner la otra mejilla o a someternos a las fuerzas dominantes en nuestra vida. Se trata, más bien, de un intento por enfrentar al mundo y toda su variedad de aflicciones de pie, con los pies separados y los brazos abiertos, sin aceptar ni rechazar, solo inclinándonos a lo que puede nutrirnos y permitiendo que el resto nos pase de largo.

Es así como el corazón se convierte en una bandera desgarrada que no conoce patria. Con el tiempo, a lo que deberemos agradecer será a las pequeñas lágrimas derramadas por vivir en apertura. Porque las ligeras rasgaduras que sufrimos son las que permiten que nos atraviesen y nos pasen las ráfagas demasiado dolorosas para llevar con nosotros.

Quizás esto es la sabiduría, la humildad que ganamos gracias al sufrimiento y que no trata de aferrarse; quizás esta es la sabiduría del corazón desgarrado que nos mantiene vivos.

- *Encuentra tu centro y deja que tu respiración sea el viento del sentimiento que se despliega en tu corazón.*
- *Solo permítete sentir un momento reciente de dolor y uno de dicha. Deja que ambos se muevan a través de ti como el viento se mueve en la bandera, uno tras otro y sin cesar.*
- *Cada vez que respires practica no resistirte. Inclínate hacia cada sentimiento y déjalo pasar sin aferrarte a él.*

14 DE OCTUBRE

Al ritmo de la creación

El primer aliento
siempre otorga vida.

El hecho de desacelerar nuestra forma de pensar, de sentir y de asimilar el mundo se relaciona de manera directa con nuestra capacidad de permanecer centrados. Todas las tradiciones de sabiduría tienen alguna meditación u oración cuyo objetivo es desacelerarnos para encontrar ese centro donde respira el ritmo de la creación. A su manera, todas las prácticas espirituales nos ayudan a recuperar esta capacidad, porque centrarse de esta manera nos zambulle de manera constante en el invisible torrente en el que la vida se mantiene vital y fresca.

Todas las cosas respiran de la misma manera en el ritmo de la creación. Por eso, cuando disminuimos la marcha, nos sensibilizamos y encontramos nuestro centro, respiramos al unísono con toda la vida, lo cual nos permite sustraer fortaleza de ella. Cuando desaceleramos y respiramos, nos estiramos como árboles hacia todo lo abierto, y cielos enteros de nubes vagan al unísono con los sueños de todo un pueblo. Si logramos bajar la velocidad e imitar el ritmo de la creación, la verdad se extenderá como una parvada de aves que descienden de las montañas que escalamos. Al ritmo de la creación, el inicio entra en nosotros y nos renueva.

Cuando tenemos el valor suficiente para relajar y abrir el alma, el ritmo en que tu mente piensa desciende al ritmo en que tu corazón siente y, lo más sorprendente es que, juntos, despliegan el ritmo en que tus ojos ven el milagro que yace y espera en todo lo ordinario.

- *Cierra los ojos y desacelera tu respiración hasta encontrar tu centro.*
- *Una vez centrado, abre los ojos y respira al unísono con la vida que te rodea.*
- *Conforme vayas acelerando a lo largo del día, respira lento al unísono con algo pequeño cerca de ti.*

15 DE OCTUBRE

Reafirmar quiénes somos

La sabiduría me dice que no soy nada.
El amor me dice que lo soy todo.
Y en medio,
mi vida fluye.
—Nisargadatta Maharaj

Muchos años después, tras haber sobrevivido la inhumanidad del holocausto y la muerte de su esposo, el doctor Elkhanan Elkes, la venerada anciana del gueto Kovno en Lituania, Miriam Elkes, habló a su hijo sobre los dos objetos que la habían mantenido en pie. Uno era el trozo de pan que siempre mantenía oculto en su persona; el otro, un fragmento de un peine roto. El pan lo tenía consigo en caso de que alguien lo necesitara más que ella y, mañana y noche, sin que nada importara, se peinaba el cabello para reafirmar quién era.

Los objetos que Miriam Elkes llevaba siempre consigo y la manera en que los usaba son un ejemplo conmovedor de cómo el espíritu puede transformar los objetos ordinarios en símbolos vivos que nos ayudan a subsistir.

Las cosas que guardaba, ese trozo de pan y el pedacito de peine, y la razón por la que las llevaba consigo, nos hablan de la sabiduría del amor mismo y me hace preguntarme: ¿qué pequeño objeto llevamos con nosotros para brindárselo a otros más necesitados?, ¿qué gesto constante realizamos para reafirmar nuestra persona?

El simple hecho de llevar con nosotros estas preguntas ayuda a sustentar la vida, porque traer con nosotros el mendrugo más pequeño de verdad o de pan que podamos ofrecer a otros nos recuerda dos hechos esenciales: esta vida no la vivimos solos y, sin importar la severidad de nuestras circunstancias, siempre tenemos algo que brindar a los demás. El hecho de que incluso en medio del dolor podamos ser valiosos no invalida nuestra pena: confirma nuestro valor.

Todos vivimos en medio de la nada y del todo, y repetir en el camino el gesto más humilde para ponderar tu vida significa llevar a cabo la labor de Dios. Solo cuando nos reafirmarnos como personas puede nuestro tallo humano del espíritu separarse de la tierra y crecer para convertirse en algo libre.

❆ *Encuentra tu centro y respira hasta llegar a la pausa del espíritu que espera más allá de cualquier dificultad que enfrentes.*
❆ *Respira lento, permite que tu corazón te haga cobrar conciencia de eso pequeño que posees y que puedes ofrecer a otros más necesitados que tú.*
❆ *Mientras respiras con libertad, deja que tu espíritu ofrezca a tu cuerpo un gesto con el que puedas reafirmar quién eres.*
❆ *Inhala y reafirma tu persona, exhala y ofrece tus dones al mundo.*

16 DE OCTUBRE

Corazón y sendero

Observa cada sendero de cerca y de forma deliberada.
Recórrelos todas las veces que te parezca necesario.
Luego pregúntate a ti, y solo a ti...
Este sendero, ¿tiene corazón? De ser así, el sendero es bueno.
De lo contrario, no sirve para nada.
—CARLOS CASTANEDA

Para inseminar a una peonía se requiere de seis millones de granos de polen, y un salmón necesita nadar toda la vida para encontrar su camino a casa. Por eso, no debemos alarmarnos ni desanimarnos si nos toma años encontrar el amor o entender nuestra vocación en la vida.

A todo en la naturaleza se le ha otorgado una forma de resiliencia con la que puede ensayar para encontrar su camino. De esta manera, cuando lo encuentre, habrá practicado y estará preparado para aprovechar el momento. Esto nos incluye a nosotros.

Cuando las cosas no funcionan, cuando, por ejemplo, el amor termina de manera repentina o nuestra vida profesional deja de desarrollarse, sentimos pena y tristeza. Sin embargo, negarnos a ver el panorama más extenso nos impide encontrar la resiliencia de la que hablo. La tristeza puede transformarse en desánimo y el dolor puede pudrirse y convertirse en desesperanza.

Así como millones de granos de polen dan vida a una sola flor y miles de huevecillos de salmón permiten el nacimiento del pez, cada persona que amamos y cada sueño al que tratamos de dar vida nos acerca más al misterio de estar vivos. Por eso debemos intentarlo todas las veces que sea necesario, hasta que nuestros muchos amores se conviertan en *el* amor, hasta que nuestros múltiples sueños se transformen en *el* sueño, hasta que el corazón y el sendero sientan lo mismo.

- *Siéntate en silencio y recuerda las desilusiones que has tenido en relación con tus sueños y en el amor.*
- *Respira con suavidad y trata de no entrar demasiado en tu tristeza.*
- *Respira profundo y, en lugar de ver tus desilusiones como fracasos, trata de considerar cada una como una cuenta brillante más en un collar que estás fabricando con tu vida.*

❊ *Respira de manera contundente y permite que estas cuentas te conduzcan a la siguiente.*

17 DE OCTUBRE

Reflejo o respuesta

No sobreviví a no ser tocado.

Los patrones emocionales de nuestra vida son muy sólidos, con frecuencia se forman porque los necesitamos para sobrevivir. Sin embargo, tarde o temprano, todos llegamos a momentos en los que justo lo que nos salvó empieza a matarnos, nos impide vivir de verdad. Ser invisibles alguna vez evitó que nos hirieran, pero ahora nos estamos desvaneciendo; escuchar a otros alguna vez nos mantuvo en una relación, pero ahora nos ahogamos en gritos que nadie atiende; evitar el conflicto nos mantuvo fuera de la línea de fuego, pero ahora ansiamos un contacto real.

Desde muy joven aprendí a protegerme, es decir, me volví muy bueno para ocultar cosas. De hecho, nunca iba a ningún lugar sin mi guante de beisbol. Nada de lo que la vida me lanzara podría sorprenderme y, aunque mi guante me salvó de los impredecibles ataques de mi familia e incluso me ayudó en mi odisea cuando tuve cáncer, con el tiempo cobró vida propia. Mi guante interceptaba todo con un ágil reflejo: aves, mujeres, amigos, verdades. Con el tiempo, ya nada pasaba por él, ya nada llegaba a mí y precisamente lo que me había ayudado a sobrevivir ahora impedía que se acercaran a mí. La sutileza y el asombro del mundo empezaron a desaparecer de mi vida.

Sin embargo, no sobreviví para vivir distanciado de todo, así que di inicio al largo y doloroso proceso de deshacerme de mi guante de beisbol, recuperar la capacidad de decidir cuándo y cómo protegerme a mí mismo. Empecé a comprender que dejar que la vida entrara en mí era, en realidad, una manera mucho más intensa de sobrevivir.

Al realizar este trabajo comencé a experimentar un delgadísimo revestimiento de aliento que, me parece, tenemos todos en nuestro interior. Bajo este revestimiento habita el impulso de nuestro corazón, la respuesta genuina a todo con lo que nos encontramos en la vida. Encima de él habita el reflejo de nuestra supervivencia emocional, la ágil sacudida de nuestros patrones.

Nuestra habilidad de ser auténticos y libres no puede tocarnos hasta que no encontramos nuestro camino por debajo de la sacudida de nuestros patrones, y esto solo se logra respirando. Con frecuencia requiere superar la ansiedad que nos provoca la necesidad de atrapar o reparar lo que nos lanza la vida para poder responder de manera auténtica desde el centro de nuestro ser.

Después de todo, hay una diferencia entre ayudar a alguien porque, de no hacerlo, perderás su amor o tu propia noción de ti como una persona que se preocupa por otros, y ayudarlo solo porque el impulso de tu corazón te insta a hacerlo.

Todos libramos una guerra recurrente entre defendernos de las heridas que nos infligieron hace mucho y abrirnos con toda nuestra inocencia y de manera constante ante el inesperado contacto de la vida.

- ❇ *Siéntate en silencio hasta que encuentres el camino hacia el delgado recubrimiento de aliento que rodea tu corazón.*
- ❇ *Permite que en tu conciencia ingrese una presión actual que un ser querido esté ejerciendo en ti.*
- ❇ *Desde el revestimiento de aliento, inhala y exhala, y pon a prueba las distintas maneras en que podrías responder.*
- ❇ *¿Qué respuesta te ha ayudado a sobrevivir en el pasado?*
- ❇ *¿Cuál respuesta te ayudará a vivir de una manera más plena ahora?*
- ❇ *¿Con cuál sientes que puedes brindar más vida?*

18 DE OCTUBRE

La miel de mis fracasos

Anoche, mientras dormía,
soñé, ¡bendita ilusión!,
que una colmena tenía
dentro de mi corazón;
y las doradas abejas
iban fabricando en él,
con las amarguras viejas,
blanca cera y dulce miel.
—Antonio Machado

Parece imposible, pero incluso la vida más humilde lo ha expresado de esta forma: la dulzura de vivir llega a nosotros cuando el tiempo y la naturaleza fabrica una miel propia con esa misma humanidad que lamentamos y tratamos de ocultar, con nuestras fallas evidentes y secretos más vergonzosos. Finalmente, la materia de la transformación se encuentra ahí, donde *no* somos perfectos, donde yacemos rotos y devastados.

Como sucede a otras personas, muchas de las cosas que he deseado terminaron desmoronándose con el tiempo y convirtiéndose en cenizas que sirvieron como chispa del siguiente sueño. Y las experiencias dolorosas que nunca me atreví a mencionar engrosaron mi lengua hasta transformarla en una ternura que yo no creía posible. Cada vez que he fallado en ser lo que alguien más necesitaba, quería o esperaba; cada vez que he fallado en ser lo que *yo* necesitaba, quería o esperaba, cada fracaso de amor se ha consolidado en aprendizajes inesperados. Las dolorosas virutas de un amor se transformaron en especias de alegría en el siguiente.

Dicen que cuando las flechas de Cupido no se clavan en el corazón se convierten en flechas ordinarias que hieren a inocentes. Como Cupido, nosotros nos esforzamos, pero fallamos y herimos a muchos en el camino, hasta que aterrizamos en el corazón correcto. Y cada vez que fallamos, nos lastimamos a nosotros tanto como herimos a quienes laceramos con flechas imprecisas.

Nada de esto disminuye el dolor del viaje, pero me reconforta saber que nuestros fracasos, esos tropezones inesperados, son precisamente la dulce materia humana con que nos fabrican.

Solo debes saber que, ahora que todo se desploma, estás preparando la tierra que eres para algo maduro que aún no es visible, pero que con el tiempo podrás probar.

- *Siéntate en silencio junto a un amigo o amiga en quien confíes. Reflexionen respecto a una amistad en la que crean que han fallado.*
- *Después de un período de silencio, hablen sobre la manera en que creen que fallaron.*
- *Discutan la forma en que pueden seguir adelante tras este fracaso, hablen de cómo afecta sus relaciones actuales.*
- *Si es posible, identifiquen un aspecto en que se hayan ablandado, en que su corazón haya crecido tras vivir ese fracaso.*
- *A través de la relación que no duró, atestigüen la dulzura que aún perdura de ella.*

19 DE OCTUBRE

Nuestro llamado

Cada año, alrededor de lo que sería
el cuero cabelludo del planeta,
los caribús recorren su camino de migración
a lo largo del borde del Círculo Ártico. Nacen con
el instinto de seguir este sendero a pesar de que,
cada año, manadas de coyotes aguardan
ahí para alimentarse de ellos.
Cada año, a pesar del peligro, los caribús vuelven
y recorren su misma ruta.

A menudo la naturaleza hace que lo difícil sea muy claro. Cuando algo nos parece confuso es porque nos negamos a ver las cosas como son. ¿Cuál es la lección que los caribús nos enseñan a alaridos con el estruendo de sus cascos al hacer más profunda la corona del planeta? Incluso ahora, mientras escribo, los caribús son la evidencia de que todo lo vivo tiene una necesidad inherente que pesa más que cualquier consecuencia, y que a ellos les resulta muy obvio cuál es la suya.

Para los espíritus que vivimos bajo forma humana, no siempre saber cuál es nuestra vocación resulta una bendición y una maldición. Parte de nuestro proceso de migración tiene como objetivo que la averigüemos. Más allá de toda ambición formal, ¿a *qué* somos llamados? El caribú nos dice que, aunque en el mundo nos esperan riesgos y peligros, nuestra única opción es vivir con lo que nacimos, encontrar y recorrer nuestro camino.

Estos altivos animales denotan una fuerza más contundente que el valor y, aunque algunos dirán que los caribús son estúpidos, el misterio de su migración nos revela la discreta e irreprimible urgencia de vivir en lugar de ocultarnos, de ser en lugar de pensar, de participar en lugar de observar, de prosperar en lugar de sobrevivir.

En regiones cercanas al Ártico, la gente no considera que los caribús sean solo animales que obedecen a su instinto sin importar el costo. Se cree que la incesante carrera que realizan sin que les importe lo que haya en el camino es lo que hace que la Tierra continúe rotando. Y en algún lugar, más allá de toda vacilación y desesperanza, la infinita vocación, el llamado a ser de cada uno y también de la colectividad, es lo que mantiene el fuego vivo en el centro de la Tierra.

- ❄ *Siéntate en silencio y pregúntate cuál es tu vocación. Si no tienes una noción del llamado interno, de todas formas continúa leyendo por favor.*
- ❄ *Describe lo que surge en ti sin llegar a una conclusión. Si sientes que te convocan a cantar, no llegues a la conclusión de que debes convertirte en cantante. Si sientes que has sido convocado a pintar, no des por hecho que debes hacerte pintor. Si sientes un llamado a plantar, no supongas que tienes que volverte jardinero.*
- ❄ *Permanece con la esencia de lo que surja. Recíbelo como una energía que vive en tu interior, no como un objetivo que tienes que lograr.*

20 DE OCTUBRE

El camino entre dos sitios

Ponerse de pie y que la vida nos desgaste
y nos convierta en algo trascendente
es una promesa que vivir
nos obliga a cumplir.

Conduje ochocientos kilómetros hacia el sur a lo largo de la costa de California con las montañas a la izquierda y el mar a la derecha. Durante días me hablaron sobre lo que significaba permanecer de pie y lo que implicaba ser desgastado. Por supuesto, yo conducía en un camino hecho justo en el medio. El cuarto día, el camino se convirtió en un listón, fue su momento de mayor hermosura.

Todo ese mundo allá afuera lo encontré aquí y ahora sé: la corriente de la vida nos exige ponernos de pie una y otra vez, y desgastarnos no significa que hayamos sido vencidos, solo que nos encontramos expuestos de nuevo a un nivel más profundo. Se supone que debemos vivir entre ambos estados.

Esta es la manera en que la vida se torna cada vez más valiosa. Es una ley natural como la de la gravedad o la ósmosis: ponte de pie para ser desgastado hasta quedar desnudo. Así es como todo lo que encontramos en el camino se va adelgazando para hacernos sentir cuán vivos estamos.

- *Siéntate en silencio y recuerda un tiempo en que te hayas puesto de pie porque tuviste que enfrentar algo.*
- *Respira hondo y piensa en la manera en que esa experiencia te desgastó.*
- *Encuentra tu centro y, si te es posible, explica de qué forma ponerte de pie y ser desgastado te cambió.*

21 DE OCTUBRE

Tener amigos honestos

Si me dices que ya comprendiste,
me sentiré un poco pesimista.
Si dices que no comprendes,
me sentiré más optimista.
—Thich Nhat Hanh

Este monje vietnamita, reconocido por sus reflexiones, nos ayuda a recordar que nadie puede vivir a la altura de la imagen que tiene de sí mismo, solo podemos encarnar nuestras preguntas.

De ambas situaciones, de ser uno con todas las respuestas y de ser uno con todas las preguntas, he aprendido que hasta que no compartimos la evidencia de quienes somos y no solo nuestras conclusiones, no podemos establecer un vínculo real con los otros. Me ha tomado mucho tiempo, pero por fin lo entendí. Hasta que no hable desde el *yo* y deje de endilgarle todo mi dolor al *tú*, hasta que no acepte mis tropezones y deje de proyectar mi infortunio y mis desgracias en toda la gente que me rodea, no podré tener en mi vida verdad y amor.

Tengo un amigo, se llama Alan. Nos conocemos desde hace veintinueve años, a pesar de estar separados por dieciocho de los estados de Estados Unidos, y a pesar de tormentas que jurábamos que nunca amainarían. Nos sostuvimos el uno al otro cuando nuestros respectivos matrimonios fracasaron, ante accidentes y en cánceres. Nos sostuvimos cuando nuestras abuelas fallecieron.

He visto a Alan bajo tormentas que impiden que cualquier palabra le llegue, he visto la lluvia que solo le corresponde a él. Como nos atrevimos a abrir nuestras respectivas ventanas para encontrarnos, y como nos hemos quebrado el uno frente al otro con fragmentos de lo que creíamos que era la verdad, ahora tenemos el privilegio de volver a preguntar, como si nos encontráramos por primera vez: "¿Quién eres?".

Después de todos estos años, lo miro y lo veo sin armadura. Entonces le digo: "Quiero conocerte. No importa lo que te hayas guardado, no importa lo que no haya yo podido escuchar, sentémonos en este claro y entendámonos como viejas aves que ahora usan sus alas más para apiñarse y consolarse entre sí, que para volar".

Tener un amigo honesto, alguien frente a quien puedas vaciar por completo los bolsillos de tu corazón y que aún siga creyendo que vales algo, es una riqueza con la que no puedes comprar nada, pero que te lo da todo. Y, de una forma cierta y misteriosa, para encontrar un amigo así, debemos ser un amigo así.

- *Esta meditación es en torno al riesgo. Encuentra tu centro y respira con libertad, piensa en alguien de quien te gustaría estar más cerca.*
- *Respira profundo y recuerda alguna creencia que hayas expresado a esa persona.*
- *Ahora medita respecto a la experiencia personal que te llevó a esa creencia.*
- *Respira con libertad y, una vez que te sientas seguro, promete que la próxima vez que estés con esa persona compartirás parte de esa experiencia con ella.*

22 DE OCTUBRE

Estar presente

Soy como todos los mortales,
inaplazable.
—Pablo Neruda

Es muy difícil esperar y, sin embargo, solo la paciencia nos da acceso a la naturaleza de la completitud. Esto se debe en parte a que el misterio de la vida es incomprensible y a que lo poco que se puede comprender de él suele articularse en un lenguaje tan lento que rara vez nos quedamos en un solo lugar lo suficiente para escuchar todo. Como lo confirma el gran poeta chileno Pablo Neruda, la paciencia es un don que espera más allá de nuestra agitación humana. No obstante, las fuerzas de la vida solo nos revelarán sus poderes de unidad si hacemos el tremendo esfuerzo de estar presentes.

Hace poco fui al mar y durante buena parte de la noche escuché el oleaje. A la mañana siguiente, me sorprendió ver que la marea había reculado y ahora era posible ver un acantilado que hasta hacía poco permanecía sumergido. Pude caminar sobre lo que se reveló y entrar así al mar. El agua se elevó por encima de mí, salpicó y atizó lo que suele ser imperceptible, y me hizo comprender que con nuestro dolor sucede lo mismo. Porque solo cuando esperamos más de lo que dura la oscuridad podemos ver la agudeza de la experiencia replegándose como la marea y revelando lo que debajo de ella ha sobrevivido. Con frecuencia, si lo miramos con detenimiento, lo que parece trágico se desvela como parte de una transmutación mayor.

También recuerdo haber llegado a un claro en el bosque, una zona tan desbordante de vegetación que me hizo sentir deprimido, porque daba la impresión de que nada podría atravesarlo. Algo que en mi propia constitución se parecía a ese claro me hizo volver varias veces, pero no fue sino hasta el invierno, cuando las hojas se habían caído, que ese mismo claro se desnudó como una magnífica cama de luz que, casualmente, estaba en la cima de una hermosa colina. Fue aleccionador descubrir que el invierno también podía ser liberador y que a menudo los desbordantes recuerdos, razones y ramas en mi mente impiden que la luz llegue a mí.

Con frecuencia estamos tan agitados e impacientes que, a pesar de toda nuestra ira y nuestros contratiempos, nos apresuramos a buscar el amor o la paz, sin imaginar que en el primer lugar en el que buscamos ahora entra la luz o que su verdad comienza a retoñar. Al manzano silvestre le toma meses despojarse de sus enmarañadas hojas y producir una pequeña manzana, y a la dicha le toma aún más quebrar su corteza humana.

- *Respira profundo y encuentra tu centro en el denso bosque de tu corazón.*
- *Visita el claro desde donde te entiendes a ti mismo.*
- *Siéntate debajo de los muchos recuerdos, razones y sentimientos que han brotado como hojas en tu corazón.*
- *Siente cómo el recuerdo de lo que has vivido impide que la luz llegue a ti.*
- *Sin analizar ni ponerte nostálgico, sin pensar, respira profundo y deja que tu aliento libere a una de las hojas en el corazón que bloquea la luz.*
- *Una vez que tu respiración esté bien centrada, permite que sea un suave viento que desnuda tu corazón para liberarlo.*

23 DE OCTUBRE

La sabiduría de sobrevivir

Mi mamá me contó cómo aprendió a nadar.
Alguien la llevó al lago en un bote y la aventó
al agua desde él. Así aprendió. Yo le dije:
—Mami, no estaban enseñándote a nadar.
—PAULA POUNDSTONE

Cambiar el contexto de lo que nos sucede puede ser una manera sana de sobrevivir a experiencias terribles, pero también puede convertirse en un velo de negación que nos impide avanzar. A menudo, solo tenemos que confiar en que cuando nos sintamos lo bastante fuertes y estemos listos, veremos la verdad de los sucesos.

Por otra parte, el peligro de no ver las cosas como son —o fueron— es que podemos empezar a creer que para aprender algo necesitamos lanzarnos de un bote o de una relación. Si somos incapaces de ver la diferencia entre la crueldad o las dificultades que vivimos, y la sabiduría que aguarda en nuestro reflejo de sobrevivir, podemos terminar necesitando dolor o una crisis para aprender. Y, si bien una gran cantidad de aprendizaje proviene de estos sucesos catárticos, no todo tenemos que aprenderlo de esta forma.

Para cambiar, no necesitamos que algo salga mal.

- *Siéntate en silencio y piensa en un cambio que te dé miedo implementar en tu vida.*
- *Respira hondo y pregúntate: ¿Estoy esperando que alguien me empuje del bote?*
- *Respira con calma, no te preocupes por qué hacer ni cómo, solo exhala y siente la sabiduría de sobrevivir y crecer que espera en tu interior.*

24 DE OCTUBRE

Las cosas como son

Confórmate con lo que tienes,
regocíjate en las cosas como son.
Cuando te das cuenta de que
no hace falta nada,
el mundo te pertenece.
—Lao-Tse

Más allá de lo que necesitamos para sobrevivir, ser mejores ha llegado a significar poseer todo lo que somos capaces de almacenar: comportamiento que ahora es una adicción en el mundo moderno. Este deseo de poseer cosas proviene de una noción de escasez, de la ansiedad que produce sentir que algo nos falta y que poseerlo nos brindará alivio.

Sin embargo, ser mejores en nuestro interior es otro asunto. Entre más comprendemos este proceso como algo cercano al corazón, más nos descubrimos tratando de habitar lo que hemos tenido desde el principio. Este deseo viene de una noción de abundancia, del anhelo de liberar el misterio de lo que ya está ahí.

Esta diferencia resultó una gran revelación para mí cuando me encontraba luchando contra el cáncer. Porque, aunque oraba por que las cosas mejoraran, la respuesta llegó el día que me levanté por la mañana sintiéndome contento de ser quien era, independientemente de lo que me estaba sucediendo. Aunque las cosas no eran como yo quería, en realidad no me hacía falta nada, así que, mientras las enfermeras comenzaban a hacer sus rondas matinales, yo juré que no cambiaría mi sitio con nadie, y eso incluía a mi espíritu.

- *Encuentra tu centro y siente la realidad de tu vida esta mañana.*
- *Permite que, por el momento, tu respiración te lleve más allá de tus anhelos de mejoría.*
- *Al exhalar, siente el dolor que te rodea tanto como quieras.*
- *Al inhalar, siente el misterio en el centro de donde no hace falta nada.*

25 DE OCTUBRE

Al centro

Nadie aterriza donde se lo propone,
ni siquiera Dios.

Los humanos tendemos a condenar y juzgar con mucha rapidez a aquel, exiliar a ese otro, o marginar a quien rompió sus promesas, pero la verdad es que nada en la naturaleza sucede como lo imaginamos. De hecho, como el espacio entre lo que planeamos y lo que terminamos haciendo suele ser enorme, siempre estamos empezando de nuevo; como la brecha entre lo que sentimos y lo que decimos suele ser sorprendente, siempre estamos volviendo a intentarlo; y como la vastedad entre lo que experimentamos y lo que entendemos es inconmensurable, seguimos creciendo.

Esto es muy distinto a vivir deliberadamente de manera opuesta a lo que creemos y decimos. Eso es engaño e hipocresía. Sin embargo, como las humildes criaturas que somos, la mayor parte del tiempo solo fallamos. Apuntamos con las mejores intenciones, pero nos quedamos cortos, nos pasamos o nos extendemos demasiado para tratar de hacer lo que nos propusimos.

He llegado a creer que todo esto forma parte de la fricción que se genera cuando la vida interior de las cosas se exterioriza. En la primaria aprendemos sobre la refracción de la luz, vemos que, si introducimos un lápiz hasta la mitad en el agua, nos parecerá que se dobla. De la misma manera, lo que pensamos, sentimos y nos proponemos cambia en cuanto entramos al mundo, y siempre lo hace en un lugar distinto a donde imaginamos que sucedería.

A pesar de nuestra frustración, esto es lo que hace que la vida sea interesante y amar complicado. Todos tenemos una y otra oportunidad de pronunciar, con toda la certidumbre de que somos capaces, nuestra propia versión de la frase: “La Tierra es plana”, y luego todos también vivimos la humillación, cuando se revela lo que siempre ha sido cierto.

Cuando pienso en las creencias que he confesado a lo largo de mi vida y que terminaron quebrándose como árboles en una tormenta, o en los juramentos que dije que mantendría a toda costa, aunque luego negué a Dios igual que lo hizo Pedro, o en el orgullo que me impedía arrodillarme, para que luego el dolor por sí solo me hiciera caer de rodillas, es decir, cuando acepto la fragilidad de la manera en que la travesía humana tiene lugar, empiezo a ver todo esto menos como errores y más como el mecanismo de la naturaleza.

Los humanos crecemos y nos adentramos en la verdad, un *yo* a la vez: cuestionando, declarando, fijándonos objetivos, fallando, volviendo a cuestionar. Al igual que los frutos, permanecemos envueltos hasta madurar, la luz llega por completo en medio de la oscuridad. La verdad madura en el corazón y la única manera de conocerla es viviendo a través de sus distintos revestimientos.

- *Encuentra tu centro y reflexiona respecto al espíritu que vive en ti y que ha sobrevivido a los distintos* yo *que has sido.*
- *Respira hondo y enfócate en algo que hayas jurado que era verdad, pero que ahora sabes que no es así.*
- *Respira lento y, en cada exhalación, tómate el tiempo necesario para dejar caer cualquier vergüenza, incomodidad o noción de fracaso que pueda surgir tras descubrir esta discrepancia.*
- *Ama con humildad el fruto que eres y que ha madurado a través de estos distintos revestimientos.*

26 DE OCTUBRE

El esfuerzo de escuchar

¿Qué es tan importante que nos hace sentir que tenemos tiempo para leer todos los libros sobre el amor y las relaciones, pero no para escuchar el corazón de nuestro amante?

—Molly Vass

En uno u otro momento, todos sufrimos debido al esfuerzo de estudiar algo en lugar de vivirlo, o de solucionar o dar consejo en lugar de escuchar y abrazar. Pero, como dice el teólogo Paul Tillich: “El primer deber del amor es escuchar”.

Cuando pienso en todas las veces que en verdad he escuchado en mi vida, el oleaje infinito del mar, los suspiros de mi abuela cuando creía que no había nadie cerca, las penas que he causado a otros, me doy cuenta de que recibir estas simples verdades es lo que me ha hecho un mejor hombre.

A menudo, cuando nos negamos a escuchar, nos obsesionamos con volver a fabricar el mundo a nuestra imagen en lugar de abrir el espíritu en nosotros para que reciba el espíritu de lo que es.

En el nivel más profundo, nuestra misión no es hacernos escuchar, sino mantenernos lo bastante inmóviles para escuchar a otros. El sabio anciano nativo americano Sa'k'ej Henderson dice: "Escuchar en verdad es arriesgarse a que lo cambien a uno para siempre".

❄ *En algún momento de tu día tómate cinco minutos para dejar de fabricar, de hacer, de pensar... y solo escucha...*

27 DE OCTUBRE

El cuerpo del mundo

Madre Tierra, tú, a quien de mil formas
nombran. Que todos recuerden
que somos células de tu cuerpo
y que bailamos juntos.
—Starhawk

Si alguna vez has volado, sabes que, estando justo debajo de las nubes es posible ver las carreteras como arterias y los automóviles como células. Y más allá del tráfico se hace evidente que, aunque todos tenemos lugares a dónde ir, solo nos mantenemos circulando en las calles. Aceleramos y desaceleramos, nos detenemos y recomenzamos sin nunca estar seguros si la calle en la que a continuación daremos vuelta estará congestionada, vacía o libre.

El otro día, por ejemplo, encendí mis intermitentes y conduje por Washington Avenue. A veces no hay ni un automóvil en toda la calle y todos los semáforos están en verde; otros días tengo que esperar y me siento irritado. Pero independientemente de si voy con tiempo o retrasado de acuerdo con mi propio tiempo, la expansión y la restricción de los eventos sigue estando fuera de mi control.

Es cierto, somos como las pequeñas células, acelerando de arriba abajo por los caminos, reuniéndonos y dispersándonos, sintiéndonos abrumados cuando estamos solos y, por alguna razón, haciendo todo esto el cuerpo del mundo se mantiene sano. Al igual que la sangre que recorre el cuerpo, nosotros vamos bombeando vitalidad por las calles. Incluso cuando esperamos a que la luz de un semáforo cambie de color, estamos ayudando a que la vida continúe.

- *La próxima vez que te encuentres entre la multitud, desacelera y siente la vida circular a tu alrededor.*
- *Por el momento, olvídate de adónde vas y solo respira.*
- *Respira y exhala tus preocupaciones, siente que eres una sana célula cuyo movimiento sirve para purificar el cuerpo del mundo.*

28 DE OCTUBRE

Buda y Angulimala

Dejé de hacerlo.
Tú no.
—Buda

Hay una historia que cuenta que, antes de que lo colgaran, el asesino Angulimala tuvo un encuentro con Buda y se convirtió en un *arahant*, es decir, una especie de iluminado. Al parecer, Angulimala se había alejado tanto de su propia vida que empezó a quitar la vida a otros. Que un hombre que estaba a punto de morir se viera confrontado con la firme presencia de un espíritu auténtico y esto lo haya instado a mostrar buena disposición tal vez solo fue cuestión de oportunidad, pero nunca lo sabremos. Dicen, sin embargo, que Angulimala y Buda permanecieron durante mucho tiempo de pie, uno frente al otro, y que cuando el silencio pareció rasgar el velo en la mirada del asesino, Buda le dijo:

—Dejé de hacerlo, tú no.

A esto le siguió un silencio igual de elocuente, tras el cual se resquebrajó la fortaleza de crueldad que Angulimala había construido alrededor de su corazón. Dicen que, aunque lo colgaron con una soga fabricada con los huesos de los dedos de sus víctimas, en el lapso entre que

Buda articuló sus palabras y él dio su último suspiro, Angulimala vivió en verdad.

Naturalmente, esta historia es un enigma perturbador. ¿Qué fue lo que este hombre *no había dejado de hacer* y le permitía asesinar? ¿Qué fue lo que Buda *dejó de hacer* y le permitía continuar siendo un iluminado? Aunque nunca lo sabremos, es posible insinuar que en lo que Angulimala no se había detenido era en alejarse del riesgo y del dolor de estar vivo, en la negación, el ocultamiento o la proyección. Porque cualquier manera de alejarnos de la verdad de nosotros mismos puede conducirnos a una existencia adormecida en la que, para sentir, la única opción es ser violento. Si no dejamos de correr, podemos asesinarnos una y otra vez al tomar la vida de otros, ya sea físicamente a través de la violencia; ya sea en el aspecto sexual, a través del sometimiento; o en lo emocional, por medio de la dominación y el control; e incluso en lo profesional, a través del poder y la superioridad.

Sin importar de qué manera abordemos este enigma, todos somos tanto Buda como Angulimala, y para continuar siendo compasivos y auténticos necesitamos sostener esta conversación con nosotros mismos todo el tiempo.

- ❈ *Encuentra tu centro y, al inhalar, deja que el Buda en ti diga: "Dejé de hacerlo".*
- ❈ *Respira hondo y, al exhalar, deja que el Angulimala en ti diga: "No he dejado de hacerlo".*
- ❈ *Inhala lentamente. Incluso si no sabes de qué manera hacerlo, inicia tu día con el compromiso de dejar de correr de la verdad de tu vida.*

29 DE OCTUBRE

Nuestra habilidad de intentarlo

Si tratas de enseñar antes de aprender,
o de irte antes de quedarte,
perderás tu capacidad de intentarlo.

Existen muchas maneras de divorciarnos de nuestra propia experiencia. Recuerdo que cuando era joven, le temía al dolor de que el amor me hiriera, y eso me hizo comenzar a, en cada oportunidad, asesorar a otros en cuanto a lo que debían hacer para resolver sus problemas amorosos. Recuerdo que como tenía miedo de la tristeza y la aflicción que producían los conflictos con mis seres amados, prefería dejarles notas en lugar de enfrentarlos en persona, trataba de eludir la necesidad de vivir lo real cara a cara. También recuerdo que cuando me iba a enfrentar al siguiente tratamiento de quimioterapia, trataba de anticipar y de prepararme sin cesar para cada instante de dolor y miedo, pero luego descubría que ninguna cantidad de preparación podía separarme de mi experiencia.

Cada una de estas separaciones, enseñar antes de aprender, partir antes de quedarme, anticipar en lugar de entrar, me drenó de mi recurso más valioso: la energía de mi fuerza vital. Separarme, incluso del dolor, solo me dejó pálido e incapaz de continuar.

Cuando la aguja, la mano, la lluvia o el sol tocan la piel, lo único que nos queda por hacer es permitir que desde el interior se dé un encuentro preciso con ese contacto. Porque este momento de reunión entre lo interior y lo exterior libera la electricidad del espíritu, y esta a su vez nos regala la ternura de estar despiertos.

❄ *Siéntate con un ser querido, encuentra tu centro y, por turnos:*
❄ *Deja que tu ser querido coloque su palma lentamente sobre tu corazón.*
❄ *Cuando la mano se estire y toque tu corazón, trata de ir al encuentro de este contacto con la energía de tu interioridad.*

30 DE OCTUBRE

El arte de enfrentar las situaciones

La gente ha olvidado
lo que todo salmón sabe.
—Robert Clark

Los salmones tienen mucho que enseñarnos sobre el arte de enfrentar las cosas. Cuando nadan por las cascadas en sentido ascendente, estas notables criaturas parecen desafiar a la gravedad, es un espectáculo asombroso. Y si miramos con más detenimiento, alcanzamos a ver la sabiduría de todos los seres que desean perdurar.

De alguna manera, los salmones saben que si giran su parte inferior, del centro a la cola, y la dirigen hacia el poderoso torrente que viene hacia ellos, el torrente los golpea directo y el impacto los lanza cada vez más alto en la cascada. Cuando esto sucede, vuelven a girar de la misma manera, el torrente los golpea de nuevo en el mismo lugar, y se produce un impacto sucesivo y recurrente que les permite ir ascendiendo. Inclinarse hacia lo que enfrentan es lo que los impulsa y los ayuda a avanzar cada vez más en su peculiar aventura.

Ver este fenómeno desde lejos nos parece mágico porque los poderosos salmones literalmente vuelan y conquistan su elemento. Pero más que conquistarlo, en realidad se vuelven uno con él, se involucran de una manera total y esplendorosa, participan en un baile en el que giran y el impacto que reciben los impulsa a ascender por el agua y el aire hasta llegar a la fuente de su propia naturaleza.

Para decirlo en términos útiles para la vida del espíritu, los salmones se mantienen fieles a la tarea de exponer su costado al torrente que viene hacia ellos. Lo misterioso es que el fenómeno físico que desencadena su valentía les permite avanzar en la vida de la manera que tan bien conocen. De esto podemos aprender una paradoja muy activa: si queremos seguir siendo reales en nuestra experiencia cotidiana, también debemos ser fieles a la vida en apertura. Para evitar que lo que los días nos trae nos arrastre, también debemos encontrar la manera de inclinarnos hacia las fuerzas que nos golpean con toda su contundencia.

Los salmones nos ofrecen una manera de enfrentar la verdad sin cerrarnos, nos muestran que, aunque no nos agrade el embate, inclinarnos hacia la experiencia nos sirve de impulso. Aunque preferiríamos alejarnos, el impacto de revelarnos a través de nuestra disposición a ser vulnerables es lo que, una y otra vez, nos permite experimentar el misterio y la gracia.

- *Siéntate en silencio y recuerda la última vez que te abriste a la vida que venía hacia ti.*
- *Cuando recuerdes este momento, trata de enfocarte en tres cosas: la manera en que abrirte te ayudó a desplegarte, la manera en que el embate directo cambió tu posición en la vida, y en dónde te hizo aterrizar el hecho de saltar como lo hacen los salmones.*
- *Respira de manera constante e invita a entrar a tu corazón estas tres experiencias: apertura, cambio y aterrizaje.*

- *Respira lento y date cuenta de que estás participando en este proceso ahora mismo.*
- *Relájate y gira el vientre de tu corazón hacia el día.*

31 DE OCTUBRE

Solo mientras amas

Cierto, tuviste una infancia infeliz, ¿y qué?
Puedes bailar con una sola pierna
y, para ver los copos de nieve caer,
te basta con un ojo.
—ROBERT BLY

Volé hasta Sudáfrica llevando conmigo todas mis dificultades en maletas enormes que nadie revisó y, una vez que estuve ahí, bajo el sol que ilumina Ciudad del Cabo, vi a un muchacho bailando con muletas en Green Street.

Dejé en el suelo mis maletas desbordantes de problemas para observarlo. Mientras bailaba, las muletas parecían tan ligeras como baquetas saltando sobre el pavimiento. Cuando se detuvo, volvieron a ser muletas. Solo mientras bailaba y solo mientras yo lo miraba bailar, cobraba lógica esta imagen.

Ahora que he vuelto, abordo las cosas de manera distinta. Porque la verdad solo nos ilumina cuando la decimos. En cuanto dejamos de hacerlo, se convierte en algo inconmensurable. Dejé algunas de mis maletas en aquella esquina de Green Street, en algún lugar por debajo del ecuador. Ahora cargo menos cosas y trato de bailar con mis muletas porque solo cuando amamos se aligera el dolor de sentir.

- *Recuerda una cicatriz que arrastres.*
- *Siente la legitimidad de su peso.*
- *Ahora ve si tienes contigo una muleta que te ayude a soportar el peso de la cicatriz. De ser así, deja de aferrarte.*
- *Respira hondo y juega con tu muleta.*
- *Respira hasta lo más profundo y suéltala por ahora.*

1 DE NOVIEMBRE

El siguiente momento de amor

Permitir que a uno lo arrastre una multitud
de preocupaciones conflictivas, ceder a
demasiadas peticiones, comprometerse
con demasiados proyectos, querer ayudar
a todos en todo: es sucumbir a la violencia.
El frenesí del activista neutraliza la labor
que realiza en pro de la paz.
—THOMAS MERTON

Haciendo gala de sabiduría, Merton nos desafía a desacelerar en la vida y, una vez en ello, a aceptar nuestras limitaciones. En el mejor de los casos, lo divino nos habita, pero solo tenemos dos manos y un corazón. De una manera profunda y sutil, querer hacer todo es un deseo de serlo todo y, aunque esto proviene del anhelo de hacer el bien, con frecuencia se transforma en una carrera frenética debido a que el ego se apodera de nuestra bondad y la usa como una manera de ser venerado.

Esto es algo que yo mismo he hecho en muchas ocasiones: al no querer decir no, al no querer perder una oportunidad, al no querer que me consideraran una persona poco compasiva. Sin embargo, no puedo comprometer a todo mi ser porque no estoy ahí. Es como ofrecerse a llevar demasiadas tazas de café y pasar entre una multitud: siempre voy a terminar derramando café ardiendo en algún inocente en el camino.

Esto es a lo que se refiere Helen Luke cuando habla de la "trampa de las buenas obras". Helen describe a "quienes se refugian de sí mismos en una búsqueda del bien sobre la que no han reflexionado, quienes vierten toda su energía en la redención de la sociedad y de otras personas, pero permanecen ciegas ante su propia oscuridad".

Creo que un buen lugar para comenzar sería el adagio: "Haz una sola cosa y hazla bien". Yo, sin embargo, lo modificaría un poco: "Haz una cosa a la vez y hazla por completo, esto te conducirá al siguiente momento de amor".

❄ *Encuentra tu centro y piensa en los muchos actos de gentileza que sientes que tienes que llevar a cabo.*

- *Mientras respiras, permite que tu corazón brille alrededor de uno de ellos.*
- *Sin pensarlo, ora por los otros, pero hoy conságrate a ese acto únicamente.*

2 DE NOVIEMBRE

A la caza de la verdad

Tomo la costilla de un lobo
y la tallo hasta afilar ambos extremos,
la congelo en grasa de ballena
y la dejo en el pasaje de los osos.
Cuando desaparece, sigo
las huellas y vago en círculos
durante días.

—GALWAY KINNEL

El poema "El oso" de Galway Kinnel captura de una manera impactante la forma en que los esquimales cazan osos para comer. Así como el esquimal caza por su supervivencia, nosotros a menudo buscamos un alimento interior llamado *verdad*. Porque la autenticidad de vivir no es solo una idea interesante o un sentimiento elocuente. La autenticidad, la experiencia de la verdad, es nuestro alimento más nutritivo. Sin ella nos congelaríamos y moriríamos.

El esquimal de Kinnel recibe dos enseñanzas difíciles de aprender. El tercer día, el cazador se está muriendo de hambre en la misma medida que la bestia, y en la noche se acuclilla ansioso, como sabía que lo haría, y se cierne sobre un mojón de oso empapado en sangre.

Lo que este poema nos dice es que, sin importar lo que digamos que haremos o no haremos, sin importar los apremiantes estándares con los que nos juzgamos a nosotros mismos y al mundo, en realidad no sabemos de lo que seremos capaces cuando estemos muriendo de hambre por la verdad. Y con razón, porque la vida en la Tierra con frecuencia nos obliga a arrodillarnos para que algo eche raíces. Por ejemplo, cuando estaba muriendo de cáncer, yo, el orgulloso judío que juró no volver a ponerse de rodillas, de pronto me encontré postrado ante un sanador católico que colocó sus manos sobre el tumor en mi cerebro. Aunque alimentarse de la verdad puede crear un caos en la forma en que nos vemos a nosotros mismos, también puede reafirmar con intensidad que, como humanos, somos más resilientes de lo que jamás habríamos imaginado.

Ahora bien, un segundo imperativo se presenta en el poema cuando, después de pasar siete días fuera de casa, cuando el oso por fin muere, el esquimal está medio congelado y se ve forzado a meterse en el oso desventrado para sobrevivir al frío. A quienes buscamos la verdad en las gélidas calles modernas, aquí nos dicen que llegar a la verdad no basta, que necesitamos vestirla, habitarla, entrar en ella y portarla.

Entonces, ¿dónde comenzamos? El esquimal también nos enseña a cazar la verdad cuando habla de cómo le da forma a su carnada. No lo hace a través de un debate intelectual ni de un análisis esotérico, sino arriesgando algo de sí mismo, dejando por ahí algo dulce y problemático. Al ofrecer algo esencial de nuestra hambre y cubrirlo con nuestra vulnerabilidad, convocamos a la gran y absoluta verdad usando a la pequeña verdad como carnada. Con humildad, de manera inexorable, la necesidad de acceder a la verdad nos llevará a la inesperada experiencia de nuestra propia vida más allá de todas las imágenes de perfección.

- *¿Hay algo que hayas hecho y que luego hayas jurado que no volverías a hacer jamás?*
- *¿Consideras que fue un triunfo o un fracaso?*
- *¿Qué te instó a actuar de esta manera? ¿Fue valentía, necesidad o solo se trató de un error?*
- *¿Cómo cambió tu vida debido a esta inesperada experiencia?*

3 DE NOVIEMBRE

Bajo el cuidado de lo invisible

La genialidad es una crisis que, en ciertos momentos,
une nuestra conciencia oculta con la reflexión cotidiana.
—William Butler Yeats

Nos han hecho creer que la genialidad es la presencia de una mente inusualmente brillante, la capacidad de retener, calcular o conceptualizar cantidades inconmensurables de información. Sin embargo, *genio*, por su etimología, significa "espíritu presente", es decir, estar bajo el cuidado de algo que no podemos ver, pero que se encuentra cerca. En realidad, es otra definición de completitud o de Dios, otra forma de reconocer el Tao, ese torrente imperceptible en que todos nadamos.

Lo que Yeats nos sugiere es una reflexión sobre la vida en la Tierra. El gran poeta irlandés insinúa que la crisis es una inesperada divergencia en nuestras costumbres, la cual nos pone en contacto con el espíritu que vela por nosotros.

Esto me hace recordar que el ideograma chino de *peligro* también significa *oportunidad*. Con esto no quiero decir que debamos buscar el peligro de forma deliberada, sino que cuando la experiencia nos devasta, buscamos canales que nos ayuden a encontrar nuestro vínculo con el imperceptible torrente del que, a menudo, olvidamos que formamos parte.

Quizás el propósito de la crisis, si acaso tiene uno, no sea tanto quebrarnos, sino sensibilizarnos.

- *Siéntate en silencio y siente el invisible torrente del que formas parte.*
- *Respira lento y reflexiona respecto a tu genialidad, al espíritu que te protege.*
- *Respira con calma y muéstrale a tu espíritu guardián la crisis en que te encuentres sumergido.*
- *Si te es posible recorrer tu día viviendo tanto tu crisis como la trascendencia de tu genialidad, permite que se unan.*

4 DE NOVIEMBRE

Contemplar a otros

Una vez cada cosa, solo una, no más.
Nosotros también, solo una y nunca otra vez.
Mas haber sido de manera total,
aunque solo fuera una vez:
haber sido uno con la tierra,
parece irrevocable.
—RAINER MARIA RILKE

Durante una visita a la casa de un amigo, me preguntó:

—¿Cómo te preparas para reunirte con gente a la que respetas? ¿Cómo sabes qué decir o preguntar?

Nunca había pensado en ello, pero su pregunta me hizo notar que, a partir de mi experiencia con el cáncer, empecé a hacerme ciertas preguntas cada vez que me iba a reunir con alguien: "Si solo tuviera este tiempo con esta persona, si nunca más volviera a verla, ¿qué quiero o necesito preguntar?, ¿qué necesito saber?, ¿qué quiero o necesito decir?".

Me he dado cuenta de que ahora me reúno con los otros como si acabara de cruzar el desierto, como si cada individuo fuera un oasis. En realidad, cada espíritu vivo que se presenta ante nosotros es una laguna profunda en donde nadar, un milagro capaz de saciar nuestra sed. Honrar a otros de esta manera me ha sensibilizado respecto a sabidurías que, de otra forma, seguirían su curso en silencio sin cruzarse con mi tiempo en la Tierra.

- *Siéntate con un ser querido en quien confíes. Con los ojos cerrados, reflexionen respecto a lo raro que es estar vivos al mismo tiempo.*
- *Cuando ambos hayan desarrollado esta conciencia por completo, abran los ojos y mírense.*
- *Respiren lento y, si solo tienen este momento juntos, dejen que la única pregunta que harían se formule en su interior.*
- *Contémplense de nuevo y pregunten.*

5 DE NOVIEMBRE

Planes y planeamiento

Los planes son inútiles, pero la planeación es todo.
—Dwight D. Eisenhower

Nos resulta muy fácil confundir los planes con el planeamiento, los sueños con soñar y el amor con amar. La sabiduría subyacente a la frase de Eisenhower es que vivimos como pescadores hambrientos: tejiendo y lanzando nuestras redes al mar a pesar de que nunca sabemos qué pescaremos, nunca sabemos qué nos alimentará hasta que no lo traemos a bordo. Por eso los budistas dicen que para ser buen pescador debes separarte del sueño del pez, que esto permite que cualquier cosa que pesques se vuelva un tesoro.

Debo confesar que cuando veo todos los libros que he escrito, me doy cuenta de que a cada uno lo descubrí en el camino hacia otros planes. Lo que termino escribiendo nunca es lo que visualicé al principio. En mi carrera ha sucedido lo mismo. Las experiencias profesionales más satisfactorias siempre han sido inesperadas, son resultado de aprovechar oportunidades sinceras que aparecieron mientras yo me dirigía a otros sueños. También debo decir que, aunque con frecuencia he imaginado amor y amantes, cada una de las personas a las que he tenido la bendición de amar llegó a mi vida sin que yo pudiera anticiparlo.

En efecto, en algunas ocasiones necesitamos prever lo que viene y, en otras, debemos ser espontáneos, pero en ambos casos perdemos demasiado tiempo eligiendo cómo actuar. Los planes son como fajina para toda fogata, pero ninguna fogata es igual a otra. No importa, lo único que necesitamos es su luz y su calor.

- *Encuentra tu centro y piensa en los planes que tienes en este momento en torno a la felicidad.*
- *Respira y despliega tus planes frente a tu corazón como ramas para una fogata.*
- *Sin saber qué fogata encenderán las ramas en ti, inicia tu día buscando la chispa.*

6 DE NOVIEMBRE

Cuando entrecerramos los ojos

Cuando entrecerramos los ojos creemos
mirar como lo hace el tigre, y mientras tanto,
la verdad, como el sol, alumbra todos los rincones
salvo nuestras rendijas.

Todos hemos escuchado la valiente recomendación: cuando la situación se pone difícil, la enfrentamos cara a cara. Esto a menudo se traduce en una postura agresiva, defensiva. Afinamos nuestro enfoque y nuestro pensamiento, nos preparamos para lo que pueda venir, pero por desgracia, cuando nos alistamos para la batalla, el enfoque se estrecha y nos impide ver buena parte de lo que necesitamos y de aquello a lo que tememos.

No estoy insinuando que vayamos por la vida dando trompicones, sin pensar ni analizar; más bien, propongo una noción más trascendente de lo que significa estar alerta. La diferencia entre la delgada línea de un rayo láser y el baño de sol sobre el campo, entre la precisión de la mente en crisis y el incendio del corazón expuesto es elocuente. Cuando más lo necesitamos, nos es casi imposible mirarnos con compasión a través de la ranura de la mente estrecha, tensa y lista para la batalla.

Algunos meses después de que el tumor se desvaneció de mi cerebro, me encontré a una amiga muy alegre en un restaurante. Al verme, insistió con tenacidad en averiguar qué había hecho para derrotar al tumor, y yo le hablé de la colosal rendición que se había apoderado de mi vida, le confesé que no sabía cómo explicar el milagro. Ella entrecerró los ojos una y otra vez en un gesto terrible, como tratando de bloquear el resplandor del misterio, y repitió que yo era evidencia del poder de la mente sobre la materia. Mientras ella entrecerraba los ojos, yo sentí su corazón clausurarse. Fue muy triste. Nos hemos dicho muy poco desde entonces.

A veces también me he descubierto incapaz de permanecer con un sentimiento en un momento dado porque mi estado de alerta en crisis, como el periscopio que se expande hacia arriba, me saca de mi corazón y, sin darme cuenta, de pronto estoy perdido en el análisis de cómo resolver un problema, calibrando ventajas y desventajas. Al igual que mi amiga, cuando entrecierro los ojos e insisto en que lo único que me impulsa en el mundo es mi voluntad, me cierro al misterio y me doy cuenta de que estoy triste, que no tengo mucho más que decirme a mí mismo.

Esta experiencia me enseñó que podemos confundir la atención a los detalles con el acto de preocuparse por alguien. Estar alerta a veces nos exige expandir nuestro enfoque y mirar con lo que los sufíes llaman "el ojo del corazón". Porque, si bien la sorpresa y la crisis nos pueden obligar a entrecerrar los ojos y sacar las garras como el tigre, lo que más nos ayuda es el esfuerzo de extendernos y mantenernos sensibles.

- *Colócate frente a un espejo con los ojos cerrados y reflexiona respecto a una confusión o problema que te aqueje.*
- *Permítete pensar en las circunstancias y las posibles soluciones.*
- *Ahora, mírate en el espejo y nota la tensión en tu rostro y la manera en que afecta a tus ojos.*
- *Continúa frente al espejo y vuelve a meditar con los ojos cerrados, trata de relajar tu análisis. Intenta mirar la confusión o problema con el ojo de tu corazón, pero sin tratar de resolverlo.*
- *Ahora mírate en el espejo y ve si tu rostro y tus ojos han cambiado, y de qué manera.*
- *Habla de la diferencia con un ser querido.*

7 DE NOVIEMBRE

Las aguas en nuestro interior

El espíritu, como el agua,
es fuente de vida.
No podemos vivir
en la sequía.

Entre más nos desgasta la experiencia, más nos convertimos en una especie de ensenada y más parten las aguas de la vida desde nosotros. Por ende, entre más tiempo pasamos aquí, más fácil nos resulta llorar.

Tal vez la sabiduría no es más que las inefables aguas que surgen y se elevan en nosotros para acumularse alrededor de los ojos de la misma manera en que los océanos ablandan la arena: evidencia de la inevitable marea a la que elevarse le toma toda una vida.

Tenemos tanto miedo de las aguas que solemos tensarnos en cuanto vemos lágrimas. Preguntamos: "¿Qué está mal?"; cuando tal vez deberíamos preguntar a quienes están en el mar: "¿Qué ves?".

- *Siéntate y recuerda la última vez que lloraste.*
- *Respira lento y revisita el sentimiento de liberación.*
- *Respira en esa liberación y mira más allá de lo que te hizo llorar.*
- *Respira hondo y percibe la inefable sabiduría que se eleva para cubrirte.*

8 DE NOVIEMBRE

Todos nacimos siendo delicados

Todos nacimos delicados o perecemos.
¿No es este el paño que cose nuestro desconsuelo?

Lo rígido se quiebra, lo suave se dobla. Los testarudos se golpean contra todo lo inamovible, los flexibles se adaptan a lo que se les presenta. Por supuesto, todos somos rígidos y suaves, testarudos y flexibles, y por eso, todos nos quebramos hasta que aprendemos a doblarnos, y nos golpeamos hasta que aceptamos aquello a lo que nos enfrentamos.

Esto me recuerda la historia sumeria de Gilgamesh, el obstinado y rígido rey que trató de preguntarle el secreto de la vida al Inmortal. Le advirtieron que en su camino habría piedras que lo guiarían, pero como era orgulloso y tenía prisa, enfureció al ver el camino bloqueado, así que destruyó precisamente las piedras que lo habrían ayudado. La ceguera de su corazón le hizo romper todo lo que necesitaba para descubrir su camino.

Nosotros, al sentir una agitación parecida a la del rey, rompemos lo que necesitamos, alejamos a quienes amamos y nos aislamos cuando más necesitamos que nos abracen. En muchas ocasiones, cuando he sido demasiado orgulloso para pedir ayuda o he tenido demasiado miedo para implorar que me abracen, al igual que Gilgamesh, en medio del frenesí de mi propio aislamiento, he roto la ventana que trataba de abrir, he quebrado el banco que estaba tratando de martillar y reparar, y he empeorado las situaciones porque lastimé a aquel con quien se suponía que debía ser amable.

La rama viva se dobla, la ramita muerta se quiebra. Las lecciones de vida nos ablandan gracias al dolor porque, de lo contrario, en tiempos más frágiles nos convertiríamos en los siguientes afligidos.

- *Reflexiona respecto a una situación que enfrentes ahora en la que estés siendo rígido, necio y reticente.*
- *Observa tu terquedad. ¿Qué estás tratando de preservar con tu rigidez? Si continuaras resistiéndote, ¿qué podría romperse?*
- *Ahora mira más allá de tu terquedad. ¿Qué te da miedo que suceda si te pliegas ante la situación? ¿Qué podrías ganar si cedes y te ablandas?*

9 DE NOVIEMBRE

Una zambullida a ciegas

En nuestro interior guardamos
las maravillas que buscamos
fuera de nosotros.
—Thomas Brown

El cormorán y el arao común son aves marinas que se zambullen un poco a ciegas en el agua en busca de alimento. A medida que bajan de la superficie al fondo, las burbujas de aire se van acumulando entre sus plumas y los hacen brillar. Por eso parece que el agua los va plateando en el descenso.

A nosotros nos sucede lo mismo: ¿acaso las burbujas del sufrimiento no quedan atrapadas en nuestras plumas y se transforman en joyas cuando más nos acercamos al torrente subyacente a todo? Este es el bautismo del verdadero sentimiento: entre más hondo vamos, más lento avanza el mundo; entre más lento avanza el mundo, más tiernos somos. Por eso debemos continuar invitándonos, unos a otros, a zambullirnos en las profundidades de lo que conocemos. Porque debajo de la superficie brillamos y, al sumergirnos, todos nos tornamos plateados.

Cuando solo dejamos que se aireen, las heridas del mundo arden, pero cuando nos atrevemos a profundizar en ellas, las heridas que portamos se ablandan y brillan. En realidad, entre más aceptamos nuestras limitaciones y más cedemos a nuestra tribulación, más nos sostiene la vastedad. La única manera de saberlo, sin embargo, es zambulléndonos.

- *Encuentra tu centro y saca un dolor o desconsuelo que guardes en tu interior. Sostenlo con suavidad frente a ti.*
- *Respira lento y envuelve ese dolor o desconsuelo con una dulce y tierna meditación que se extienda y devenga tu oración para cubrir a todos los seres vivos.*
- *Permite que esta oración silenciosa se vaya apagando.*
- *Si te es posible, siente el dolor o desconsuelo que tu amor por el mundo ha logrado mitigar un poco.*

10 DE NOVIEMBRE

La vida al borde

Eres justamente lo que estás buscando.
—San Francisco

Cuando me siento solo, lo primero que se me ocurre es que tú tienes la llave de mi soledad. Cuando me siento confundido, lo primero que creo es que tú, o alguien a quien ni tú ni yo conocemos, es más lúcido, así que trato de encontrar a esa persona para hablar con ella. Cuando quiero que me respeten, lo primero que pienso es que el respeto aguarda del otro lado de un logro colosal al que debo consagrarme. Entonces me esfuerzo demasiado en buscar fuera de mí mismo lo que necesito o quiero, convencido de que me espera en algún lugar por ahí, en otro lado.

Al final, la búsqueda solo nos lleva hasta la frontera del conocimiento de nosotros mismos. Si no buscamos nunca en el interior, nos convertimos en expertos en la vida en el borde y rara vez logramos descifrar todo lo que significa nuestra búsqueda. Podemos convertirnos en expertos en escalar las montañas del mundo en lugar de crear el sendero que lleva al centro de nuestro sufrimiento. Podemos convertirnos en expertos en conducir autos velocísimos por la noche, en lugar de avanzar por los sombríos rincones de nuestra mente. Podemos llegar a ser expertos en seducir a desconocidos en nombre del amor, en lugar de abrazar los aspectos más tiernos e imperfectos de quienes somos nosotros mismos.

Nuestra búsqueda en el mundo siempre es como un espejo que nos muestra las zonas de nuestra interioridad en las que necesitamos trabajar, pero buscar el peligro afuera es una manera de desviar el alarido del alma que nos insta a correr un verdadero riesgo en el interior.

- *Medita respecto a algo que estés buscando. Puede ser amor, poder, riqueza, la emoción de saltar de un avión o ser famoso.*
- *Ahora imagina que lo que buscas ya mora en tu interior y, mientras respiras, sostenlo frente al ojo de tu mente como si fuera una puerta que debes atravesar para ser pleno.*
- *Inhala profundo y siente lo que buscas como parte de tu espíritu en busca de atención.*
- *Exhala profundo y, aunque no sepas cómo hacerlo, préstate a ti mismo esa atención.*

11 DE NOVIEMBRE

Mantener el asombro

Un átomo contiene todos los elementos de la tierra;
un movimiento de la mente contiene todos los de la existencia.
Una gota de agua contiene todos los secretos de los
océanos infinitos; un aspecto tuyo contiene
todos los aspectos de la vida.
—Kahlil Gibran

Los seres humanos permanecemos en un ciclo incesante. La mente construye un caparazón para proteger al espíritu en forma de tortuga, pero también lo sofoca hasta que crecemos más que el caparazón y concebimos maneras de quebrarlo. Construimos el caparazón y luego lo destruimos, construimos un caparazón más delgado y lo rasgamos. Sin embargo, solo entre una construcción y otra nos conmovemos en verdad, solo entre un revestimiento y otro logra el amor perforarnos.

No es culpa nuestra, todo en la naturaleza se circunscribe a este ciclo: a los árboles les crece musgo, la plata se mancha, a la mente la adormece la grandeza de sus ideas. Y de la misma manera, la tormenta barre con el musgo, un rasguño penetra el deslustre y la crisis revela la cruda superficie de la mente.

El tiempo construye y erosiona, y entonces transmutamos, pero sin cambiar. El viento arremolina la arena y la reúne en duna, pero la marea la socava. Así es como nuestros años de infancia nos dan forma de cuenco y los más tardíos nos inundan en silencio. No nos queda otra opción más que soportar la capa que de manera constante se va formando y soportar la inevitable erosión subsecuente.

Por supuesto, esta danza de recubrimiento y erosión es más que física, también afecta nuestra forma de pensar, de sentir, de observar y de ser. Con cuánta facilidad nos opacamos y brillamos, con cuánta frecuencia lo hacemos. Cuando dejamos de participar y experimentar, qué fácil nos resulta desarrollar amnesia crónica del espíritu y errar hacia la observación y el análisis. Luego, un día despertamos habiendo olvidado la sensación de la vida a pesar de estar sintonizados con su silueta. La vemos con nitidez, detectamos cada perplejidad y matiz, y, sin embargo, no logramos sentirla. Así es como la mente cultiva sentimientos y palabras de la misma forma que el planeta cultiva árboles, tantos, que nos impiden ver los cielos. Y entonces necesitamos talar lo que pensamos y decimos con el hacha que es el silencio.

La vitalidad depende de nuestra capacidad de mantener el asombro: prolongar los momentos en que en verdad nos encontramos expuestos, mantenernos quietos y en silencio hasta que todos los elementos de la tierra y los enigmas de los mares agitan las facetas de la vida que aguardan en nuestro interior.

- *La próxima vez que camines fuera de casa, cierra los ojos y permite que el aire frío los bañe.*
- *Respira hondo y deja que el aire enjuague la capa de recuerdo o pensamiento que te está causando dificultades.*
- *Siente tu sangre ruborizar tu rostro y abre los ojos a la frescura.*

12 DE NOVIEMBRE

Quiebra la coraza

La clave de la renovación siempre ha sido
dejar caer las viejas corazas,
desprenderse de las pieles viejas.

Los polinesios dicen que el mundo comenzó cuando su creador, Ta'aroa, despertó y descubrió que estaba creciendo en el interior de una concha. Ta'aroa se estiró, quebró la concha, y la Tierra fue creada. La divinidad, sin embargo, continuó creciendo y, tiempo después, descubrió que estaba dentro de otra concha. Una vez más, se estiró y rompió este nuevo recubrimiento, entonces la luna fue creada. Ta'aroa siguió creciendo en el interior de otra estructura. Cuando llegó el momento de quebrarla también, se crearon las estrellas.

En esta antigua leyenda, los polinesios nos han transmitido la sabiduría de que nuestro crecimiento a lo largo de la vida se lleva a cabo por medio de la destrucción sucesiva de corazas, que el fragmento de Dios en cada uno de nosotros se estira hasta que ya no tiene más espacio, y entonces, para que podamos renacer, es necesario que se destruya el mundo que conocemos.

Así pues, la vida es un proceso en el que vivimos como quienes somos hasta que la estructura del yo ya no puede contenernos y, al igual que Ta'aroa en su concha, tenemos que quebrar las formas que nos contienen para dar a luz a nuestro próximo yo. De esta forma abandonamos nuestras distintas maneras de ver el mundo, no porque sean falsas, sino porque cada una cumple un propósito durante algún tiempo, pero luego crecemos y dejan de servirnos.

Yo he vivido a través de muchos *yo*. El primero desdeñaba todo lo ordinario, ansiaba alcanzar grandes alturas, incendiar el mundo. Cacé el sueño de ser atleta y de convertirme en un músico connotado, anhelaba ser famoso y extraordinario, pero, a medida que crecí, la noción de la fama me hizo sentir la soledad de las noches. Sin importar cuán hermosos sean, los tronos solo tienen espacio para uno.

El segundo yo quería que lo envolvieran las olas, inhalar las estrellas y desplazarse como una canción. Ahora deseaba ser la música misma, pero ser algo así de grandioso ofrecía tanta magnificencia como aislamiento.

El tercer yo renunció a la grandeza, y así permití que los otros se acercaran a mí. Formulé más preguntas a pesar de que las respuestas no me interesaban tanto como el rostro detrás del rostro de quien podría responder.

Luego, cuando tuve cáncer, surgió mi cuarto yo. Encorvado y distorsionado en el reflejo que el cromo del hospital me devolvía cuando el sol vespertino bañaba mi almohada. Ahí estaba yo, muerto en el cromo y vivo en la almohada. Mi aliento era tenue: vivo y muerto al mismo tiempo. A pesar de todo, no me sentía asustado porque en aquel tenue aliento percibía el palpitar de la vida, y porque el lugar al que trascendí fue ese.

Mi roce con la muerte fue otra concha que tuve que quebrar, me hizo comprender que cada yo se desdobla, que cada uno es un vientre concéntrico en vías de ser otro, que cada uno abarca al anterior. De no ser por todas las conchas que he tenido que quebrar para renacer a lo largo del camino, podría creer en un solo nacimiento.

- *Cierra los ojos y respira lento, siente un aspecto de tu mundo actual que te parezca restrictivo.*
- *En lugar de enfocarte en las personas o las circunstancias involucradas, trata de percibir tu confinamiento como el umbral de tu próximo nacimiento.*
- *Medita respecto a la manera en que el fragmento de Dios en tu interior podría estirarse y extenderse con más plenitud para que ser quien eres te permita quebrar la concha de este encierro.*
- *Ora para entender que nada de esto es malo, sino simplemente necesario para el crecimiento de tu alma.*

13 DE NOVIEMBRE

Casarte con tu propia alma

Ser fieles a quienes somos
significa portar nuestro espíritu
como una vela en el centro
de nuestra penumbra.

Si queremos vivir sin acallar ni adormecer a las partes esenciales de quienes somos, debemos invocar una promesa y mantenerla viva en nuestro interior. Los mismos compromisos que pronunciamos cuando nos embarcamos en un matrimonio podemos entenderlos de manera íntima como el acto de cuidar con devoción a nuestra propia alma: prometo serte fiel... en la prosperidad y en la adversidad... en la enfermedad y en la salud... para amarnos y respetarnos, hasta que la muerte nos separe.

Esto implica mantenerte comprometido con tu sendero interior, no separarte de ti mismo cuando la vida se complique o se torne confusa. Significa aceptar tus faltas y limitaciones, amarte a ti mismo sin importar cómo te vean los otros. Significa celebrar el esplendor inmutable que mora en tu interior, sin importar las laceraciones y las heridas que se produzcan en el camino. Significa hacer la solemne promesa de vincular tu vida con la verdad de tu alma.

Resulta interesante que la definición náutica de la palabra *marry* en inglés (*casarse* en español) signifique: "unir dos sogas, entrelazando sus fibras de extremo a extremo". Casarnos con nuestra propia alma sería como entrelazar la vida de nuestro espíritu con la vida de nuestro pensamiento; la vida de nuestro corazón con la vida de la mente; la vida de nuestra fe y verdad con la de nuestras dudas y ansiedades. Y de la misma manera en que dos sogas que se *amarran* forman un lazo doblemente sólido, cuando nosotros enlazamos nuestra humanidad y nuestro espíritu, generamos una vida que es dos veces más fuerte en el mundo.

- *Siéntate en silencio y encuentra tu centro.*
- *Reflexiona sobre el hecho de que centrarte incluye aceptar tu confusión y tu inquietud, de la misma forma en que un mismo lago puede brindar hogar a muchas aves y peces.*
- *Respira con calma y permite que tu aliento sea el agua.*

14 DE NOVIEMBRE

El costo de dividirnos

Dar a luz al bebé y estar dentro de él al mismo tiempo
engendra locura.

—Chögyam Trungpa

Aunque lo intentemos, no podemos participar y observar al mismo tiempo sin dividirnos. La locura parece ser el precio de dividirnos en medio de nuestra experiencia. Habitar nuestro próximo gesto o respuesta mientras estamos siendo testigos de una verdad compartida anula la capacidad del corazón de sentir; habitar nuestro cuerpo mientras hacemos el amor anula la posibilidad de que dos corazones se unan; soñar con la recompensa mientras realizamos un acto de amabilidad divide nuestra autenticidad.

Con frecuencia, esto es lo más difícil que debe hacer un ser humano. Al mirar a los ojos a un ser querido, debemos profundizar en la mirada de ese ser exclusivamente; cuando pisamos una hoja seca, debemos estar ahí, pisando solo la sequedad de esa hoja; cuando palpamos el rostro del perro de un desconocido, debemos sentir su jadeo en la caverna de nuestro corazón sin distraernos.

- ❄ *Encuentra tu centro y, mientras meditas, obsérvate a ti mismo meditando en la habitación.*
- ❄ *Con cada respiración, trata de dejar caer la primera habitación, en la que te encuentras, y luego la habitación en la que estás en tu mente.*
- ❄ *Mientras respiras, trata de no pensar ni observar nada, solo siente cómo el aire viene y va.*

15 DE NOVIEMBRE

Morir en el ahora

Y a fin de cuentas ya lo saben todos:
nadie se lleva nada de su haber,
la vida fue un préstamo de huesos.
—PABLO NERUDA

Tres años después de mis cirugías, estaba tomando una ducha cuando, en mi cabeza, a lo largo de la cicatriz, sentí un grano incipiente. En treinta segundos ya iba en picada: "¿Y si...? ¿Y si esto es otro tumor? ¿Y si se está extendiendo?". El agua me seguía golpeando y, mientras tanto, mi terror se desbocaba. Me vi en el consultorio del médico, desvistiéndome para la cirugía, caminando por los corredores durante la recuperación, recostándome para la quimioterapia, debilitándome, muriendo. De ida y vuelta en solo treinta segundos.

Mi corazón palpitaba con fuerza, aún desnudo en la ducha. "Tengo deseos inmensos de vivir, estoy muy despierto, por fin en paz, pero ¿qué tal si todo es verdad? ¿Qué haría? ¿A dónde iría?" Y en ese momento, sin embargo, el agua me enjuagó y *volví* a casa. "Si esto es verdad, si moriré pronto, ya sé lo que haré." Respiré más profundo de lo que jamás creí posible: "Terminaré de ducharme".

En ese instante aprendí que todo está justo aquí donde estamos. No importa el dolor ni la angustia, toda la vida está en cualquier momento en que nos despertemos. Yo he podido ver y sentir con nitidez la manera en que nuestro miedo a la muerte nos hace correr aunque no tengamos a donde ir. Y a pesar de todo, aprendí que, si acaso podemos llegar ahí, en el centro de todo miedo hay un círculo de paz.

Ahora, cada vez que me ducho, trato de recordar que no podemos vivir en plenitud hasta que no aceptamos que tarde o temprano moriremos. De otra manera, siempre estaremos corriendo hacia algo o corriendo para alejarnos de ello. Solo cuando logramos aceptar que somos frágiles huéspedes en esta Tierra, podemos estar en casa dondequiera que nos encontremos.

❆ *Estando en la ducha permite que el agua enjuague tu mente, que te purifique de la indiferencia y del miedo.*

- *Respira hondo y siente las gotas transparentes caer sobre tu cuerpo.*
- *Respira de manera profunda y agradece estar vivo.*

16 DE NOVIEMBRE

El instante del amanecer

En toda persona hay un sol:
el *yo* que nos acompaña.
—Rumi

Es esencial comprender y aceptar la paradoja de que, a pesar de que nadie puede hacer por ti el viaje que te corresponde, no estás solo. Todos nos encontramos en el mismo camino, compartimos el mismo sufrimiento y confusión, los mismos miedos que, colocados entre nosotros, pierden su filo y nos laceran menos.

Hay una historia muy conmovedora del Talmud que captura esta dulce paradoja de nuestro viaje colectivo. El rabino pregunta a sus alumnos:

—¿Cómo saben que ha llegado el primer instante del amanecer?

Tras un prolongado silencio, uno de ellos se atreve a responder:

—Cuando aprendes a diferenciar entre una oveja y un perro.

El rabino niega con la cabeza y otro sugiere:

—Cuando puedes diferenciar entre un higo y un olivo.

El rabino vuelve a negar con la cabeza. No hay más respuestas. El rabino camina entre ellos en silencio.

—Sabemos que ha llegado el primer instante del amanecer cuando miramos a otro ser humano a los ojos y nos vemos a nosotros mismos.

- *Siéntate en silencio y trata de respirar para abrirte camino hacia tu centro.*
- *Solo respira hasta abrir tu corazón y siente tanto tu soledad como lo que compartes con todos los otros seres humanos.*
- *Respira hondo y lento, no trates de comprender esto, solo siéntelo.*

17 DE NOVIEMBRE

¿Te quieres ir?

Las paredes se vuelven a desgastar
fragmento a fragmento,
los corazones se abren
sentimiento a sentimiento.

Susan y yo estábamos sentados en una heladería cuando dos parejas junto a nosotros empezaron a hacer mucho ruido. Solo estaban pasándola bien, pero yo necesitaba un poco de intimidad y me sentí invadido. De pronto quise irme, así que me incliné hacia Susan y le pregunté si quería irse. Ella estaba cómoda y solo respondió:

—No, estoy bien aquí —pero al ver la consternación en mi rostro, me preguntó—, ¿tú quieres irte?

En ese instante de sencillez, en el gabinete de una heladería, comprendí que durante buena parte de mis cuarenta y nueve años había tratado de atender mis necesidades proyectándolas de forma indirecta en quienes me rodeaban, y que luego fingía que los otros me interesaban. Mi helado comenzaba a derretirse cuando por fin me comprendí a mí mismo. Reí, sacudí la cabeza, me sentí avergonzado e inhalé profundamente. Entonces expresé lo obvio:

— Sí, me gustaría irme.

Esta manera indirecta de obtener lo que quiero, implantando mis sentimientos en otros y haciéndolos pasar como necesidades que deben ser atendidas, me ha servido para ocultar mi vulnerabilidad y, al mismo tiempo, parecer una persona amable y enfocada en los demás. Me doy cuenta de que no soy el único que sufre de esta enfermedad. Es tan sutil y cercana a nuestra sana forma de relacionarnos con otros, que rara vez nos damos cuenta del nivel de manipulación y engaño que supone.

Por supuesto, esta transversalidad vive en nosotros porque en algún momento del camino nos convencemos, a menudo con buena razón, de que articular de forma directa lo que necesitamos es casi pedir que nos lastimen. Sin embargo, no conozco otra forma de revertir este ocultamiento más que sorprendiéndonos con humildad a nosotros mismos en cada ocasión, y saliendo de nuestra gruta para admitir la transversalidad y decir lo antes posible todo lo que sentimos y necesitamos.

Aun así, la energía que desperdiciamos al intentar discretamente que los otros se comporten de maneras que satisfarán nuestras necesidades continúa siendo fuente importante de ansiedad y alienación. En lugar de evitar que nos lastimen, la transversalidad y la deshonestidad solo nos hacen aislarnos más de lo que significa estar vivo.

Subyacente a este comportamiento se encuentra la verdad fundamental de que, así como los árboles tienen hojas que cortamos y comemos, los seres humanos tenemos sentimientos que se desgastan de la misma manera por el mero hecho de vivir. Tenemos derecho a ellos porque son la evidencia del paso de nuestras estaciones humanas.

- *Recuerda la última vez que pediste a alguien que hiciera algo en lugar de solo expresar de manera directa lo que necesitabas.*
- *¿Qué te impidió expresar tus necesidades de forma directa? ¿A qué le temías?*
- *Imagina lo que habrías dicho si hubieras vivido esa situación de una forma más concisa.*
- *Ahora practica expresarte de forma directa reproduciendo la situación en voz alta. No importa que te encuentres solo o sola.*
- *Inicia el día sintiendo la sencillez de vivir con claridad.*

18 DE NOVIEMBRE

El cachorro en la perrera

Todos podemos amar en el lugar donde estamos.
Podemos añadir nuestra parte de amor
sin salir de la habitación.
—Helen Nearing

En una cena, una amiga que estaba buscando empleo nos dijo que a veces sentía que ansiaba demasiado la aceptación de los posibles empleadores. Nos contó que con frecuencia se sorprendía a sí misma ladrando por dentro como un cachorrito en la perrera: "¡Elígeme! ¡Elígeme!".

Nos reímos porque todos lo hacemos. En algún momento de nuestra confusión personal damos por hecho que no poseemos ningún don, que no tenemos posibilidades. En esos dolorosos momentos, nos parece que lo que tenemos que ofrecer es tan insignificante que nos sentimos desesperados por pertenecer a lo que sea y a cualquier precio.

Para colmo, ocultamos aspectos de quienes somos porque estamos seguros de que si nuestro jefe, pareja o amigo en potencia supiera todo sobre nosotros, no nos aceptaría de ninguna manera.

Una vez que nos asentamos en esta forma de pensar, es difícil solucionar la situación. El desafío entonces es dejar de regalarnos todo el tiempo. Porque, ¿qué caso tiene que te elijan si al final solo queda un fragmento de ti? ¿Qué caso tiene si solo aceptan tu oreja y te piden que el resto de tu cuerpo permanezca fuera de vista? ¿Qué caso tiene si solo aceptan tu obediencia y tus buenos modales, pero te piden que ocultes tu pasión y tu personalidad?

Nadie puede vivir con un fragmento porque es muy difícil abrazar los fragmentos, incluso si son de oro.

- *Encuentra tu centro y recuerda una ocasión en que hayas sentido la necesidad de ser aceptado.*
- *Permite que ese sentimiento venga y vaya. Respira y, si te es posible, haz emerger esa parte de ti que tanto anhela ser amada.*
- *Respira de manera profunda y deja que, en cada inhalación, tu antiquísimo espíritu abrace a tu humano anhelo.*

19 DE NOVIEMBRE

El hilo femenino

El secreto de cómo debes ir
se encuentra en
cómo has venido.

La historia de Teseo, proveniente de la mitología griega, nos cuenta que el héroe tuvo que recorrer un laberinto y que al llegar a su lóbrego centro debía matar a una poderosa bestia: el minotauro. La única manera de volver a la luz de la vida diaria era retrocediendo y siguiendo de vuelta el hilo que una dulce mujer, Ariadna, le obsequió, y que él desenrolló en el camino desde que entró al laberinto.

Si queremos alcanzar la plenitud, necesitamos encontrar la sabiduría en historias como esta. En el centro de todos nosotros habita una bestia a la que tenemos que confrontar si deseamos vivir nuestros días en paz. No obstante, como le sucedió a Teseo, regresar a la luz solo nos será posible si retrocedemos con amor y paciencia en nuestro lóbrego camino.

Así es como, después de años de ser maltratado, de pronto me descubro maltratando a otros y siento que debo aprender una lección. Así es como, al entregarme para ser amado después de tanto tiempo, por fin llego al sombrío centro del desamor en el camino, y la única forma de salir de ahí es siguiendo el hilo que implica aceptar quién soy hasta que me conduzca al inicio. La diferencia es que, en esta ocasión, lloro por conocer mi lugar en el mundo.

- *Siéntate en silencio y con las manos abiertas.*
- *Respira profundo y con tu palma derecha reflexiona sobre la naturaleza de tu laberinto, sobre tu camino a la bestia.*
- *Vuelve a respirar profundo y con tu palma izquierda reflexiona sobre la naturaleza de tu hilo femenino, sobre tu camino hacia la luz.*
- *A lo largo del día extiende las palmas y familiarízate con el laberinto, es decir, con la forma de entrar, y con tu hilo femenino, o sea, con tu forma de salir. Tus caminos son amigos.*

20 DE NOVIEMBRE

Compromiso y riesgo

En el instante en que uno se compromete de lleno,
la Providencia también se compromete. Toda una
serie de sucesos empiezan a presentarse y a ayudarte,
cosas que jamás habrían pasado de otra manera.
A partir de la decisión, se producen varios acontecimientos
que nadie habría imaginado.

—W. H. Murray

A todos nos gustaría tener una garantía antes de tomar una decisión o correr un riesgo. La ironía es que correr el riesgo es lo que nos abre a nuestro destino. Es como querer saber a qué sabrá algo antes de probarlo, así es imposible averiguarlo.

Me da la impresión de que yo siempre estoy volviendo a aprender que el verdadero compromiso viene antes de que yo sepa a dónde va una situación. Así es como se escucha al corazón. Si no saltara de su rama, el ave nunca volaría; si no saltas del silencio de tu corazón, el amor no será posible; si no pides ser íntegro, la esencia divina permanece dentro de todo, de la misma manera en que el pan se endurece si no se come.

En mi caso, viéndolo en retrospectiva, ser poeta fue algo que surgió después de que me comprometí a hablar a pesar de que no tenía idea de lo que necesitaba decir, y la bendición de ser amado llegó a mi vida tras admitir con libertad que deseaba amar, aunque no sabía cómo.

Si somos dedicados y hacemos el esfuerzo de ser reales, el universo nos encontrará en todas sus formas, de la misma manera en que el viento encuentra las hojas y las olas, la playa.

❄ *Encuentra tu centro y, cada vez que respires, compromete tu ser al lugar donde estás.*
❄ *Deja pasar un tiempo y luego camina lentamente en la habitación. Con cada paso siente el compromiso cada vez que poses un pie en el suelo, y el riesgo cada vez que lo levantes.*

21 DE NOVIEMBRE

Hasta donde pueda

La cima se encuentra
dondequiera que nos detengamos.

Cuando escalé el Sendero de la Cresta del Pacífico a través de las Montañas Rocosas, estaba decidido a llegar a la Gran Divisoria. De pronto, dos agudos sentimientos me embargaron casi al mismo tiempo. Yo, que nunca había tenido problemas con las alturas, comencé a experimentar miedo mientras conducía sobre los estrechos carriles a tres kilómetros de altura. Además, me sentí repleto de la irrevocable verdad de que todo lo que es se encuentra dondequiera que estemos.

Todo esto me hizo detenerme y errar en la tundra por encima de las líneas de los árboles. Una vez ahí, me sobrecogió la repentina verdad de que no podía avanzar más y de que tampoco necesitaba ir más lejos.

¿Será posible que este viaje en las montañas sea un reflejo de nuestro viaje en la vida? Nuestro sufrimiento, ¿será como los angostos pasajes entre las antiguas rocas, los que tanto vértigo y sensaciones estremecedoras nos provocan? ¿Solo avanzamos hasta que ya no podemos? Y, al aceptar nuestra humanidad, ¿la cima viene a nosotros?

Qué verdad tan improbable. Avancé lo más lejos que pude y, ahí, en la desnuda cima de la Tierra, me di cuenta de que mi destino era ese lugar desde el que ya no podía ir a ningún otro. Esta es la inescapable manera en que el corazón se desgasta. A pesar de nuestro noble esfuerzo por alcanzar la valorada cima, ya sea en forma de sueño de riqueza o sueño de amor, la cima la portamos nosotros mismos. Lo que abre el panorama omnipresente siempre es el esfuerzo, el agotamiento, el viaje en sí mismo. Porque, en realidad, más que llegar a la cima, nos erosionamos hasta quedar expuestos a ella.

Yo sentí la verdad de llegar a donde mis limitaciones humanas me lo permitieron. Sabía que con eso bastaba, así que solo emití un alarido que salió como vapor. Estamos tan desnudos como los peñascos que el incesante viento erosiona y, sin importar los mapas que tracemos con detenimiento y los que heredemos de otros, siempre que usamos todo lo que hemos conservado llegamos a lo que siempre hemos tenido. Y así es como la humildad nos enseña una lección.

Una vez que aceptamos nuestra delicada humanidad, captamos la insistencia de las cosas en ser frágiles. Vemos que, para fortalecerse, a la raíz le basta con lamer un poco de agua en la grieta de la montaña y que, para hacer florecer nuestra alma, nosotros solo necesitamos lamer un poco de amor a través de nuestro corazón de piedra.

- ❄ *Estas preguntas las formulamos anteriormente, pero vale la pena volver a explorarlas, así que respira hondo y ve de qué manera te conmueven ahora.*
- ❄ *¿Cuál es el rasgo humano por el que te sientes más agradecido?*
- ❄ *¿Qué es lo que continúa sorprendiéndote del hecho de ser humano?*

22 DE NOVIEMBRE

Duelo

Si tiramos de él, el duelo es un hilo
que nos dejará cantando desnudos.

Un amigo me llevó al bosque de secuoyas, al lugar donde los árboles hablan con Dios, y, ahí, un árbol de corteza gruesa, de entre quinientos y seiscientos años, me hizo sentir que mi abuela estaba cerca de mí. Han pasado doce años desde que murió y, aunque nadie lo comprende, la llevo conmigo detrás de mi ojo izquierdo, donde el espíritu mira. En el bosque me incliné hacia el árbol ancestral haciendo ruidos sutiles. Las hojas de laurel crujieron, los árboles más jóvenes rechinaron conmigo. La extraño muchísimo y, a pesar de que me resisto a sentir la pérdida y el vacío de no tenerla cerca, en las secuelas de esa aflicción todo es siempre más vibrante y real.

He aprendido que el duelo puede ser un dolor lento que nunca deja de aumentar. Sin embargo, mientras sufrimos, aquellos a quienes amamos se vuelven cada vez más parte de nosotros. En este sentido, el sufrimiento y el duelo son otra canción que el corazón debe entonar para abrir la puerta de todo lo que hay.

Dentro de cada uno de nosotros hay un pequeño que sufre, un ángel que trata de hacer nacer sus alas en la oscuridad y, mientras él aprende a cantar, nosotros olvidamos la urgencia de ocultarnos. Cuando un corazón habla, todos los corazones vuelan. Esto es lo que significa ser grande: enunciar lo que parece inefable y hacer que libere lo que aguarda en todos nosotros.

- *Siéntate en silencio y, si hay algo por lo que estés en duelo, permite que el sentimiento te embargue.*
- *Respira de manera regular, en cada inhalación imagina al ángel de tu corazón tratando de hacer nacer sus alas.*
- *Respira hondo, sabiendo que cada sentimiento que experimentas es una pluma más.*

Riesgo y verdad

Empodérame para ejercitar
la autoridad de la honestidad
y ser partícipe de lo difícil
y ordinario del ahora.
—TED LODER

Hubo una vez un par de amigos. Ella era muy atrevida en su manera de encontrarse con la vida, siempre estaba intentando nuevas experiencias, siempre marcaba caminos distintos. Él era más tímido en el mundo, pero tenía la fortaleza de mirar la verdad de manera directa en cualquier situación. Entre ellos, se ayudaban a crecer.

Con el paso del tiempo se enamoraron y se convirtieron en pareja. Durante muchos años les funcionó cierta dinámica: ella guiaba en las experiencias nuevas y él mostraba la verdad de los lugares donde habían estado. Tiempo después, sin embargo, ella, la temeraria, quiso ir más y más lejos en el mundo, y él, quien podía ver la verdad de las cosas, quiso ir más y más lejos en su noción de la rectitud.

Llegó un momento en que cada uno tuvo que tomar su propio camino, lo cual fue muy triste. Ella, siempre atrevida, tuvo que descubrir su capacidad para ver la verdad; y él, que siempre comprendía las situaciones, tuvo que descubrir su habilidad para abrir nuevos senderos.

Les tomó toda una vida, pero estos amigos convertidos en amantes que luego tuvieron que hallar su propio camino, volvieron a encontrarse y, aunque cada uno necesitaba menos al otro, ahora ambos se deseaban mucho más.

- *Encuentra tu centro y, al exhalar, abre tu corazón a ese lugar en ti que siempre se arriesga.*
- *Respira hondo y, al inhalar, abre el ojo de tu mente a ese lugar en ti que siempre ve la verdad.*
- *Respira de forma constante hasta que tu corazón y el ojo de tu mente empiecen a fusionarse.*
- *Respira de manera regular, hasta que el lugar en ti que siempre se arriesga haga contacto con el lugar en ti que siempre ve la verdad.*

24 DE NOVIEMBRE

La necesidad de continuar

> Ahora que eres mayor,
> encuentras la santidad
> en todo lo que continúa.
> —Naomi Shihab Nye

Entre más despierto en esta Tierra, con más fuerza me hablan las cosas sutiles. Entre más experimento y sobrevivo, más verdades encuentro en todo lo ordinario que compartimos. Entre más me ablanda el dolor, más intensa es mi dicha y más relevantes se vuelven las enseñanzas que recibo de las cosas que viven en gran silencio e inmovilidad.

Antes de tener cáncer solía quejarme mucho, me molestaba tener que volver a hacer todas las tareas domésticas, que la hierba del jardín creciera casi enseguida tras haberla podado. Ahora siento asombro al ver que crece sin importar lo que yo haga. ¡Cómo me hacía falta esta sabiduría!

Ahora, doce años después de haber estado en aquella cama, me encuentro de pie bajo la delicada lluvia y cada gota es un susurro de las sencillas cosas que nunca comprenderé. Ahora solo hay aire en el cielo del corazón que espera a que llueva. Ahora soy más delgado, canoso, fulgurante, capaz de callar y, de este lado, mi corazón ha aprendido más de lo que jamás me confesará. Ahora quiero aprender a besar una naranja con su cáscara y probar el jugo.

Hace doce años desapareció aquel tumor que no pedí y, bendita sea la vida, desde entonces he estado mudando de piel. Lo único que queda ahora es mi inocuo corazón deseando vivir.

- *Siéntate en silencio y visualiza tus pensamientos como hojas y tu corazón como el árbol.*
- *Respira lento y trata de escuchar a la tierra que compartes con todo lo demás.*
- *Respira profundo y reflexiona respecto a lo más antiguo en ti.*

25 DE NOVIEMBRE

Compasión

Solo tengo tres cosas que enseñar:
simplicidad, paciencia y compasión.
Estos son tus más grandes tesoros.
Cuando eres compasivo contigo,
reconcilias a todos los seres del mundo.
—Lao-Tse

Al principio podríamos preguntar: ¿por qué ser compasivo podría reconciliar a todos los seres del mundo?

Para entender la sabiduría de esta afirmación, necesitamos recordar la analogía de la rueda y sus rayos, en la que cada vida es un rayo único e independiente, pero todas las vidas, como los rayos de la rueda, se reúnen en un centro común. Por eso cuando nos ocupamos de nuestro centro más profundo, en realidad estamos viendo por todas las almas.

Otra intensa manera de comprender la interconexión que tenemos es imaginando a la familia humana como un ecosistema de álamos que crecen junto a un río. Aunque cada árbol parece crecer de forma independiente, sin estar vinculado a los otros, bajo la tierra, sin que nadie las vea, las raíces de todos los árboles existen como una sola raíz gigante. Como el de esos árboles, aunque nuestro crecimiento parece independiente, está íntimamente conectado con la salud de quienes nos rodean. Porque nuestros espíritus se entrelazan en el centro, donde nadie los ve.

Una vez que hemos comprendido esto, se hace claro que no tenemos otra opción más que aceptar que la salud de nuestros vecinos forma parte de la nuestra. Esto lo he sentido de manera muy intensa en las muchas salas de oncología en las que he tenido que esperar. Sé que es cierto: si apartamos a los desconocidos, nos apartamos a nosotros mismos; si ahogamos las raíces de otros, impedimos nuestro propio crecimiento; si amamos a los extraños, nos amamos a nosotros.

Haber llegado hasta aquí me hace creer que la tercera instrucción de Lao-Tse nos dice que, si estamos conscientes de nuestro propio sufrimiento y deseamos alivio, tendremos que superar la desconfianza y reestablecer una relación cercana con todos los otros seres vivos. De una manera profunda y perdurable, cada vez que nos curamos, curamos al mundo. Porque, así como el cuerpo solo puede ser tan sano como lo son sus células de manera individual, el mundo solo puede ser tan sano como lo son sus almas por separado.

A lo largo de los siglos hemos usado este infinito medicamento: vivir de manera directa, esperar y cuidar a nuestra alma como si fuera el mundo entero.

- ❄ *Respira lento y siente a tu corazón contraerse y dilatarse como tus ojos.*
- ❄ *Respira lento y cuida de tu alma con cada inhalación. Siente tu corazón expandirse, siente cómo se abre tu noción del yo.*
- ❄ *Continúa respirando lento y siente cómo se abre tu noción del mundo cuando cuidas de tu alma.*

26 DE NOVIEMBRE

El parentesco de la gratitud

Cuando logres hacer de dos uno solo,
cuando hagas salir lo interior
e interiorices lo exterior,
podrás entrar al reino.
—Jesús

El objetivo de toda experiencia es eliminar lo que podría impedirnos ser plenos. Lo que aprendemos gracias al amor y al dolor adelgaza nuestros muros y une nuestra vida interior con la exterior. Y mientras tanto, la fricción de estar vivo erosiona cualquier impedimento que aún quedara.

No obstante, la forma más sencilla e intensa de lograr que lo que somos devenga uno solo con el mundo consiste en usar el parentesco de la gratitud. No hay nada que pueda unir más rápido el mundo del espíritu con el de la tierra.

Estar agradecido significa dar gracias no solo por las cosas que queremos, sino también por las que vencen a nuestro orgullo y a nuestra terquedad. A veces sé que, si lo hubiese recibido, aquello que anhelaba y por lo que tanto trabajé me habría destruido.

En ocasiones, el simple hecho de agradecer el misterio hace que todo y todos se acerquen, de la misma manera en que la succión une dos corrientes de agua. Así que, date una oportunidad y agradece de forma abierta, incluso si no estás seguro de por qué dar gracias. Y siente la plenitud de todo rozar tu corazón.

- *Siéntate en silencio y reflexiona sobre lo que te impide conocerte a ti mismo.*
- *Respira hondo y baja la guardia, haz caer tus muros ofreciendo gratitud que no esté vinculada a nada más.*
- *Ahora inhala sintiéndote agradecido y en el camino exhala lo que quede.*
- *Repite esto varias veces a lo largo del día.*

27 DE NOVIEMBRE

La verdad de la mañana

La vastedad acalla al alma,
pero a veces estamos en medio de las fuerzas
de la vida de una manera tan contundente,
que no podemos ver aquello
de lo que formamos parte.

La verdad de la mañana radica en que es la lucecita del principio que aparece una y otra vez. Es una sabiduría vasta y nítida que nos transporta en nuestra vida de una forma discreta y absoluta que rara vez apreciamos.

Día tras día nos cubre el polvo y la arenilla de lo que vivimos, y en cuanto sentimos su peso empezamos a reflexionar, a planear y a resolver problemas. Luego nos inquieta saber si funcionará, si es lo que en verdad debemos hacer. Todo nos hace sentir sombríos y abrumados.

Pero, a pesar de nuestra terquedad y nuestra inquietud, nos cansamos y entonces debemos turnarle lo sucedido a la hamaca nocturna. Esto no tiene nada de malo, el hecho de que podamos gozar del sueño al margen de nuestras preocupaciones y nuestros miedos es un verdadero milagro.

Entregarnos al sueño es una forma innata de meditación, un reflejo como el de la mosca que se frota la cara o la madre gamo que lambe a su cervatillo. Tengamos disciplina o no, tengamos devoción o no, a pesar de nuestras resoluciones y nuestras fallas, tarde o temprano todos tenemos que dormir. Todos debemos sucumbir al acallamiento de toda intención y arrepentimiento para que la pequeña luz del principio pueda surgir en nosotros sin cesar.

Es imposible escapar a esta profunda sencillez: todo lo que nos sucede nos cubre como tierra, envuelve nuestro corazón y nuestra mente hasta que, en esa playa a la que llamamos cansancio, en una suerte de bautismo cotidiano, nos sumergimos en las aguas del sueño para poder recomenzar.

Así pues, siempre que te sientas presionado o abrumado, siempre que te sientas obligado a resolver dificultades o a repensar lo impensable... descansa para que el principio infinito, al que algunos llaman "la voz de Dios", aparezca en medio de lo que te ha sucedido. Y entonces podrás despertar sintiéndote como el amanecer.

- *Esta es una meditación para la hora de dormir. Respira lento y recuerda una intención y un arrepentimiento que hayas tenido hoy.*
- *Respira de forma regular y permite que tu aliento sople y aleje la intención y el arrepentimiento lo suficiente para que puedas apreciarlos con claridad.*
- *Encuentra tu centro y date cuenta de que, aunque estos pensamientos y sentimientos pasan a través de ti, no son tú.*
- *Déjalos fuera de ti, usa cada respiración para acercarte cada vez más al milagro del sueño.*

28 DE NOVIEMBRE

Devoción

La sinceridad es eso que mana de tu
yo más íntimo y genuino. Sin ella,
la honestidad se equivoca y es insuficiente.
Ser insincero es como tratar de
navegar en un bote sin remos.
—MOCHIMASA HIKITA

Ver con precisión es una cosa, permitirte sentir con sinceridad lo que ves es algo muy distinto, y dejar que a tus acciones en el mundo las moldeen la sinceridad y una visión honesta es incluso algo más.

Todo esto me recuerda a una maestra vitralista en Europa que enseñaba que, para fabricar un vitral sagrado, era necesario aprender a ver de tres maneras distintas. Decía que, en primer lugar, se requería ver qué imagen de la vida le daba forma al vidrio del vitral. En segundo lugar, había que colorearlo y, por último, el vitralista debía comprometerse a dejar que todo cobrara vida al exponer el vitral a la luz.

Cuánto nos parecemos a los vitrales. La honestidad nos permite descubrir las imágenes de la vida que nos dan forma, las imágenes que nos tallan con la experiencia. Sin embargo, estas no son nada sin la sinceridad del corazón que, como al vidrio, nos coloreará. Luego, si queremos vivir del todo, deberemos exponernos a la luz.

Todos sabemos cuán repentinos y fulgurantes pueden ser los vitrales: en un instante pueden estar sucios y verse opacos, pero en cuanto la luz del sol los inunda y podemos verlos desde el interior, se transforman en obras imponentes. Con nosotros sucede lo mismo, somos vitrales sagrados en construcción. Por eso las habilidades más relevantes que podemos desarrollar son exponernos a la luz y apreciarnos unos a otros desde el interior.

Hacer esto nos permite practicar la devoción. Tal vez suene difícil, pero es algo similar a coordinar todos los días los ojos, las manos y la boca para comer. Es algo elemental y necesario, y una vez que lo aprendemos, podemos hacerlo sin pensar.

❄ *Esta meditación se realiza durante una comida. Coloca frente a ti un plato con cereal o fruta.*

- *Respira hondo y come despacio.*
- *Mira tus alimentos pensando en la honestidad.*
- *Levanta tus alimentos pensando en la sinceridad.*
- *Come tus alimentos pensando en la devoción.*

29 DE NOVIEMBRE

El ángel de las relaciones

El ángel que nos mira observa
a través de los ojos de ambos.
—RICKIE LEE JONES

Cuando tenemos la oportunidad, aunque sea por un instante, de mirarnos el uno al otro sin ningún plan, estratagema producto del deseo, o necesidad, algo indescriptible y fundamental nos convierte en algo distinto a lo que somos por nosotros mismos. Esta es la diferencia entre mirar en un espejo y mirar a los ojos de alguien que amas.

Parecería que el ángel de las relaciones solo se muestra cuando nuestro corazón nos abre los ojos con su latido. Es un sentimiento tan poderoso, que muchas cosas pueden salir mal. Yo, por ejemplo, podría sentir un vigor que me parecería que solo existe en ti porque se despertó entre nosotros, y por lo mismo, podría solo desear estar contigo y abandonarme. O tú, por ejemplo, podrías sentir que lo más profundo de ti se agita, y ese sentimiento podría asustarte; podrías creer que fui yo quien te conmovió y tal vez querrías correr y apartarte de lo más hermoso que ha llegado a tu vida.

Como sucede cuando cazo el sol de verano para sentirlo posarse en mi rostro, yo no soy el sol y el sol no es Mark. Y a pesar de todo, entre nosotros surge una belleza implacable que nadie puede poseer y sin la que nadie puede vivir.

- *Siéntate junto a un ser querido en quien confíes y respira en silencio. Mírense a los ojos con sosiego y constancia.*
- *Mientras respiren, noten los sentimientos que surgen entre ustedes y sepan que el ángel de las relaciones comienza a aparecer y a ponerse como el sol del verano.*

30 DE NOVIEMBRE

Lo que valoramos

Lo que valoramos puede
sanar al mundo.

Hay una antigua historia sobre un grupo de peregrinos que buscaban la Tierra Santa. Caminaron durante días hasta la ribera de un río muy ancho. Como era demasiado profundo para cruzarlo y no tenían materiales ni herramientas para construir algo, uno de los peregrinos rezó y pidió guía. Entonces se escuchó una voz que los instó a ceder algo que valoraran mucho y, con lo que reunieron, pudieron construir una balsa. Porque solo lo que valoraban sería lo bastante fuerte para mantenerlos a flote mientras cruzaban a la Tierra Santa.

Enseguida surgieron conflictos y sospechas. Al que escuchó la voz lo acusaron de tratar de robar lo que más les importaba a los demás. Finalmente, cuatro de los peregrinos llegaron a un acuerdo y cada uno ofreció lo que a los otros les parecía inútil: una piedra, una pluma, una pieza de madera, una página de un libro que nadie comprendía. En un acto misterioso, el valor que los peregrinos le adjudicaban a cada uno de estos objetos se elevó y se unió, y cuando despertaron encontraron una balsa gloriosa.

Al llegar al otro lado del río, el que ofreció la pluma escuchó otra voz que le dijo que la Tierra Sagrada era justo a donde habían llegado. Los cuatro peregrinos se establecieron en la ribera del extremo, en donde todavía podían verlos los que no cruzaron. Esa noche quemaron la balsa para cocinar sus alimentos, y las voces les dijeron que la Tierra Sagrada se encontraba dondequiera que lo que valoras te sostiene y luego se transforma en alimento.

Esta antigua leyenda nos transmite una sabiduría peculiar, lo que nos parece más propio e íntimo les pertenece a todos. Es decir, una vez que las compartimos, las cosas que apreciamos liberan un poder sanador. Esto no quiere decir que debamos ceder lo que nos sana durante el proceso en el que se vuelve valioso para nosotros; más bien, esta historia nos insta a renunciar a iconos personales para que puedan continuar sanando a otros.

Esto me recuerda a la reliquia de un santo que una persona me dio cuando estaba enfermo. Era un fragmento de hueso de alguien que, siglos atrás, había fundado una religión a la que yo no pertenecía. Sin embargo, durante el tiempo que sostuve mi reliquia, oré, me preocupé, sudé invadido por el terror y se volvió muy valiosa para mí.

En cuanto me recuperé, la reliquia se convirtió en mi talismán y lo siguió siendo hasta que la persona que me la había regalado enfermó muchísimo y necesitó que se la devolviera. Tuve miedo de renunciar a ella, de sentirme desnudo al no tenerla. Sin embargo, cederla sacralizó todo.

Desde entonces, llegado el momento indicado, he regalado otros objetos valiosos que me acompañaron: cristales, libros y tesoros personales que adoré durante mucho tiempo. Porque solo cuando estos objetos son utilizados recuperan su poder sanador. Donar lo que apreciamos nos ayuda a cruzar el río.

- *Encuentra tu centro y reflexiona respecto a un objeto que tenga un poder especial para ti, algo que valores mucho. Puede ser una concha marina o una piedra con la que hayas orado. Puede ser una vela especial que solo enciendes cuando te sientes abrumado.*
- *Respira hondo y siéntete agradecido por lo mucho que valoras este objeto.*
- *Respira profundo, ora y pide claridad en tu corazón para reconocer si debieras entregar este valioso objeto a alguien más, y cuándo hacerlo.*
- *No hagas nada al respecto hoy. No renuncies a tu objeto si aún lo necesitas. Y si te da miedo dejarlo ir, no te aferres más a él.*
- *Ahora solo respira y siente tu disposición a reconocer cuando llegue el momento de cederlo.*

1 DE DICIEMBRE

Velas y capullos

Los sueños son velas,
nos alumbran en la oscuridad.
Después de usarlos,
tienen que derretirse.

Con frecuencia nos definimos con base en lo que queremos o lo que soñamos. Quiero ser actor, músico, presidente o abuela. Sueño con ser famoso, pasar a la historia, ser un héroe. Y si la vida decide que seamos algo más, creemos que fallamos, que nos estamos conformando con menos porque no fuimos lo bastante buenos para llegar a ser o tener lo que queremos.

Cuando vivimos nuestras limitaciones, a veces esto se siente real, pero incluso con ellas, los humanos no fallamos, *evolucionamos*, como la oruga que se transforma en crisálida y luego en mariposa. Asimismo, la sucesión de las pruebas de la vida es justo el desarrollo que necesitamos para encontrar la dicha y nuestro lugar en el orden de las cosas.

Lo que anhelamos o soñamos no siempre dura, solo sirve un propósito en nuestro desarrollo y luego se desvanece y pierde su relevancia, pero si insistimos en imbuirle vida a lo que ha perecido podemos llegar a hacernos mucho daño.

Cuando yo era adolescente tenía muchísimas ganas de llegar a ser jugador profesional de baloncesto. Por algún tiempo, mis dones fueron suficientes para ocultar mis limitaciones, y pude jugar en la preparatoria. Pero luego, cuando dejé de jugar en el primer año de la universidad, descubrí que mi vocación era ser poeta. Esto me permitió avanzar en la vida durante casi dieciocho años, hasta que el cáncer me sensibilizó a la vida del espíritu no descubierta aún.

Yo no fallé en ser jugador de baloncesto ni la poesía me falló a mí. Para ser más preciso, mi interioridad evolucionó con suficiente experiencia de vida. En otras palabras, el acto de desplazarme corporalmente en el aire evolucionó y se transformó en la danza del sentimiento del poeta que, a su vez, evolucionó y devino la bendición de ser del espíritu. A pesar de que fue doloroso que el sueño perdiera su forma, yo no fallé en mi deseo de ser basquetbolista, y el capullo no le falló a la mariposa.

Vivir a la altura de un sueño rara vez es tan trascendente como habitarlo para aprender todo lo que tiene que enseñarnos.

❄ *Trata de recordar el primer sueño que en verdad se apoderó de ti.*
❄ *¿Qué querías de este sueño?*
❄ *¿Qué te ha enseñado y a dónde te ha conducido?*
❄ *La esencia de ese sueño, ¿continúa contigo?*
❄ *¿Tienes un sueño ahora?*
❄ *¿Qué te está enseñando?*

2 DE DICIEMBRE

Una invitación

Tu misión es vivirlo,
no revelarlo.
—HELEN LUKE

Helen Luke fue una mujer muy sabia, tenía los pies bien plantados en la vida del espíritu. Yo la conocí dos años antes de que falleciera y, en el tiempo que nos tratamos, fue mi mentora. Las palabras de esta cita las tomé de nuestra última conversación. Me perturbaron mucho porque había pasado toda la vida tratando de convertirme en escritor, pensando que esa era mi única misión: revelar lo esencial y lo oculto.

Tras el fallecimiento de Helen comprendí que sus últimas instrucciones fueron una invitación a renunciar a todo gran propósito sin importar cuán consagrados estemos a lo que hacemos. No me dijo que dejara de escribir, sino que dejara de tratar de ser importante. Me invitó a dejar de plasmar la poesía de la vida para zambullirme de lleno en ella.

Esta lección nos sirve a todos porque, si nos consagramos a la vida que tenemos ante nosotros, el resto se hará solo. Al parecer, la vida se revela a través de quienes están dispuestos a vivirla, todo lo demás, sin importar cuán bello sea, solo es publicidad.

A mí me tomó muchos años aprender y aceptar esto. Comencé de una manera bastante inocente y luego surgieron separaciones. Ahora sé que la salud radica en restaurar la experiencia directa. Por eso, tras haber batallado para hacer lo que nunca se ha hecho, descubrí que el arte original es vivir en sí.

- *Encuentra tu centro y piensa en tu vida como una historia que aún no se ha escrito.*
- *Respira hondo y libérate de la responsabilidad de plasmar tu propia historia.*
- *Respira hondo e imagina tu camino como un hueco en el cielo por el que vuela un ave.*
- *Ahora solo respira y vuela. Inicia tu día, respira y vive.*

3 DE DICIEMBRE

Hospitalidad

En el fondo, la hospitalidad es ayudar
a cruzar un umbral.
—IVAN ILLICH

En la *Divina comedia* de Dante, Virgilio guía con dulzura al poeta florentino en su viaje por el infierno de la negación y el purgatorio de la ilusión hasta llegar a un pasaje de fuego que deberá cruzar solo para volverse auténtico. Antes de eso, Aarón guía a su hermano Moisés en su salida del Monte Sinaí para volver al mundo, donde el profeta deberá encarnar lo que Dios le ha enseñado. Incluso en el Edén, si logramos ir más allá de los punitivos recuentos que tan a menudo escuchamos, nos enteramos de que Dios conduce a Adán y Eva al umbral del mundo y les ofrece la lastimosa, maravillosa y genuina experiencia de vida que solo pueden conocer los seres humanos.

Estos son impresionantes ejemplos de la hospitalidad espiritual, de seres que ayudaron a espíritus similares a avanzar más en su vida. En realidad, lo máximo que podemos pedir a otros es que nos guíen y reconforten en el camino, sin imposiciones, planes ni esperanza de recompensa alguna. Esta es la hospitalidad de la relación, que la familia nos ayude a manifestar en el mundo quiénes somos, que los amigos nos conduzcan hasta umbrales de realidad, que nuestros seres queridos nos animen a cruzar las barreras que nosotros mismos nos imponemos, y así arribar a momentos de viveza plena.

Esta es la manera honesta de recibir a alguien para compartir la mesa, sin juzgar lo que coma. A menudo, el propósito del amor es que otros nos guíen sin expectativas ni interferencias, que lleguen hasta donde puedan para que nosotros podamos empezar a vivir.

Esto me recuerda un sueño que tuve cuando estaba enfermo. Llegaba al borde de un bosque donde los angostos espacios iluminados me invocaban y, a pesar de varias oportunidades que pasaron, ahí me quedé hasta que una mujer de apariencia eterna y muy decidida apareció y me dijo:

—Te cuesta trabajo empezar, lo sé, y, si fuera amable, te acompañaría hasta recorrer medio camino, pero soy más que amable, así que debes entrar solo. Te veré del otro lado.

No sé si esa presencia femenina era Dios, un ángel o la paz de mi espíritu. Sin embargo, su vigorosa y tierna guía bastaron para que yo lograra llegar al otro lado. Nunca volví a verla, pero ahora, cuando limpio con amor senderos que yo u otros podríamos recorrer, la siento en mis manos.

Esta anécdota es elocuente respecto a una de las vocaciones más trascendentes del amor: la hospitalidad particular que se debe brindar a los heridos, la fuerte compasión que hace posible que quienes sufren logren sanarse a sí mismos. De una forma ardua y misteriosa, esta historia nos insta a aclarar la confusión y el consuelo de lo que es real. Es la manera en que quienes hemos sufrido podemos tomar nuestro turno, levantar la cabeza de quienquiera que haya caído y abrazar su exhausto cuello para ayudarle a beber, sabiendo que nunca podremos beber en lugar de alguien más.

- *Respira hondo y reflexiona sobre un acto de guía y consuelo que hayas recibido y por el que no te pidieron nada a cambio.*
- *Cuando exhales, ofrece gratitud por este gesto de hospitalidad.*
- *Inhala y siente tu propia capacidad de guiar sin interferir. Siente tu capacidad de brindar consuelo sin necesitar nada a cambio.*
- *Al iniciar tu día, practica el proceso de guiar, hazlo de forma anónima. Deja un gesto de amabilidad o verdad en el camino de otros. Deja medio sándwich en la zona donde se reúnen los indigentes, deja un libro abierto en una página con un pasaje de sabiduría, o deja una flor en un asiento del autobús.*
- *Ayuda al mundo dejando rastro de quien eres.*

4 DE DICIEMBRE

Trabajo y pasión

> No preguntes qué necesita el mundo, pregunta qué te hace sentirte vivo y hazlo. Porque lo que el mundo necesita es gente que se sienta viva.
>
> —Howard Thurman

Recuerdo que cuando estaba en la universidad, a muchos nos arriaron para ser maestros porque, al parecer, hacía falta elementos para la fuerza laboral magisterial. Sin embargo, para cuando nos graduamos, había pocos empleos en la enseñanza. Quince años después, cuando estaba yo dando clases en la universidad, sucedió lo mismo. A muchos estudiantes los instaron a estudiar administración de negocios, pero algunos años después de que se graduaron, quedaban muy pocos empleos en esa área.

Esta es otra manera en la que la escasez controla nuestra vida. A menudo damos forma a nuestros intereses con base en lo que los otros necesitan y terminamos vendiendo nuestra oportunidad de ser felices a cambio de lo que creemos que será un empleo seguro. Aunque la oferta y la demanda tal vez parezcan funcionar en teoría, esta tendencia puede producir una vida de desamor en el mundo.

Por eso, a pesar de que tal vez nos tome muchos años, encontrar lo que amamos hacer nos ayuda a construir una vida apasionante. Porque, independientemente de si te pagan bien o no, lo que te hace sentirte vivo también te mantiene vivo. Además, más allá de las modas del mercado laboral, vivir nuestra vida con pasión nos permite ser células sanas en el cuerpo del mundo.

- *Encuentra tu centro y permite que las cosas que te conmueven y emocionan entren en tu corazón. Tal vez es algo tan simple como observar cómo parpadea una vela o correr con el viento.*
- *Respira con libertad y siente la manera en que estas cosas afectan todo tu cuerpo y tu ser.*
- *Cuando te sea posible, habla con un ser querido respecto a lo que te hace sentir vivo.*

5 DE DICIEMBRE

Persigue al obstáculo

Persigue al obstáculo.
Él te liberará.

Cuando llegué a la montaña, tenía prisa. Como pensé que me tomaría mucho tiempo rodearla, me dispuse a marcar mi propio camino para atravesarla. Sentí cada roca y cada rama como una pérdida de tiempo. Ah, ¡si tan solo las montañas no se interpusieran! Mientras avanzaba con prisa, las plantas y las rocas me hicieron cortadas en las piernas y los brazos, y ahora tenía que escalar lo suficiente para ver.

En cuanto sobrepasé la línea de los árboles, algo en mí necesitó ver la cima, así que me apresuré a subir y, cosa extraña, mientras ascendía paso a paso, sabía que estaba avanzando, pero no llegaba a ningún lado. Por fin llegué a las nubes, nunca había visto al sol extenderse sobre ellas. Me senté en un espacio abierto de un acantilado con la luz sobre mi cabeza como si fuera una nube. De pronto, llegar a la cima o ir más allá de la montaña perdió su importancia, me gustó ese sitio y sentí que podría vivir ahí. Pero debía volver, tenía que comer y necesitaba amor. Ahora, sin embargo, cuando alguien me pregunta qué hacer cuando es necesario crear un camino para atravesar hacia el otro lado o cuando se tiene prisa, miro a ambos lados y digo:

—Persigue al obstáculo. Él te liberará.

Esta historia nos invita a honrar cada obstáculo como algo que fluye en la corriente universal por derecho propio para vernos a nosotros y al obstáculo mismo como dos ramas de un árbol que van a la deriva en un río, chocando entre sí e incluso obstaculizándose por momentos.

Ver a los obstáculos de esta forma nos insta a no oponernos a lo que se interpone en nuestro camino como si fuera algo que nos impone su voluntad. El obstáculo solo nos devuelve nuestra propia resistencia. En este caso, lo que se nos pide es no empoderar ni perpetuar la vida del obstáculo, sino hacernos a un lado de ser posible y mostrarle nuestra apertura a su energía. Esta actitud es muy parecida a la del antiguo arte marcial llamado Aikido, en el que, en lugar de bloquear los golpes, ayudas al golpe a esquivarte e ir más allá de ti.

Y, mientras tanto, la historia también nos invita a cuestionar aquello en nosotros que insiste en que lo que se nos presenta es un obstáculo para empezar. Podría serlo, pero también podría no serlo. Tal vez se trata de un pequeño escollo que hemos agrandado y que ahora vemos como mala suerte o como una tragedia debido a nuestra historia de luchas y derrotas.

Por eso, si nos es posible, debemos enfocarnos en nuestra relación con la corriente del río y no en las cosas que, como nosotros, van a la deriva también. Si tenemos la impresión de que algo bloquea nuestro camino, primero debemos tratar de entender qué lo mueve y qué nos mueve a nosotros. Si continuamos sin poder avanzar, tal vez eso signifique que debemos mantenernos inmóviles. Es necesario que evitemos hacernos daño a nosotros mismos de forma innecesaria, lo cual podría pasar si tratamos de forzar el movimiento antes de que llegue el momento en que este debería suceder.

- *Identifica el mayor obstáculo en tu vida en este momento. ¿Qué te impide hacer?*
- *Describe el obstáculo como una parte de la naturaleza que tiene una historia propia. ¿Parece un caparazón roto por el oleaje, una piedra que cayó durante un derrumbe o un cervatillo asustado en medio de una carretera concurrida?*
- *Lo que quieres o necesitas, ¿de qué manera choca con lo que el obstáculo quiere o necesita?*

6 DE DICIEMBRE

El color de la verdad

Nos es imposible ver o tocar
lo mejor y lo más hermoso en el mundo...
pero podemos sentirlo en el corazón.
—Helen Keller

En China hay un antiguo arte que consiste en pintar porcelana. Más que precisión o habilidad, para practicarlo se requiere de confianza absoluta y de paciencia durante el proceso. Este arte implica aplicar a la porcelana delgadas capas de pigmento, una por una, permitiendo que cada una seque y sea absorbida por el material. El pigmento, sin embargo, no revela su color ni siquiera cuando se seca y, por lo tanto, nunca sabemos cuál será la coloración final sino hasta que la porcelana se coloca al calor del horno, es decir, hasta que la pintura arde en la porcelana misma.

Este proceso es muy parecido a las preguntas que surgen a partir de nuestra experiencia de vida. Usamos el pincel de los sentimientos para aplicar nuestras preguntas sobre el corazón, pero solo después de que la experiencia las hace arder sobre el tejido vivo vemos surgir el color de la verdad.

Es por esto por lo que no hay respuestas para las preguntas más trascendentes de la vida, solo existen los colores de la verdad y, si queremos vivirlos plenamente, debemos encontrar la confianza y paciencia necesarias.

- *Siéntate en silencio y recuerda el color de una verdad que hayas vivido de manera personal.*
- *Usa tu aliento para desenredar esta verdad y encontrar el camino de vuelta a las preguntas que tenías antes de vivirla.*
- *Nota la diferencia y cuéntale a algún amigo la historia de esta verdad.*

7 DE DICIEMBRE

Tenemos esta opción

El corazón es una playa robusta
y el mar tiene muchas formas de ser.

Todos los días se nos presenta esta opción: podemos construir muros, ocultarnos de la luz y padecer la humedad del alma, o podemos vivir en desnudez, brillar y sufrir la erosión que implica vivir al descubierto.

Casi todos vivimos detrás de muros que otros empezaron a construir, pero que nosotros terminamos, y con frecuencia, los que construyen muros y los que brillan se temen los unos a los otros sin razón. Sin embargo, todo se reduce a cómo vivir la vida: sin arriesgarse o con plenitud. Confieso que esto es producto de mi lucha por tratar de brillar, ya que no permitir que la vida nos toque no es tan seguro después de todo. He aprendido que, entre más me arriesgo a ser quien soy, como el sol que se atreve a brillar, más delgados necesitan ser los muros que me rodean.

Mi primera experiencia en este sentido fue un doloroso momento de mi infancia. Yo era un chiquillo y mi madre me ordenó hacer algo, estábamos solos en la habitación y yo le dije “no”. No recuerdo qué me pidió, solo sé que su petición era degradante e innecesaria. No fui agresivo, solo respondí con firmeza. Recuerdo que, como sabía que se enojaría y tenía miedo, construí un muro lo más rápido que pude. Apenas alcancé a prepararme cuando, de pronto, mi madre levantó el brazo y me golpeó con encono. El muro no sirvió de nada, mi madre acababa de golpearme el alma.

Trató de hacerlo de nuevo, pero esta vez mi alma reaccionó y construyó una sólida barrera alrededor de mi ser que mi madre no pudo penetrar. Recuerdo que resplandecí y ella se detuvo a medio golpe y llamó a mi padre para que me hiciera obedecerla. Mi padre percibió mi brillantez, pero se mantuvo en línea y me golpeó también. Para cuando su golpe aterrizó, yo brillaba a través de todo y, aunque el golpe me dolió, me sentí protegido.

Los muros son necesarios a veces, pero a veces, basta con ser nosotros mismos para protegernos. Ni ocultarnos ni revelarnos evitará que suframos el dolor que nos corresponde, pero ser nosotros nos permite incorporarnos al torrente universal en lugar de solo ser la nuez que espera la caída encerrada en su cáscara.

- *Encuentra tu centro y reflexiona, primero respecto a tu noción del muro desde donde observas el mundo y luego respecto a qué parte de ti es la que realiza esta observación.*
- *Respira de manera constante y, cuando inhales, cierra tu mano en puño y siente el muro.*
- *Respira lento. Exhala, abre la mano y siente quién eres.*
- *Deja pasar un tiempo y trata de hacer salir a quien eres y hacerlo llegar más allá del muro mientras inhalas y exhalas con la mano abierta.*
- *Deja pasar un momento más, ponte de pie y camina en la habitación afuera de tu muro. Nota lo que sientes.*

8 DE DICIEMBRE

En la fuente

Toma una jarra llena de agua y sumérgela en agua.
Ahora hay agua dentro y fuera de la jarra, pero no
la llamemos de ninguna forma porque la gente
podría empezar a hablar de nuevo sobre
el cuerpo y el alma.

—KABIR

No podemos evitarlo, siempre le damos demasiada importancia al sitio donde nosotros terminamos y otros empiezan. Sin embargo, hasta no establecer límites sanos no podemos descubrir ni experimentar la verdadera agua común a la que Kabir se refiere. Tal vez resulte confuso, pero aunque no siempre somos ni elocuentes ni claros respecto a lo que borbotea, en la fuente, donde la mente y el corazón son uno y donde ambos comienzan, todos son límpidos.

Teilhard de Chardin dijo: "No somos seres humanos teniendo una experiencia espiritual, somos seres espirituales teniendo una experiencia humana". Iniciar nuestros días con esta perspectiva puede marcar la diferencia, ya que nos ofrece un océano para la pequeña jarra de agua que es nuestra vida.

Siempre sirve recordar que, a pesar de todas nuestras luchas por defender la identidad, a pesar del peso de vivir, cada uno de nosotros posee varios gramos irreprimibles de espíritu, un manantial que portamos en nuestro interior y que podemos bloquear, pero no contener, y que emana a través de todos los seres bajo la forma del anhelo de amor y paz.

Cuando desvelamos nuestro anhelo, nuestro honesto deseo de amor, abrimos la fuente del espíritu y, luego, como la jarra de Kabir, nos volvemos agua que vive en agua, amor que vive en amor, algo minúsculo que vive en algo colosal y vivo, aliento en el interior del viento.

- *Siéntate en silencio y, mientras respiras, piensa en ti mismo como la pequeña jarra con agua de Kabir.*
- *Respira de manera profunda y libre, y piensa que el imperceptible mundo del espíritu a tu alrededor es un mar que te transporta.*
- *Respira lento y con calma, y trata de sentir que tú y la vida que te rodea están fabricados con la misma materia.*

9 DE DICIEMBRE

Una labor de amor

El amor lo atraviesa todo.

—Fakhruddin Iraqi

Hace poco descubrí que el primer lápiz que existió era un trozo de plomo. La gente descubrió que si tallaba el plomo, este podía dejar marcas, así que empezó a batallar con trozos de este material para tratar de escribir. Gracias a la labor de muchos, con el tiempo estos trozos adoptaron una forma utilizable que se adaptaba bien a la mano y el descubrimiento se transformó en herramienta.

Tras toda una vida de relaciones personales, me siento honrado al confesar que con el amor sucede lo mismo. No importa si se trata de un amante, de un amigo o de un miembro de la familia, el descubrimiento de la cercanía aparece en nuestra vida como un trozo de plomo, como algo con lo que, si batallamos lo suficiente, dejará marcas que nos permitirán entendernos entre nosotros.

Pero este es solo el principio. La labor del amor consiste en darle forma al material de la relación para transformarlo en una herramienta que se adapte a nuestras manos. Cada vez que enfrentamos una dificultad, cada vez que confrontamos una ilusión, cada vez que analizamos y aceptamos las ocasiones en que entramos en un lugar sin permiso, otro fragmento de plomo es tallado y el amor empieza a tornarse en una herramienta sagrada.

Cuando manos compasivas sostienen a la verdad, la agudeza del amor se vuelve evidente y deja de herir.

❋ *Piensa en una relación significativa en la que estés teniendo dificultades.*
❋ *Encuentra tu centro y ora por que el amor que compartes con otro continúe y encuentre su forma.*
❋ *Inicia tu día, mantente flexible y abierto a la posibilidad de devenir herramienta.*

10 DE DICIEMBRE

Preguntas para los enfermos IV

¿Cuándo fue la última vez que
escuchaste las historias de otros?
—Pregunta hecha a los enfermos
por un curandero nativo americano

Durante dos años asistí a un grupo de psicodrama que se reunía cada dos semanas. En ese tiempo no tenía idea de lo que era el psicodrama y nunca lo había intentado, pero consideraba que el hombre que dirigía al grupo era un sabio. Sabía que tenía más cosas que enseñarme y, además, me había prometido a mí mismo que participaría en todas las actividades que él organizara.

Resultó que el psicodrama era un proceso en el que los participantes nos turnábamos para darle vida a un fragmento de nuestra historia íntima con la esperanza de que, al actuar sueños, conflictos del presente o sucesos no resueltos de nuestro pasado, podríamos, con la ayuda de los otros, revelar cierta sabiduría que nos serviría para vivir nuestra vida.

Yo no quería ser el primero en participar, pasaron varias semanas antes de que reuniera el valor suficiente para presentarme. Al principio pensé que solo esperaría en el perímetro de la representación y observaría para ver qué pasaba, pero, sin esperármelo y con gran seriedad, empecé a ver que, sin importar cuán distintas eran a la mía, las historias de los otros de pronto se trataban de una parte de mí a la que nunca había dado la oportunidad de expresarse.

Descubrí que participar en el sueño, conflicto o pasado no resuelto de otros era solo una manera trascendente de escuchar, de estar presente. La recompensa de esta escucha profunda fue el increíble honor de atestiguar por primera vez un modelo vivo del valor humano, y encontrar alivio y sanación al descubrir que nuestras historias, en realidad, son las mismas.

El antiguo curandero parecía entender que, de alguna manera, escuchar la historia de otro nos imbuye la fuerza del ejemplo y nos permite continuar, y que nos muestra aspectos de nosotros mismos que no vemos con facilidad. Porque escuchar las historias de otros, no sus precauciones ni sus mandamientos personales, es un tipo de agua que da fin a la fiebre de nuestro aislamiento. Si escuchamos con atención, sentiremos la dulzura que nos invita a recordar nuestro nombre común.

- ❄ *Respira lento y medita respecto a ser sensible y receptivo el día de hoy.*
- ❄ *A lo largo de tu día, consagra tu energía a escuchar.*
- ❄ *Cuando escuches las historias de otros, cobra conciencia del momento en que alguna coincida con una parte de tu historia.*
- ❄ *Si te es posible, a modo de agradecimiento, ofrece a los otros un fragmento de tu historia.*

11 DE DICIEMBRE

Bajo el efecto de la gravedad

Bajo el efecto de la gravedad,
sucede lo mismo,
pero con mayor lentitud.

Cuando un plato se quiebra, decimos: "Fue un accidente"; cuando un corazón se rompe, decimos: "Qué tristeza"; y si es el nuestro, decimos: "Es una tragedia". Cuando un sueño se desvanece, afirmamos que es una injusticia. Sin embargo, las hormigas dejan caer trozos de tierra y recogen más, en tanto que las aves dejan caer su alimento y encuentran otro trozo. En cambio, cuando nosotros, los humanos, dejamos caer lo que necesitamos, surgen filosofías y quejas por todos lados.

El problema no es que nos quejemos, sino que dejamos de vivir para escuchar nuestros lamentos y, a pesar de todo, las estrellas chocan y las historias son relatadas. En nuestro mundo siempre hay algo que se fragmenta, que deja ir el resto, y algo que choca con la Tierra. A veces, lo que se fragmenta sobrevive porque dejó ir, porque no se aferró a lo que tenía que ser liberado y, en otras ocasiones, lo que es golpeado sobrevive porque se mantiene blando, porque permite que lo que lo embiste le dé forma por algún tiempo, de la misma manera en que las piedras moldean al lodo.

Nosotros, los humanos, nos turnamos, a veces nos fragmentamos y dejamos ir, y otras ocasiones soportamos los embates. El amor facilita este proceso, la paz lo desacelera hasta que, en instantes benditos, parece que jugamos a atrapar lo que necesitamos.

- ❄ *Inhala y piensa en lo que te está golpeando en la actualidad y en la manera en que podrías ablandarte para reducir el impacto.*
- ❄ *Exhala y piensa en lo que necesita actualmente alejarse de ti, piensa cómo podrías abrirte para liberarlo con mayor facilidad.*

12 DE DICIEMBRE

El tesoro a nuestros pies

Encontrar la felicidad en nosotros no es tan sencillo,
pero encontrarla en otro lugar es imposible.
—Agnes Repplier

Si nos viéramos obligados a nombrar los mayores obstáculos para la paz, podríamos decir que somos nosotros y el mundo. A menudo, en el camino hacia la verdad de mi alma, me quedo estancado en mi yo o me pierdo, y, a veces, sucede lo contrario.

A pesar de todo, los humanos portamos la apreciada esencia en nuestro interior, siempre nos acompaña, siempre se queda cerca a pesar de que la sentimos lejana, y el tesoro no podemos hallarlo en ningún otro lugar, salvo en el fondo de nuestra agitación. La esencia nos espera ahí, como oro en el lecho de un lago poco profundo y, aunque nos paremos en el agua, el tesoro a nuestros pies, la agitación de nuestro reflejo nos impide ver. Con mucha frecuencia, yo necesito dejar de moverme, de pensar y de reparar todo, y consagrarme a buscar en mí.

Así que, si quieres, corre, porque todo te perseguirá. Si no, piensa y razona tanto como sea necesario, porque tu corazón durará más que las ondas que genere tu pensamiento. O culpa a las cosas mundanas si lo crees necesario, porque aquello a lo que culpes desaparecerá con el paso del tiempo.

Entonces tú y yo permaneceremos aún con nosotros, con el mundo y con el tesoro a nuestros pies.

- ❄ *Encuentra tu centro y, si hay algo de lo que estés huyendo, inhala y permite que te alcance.*
- ❄ *Siéntate en silencio y, si hay algo que estés tratando de razonar para deshacerte de ello, exhala y permite que te toque.*

- ❄ *Mantente inmóvil y, mientras respiras, deja que las fuerzas del mundo te toquen y se agiten cerca de ti.*
- ❄ *Ahora, si te es posible, trata de alcanzar con tu* respiración *el tesoro que aguarda en tu interior.*

13 DE DICIEMBRE

Cuando hablamos

Acabo de darme cuenta de que algo
infinito ha sido sembrado en mí, y
ahora no tengo otra opción más que
vivir y amar hasta que me haga
crecer como un árbol.

Conocí a un anciano en una reunión y, cuando todos se fueron por su lado, él se inclinó en el apacible espacio entre nosotros y me habló como si fuéramos árboles. Se rascó la barbilla y me dijo:

—Al inicio somos delgados y verdes. Cada vez que el cielo se torna oscuro, pensamos que nos quebraremos, pero el diluvio nos ayuda a crecer, aunque nunca rectos por completo, sino torcidos porque amamos y buscamos la luz y, por alguna extraña razón, cuando nos cernimos sobre la tierra, lo profundo en nosotros extiende sus dedos como raíces en la tierra. Estos imperceptibles dedos nuestros que buscan el centro son lo que impiden que nos arrastre el viento. Ahora no corremos más, tampoco nos mecemos mucho y, aunque hasta ahora ha habido muchas lenguas, la única que es escuchada es la del crujido al amanecer y el gemido en la noche, y tarde o temprano, poco importa la manera, somos derribados y llegamos a nuestro fin. Y, sin embargo, ardemos apilados, y ahí es donde la poesía mana de nosotros y abandona a su sabiduría entre las cenizas.

Luego se fue. Me quedé sin saber a ciencia cierta lo que acababa de suceder, pero me pareció que su relato tenía que ver con la humildad y con la manera en que toda la experiencia es en realidad fajina, material que arderá cuando en verdad hablemos. De alguna manera, todos crecemos y superamos lo que parece sombrío y, con cada estación que corre, nuestras raíces se engrosan, ahondan y se extienden para soportar su carga: nuestro peso de vivir en el mundo.

Pero ¿a qué se refería con "somos derribados" y con "llegamos a nuestro fin"? Tal vez a la desilusión, la pérdida o el cambio inesperado, a cualquier suceso que, con humildad, nos acerca más a la tierra. Quizá, cualquier volcadura en nuestro plan personal nos permite sentir de una forma más plena el vínculo que tenemos con los otros seres vivos.

¿Y qué significa "ardemos apilados"? Tal vez el anciano se refería a que necesitamos simplificarnos hasta el punto en que lo que ha crecido en nuestro interior pueda brotar de nosotros con toda su pasión por la vida. Quizá, desprovisto de mi corteza, tras dos matrimonios y tras los ires y venires de mis amigos más queridos, ahora puedo afirmar algo cálido y nítido respecto a lo que significa amar. Tal vez, tras haber perdido una costilla y recuperado mi vida, ahora que lo que me hace arder es el momento presente, puedo toser algo de ceniza y decir lo que significa vivir gracias a la verdad.

Al parecer, la experiencia desea arder a partir de nosotros y, aunque el producto de la combustión sea inteligencia o belleza, de todas formas el propósito único de toda fogata es iluminar y brindar calor. Es posible que, así como el granjero al borde del infierno tiene que reunir leña para sobrevivir hasta la primavera, nosotros debemos recolectar nuestra experiencia y hacerla arder para mantener sana y tibia nuestra sangre.

❄ *Si te es posible, siéntate en silencio frente a una fogata. Reflexiona respecto a alguna experiencia clave que te haya moldeado de forma inesperada.*
❄ *Respira con suavidad, conteniendo el aire durante algún tiempo, y luego permite que esta experiencia que te cambió la vida y que mora en ti surja como una llama discreta.*
❄ *Ahora respira de manera regular y bríndale una palabra o dos a tu pequeña llama.*
❄ *Cierra los ojos, repite las palabras que han emergido en varias ocasiones y deja que tu experiencia te brinde calor.*

14 DE DICIEMBRE

Nuestra propia liberación

Revelar la verdad puede ser difícil,
pero una vez que lo hacemos,
lo difícil es volver a ocultarla.
—Sharon Green

Sin importar cuán difícil nos resulte imaginarnos diciendo una verdad, cualquiera que sea que nos sintamos obligados a guardar, si no la revelamos será como si contuviéramos nuestro aliento espiritual: solo podríamos hacerlo durante un tiempo limitado. Naturalmente, entre más ocultamos la verdad, más difícil es expresarla o, al menos, eso parece. Porque, mientras la presión se acumula, nosotros nos vamos quedando sin aire, nos vamos sofocando. Y a pesar de todo, siempre estamos a un latido de distancia de nuestra propia liberación, de apartarnos del espantoso aislamiento. Bastaría con toser o pasar saliva para volver a despeñarnos.

Mientras tanto, el poder de mantenernos ocultos nos separa de la vitalidad de la vida, y el valor curativo de decir la verdad se encuentra en la manera en que nos devuelve al ritmo de lo sagrado. Liberar esa terrible presión que nos mantiene ocultos y aislados es tan trascendente como el respeto y la confianza de los que somos merecedores cuando decimos la verdad. Este es el regalo encarnado de la verdad que, al igual que el aliento, nos mantiene vivos.

- *Encuentra tu centro y, mientras respiras, imagina que lo que estás exhalando e inhalando es tu verdad.*
- *A lo largo de tu día tómate algunos momentos para inhalar tu verdad y para exhalarla de vuelta al mundo.*

15 DE DICIEMBRE

Goya y Melville

No porque la gente sea ciega
deja el sol de brillar.

Mantenernos fieles a nosotros mismos frente a la indiferencia puede ser un gran desafío. El rechazo y la oposición son dolorosos, pero que te traten como si no existieras puede ser devastador. Este talón de Aquiles es una característica muy humana. Las águilas, en cambio, se elevan y planean durante horas en el aire entre los cañones, y el hecho de que nadie lo sepa no disminuye su capacidad de volar. Para nosotros, ser quienes somos representa un heroísmo constante y elusivo, en especial cuando nos malinterpretan, nos juzgan o nos ignoran. De alguna manera, nuestra necesidad de amor atribuye un poder inconmensurable a las opiniones de los otros y, por lo tanto, debemos ser cuidadosos y no permitir que sus expectativas controlen nuestra vida.

El gran pintor español Goya es un gran ejemplo de alguien que escuchó a su yo. Al escribir sobre este pintor, el novelista francés André Malraux nos dice que, tras volverse sordo en 1792, Goya comprendió que "para evidenciar su genialidad ante sí mismo, sería necesario que renunciara al objetivo de complacer". Que Goya no desarrollara los dones que Dios le otorgó sino hasta que se volvió sordo a las exigencias de quienes lo rodeaban resulta conmovedor y aleccionador.

El novelista Herman Melville, por su parte, representa uno de los ejemplos más dolorosos de alguien que fue ignorado. Tras sobrevivir durante muchos años en el mar en contra de su voluntad, Melville escribió varias novelas de aventuras marítimas que tuvieron mucho éxito. Sin embargo, cuando desnudó su alma y escribió *Moby Dick*, sucedieron dos cosas: nació una de las novelas estadounidenses más importantes de todos los tiempos, y el público de Estados Unidos se rio de la gran ballena blanca y de su autor. La gente ridiculizó y descartó al connotado novelista.

Melville era un hombre sensible y profundo. La respuesta a su obra lo hirió tanto, que se retiró y, a los treinta y dos años, en el pináculo de su vida, dejó de escribir. El lapso duró cuarenta años. Lo más trágico es que el novelista extinguió su voz interior porque quienes lo rodeaban no supieron escucharla.

Goya y Melville son, en mi opinión, recordatorios de lo valiosos y únicos que son nuestros dones. La única persona que puede saber en verdad cuál es tu vocación o de lo que eres capaz eres tú, así que, incluso si nadie más lo aprecia o lo entiende, reconoce que eres irremplazable.

- *Siéntate con un ser querido en quien confíes. Por turnos, describan un momento en el que, en lo íntimo, se hayan sentido vinculados a una persona o situación que nadie más comprendiera.*
- *¿Qué les hizo permanecer fieles a ese sentimiento?*
- *¿Qué tan bien conocen esa parte de ustedes mismos?*

16 DE DICIEMBRE

Conocer el camino por completo

Si en tu camino llegas a una bifurcación,
tómala.
—Yogi Berra

Como sucede con los kōans de los monjes zen y con el ingenio de los bufones de Shakespeare, nunca sabremos si los dichos de Yogi Berra, leyenda del beisbol, son simples sandeces o sabiduría pura, pero entre más los analizamos, más reveladores se vuelven.

Creo que con este dicho Berra quiso decirnos que no debemos detenernos demasiado tiempo en las encrucijadas y las bifurcaciones que se nos presentan en la vida, que no debemos dudar de nuestra manera de vivir. Como no podemos experimentarlo todo, al elegir un camino siempre descartaremos el otro, pero agonizar a la hora de decidir cuál tomar podría impedirnos conocer ambos.

Incluso cuando elegimos un camino, si mantenemos el otro vivo en nuestra mente por mucho tiempo podemos empezar a arrepentirnos. De hecho, sucumbir al arrepentimiento es una manera de resistirnos a nuestras limitaciones, de continuar tomando el otro camino de alguna forma. Así es como el corazón expresa su terquedad. Finalmente, mantener activo el camino no elegido en nosotros nos impide conocer con plenitud el que elegimos.

Somos criaturas con limitaciones hermosas, capaces de momentos inigualables de culminación, pero no podemos ni tener ni vivirlo todo.

Paradójicamente, solo si nos entregamos con humildad y de forma íntegra al pequeño sendero que nos atrae, podemos experimentarlo todo.

- *Encuentra tu centro y piensa en una decisión a la que te enfrentes en este momento.*
- *Respira hondo y toma solo un camino a la vez.*
- *Vuelve a tu día y evita reproducir tus elecciones. Solo permite que tu yo profundo tienda a estas opciones en lugar de hacerlo tú.*

17 DE DICIEMBRE

Sanar

En este mundo,
el odio nunca ha disipado al odio,
de eso solo es capaz el amor.
Es la ley,
ancestral, inagotable.
—Buda

Uno de los aspectos más difíciles de sanar de nuestras heridas es encontrar la manera de dejarlas reposar por fin a pesar de que quienes nos las infligieron continúan sofocándolas y ni siquiera admiten que nos perjudicaron. Yo he luchado contra esto de una manera muy profunda y constante. Con frecuencia me descubro confundiendo mi deseo de justicia con mi necesidad de encontrar un testigo para mi herida.

Ver las heridas físicas es sencillo porque son evidentes, pero las emocionales rara vez son perceptibles. Por eso, si deseamos sanar, necesitamos que sean vistas y reconocidas. El problema es que nuestra pena se multiplica debido a un rasgo muy humano: nunca estaremos de acuerdo respecto a la naturaleza del estrago. Si llegamos a estarlo, tal vez nunca lo admitiremos frente al otro, y también puede suceder que el perpetrador se vaya a la tumba llevándose consigo el resarcimiento que tanto merecemos.

Como sucede con muchos otros tipos de negociaciones fundamentales en la vida, lo que se requiere es honrar lo que nos habita. Es necesario que seamos testigos de nuestra propia herida, porque ningún poder es capaz de arropar o perdonar con la autoridad con que lo hace el fragmento de Dios que vive en cada uno de nosotros.

- *Siéntate en silencio hasta que empieces a sentirte a salvo. Visualiza una herida que no haya sanado aún.*
- *Respira de manera constante y mira la herida directamente, sé testigo de ti mismo y de todo por lo que has pasado.*
- *Respira con contundencia y permite que la compasión que sientes por ti sea el aire que purifique la herida.*

18 DE DICIEMBRE

La luz en nuestro camino

Alcanzar la iluminación no significa
imaginar figuras de luz, sino
lograr que la oscuridad cobre conciencia.
—Carl Jung

Si Jung estaba en lo correcto, tal vez el Paraíso no sea más que ver la luz surgiendo entre las penumbras. Quizá despertar significa prestar atención al momento presente de la vida que con tanta frecuencia damos por hecho, el momento que, como la concepción y el instante en que la semilla se parte, sucede mientras tú lees estas palabras.

Sin embargo, así como en los faros de un automóvil se acumula una capa de polvo después de recorridos en todos tipos de clima, al don que percibe lo cubre la experiencia, y nuestra visión disminuye hasta que no lo purificamos. Este proceso toma toda la vida, nunca termina, solo comienza.

Por eso es imperativo que cuidemos de nuestro ser. Es tan sencillo y tan difícil como eliminar de tu mente y de tu corazón los residuos de la experiencia y permitir que tu rostro original ilumine el camino de nuevo. Claro que, como sucede cuando tratamos de rascarnos en el centro de la espalda, para recuperar nuestra noción de la unidad nos necesitamos los unos a los otros.

Tal vez sea conveniente relatar aquí la antigua historia sufí sobre el hombre sediento que sigue el riachuelo lodoso hasta llegar a una cueva.

Ahí, enciende y sostiene frente a él el farol que lleva consigo y descubre la inmaculada fuente de la que puede beber. Si nos sentimos abrumados o empantanados, lo mejor es no beber del fango, sino rastrear con perseverancia la corriente hasta llegar a la fuente. Y, si queremos volver a beber con claridad de ella, debemos entrar a la penumbra de los problemas portando frente a nosotros la linterna de nuestro espíritu. Esto es lo que significa hacer que la oscuridad cobre conciencia. Ser compasivo, en cambio, implica balancear tu sutil luz cerca de quienes están demasiado abrumados o empantanados para divisar el camino.

- *Siéntate en silencio con los ojos cerrados y percibe la luz del espíritu en cada célula de tu cuerpo.*
- *Al inhalar, siente cómo se ilumina cada una.*
- *Al exhalar, percibe el sutil aumento de luz en tu entorno.*
- *A lo largo del día, cuando te sientas abrumado, detente, respira lento e ilumina tu sendero.*

19 DE DICIEMBRE

Panorama

Así como quien se sienta debajo de un árbol
e imagina la tierra vista desde arriba,
el corazón, abrumado por la realidad,
puede conocer la eternidad.

De niño pasaba muchas horas en el mar, en un queche de diez metros de largo que mi padre construyó. Cuando el mar arreciaba, bajaba adonde el ruido y el movimiento de lo profundo aporreaban el casco, y cada sacudida y tambaleo se sentían repentinos, brutales.

Al encontrarme ahí, mi padre me contó que cuando los marineros se sentían mareados siempre encontraban la manera de llegar a cubierta y mirar el horizonte. Porque, aunque esto no evita el ascenso y el descenso de las olas durante la tormenta, de alguna manera es más fácil sobrellevar la sensación si uno conserva la perspectiva más amplia.

Cada vez que me enfrento a una tormenta, revisito esta sabiduría que he guardado desde entonces. Al enfrentarme al cáncer, a la inseguridad que me provoca el rechazo reiterado, o cuando trato de superar los momentos más densos de soledad, la manera en que he logrado disminuir mis sufrimientos y mis miedos más abrumadores ha sido conservando frente a mí una noción más amplia de la vida, como si fuera el horizonte.

Esta es la diferencia entre la desesperanza y la fe, entre el angosto punto de duda y una perspectiva lo bastante prolongada para mantener vivas todas las posibilidades capaces de dar vida. Al parecer, sufrimos más cuando nos apiñamos en el fondo porque, aunque la perspectiva eterna, el horizonte de todo tiempo y toda vida, no nos extrae de nuestras tormentas, al menos las vuelve más tolerables.

En los momentos más difíciles, mantener la vista en el horizonte me ha ayudado a soportar desgracias como la pérdida de una costilla, de un matrimonio y de un empleo que amaba. Porque permanecer donde podemos continuar contemplando a Dios hace que los altibajos se vuelvan predecibles hasta cierto punto, e incluso nos muestra que el sufrimiento tiene su propio ritmo. Conservar una visión del panorama completo puede marcar la diferencia entre creer que la vida es cruel y saber que la experiencia es, en realidad, un océano impetuoso. Dios siempre está en el horizonte de distintas maneras, de formas que en verdad importan, y por eso la fe radica en encontrar la manera de llegar a cubierta a pesar del desconsuelo.

- *Sin importar dónde te encuentres, en tu habitación, sentado frente a tu escritorio o en el autobús, siéntate en silencio y visualízate sentado ahí como si te observaras desde arriba de la cama, del escritorio o del autobús en que viajas.*
- *Respira lento y mantente en ambos lugares: donde estás y encima de donde estás.*
- *Ahora siente el estrés o la aflicción de lo que cargas en este momento.*
- *Respira lento y trata de mirarte en tu vida y desde arriba de ella, siente cómo la aflicción y el universo rodean tu dolor.*
- *Cuando te descubras acurrucado en tu sufrimiento, trata de respirar hasta que divises el horizonte.*

20 DE DICIEMBRE

Creer

Para ganarse la vida,
los niños solo necesitan creer.
—Kurtis Lamkin

En una ocasión, Picasso dijo que los artistas eran aquellos que todavía podían ver la vida a través de su mirada infantil. Por alguna razón, a lo largo de nuestro viaje en el mundo, cada vez se van interponiendo más obstáculos y, nosotros, en lugar de cuestionarlos para ahondar en ellos, los cuestionamos para desafiar lo que tememos que sea falso.

Cuando yo era niño, solía hablar con todo, con las aves que volaban sobre mí, con los árboles que se mecían con dulzura en la noche e incluso con las piedras que se secaban al calor del sol. Pero dejé de hacer esto con libertad durante muchos años porque me apenaba lo que los otros pudieran pensar, luego dejé de hacerlo por completo. Ahora sé que los nativos americanos lo hacen todo el tiempo, que muchos pueblos originarios ven con su mirada infantil directo hasta el centro de las cosas y así creen en ellas.

Ahora que casi llego a los cincuenta años, me siento agradecido de recuperar esta sabiduría: creer no es llegar a una conclusión, sino una manera de adentrarse en la vitalidad que aguarda en todo.

❄ *Cada vez que tengas oportunidad, habla con un niño respecto a su visión del mundo.*

21 DE DICIEMBRE

Sin ningún lugar a donde ir

No hay nada que hacer,
ningún lugar a donde ir.
Si admitimos esto,
podremos hacer cualquier cosa
e ir a cualquier lugar.

Una de las nociones elementales del taoísmo es que, dado todo su misterio y complejidad, es imposible mejorar al mundo, solo podemos experimentarlo. Esta sabiduría nos invita a creer que la vida es plena tal como es, con toda su complejidad y magnificencia, con su dinamismo y vigor permanentes, con la imposibilidad de perfeccionarla.

He llegado a comprender que esto no nos impide involucrarnos. Al contrario: aceptar que el mundo seguiría girando sin nosotros nos deja renunciar a la tarea de ser héroes, de corregirlo todo, y nos da la libertad de concentrarnos en absorber el viaje que implica estar vivos.

Así pues, nuestra misión no radica en eliminar o recrear algo. Como si fuéramos peces, se nos invita a experimentar el significado que fluye a través de la branquia que es nuestro corazón. A fin de cuentas, no somos los dioses que esculpen los ríos, sino seres ínfimos que viven su despertar en la corriente de un arroyo. No podemos eliminar el hambre, pero sí alimentarnos los unos a los otros; no podemos dar fin a la soledad, pero sí abrazarnos; no podemos desaparecer el sufrimiento, pero podemos vivir con compasión.

Esto solo pude aprenderlo después de vivirlo. Enfrentar a la muerte me despojó de la posibilidad de cambiar el mundo, lo único que podía hacer era dejar que el mundo me cambiara a mí y sobrevivir. Esto me hizo caer en una profunda depresión, pero por suerte, poco después encontré lo que todavía podía liberarme. Una vez que me despojé de causas, planes y grandes ambiciones, descubrí que todo lo que podía necesitar o pedir se encontraba en mi entorno, en su imperfecta abundancia.

Desde entonces dejé de tratar de superar al sufrimiento y empecé a expresarlo, dejé de esforzarme por ser feliz y me dediqué a descubrir la dicha, y ya no intenté ni mejorar ni dar forma a la vida de la gente que me rodeaba, solo empecé a aceptar el amor de dondequiera que viniera.

- ❄ *Siéntate en silencio y permite que tu corazón respire sin enfocarse en nada.*
- ❄ *Trata de no pensar y, al mismo tiempo, no trates de no pensar.*
- ❄ *Exhala tus angustias y llega a donde te encuentras ahora.*
- ❄ *Respira hondo y acepta la joya y la arenilla que implica este momento.*

22 DE DICIEMBRE

La lección

Dios nos rompe el corazón una y otra, y otra vez,
hasta que permanece abierto.
—Hazrat Inayat Khan

Mi primera desilusión amorosa la viví cuando era joven. Me devastó con la misma furia que el relámpago devasta al árbol. Años después, el cáncer me destruyó aún más. La herida fue mucho más extensa, como la enormidad con que la inundación talla las orillas de un angosto río. Después tuve que abandonar un matrimonio de veinte años, lo cual me quebró como el viento quiebra el vidrio. Cuando estuve en África, el rostro anónimo de un niño que apenas empezaba a vivir, también me abatió, pero esta vez fue como cuando el agua caliente derrite el jabón.

En cada ocasión, traté de suturar la herida abierta, era un reflejo, algo natural. Sin embargo, luego conocí la verdadera lección: el aprendizaje yacía en no volverla a cerrar jamás.

- ❄ *Encuentra tu centro y concéntrate en la parte de tu corazón que, en este momento, se está quebrando y abriendo.*
- ❄ *Mitiga el dolor con tu aliento, respira de manera profunda a través de la grieta.*
- ❄ *Si te es posible, intenta por un instante dejar tu corazón abierto y mirar a través de la grieta.*

23 DE DICIEMBRE

La seguridad de las raíces

No entraste en esta casa para que te arrancara
un pedazo de ser. Tal vez cuando te vayas
te lleves algo mío, castañas, rosas o
una seguridad de raíces o naves.
—Pablo Neruda

Tal vez la necedad que más nos impide conocer el amor es la desconfianza. En efecto, tenemos toda la razón en ser cautelosos en este mundo, en permanecer alerta y a la defensiva para evitar que nos hieran o se aprovechen de nosotros.

Pero lo cierto es que, a pesar de todas las noticias y las terribles anécdotas que nos cuentan en las fiestas, la única manera de tener acceso a la ternura y a todos sus beneficios es adentrándonos en el sutil riesgo de sensibilizarnos al mundo, aunque sea solo un poco, e intentarlo. Lo que debemos preguntarnos, lo que yo mismo me pregunto todos los días es: ¿qué nos debilita más? ¿Vivir apartados del amor o que la pena de que nos lastimen deje cicatrices?

Lo que hace de Neruda un poeta excelso es la grandeza de su corazón. Con su enorme bonhomía, nos explica que dar sana y que nada puede suceder hasta que no nos adentramos en ese espacio que hay entre nosotros y lo intentamos. Una vez que lo hacemos, dar y recibir se fusionan, y el hecho de estar ahí, juntos, nos fortalece a todos.

- *Encuentra tu centro y recuerda tres pequeños regalos que estés dispuesto a dar. Pueden ser tangibles o simbólicos, también pueden ser un gesto de amabilidad.*
- *Envuelve cada obsequio con tu aliento.*
- *Llévalos contigo a lo largo de tu día.*
- *Antes de volver a casa, entrégalos.*

24 DE DICIEMBRE

El clímax de la unidad

Cuando la cera y el pabilo funcionan bien,
lo único que queda son la luz y el calor.

El pabilo de nuestro espíritu, como si fuera el de una vela, está recubierto de nuestra humanidad y, cuando algo lo conmueve, nos encendemos hasta que todo lo que conocemos se derrite y cambia de forma gracias al ardor de nuestra experiencia. El sudor y la contienda hacen arder de manera constante nuestra noción del yo y del mundo, y de esta forma se libera nuestra chispa divina una y otra vez. Estos instantes en que se ilumina el espíritu no solo reacomodan nuestra vida, también iluminan y brindan calor a quienes permanecen cerca de nosotros.

Entonces nos volvemos uno solo con lo que vemos. La repentina unidad es aquello a lo que los fieles de todas las creencias han denominado Amor, y tras la iluminación de esa unidad, lo único que queda es la disposición al nacimiento, la urgencia de que nos conmueva algo atemporal y fresco. Solo queda el deseo de las zonas profundas en los desconocidos: deleitarnos en despertar y descubrir que estamos despiertos; arder al reconocer que ardemos; amar por encima de ser amado.

Sin importar cuán fugaz sea el instante, cuando logramos ser uno con lo que tenemos en común con toda la vida, nos vemos recompensados más allá del apego y la propiedad. Esta es la diferencia entre llegar a ser cantante y convertirse en la canción; es lo mejor de la ambición: que el bailarín se derrita en la danza y el amante se transmute en el acto de amor; que el constructor se desvanezca y sea lo que construye hasta que, en el clímax de la unidad, el bailarín, el amante y el constructor devengan uno solo.

Tal vez, por un momento, cuando nadamos somos el arroyo; cuando nos movemos al ritmo de la música somos la música misma; cuando mecemos a los heridos nos transformamos en el sufrimiento. Tal vez, por un momento, cuando pensamos sin máscaras somos pensamiento puro; cuando creemos sin dudar, somos Dios. Quizás el amor es un instrumento que tocamos en una orquesta que aún no concurre. Tal vez esta sea la razón por la que, en los momentos más plenos en que amamos, sabemos o somos, nuestro nombre, tiempo y aliento se desvanecen, y todo a nuestro alrededor se consume como la vela, mientras nosotros ardemos y nuestra luz parpadea sin cesar y alumbra habitaciones enteras.

- *Observa a alguien haciendo algo que ama. Puede ser una actividad sencilla como la jardinería, limpiar un tesoro, arreglar y atender a una mascota, apilar leña o bañar a un niño.*
- *Observa con atención cómo se entrega a su tarea esa persona.*
- *¿Cómo sabes que adora lo que está haciendo?*
- *¿Crees que en algún momento parece ser uno solo con lo que ama?*
- *¿Qué puedes aprender de este acto de amor?*

25 DE DICIEMBRE

Volver a empezar

La gloria a tu alrededor
nace de nuevo cada día.

—*Cuento de navidad*, versión de Los Muppets

La creación es constante, el mundo comienza de nuevo cada día. Este es el milagro insonoro y, si permanecemos en silencio lo suficiente, sentiremos cómo lo cambia todo. Cada vez que participamos en él, nosotros también renacemos día a día.

Piensa en la manera en que el sol baña a la Tierra con su calor y cómo se disipan las nubes luego, piensa en cómo crece la hierba, en cómo, cuando nadie las mira, las piedras se desmoronan y revelan su rostro más manso y profundo. Con nosotros sucede lo mismo. En un momento de realidad, nuestra mente se despeja de sus nubes y nuestra pasión se restaura, y, cuando nadie las mira, nuestras murallas se desploman. Si lo permitimos, todo continúa y se refresca, todo se renueva sutilmente.

Creemos que lo que envuelve al mundo es la noche, pero todo lo vivo se recrea en el misterioso momento de reposo que nos arropa. Y cada vez que parpadeas, si haces una pausa y permites que tu corazón revolotee acompañado de nada más que el aire que lo rodea, puedes volver a comenzar con solo atreverte a mirar. Es cierto. Este es el momento de resurrección, el instante en que abres los ojos.

- *Siéntate en silencio y mira las cosas a tu alrededor, sin importar cuán comunes sean.*
- *Respira hondo, cierra los ojos y reza por ver todo de nuevo como si fuera la primera vez.*
- *Respira lento y abre los ojos. Vuelve a entrar a tu vida como si fueras un peregrino.*

26 DE DICIEMBRE

En el interior del viento

A veces ando por ahí sintiendo lástima de mí mismo y,
mientras tanto, los grandes vientos me transportan
por el cielo.

—PROVERBIO OJIBWAY

Cuando nos sentimos afligidos o desesperados, nuestra tarea principal consiste en impedir que los sentimientos de amargura se derramen sobre todo, en evitar la mácula en nuestra noción del mundo. Sin embargo, también debemos ser cautelosos y no contener nuestros sentimientos tanto que lleguen a infectarse y contaminen la idea que tenemos de nosotros mismos. En algún lugar entre estos dos extremos aguarda la vida de una expresión sana, la capacidad de no personalizarlo todo, de no colorear el mundo con nuestros dilemas.

Nuestra labor interior suele ser más compleja cuando nos sentimos tristes y temerosos porque, en esos momentos, el poder de nuestras emociones puede abrumarnos con tanta facilidad, que empezaremos a creer que el mundo es menos factible o a sentirnos menos. Una vez que nos sentimos poca cosa, dejamos de percibir la verdad de lo genuino y perdemos contacto con los grandes vientos de la vida.

La vida tiene una manera de llevarnos con ella independientemente de si estamos conscientes de ello o no. De la misma forma en que el torrente transporta a los peces hambrientos y a los que dormitan, los grandes vientos transportan hacia el mañana tanto al corazón agitado como al sosegado.

Así pues, cuando menos deseos sentimos de orar, el objetivo de la oración no es ni inflar ni desinflar al mundo, tampoco a nosotros. Su objetivo es restaurar nuestro vínculo con las poderosas corrientes de la vida.

- *Siéntate en silencio y deja pasar algún tiempo. Luego ábrete a la posibilidad de la oración sin pronunciar una sola palabra.*
- *Respira hondo y ora. Pide sentir a los grandes vientos rodeándote.*
- *Respira de forma constante y siente cómo se fusiona tu aliento con las corrientes de la vida.*

27 DE DICIEMBRE

La belleza de todo

Si todo lo que tengo es el ahora,
¿dónde buscaré la alegría?

Si no tengo esperanza en el futuro, si no creo que las cosas cambiarán, si no tengo fe en que encontraré lo que perdí, si perdí la esperanza de restaurar el pasado, y si solo me queda el riesgo de quebrar y exponer todo lo que se endureció de mí, ¿qué haré con lo que tengo?

En un principio, esta situación podría parecer triste o aterradora, pero de la misma forma en que el agotado nadador se acerca a la playa y descubre que de sus piernas se desprenden espuma y perlas, yo levanto la cabeza una vez más hasta descubrir que todo lo que necesito se encuentra en donde estoy.

Sin embargo, como soy humano, luego me desvío y empiezo a soñar con vidas que no son la mía, y de pronto estoy ocupado deseando algo distinto, estar en otro lugar, ser alguien más; estoy ocupado imaginando algo que me hace luchar por alcanzarlo.

Esto me lleva a decir que, si eres infeliz o sufres, no hay nada que pueda eliminar estas superficies. Sin embargo, la aceptación y un corazón vigoroso pueden fragmentarlas como si fueran una concha marina y exponer la blandura que siempre ha estado ahí, aquello tierno que está a la espera de cobrar forma y que resplandece. Creo que es el espíritu que todos compartimos.

- *Encuentra tu centro y, con los ojos cerrados, imagina lo que quieres.*
- *Respira lento y, con los ojos abiertos, date cuenta de lo que posees.*

- *Ahora invierte el proceso. Cierra los ojos y descubre lo que tienes. Luego respira lento y, con los ojos abiertos, imagina lo que quieres.*
- *Sigue haciendo esto hasta que lo que quieres y lo que tienes se vuelvan lo mismo.*

28 DE DICIEMBRE

Integridad

La integridad es la habilidad de escuchar ese lugar
dentro de uno mismo que no muta a pesar de que
la vida que lleva consigo podría cambiar.
—Rabino Jonathan Omer-Man

Buena parte de nuestro viaje a través de este libro se ha concentrado en descubrir ese lugar interior y en cultivar la habilidad de escucharlo y de sentir compasión por la vida que lleva consigo.

Aquí me conmueve narrar la historia de un hombre abrumado que, cansado de su sufrimiento y su confusión, le pidió ayuda a un sabio. El sabio miró con detenimiento el interior del hombre y, en tono compasivo, le ofreció dos opciones:

—Puedes elegir entre tener un mapa o un bote.

El hombre, confundido, miró alrededor y vio a muchos peregrinos que se veían igual de agobiados que él.

—Tomaré el bote —dijo.

El sabio lo besó en la frente y le dijo:

—Bien, entonces ve. El bote eres tú, la vida es el mar.

Como hemos descubierto en muchas ocasiones, todo lo que necesitamos vive en nosotros. Esta capacidad de escuchar al interior es nuestro remo más antiguo. El bote eres tú.

- *Siéntate en silencio y deja a un lado todos tus mapas por el momento.*
- *Permite que tu aliento te transporte con seguridad hacia el mar abierto.*
- *Respira con calma y mécete ahí... Solo escucha...*

29 DE DICIEMBRE

Entonces, canta.

Mientras cantemos,
el dolor del mundo no podrá
reclamar nuestra vida.

Después de haber enfrentado el cáncer, de crecer en Estados Unidos, de conocer las innumerables luchas por la libertad que tienen lugar en todo el mundo y que, aunque son distintas, también son la misma, y después de haber estado con gente de Sudáfrica, para mí fue muy evidente que expresar lo interior era esencial para sobrevivir a lo exterior. No importa dónde vivamos ni a quién amemos, no importa lo que queramos ni lo que no podamos tener, esta lección no la puedo repetir ni aprender lo suficiente.

Cuando todo en la vida nos oprime desde el exterior, no nos queda otra opción que cantar como niños asustados que, de la misma manera en que el fuego detiene lo frío, dependen de su canción para mitigar el dolor. Este es el secreto de todo espíritu, la razón por la que no puede permanecer en nosotros, por la que debe ser exteriorizado: porque la canción íntima es lo que impide que la aflicción de vivir extinga nuestra existencia. Porque lo que mantiene al mundo en curso es la canción que se enciende una y otra vez en nuestro interior. Cuando hacemos esto por nosotros mismos, también lo hacemos por todo niño no nacido aún.

Mientras el día y la noche se turnan en el masivo planeta Tierra que gira y gira en ningún lugar, la canción que compartimos se turna con las catástrofes de la vida. Cuando nos quedamos en silencio, arriba una era oscura.

Entonces, canta. Canta en cualquier lengua que te haya enseñado el dolor. Canta aunque nunca hayas aprendido a hacerlo ni hayas estudiado en una escuela. Canta porque el llanto de todos los lugares que has mantenido en silencio templará al frío, ablandará al peligro y permitirá que el mundo continúe siendo posible una vuelta más...

❄ *Cierra los ojos de manera profunda, simple. Permite que cualquier cosa en tu interior comience a surgir.*

- ❄ *Exhala todo obstáculo que creas encontrar en el camino. Dale voz a la pieza del infinito que mora en ti.*
- ❄ *Libera un grito, jadea o suspira, y siente cómo el mundo sigue su curso.*

30 DE DICIEMBRE

Nos convertimos en la Tierra

Al buscar lo esencial,
nos volvemos fundamentales.

Siempre me ha asombrado el hecho de que lo más profundo sea intangible: el amor, la duda, la fe, la confusión, la paz, la sabiduría, la pasión. ¿Dónde se encuentra todo esto? No lo podemos sostener con las manos como si fuera un fruto ni pasar sus páginas en nuestro regazo como un texto sagrado. Y, sin embargo, estas cosas le dan forma a nuestra vida. Este siempre ha sido el misterio detrás de toda sabiduría sagrada: lo único que vale la pena pronunciar es lo inefable.

Me parece aleccionador que pasemos toda una vida tratando de obtener esta sabiduría palabra por palabra y que nos esforcemos por entenderla, pero que nos cueste tanto trabajo expresarla y compartirla. Y que, a pesar de todo y de que nosotros mismos no podamos hablar, cada vez seamos más parte de ella. Con el tiempo envejecemos y nos transformamos en la inmovilidad que respira como la piedra, que está expuesta más allá de la resistencia.

Tal vez esta sea la más conmovedora de las paradojas, la protección de la naturaleza que evita que demasiado del misterio sea descifrado. Pasamos años de vida estrujando unas cuantas palabras valiosas de entre todas las que no articulamos y, con constancia, mientras el sufrimiento nos da forma y la dicha nos pule, nos convertimos en la Tierra, cada vez sabemos más y decimos menos. Lo irónico es que, después de toda una vida, podríamos tener cosas importantes que decir, justo cuando perdemos la capacidad de articularlas. Y sin embargo, nada de esto reduce lo que tenemos que expresar, de la misma forma en que el hecho de que el sonido siempre devenga silencio no hace que la música sea menos hermosa para nuestra alma.

Parece que entre más vivimos, menos podemos emerger. Recuerdo que cuando visité a mi abuela Minnie cuando tenía noventa y cuatro años, yo había encontrado el boleto del barco de vapor en el que llegó a este país en 1912 siendo una chiquilla. En ese boleto había impreso un hermoso y peculiar nombre: Maiyessca. Era su nombre de nacimiento y nunca fue pronunciado en esta tierra. Coloqué el amarillento boleto en su mano y vi sus ojos abrirse enormes, sentí al viejo pez de su corazón nadar hacia la superficie, agitar aguas que permanecieron inmóviles ochenta años. Entre nosotros cursaron vidas enteras en silencio. Mi abuela tembló y tosió antes de reír entre dientes. Luego solo dijo:

—Había olvidado que alguna vez vine.

Esta anécdota no tiene nada de triste, más bien me parece que el hecho de que nos volvamos lo que buscamos es inevitable y sagrado. Comenzamos deseando conocer el amor y vivir lo suficiente, y devenimos amor; comenzamos deseando conocer a Dios y sufrir lo suficiente, y nos convertimos en Dios. Con el tiempo, el corazón se expande desde el interior y nuestra piel se adelgaza hasta que nos volvemos algo elemental que envuelve el siguiente grano de sabiduría que encontramos.

- *Siéntate en silencio con un amigo en quien confíes.*
- *Respiren hondo y mediten. Reflexionen respecto a sus respectivas historias de amor y dejen que los sentimientos inefables los recorran.*
- *Después de algún tiempo, traten de honrar esta corriente silenciosa permitiendo que una sola palabra o frase surja de ustedes.*
- *Cada uno escriba la palabra o frase en un trozo de papel y sosténganlo en silencio cerca de su corazón.*
- *Sin mirar, intercambien los trozos de papel y, manteniéndolos cerca de su corazón, mediten en silencio.*
- *Dejen pasar un momento y lean en voz alta la palabra o frase del otro.*

31 DE DICIEMBRE

Te veo

¡Te veo!
¡Estoy aquí!

Esta es la manera en que los bosquimanos se han saludado durante siglos. Cuando uno se da cuenta que su hermano o hermana sale de entre los arbustos, exclama: "¡Te veo!"; y el que aparece y se acerca se regocija y contesta: "¡Estoy aquí!".

Esta forma de ser testigo es sencilla pero profunda, así como elocuente del hecho de que buena parte de nuestro viaje terapéutico moderno lo realicemos con este propósito: que alguien más vea quiénes somos y dónde hemos estado. Porque con esta sencilla y directa afirmación podemos reclamar nuestra propia presencia, decir: "Estoy aquí".

Quienes forman parte de nuestra vida y han validado y exclamado la existencia de quienes somos al vernos también son el cimiento de nuestra autoestima. Piensa en quiénes son. En mi caso, la primera que se regocijó al verme abriéndome paso para surgir fue mi abuela. De no haber sido por su indiscutible amor, tal vez yo nunca habría tenido el valor de expresarme. Y después, ¿no es el arte en todas sus formas el hermoso sendero de nuestro intento por exclamar, una y otra vez: "Estoy aquí"?

Cabe señalar que ser vistos nos permite reclamar nuestra vida, lo que, a su vez, hace posible que transmitamos este gran regalo a otros. Sin embargo, hay algo igual de trascendente que ser testigo: el gozo con que los bosquimanos proclaman lo que ven, el gozo de ver y conocer por vez primera. Es un regalo de amor.

En una cultura que tiende a borrar su propia humanidad, que invisibiliza los actos de la inocencia y del comienzo, necesitamos de manera urgente ser vistos con alegría para poder proclamar con igual sorpresa y candidez que, de todo lo asombroso que pudo ser o no ser, nosotros estamos aquí.

Desde tiempos inmemoriales, las tribus más antiguas, a las que la civilización no ha abrumado aún, se han regocijado del hecho de estar en la tierra juntas. Esto es algo que no solo podemos hacer los unos por los otros, es un acto esencial. Porque, así como las estrellas necesitan espacio para ser vistas, las olas necesitan bahías para elevarse y el rocío briznas que humedecer, nuestra vitalidad depende de la forma en que nos regocijamos y exclamamos: "¡Te veo!", "¡Estoy aquí!".

- *Siéntate con un ser querido y, con los ojos cerrados, medita respecto a su esencia, a lo que conoces de este.*
- *Cuando su presencia te haya inundado, abre los ojos y declara con alegría y sinceridad: "¡Te veo!".*
- *Bríndale a tu ser querido el espacio necesario para que, en respuesta, proclame: "¡Estoy aquí!".*
- *Ahora cambien de papeles y repitan este proceso de verse y conocerse por vez primera. Si te sientes lo bastante conmovido, vive tu vida de esta manera.*

AGRADECIMIENTOS

Quisiera honrar y agradecer la profunda presencia de quienes me ayudaron a transformarme en el recipiente abierto que albergó y dio a luz a este libro. En especial a quienes me ayudaron a sobrevivir a la muerte y a enfrentar la vida: ustedes son los sucios ángeles que aman con todo el corazón.

Mi profunda gratitud a Tom Callanan por creer en mí lo suficiente para mostrar mi obra a otras personas en 1997. Gracias a mi editora de la primera edición, Mary Jane Ryan, quien me alentó a escribir el libro cuando en el borrador solo había cinco fechas escritas. Agradezco a las almas curiosas de todo el mundo que, a medida que yo iba escribiendo, se tomaron el tiempo de leer y responder a estas reflexiones a través del correo cada semana. Y a las voces de todos los maestros citados aquí, gracias por transmitir su dolor y su asombro a través de las eras y hasta el altar del presente. Gracias a Oprah Winfrey, cuya fortaleza y amabilidad hicieron que este libro llegara a todo el mundo.

También les agradezco a Nick Mullendore y a Lorretta Barrett por la manera en que han cuidado de este texto todos estos años, y a Jennifer Rudolph Walsh, mi agente actual, por su feroz pasión. Asimismo, agradezco a Eve Attermann su sabiduría más allá de los años; a James Munro, Fiona Baird y al resto del equipo de WME. Gracias a Brooke Warner por nuestra larga y cada vez más rica amistad. Gracias a mi publicista, Eileen Duhne, por tener un espíritu similar. Y gracias a Barbara Thompson por guiarme siempre a lo más hondo de la verdad.

Por último, gracias a mis queridos amigos. No habría podido hacer nada de esto sin ustedes y, de no haberlos tenido, ¿para qué habría querido hacerlo de todas maneras? Agradezco en especial a George, Don, Paul, Skip, TC, David, Kurt, Pam, Patti, Karen, Paula, Ellen, Parker,

Dave, Jill, Linda, Michelle, Rich, Carolyn, Henk, Sandra, Elesa, Penny, y a Joel y Sally.

Gracias a Paul Bowler por esta amistad de toda la vida que nos ha moldeado a ambos. A Robert Mason por más de lo que las palabras pueden decir, mi hermano. Y gracias a Susan McHenry por el tierno y alentador hogar que brindas a mi corazón.

—*MN*

AGRADECIMIENTOS POR LOS DERECHOS DE AUTOR

Agradezco la autorización que recibí para citar de las siguientes obras publicadas:

Tomado de *Illuminated Rumi* de Coleman Barks, Michael Green. Copyright © 1997, por Coleman Barks y Michael Green. Usado con autorización de Broadway Books, una división de Random House, Inc. Tomado del manuscrito de Coleman Bark. Copyright © 1995 por Coleman Barks. Reimpreso con autorización de Coleman Barks. Tomado de *Morning Poems* de Robert Bly. Copyright © 1997 por Robert Bly. Reimpreso con autorización de HarperCollins Publishers, Inc. Tomado de *Selected Poems of Rainer Maria Rilke*, editado y traducido por Robert Bly. Copyright © 1981 por Robert Bly. Reimpreso con autorización de HarperCollins Publishers, Inc. Tomado de "one climbs" de Rene Daumal, de *Confucius to Cummings*. Copyright © 1964 por New Directions Publishing Corp. Reimpreso con autorización de New Directions Publishing. Tomado de *The Roaring Stream: A New Zen Reader*, editado por Nelson Foster y Jack Schoemaker. Copyright © 1996 por Nelson Foster y Jack Shoemaker. Derechos del prólogo por Robert Aitken. Reimpreso con autorización de HarperCollins Publishers, Inc. Tomado de "The Holy Longing" de Goethe, traducido por Robert Bly de *News of the Universe: Poems of Twofold Consciousness*. Copyright © 1980 por Robert Bly. Reimpreso con autorización de Sierra Club Books. Tomado de *Basho's Ghost* de Sam Hamill, traductor. Copyright © 1989 por Broken Moon Press. Reimpreso con autorización de Sam Hamill. Tomado de "The Bear" de *Three Books* de Galway Kinnell. Copyright © 1993 por Galway Kinnell. Publicado previamente por Body Rags (1965, 1966, 1967). Reimpreso con autorización de Houghton Mifflin Company. Todos los derechos reservados. Tomado de *Wrestling the*

Light: Ache and Awe in the Human Divine Struggle: Prayers and Stories de Ted Loder. Copyright © 1991 por Innisfree Press. Reimpreso con autorización de Innisfree Press. Tomado de "Pessoa Fragment" de Thomas Merton, de *The Collected Poems of Thomas Merton.* Copyright © 1948 por New Directions Publishing Corp, 1997, por Trustees of the Merton Legacy Trust. Reimpreso con autorización de New Directions Publishing Corp. Tomado de un fragmento de Naomi Shihab Nye impreso en *The Language of Life* de Bill Moyers. Copyright © 1996. Reimpreso con autorización de Naomi Shihab Nye. Tomado de "Who Knows by Abutsu-Ni" de Kenneth Rexroth, de *Women Poets of Japan.* Copyright © 1977 por Kenneth Rexroth e Ikuko Atsumi. Reimpreso con autorización de New Directions Publishing Corp. Tomado de "Haiku by Kikaku" de Kenneth Rexroth, de *One Hundred Poems from the Japanese.* Copyright © 1964. Todos los derechos reservados por New Directions Publishing Corp. Reimpreso con autorización de New Directions Publishing Corp. Tomado de *The Collected Works of Theodore Roethke*, publicado por Doubleday in 1948. No requiere autorización. Tomado de "Maybe, Someday" de Yannis Ritsos en *Yannis Ritsos: Selected Poems 1938-1988*, editado y traducido por Kimon Friar y Kostas Myrsiades. Copyright © 1989. Usado con autorización de Boa Editions, 260 East Avenue, Rochester, NY 1464. Tomado de "A Ritual to Read to Each Other" de William Stafford. Copyright © 1960, 1998 por Herederos de William Stafford. Reimpreso de *The Way It Is: New & Selected Poems* de William Stafford, con autorización de Graywolf Press, Saint Paul, Minnesota. Siete citas tomadas de *Tao Te Ching by Lao Tzu, A New English Version*, prólogo y notas de Stephen Mitchell. Copyright © 1988 por la traducción, por Stephen Mitchell. Reimpreso con autorización de HarperCollins, Inc. Tomado de *Selected Poetry of Rainer Maria Rilke*, editado y traducido por Stephen Mitchell. Copyright © 1984 por Stephen Mitchell. Reimpreso con autorización de Random House, Inc.

Se ha realizado un esfuerzo exhaustivo para validar todas las autorizaciones de reimpresión en este libro. El proceso ha sido complicado. En caso de que se haya omitido algún agradecimiento requerido, fue de manera involuntaria. Si nos notifican, los editores tendremos el gusto de rectificar cualquier omisión en las próximas ediciones.

ÍNDICE ONOMÁSTICO

D

J

L

M

N

O

P

R

S

V

Z